Sémiotique du discours

지은이 **자크 퐁타뉴** Jacques Fontanille

프랑스 리모주대학교 언어기호학 교수이며, 파리학파의 2세대 기호학자이다. 파리학파의 창시자 그레마스의 제자로서 스승의 연구를 계승하고 발전시키는 가운데 후기 파리학파를 실질적으로 주도해 왔다. 그레마스와 함께 『정념의 기호학』 *Sémiotiques des passions*을 공동집필했다. 『긴장과 의미』 *Tension et signification*(공저), 『신체와 의미』 *Corps et sens*, 『기호학적 실천』 *Pratiques sémiotiques* 등 다수의 저작을 통해 후기 파리학파 기호학의 이론적 혁신을 주도하고 있다.

옮긴이 **송태미**

한국외국어대학교에서 「포스트-파리학파 기호학에 나타난 신체적 세미오시스 연구」로 불어학 박사학위를 받았다. 대표 논문으로 「'가능화된 주체'의 기호학적 위치」, 「'파상력' 개념을 통해 본 우엘벡의 소설 『세로토닌』」 등이 있으며, 옮긴 책으로 『상처받지 않는 삶』, 『필립 가렐, 찬란한 절망』(공역) 등이 있다. 현재 경북대학교 불어불문학과 교수로 재직 중이다.

Sémiotique du discours

담화 기호학

문화 분석을 위한
도구 상자

자크 퐁타뉴(Jacques Fontanille) 지음

송태미 옮김

그린비

The original edition of this work appeared under the title Semiotics of discourse
to Limoges University Press (PULIM).
5, rue Félix Eboué – F 87031 Limoges cedex
Such.: 05 55 14 92 26
http://www.pulim.unilim.fr - Email: pulim@unilim.fr
© 2018 for the French edition

[…] 그중에서도 이것을 가장 명확하게 보여 주는 비유로는
언어유희와 체스 게임을 생각해 볼 수 있다.
이 두 개의 놀이에서 우리는 가치들의 체계를 목도하며,
체계의 변화를 경험한다.
언어의 그 인위적인 실현을 자연스러운 형식으로 보여 준다는 면에서
언어는 체스 게임과 무척 닮아 있다.

─페르디낭 드 소쉬르

『일반언어학 강의』, 파리, Payot, 1986, 125쪽 중에서

일러두기

1 이 책은 Jacques Fontanille, *Sémiotique du discours*, PULIM, 2003을 완역한 것이다.

2 이 책의 모든 각주는 옮긴이의 것이며, 원주인 경우 [원주]로 표시했다. 본문 중 이해를 돕기 위해 옮긴이가 추가한 내용은 대괄호(〔 〕)로 표시했다.

3 단행본·정기간행물에는 겹낫표(『 』)를 사용했고 , 논문·단편, 회화·영화 등의 작품명에는 낫표(「 」)를 사용했다.

4 외국 인명이나 지명, 작품명은 2002년 국립국어원에서 펴낸 외래어표기법을 따랐다.

저자의 말

이 책은 대학 또는 대학원 과정의 학생들을 위한 교재로 기획되었다. 언어학에 관한 선행 지식이 있고 의미signification 이론에 관심이 있는 이들에게 개론서로 활용되기를 바란다. 이 책에서 우리는 기호학sémiotique 분야의 연구 성과들을 종합, 정리하고자 했다. 기호학 전반을 조망하는 여러 개론서들이 70, 80년대에 이미 출판된 바 있지만 이들은 그 시대의 경향이 반영된 결과물들로서, 텍스트를 분석함에 있어서 구조주의적 분석 방법에 그 초점이 맞춰져 있음을 볼 수 있다. 우리는 이 책에서 구조주의 시대가 저물면서 80, 90년대에 무슨 일이 일어났는지를 소개하기 위해 각별한 노력을 기울였다. 물론, 새로운 학문적 경향은 기존 학문의 연장선상에서 지난 시대의 업적을 함께 고려하는 방식으로 소개될 것이다.

기호학 분야에는 서로 다른 관점을 가진 다양한 연구 전통이 존재하고 따라서 서로 어긋나는 주장들도 존재한다. 이 다양한 이론들을 한데 모아 통합하려는 기획은 필연적으로 하나의 큰 흐름을 위해 작은 차이들을 제거해야만 하는 작업이 될 수밖에 없다. 이것은 또한 큰 틀에서 같이 설명될 수 없는 어떤 주장들을 폐기해야만 하는 일이기도 하다. 이런 이유로 본서에서는 많은 뛰어난 연구 성과들 — 드니 베르트랑, 장 프랑수아 보르드롱, 장 클로드 코케, 장 마리 플로슈, 자크 게니나스카, 클로드 질베르베르그 — 의 독창성이 충분히 드러나지 않을 수도 있다. 그러나 이 책을 통해 확실하게 알 수 있는 것은 이 모든 연구 업적들을 바탕으로 기호학이라는 학문이 어떻게 고유성을 획득했으며, 어떻게 하나의 과학으로 발전할 수 있었는가 하는 점이다. 오늘날 '가독성'이라는 표현이 유행처럼 자주 쓰이는데, 가독성을 높이기 위해서는 복잡한 내용을 단순화하는 작업이 불가피하다.

구조주의 시대가 저물면서 과연 무슨 일이 벌어진 것인가? 60년대에 기호학은 언어학, 인류학, 형식논리학의 접점에서 언어 과학의 한 가지를 이루는 분과 학문으로 자리를 잡았다. 언어 과학의 다른 모든 가지들이 그러했듯이 기호학도 이른바 '구조주의의 시절'을 지나왔다. 기호학은 구조주의 사상을 기반으로 일관된 이론과 방법론을 구축할 수 있었다. 그러나 곧 철저하게 구조주의적인 사고로는 해결할 수 없는 문제들에 부딪혔다. 이와 같이 그 한계가 드러나면서 구조주의의 시절은 지나갔지만 그렇다고 해서 '구조'structure, '체계'système와 같은 개념들이 더 이상 유효하지 않은 것은 아니다.

오늘날 언어 과학의 분과 학문들은 이전과는 전혀 다른 맥락에서 진화하고 있다. '구조'는 '역동적'dynamique인 것으로, 체계는 '자기-구성's'auto-organiser적인 것으로 거듭났고, '형식'forme은 '위상적 구조'topologie 안에서 재정의되고 있다. 원하든 원치 않든 이제 인지 과학의 패러다임은 엄밀한 의미에서 구조주의의 패러다임을 대체하고 있음을 부인할 수 없다. 하지만 이 인지 패러다임은 아직 많은 부분에서 피상적 수준에 머물러 있고, 언어 과학의 인식론적 토대를 이루는 가설과 방법론을 근본적으로 수정하도록 하는 데에는 이르지 못했다. 다시 말해서 현재 목도하는 인지과학의 번영은 아직 지적 유행의 수준을 넘어서지 못하고 있다. 그럼에도 언어 과학과 긴밀한 관계를 맺고 있는 기호학으로서는 상당한 영향을 받지 않을 수 없었다. 최근 약 15년 사이 기호학은 인지 패러다임의 유행 속에서 지속적으로 새로운 연구 대상을 발견해 왔고 점차 학문의 중추를 인지과학 쪽으로 이동시켜 왔다.

일반적으로 하나의 에피스테메épistémé는 지식의 장을 구성하는 체계의 위계적 질서를 뜻한다. 그러나 특수한 분과 학문의 관점에서 에피스테메는 선택sélection과 조절régulation의 원칙이기도 하다. 주어진 시대에 무엇이 본 학문의 적절한 연구 대상인가, 어떤 방식이 '과학적'인가를 판단하는 기준의 총체라는 말이다. 기존의 인식론적 토대가 교체된다는 것은 결국 시야가 확장되는 계기일 때가 많다. 물론 인식론을 속박하는 요소들이 서로 합하여 일으킨 일탈의 경우를 제외하고 말이다. 기존에 금기시되었던 문제를 새롭게 제기할 수 있다는 점에서 에피스테메의 교체는 새로운 가능성을 뜻한다. 기존에 소외되었던 것이 다시 주목받는 것, 우리가 이론적, 방법론적 '혁신'innovation이라고 부르는 이것은 많은 경우에 이전 시대의 망각과 배제가 초래한 결과에 다름 아니다. 따라서 만약 어떤 변화가 단순히 '억압된 것의 회귀'retour du refoulé[1]일 경우에는 인식론적인 단절, 패러

---

1 여기서 저자는 '억압된 것의 회귀'라는 정신분석학 용어를 차용한다. 이것은 프로이트에 의해 처음 고안된 개념이다.

다임의 전환을 선언하는 일에 있어서 매우 신중해야 할 것이다.

혁신은 기존의 것을 부인하는 것을 뜻하는 말이 아니다. 구조주의는 오직 불연속적인 현상과 이른바 '이산적'discret인 대립 관계만이 지각 가능한 대상이라고 규정하고 이를 기본 전제로 삼았다. 이때 구조주의는 불연속적인 현상과 이산적 대립이 출현하는 과정, 하나의 가치가 자리를 잡기까지의 과정은 고려하지 않았다. 불연속적인 현상들은 그 출현부터 정착까지 여러 단계의 중간 과정을 거친다. 이 중간 과정에서 우리는 지속적인 변조와 점진적인 긴장이 뚜렷하게 나타나는 것을 알 수 있다. 랑그를 추상적인 닫힌 체계로 보는 관점에서는 이러한 성격의 중간 과정은 연구의 대상이 될 수 없다. 그러나 우리는 담화discours와 특정 담화의 발화énonciation가 랑그 체계의 단순한 발현이 아니라는 것을 잘 알고 있다. 담화와 발화는 무엇보다 체계의 생성 과정과 체계의 도식화schématisation를 포함하며, 감각적sensible인 세계의 지각을 통한 랑그 체계의 형성 과정 또한 포함한다. 만약 오늘날과 같은 분위기에서라면 구조주의자는 보다 완곡한 표현으로 다음과 같이 말했을 것이다. 오직 불연속적인 단위들만이 지각perception 가능한 것은 사실이지만, 이들이 불연속적인 단위로 확정되기 이전 과정을 고려해야만 우리는 이 단위들을 이해할 수 있다고 말이다. 이 말은 생성 과정의 결과인 이산적 대립만큼이나 생성 과정 자체도 '가지적인 대상이 될 수 있음'(관여적임, pertinent)을 뜻한다.

구조주의로부터 영감을 받은 학문들이 그러하듯 기호학 역시 형식화를 중요시한다. 상징적인 기호들의 표상 체계, 명시적이며 코드화된 체계는 강한 형식주의를 보여 준다. 체계 속에서 기술되는 형식들은 순수하게 개념적인 성격을 보이며 고정되어 있고 완결되어 있는 무엇이다. 하지만 앞서 말했듯이, 이 형식들은 여러 단계의 중간 과정을 거쳐 완결된 것으로, 그 중간 과정에서 이들은 아직 불안정instable하고 생성 중인en devenir 무엇이었다. 또한 이 중간 과정에서 이들은 '감각적'이고 '인상적'impressif인 여러 자질들로 나타난다. 그러나 형식화는 이 감각적인 자질들을 모두 탈락시킨다. 상징주의적인 형식화는 이 시대에 새롭게 제기되는 물음에 답하는 일에 있어서 적합하지 않다. '형식'은 분명 우리가 파악하고자 하는 목표 대상이며 우리는 가능한 한 가장 명시적인 방식으로 이 '형식'을 기술하고자 한다. 그러나 그 목표에 이르는 과정에서는 기존의 상징주의적 기호화보다는 위상학적인 표상이 더 유용한 방법론을 제공할 것이다. 즉 이제 우리에게는 의미의 완결된 형식화보다는 생성 중인 의미의 도식화가 더 필요해졌다는 말이다.

언어형식과 그 형식을 발생시키는 작용을 설명하고자 하는 모든 언어 과학은 이제 언어활동의 결과만큼이나 과정을 천착하며 이 새로운 목표를 가지고 기존 언어학의 경계를 넘어섰다. 기존의 언어 과학이 상징기호들의 연속체와 그 술어적 상관관계만을 고려했다면 이제 우리는 하나의 위상학적인 공간을 상정하고 그 공간에서의 위치position를 문제 삼는다. 추상적이며 변형 가능한 동시에 매개변수들에 의해 조정될 수 있는 이 공간에서 기호의 의미를 표상하는 것, 이것이 우리 시대 언어 과학의 새로운 과제가 된 것이다.

80, 90년대에 일어난 또 다른 주목할 만한 변화는 이전에 연구의 대상이 될 수 없었던 것, 배제되어 있던 것들이 새로운 연구 주제로 등장했다는 사실이다. 분과 학문으로서의 기호학이 마땅히 다루었어야 함에도 불구하고 구조주의의 원칙에 위배된다는 이유로 배제되어

있던 주제가 있었다. 당시, 언어학자와 기호학자가 담화의 함축적 의미implicite, 암시sous-entendu에 관심을 갖는 것은 구조주의를 따르는 학문의 지향점과 맞지 않다는 이유로 금기시되곤 했다. 80년대에 들어서면서, 화용론pragmatique과 발화 언어학의 영향으로 촉발된 변화의 움직임 속에 비로소 우리는 담화의 함축적 의미, 암시를 다시 다룰 수 있게 되었다. 암시의 암흑기였던 30년대에도 물론 바흐친과 같이 시대가 환영하지 않는 주장을 한 이들이 아주 없었던 것은 아니다. 바흐친은 형식주의 언어학에 대립하는 언어 의미의 암시적 위상을 주장한 바 있다. 당시에 그는 이미 '발화체'énoncé라는 용어를 사용하였으며 담화의 가치론적이고 이데올로기적인 정향orientation을 주장하였다.

구조주의 시대에서 용서받지 못할 학문적 죄악은 '유심론'menta-lisme이었다. 주관적인 인상, 내적 의식, 직관적 심리와 같은 것들은 모두 학문적 사유의 장에서 배제되었다. 직간접적으로 인간 사유에 착오를 일으키는 것처럼 보이는 모든 것은 완전히 배제되었던 것이다. 이러한 맥락에서 박해받았던 언어학자 중 한 사람이 귀스타브 기욤이다. 그는 언어활동 주체의 정신 구조 내에는 '조작 시간'temps opératif의 기능이 있으며 이것은 언어활동의 필수적인 조건이 된다고 주장하였다. 노암 촘스키 역시 논란의 대상이 되곤 했다. 그는 문법의 적법성을 판단하는 것이 화자의 직관이라고 주장했다. 그에 따르면, 모든 화자는 언어학적 전문 지식을 가지고 있는 언어학자이며 이들의 내적 심리, 즉 직관이 언어의 적법성을 판단한다. 제라르 주네트 또한 그의 '시점'point de vue 개념이 지각심리학에 지나치게 의존적이라는 비판을 받았고 그 때문에 시점 개념을 계속 발전시킬 수 없었다.

이제까지 우리는 기호학이 정념의 문제를 재발견하기까지, 의미 작용signification에서 지각이 맡은 역할을 다룰 수 있게 되기까지, 감각 세계와 지각의 관계를 논할 수 있게 되기까지, 현상학과의 은밀한 공모 관계를 밝히기까지 왜 그렇게 오랜 시간이 걸렸는가 하는 문제의 배경을 살펴보았다. 시대가 그것을 허용하는가의 여부와 상관없이 구체적 담화는 사건과 감정 상태를 내용으로 한다는 엄연한 사실과, 지각은 텍스트적인 기술과 리듬을 형성한다는 사실은 아무도 부인할 수 없을 것이다. 그렇다면 기호학이 이 문제를 다루기까지 왜 그렇게 오랜 시간이 걸린 것인가? 그 이유는 이 주제를 의식 차원이 아닌, 담화 차원에서 **담화의 속성들**propriétés du discours로 다루는 데 필요한 도구를 마련해야만 했기 때문이다. 인지심리학의 한 부류로서가 아니라 의미 이론에 적합한 주제로서 다루기 위한 장치가 필요했다는 말이다. 현상은 일찍이 파악되었지만 담화 기호학의 관점에서 그 현상을 지식 담론의 재료로 구성하는 작업이 과제로 남아 있었던 것이다.

오늘날 그 과제는 어느 정도 수행된 것으로 보인다. 기호학은 이제 정념과 담화적 감성을 다룰 수 있다. 담화의 서사적 논리, 논증적 논리, 발화행위acte d'énonciation와 동일한 자격으로 정념의 문제가 논의된다. 정념을 기술할 때 우리는 더 이상 담화를 단순한 증상으로만 치부하지 않는다. 담화는 내적인 심리 상태를 드러내는 외적 증상으로 환원될 수 없다. 기호학은 담화를 새로운 발견을 가능케 하는 영역으로서만이 아니라 학문적 기획의 핵심 과제로 삼는다. 따라서 오늘날 기호학이 새로운 물음을 제기한다고 할 때, 이것은 기호학을 하나의 분과 학문으로 확립시킨 토대를 폐기한다는 의미가 아니라 그 토대를 바탕으로 완전히 새로운 기획에 도전한다는 것을 뜻한다.

이 새로운 관심사가 무엇인지를 여기에서 장황하게 소개할 필요는 없을 것이다. 이어지는 본문에서 충분히 기술될 것이며 또 이 책이 아니어도 이미 다른 자료들을 통해 여러 차례 소개된 바 있다. 우리는 다만 앞에서 이야기한 학문적 전환의 두 가지 핵심적인 차원을 상기시키는 것으로 만족하고자 한다.

(1) 기호학의 관심은 의미의 구조에서 의미의 생성 과정opérations, actes으로 이동했다.

(2) 기호학의 관심은 이산적 대립 관계(불연속성)에서 긴장적이고 점진적인 차이différences tensives et graduelles(연속성)로 이동했다.

첫 번째 관심의 이동은 우리로 하여금 담화 차원의 의미작용들을 표상할 수 있는 하나의 통사 모델을 구축하도록 해 주었다. 이제 의미 세계는 고정된 형식들의 안정적인 집합으로서보다는 하나의 실천praxis의 장으로 이해되어야 한다. 두 번째 관심의 이동을 통해 우리는 '긴장'과 '점진적 변화'의 의미론sémiotique을 구축하였다. 이것은 기존의 '차이'의 의미론을 대체하는 이론이 아니다. 이 둘은 상보적이면서 동시에 경쟁적인 관계에 있다.

서두에 밝혔듯이 이 책은 교재의 용도로 쓰였다. 교재는 기존의 연구 성과들을 이해하기 쉬운 방식으로 소개해야 할 사명을 가진다. 그러기 위해서는 연구 결과들을 체계적이고 논리적인 형식으로 그리고 명시적이고 활용 가능한 방식으로 소개한다는 원칙을 준수해야 할 필요가 있다. 그러나 너무나 자주 우리는 이 의무를 시간에 맡겨 버리곤 한다. 그리고 연구 결과들을 수집, 정리하는 일은 교육자, 일선 교사들에게 맡기곤 한다. 이런 이유로 많은 연구 업적들이 출간 이후 10년 또는 15년이 지나서야 교육 현장에 도달하는 일이 비일비재하다.

우리는 이 작업을 시간에 맡기지 않고 스스로 수행하는 위험한 시도를 했다. 이것은 확실히 위험을 감수하는 일이다. 시간은 우리가 기억하지 못하는 사이에 많은 이론과 가설을 걸러 준다. 시간은 어떤 이론을 인증하거나 폐기하고 그 유효성을 검증한다. 시간은 여과하고 분류하는 과정에서 완성도 있는 설명력, 체계성, 일관성의 조건들을 마련한다. 그런데 시간에 맡기지 않기를 선택한 우리는 이 생략할 수 없는 작업을 스스로 해야 하는 막중한 과제를 떠안은 것이다. 우리는 여과하고 선별하면서 이론의 유효성을 검증해야 한다. 그리고 일관된 설명을 구축해야 한다. 시간에 의존하지 않고 이 작업을 해내기 위한 방편으로서 우리는 **하나의 관점**un point de vue을 도입하기로 한다.

어느 것 하나 대충 넘기지 않고 전체를 꼼꼼하게 조망할 수 있는 하나의 관점을 선택함으로써 다양한 이론을 종합하는 이 어려운 작업은 일관성과 체계성을 갖출 수 있었고 명료함을 획득할 수 있었다. 이 관점이란 이른바 **실행 중인 담화**discours en acte의 관점을 말한다. 이는 다름 아닌 '살아 있는 담화'의 관점이면서 '생성 중인 의미'의 관점이다.

우리가 이 관점을 채택한 이유와 배경은 첫 장('기호에서 담화로')에서 충분히 설명될 것이다. 실행 중인 담화의 관점을 채택한다는 것은 언어를 최소 단위로 분절하여 그 구조를 분석하기보다는 기호적 실천이 어떤 방식으로 우리의 경험을 언어로 구성하는가를 살펴보겠다는 의지의 표명과 다르지 않다. 이미 30여 년 전에 그레마스가 예견한 바와 같이 기호학의 기획은 **의미를 생성하는 모든 활동**을 대상으로 한다. 실행 중인 담화의 관점은 생성 중인 의미, 구축 과정에 있는 의미를 주목한다.

이 관점은 모든 기호학 이론이 특정 형태를 갖추기 위해 필요로 하는 기본 틀, 즉 **의미의 기본 구조**les structures élémentaires를 제공할 것이다. 담화 기호학의 최소 단위는 기호signe가 아니다. 기호학은 각각의 '의미 집체'ensemble signifiant를 구성하는 가치들valeurs의 체계를 연구하는 학문이다. 담화 기호학에서 이 가치들의 체계는 **긴장 구조**la structure tensive의 형식을 취한다.

제III장에서 우리는 **담화**discours라는 제목으로 실행 중인 담화의 관점을 취함으로써 빚어진 모든 결과들을 살펴볼 것이다. 위상학적인 형태를 갖는 '장'champ으로서 담화의 전체적인 구성을 파악하는 한편, **긴장 도식**schémas de tension과 **표준 도식**schémas canoniques으로 나뉘는 여러 종류의, 여러 유형의 도식화를 검토할 것이다.

제IV장('**행위소, 행위자, 양태**'actants, acteurs et modalités)과 제V장('**행위, 정념, 인지**'action, passion, cognition)에서는 담화 행위의 관점을 채택함으로써 기존 기호학 이론이 어떻게 재구성되는가를 기술할 것이다. 행위소 이론théorie actantielle과 관련하여서는 **위치 논리**la logique des places와 **힘의 논리**la logique des forces의 경쟁 구도가 어떻게 담화의 **위치 행위소**les actants positionnels와 이야기의 **변형 행위소**les actants transformationnels를 구별하는가를 알아볼 것이다. 담화의 거시적 차원les grandes dimensions에 관해서는 실행 중인 담화의 관점이 어떤 면에서 행위, 정념, 인지의 논리를 재배치하는가를 살펴볼 것이다.

마지막 장에서 우리는 '발화'의 개념을 검토하는 것으로 이 책의 결론을 맺고자 한다. 사실 발화 개념은 그동안 많은 역경을 겪었다. 구조주의에 의해 '잊혔다가' 포스트 구조주의 언어학에서 지배적인 개념으로 부상했다. 기욤의 언어학le guillaumisme이 결국 발화 이론이었다는 재해석이 나왔을 정도로 발화 개념의 위상은 역전되었다. 발화는 아무것도 아닌 것으로 취급받던 시절을 지나 '모든 것'으로 거듭난 것인가? 여기서 '모든 것'이란 닫힌 체계, 고정된 체계로 볼 수 없는 모든 것을 말한다. 이렇게 해서 발화의 주체는 담화 심급l'instance de discours과 같은 것으로 볼 수 있는가의 문제가 제기된다. 모든 것을 설명한다는 말은 아무것도 설명하지 못한다는 말과 같기 때문이다. 이 물음을 다루면서 우리는 실행 중인 담화의 관점에서 발화 개념을 보다 정교하게 가다듬기를 시도할 것이며 이것이 이 책의 마지막 작업이 될 것이다.

차례

담화 기호학

제1장   기호에서 담화로

개요

의미 이론의 역사에서 기호학이 독립적인 분과 학문으로 자리매김한 것은 19세기 말 퍼스와 20세기 초 소쉬르의 이론에 의해서였다. 퍼스는 기호를 분류하는 작업으로, 소쉬르는 기호들로 이루어진 체계를 연구하는 작업으로 기호학의 토대를 닦았다. 그러나 오늘날 기호학은 하나의 담화 이론으로서 학문적 정체성을 새롭게 확립하고 있으며 그 주된 관심은 기호에서 모든 의미 집체로 옮겨졌다.

본 장은 이 새로운 시각으로 기호 이론들을 재검토하고자 한다. 담화 기호학의 관점을 선택한 우리는 기존 의미 이론들로부터 어떤 양분을 취할 수 있는가? 의미의 최소 단위 문제를 괄호 안에 넣는다면, 그리고 그 자리를 대체하는 것으로 담화를 생성시키는 각종 의미 집체와 행위actes를 기본 단위로 삼는다면 무슨 일이 벌어질까? 그렇게 되면 지각과 감각sensibilité의 문제가 수면 위로 떠오르는 것을 보게 될 것이다.

1. 기호와 의미작용

의미/감각sens이라는 말이 가지는 다양한 의미들을 보면 적어도 하나의 공통점이 발견된다. 그것은 우리가 거의 매 순간 다음 두 가지 의미를 구별한다는 사실이다. 두 가지 의미란 이미 확정된 규약 관계로서의 의미를 뜻하는 결과물로서의 의미와 **살아 움직이는 의미**를 뜻하는 이른바 **실행 중인 의미**la signification en acte가 그것이다. 후자는 전자보다 당연히 난해한 느낌을 준다. 하지만 이 책이 채택하는 관점은 후자의 것이다. 왜냐하면 기호학의 경험적 실험의 장은 기호가 아니라 담화이기 때문이다. 기호학의 최소 분석 단위는 이제 텍스트 —— 언어 또는 비언어 텍스트 —— 이다.

담화의 관점에서 기호 이론들을 검토하면서 우리는 의미 이론의 네 가지 주요 자산을 발견할 수 있었다. 소쉬르의 이론에서는 다음 두 가지 자산을 취할 텐데, 하나는 두 '세계'의 공존, 즉 기의들signifiés로 이루어진 내부 세계와 기표들signifiants로 이루어진 외부 세계의 공존이고 다른 하나는 의미를 가치들의 체계로 정의하는 방식을 말한다. 퍼스의 이론에서는 해석체interprétant의 특권적 지위와 바탕fondement의 중요성을 계승할 것이다. 해석체의 특권적 지위란 특정 의미를 지향visée하는 움직임, **지향의 방향을 결정하는 관점**의 중요성을 말한다. 또한 바탕은 의미의 포착saisie이 일어나는 관여 영역domaine de pertinence의 범위를 결정해 주는 역할을 한다.

2. 지각과 의미작용

언어활동의 두 층위는 이제 두 면을 대체한다. 우리가 어떻게 명명하든지 간에, 언어의 두 층위는 **의미 세계에서 위치를 점유하는 지각하는**

신체un corps percevant qui prend position에 의해 분할된다. 지각하는 신체는 위치를 점하는prise de position 과정에서 표현 층위(외부 세계)와 내용 층위(내부 세계) 사이의 경계frontière를 정한다. 이 두 층위를 하나의 언어활동으로 결합시키는 것 또한 바로 이 신체가 담당하는 일이다.

감성le sensible과 지성l'intelligible은 언어의 두 층위를 결합시키는 행위 속에서 매우 긴밀하게 연결되어 있다. 모든 인지과학이 감성과 지성의 상호작용을 무시할 수 없는 것처럼 담화 기호학도 예외가 아니다. 범주의 형성formation des catégories과 실행 중인 의미는 그 자체로 감성 체계에 종속되어 있기 때문이다. 전형 의미론sémantique de prototype이 우리에게 가르쳐 준 것 가운데 하나는 여러 가지 범주화 스타일styles de catégorisation이 있다는 사실이다. 우리는 이 장에서 여러 가지 범주화 스타일의 구분이 각 범주화가 감성과 지성에 부여하는 무게에 따라 결정되는 양상을 살펴볼 것이다.

1. 기호와 의미작용

1.1. 의미의 다양한 정의

1.1.1. 의미/감각, 의미작용, 시니피앙스

기호 현상 일반을 가리키는 말로서 주로 사용되는 용어로는 **의미/감각**sens, **의미작용**signification 그리고 **시니피앙스**signifiance가 있다.

a_(의미/감각)

프랑스어에서 의미/감각은 무엇보다 **지향**direction을 뜻하는 단어다. 어떤 사물이나 상황이 하나의 의미/감각을 가진다고 말할 때 이것은 **특정 방향을 향해 나아가고 있음을 가리킨다.** 이때 '어떤 방향으로 나아감', '지향'을 **지시**référence의 방향 조종으로 해석하는 일이 자주 있는데 이것은 오류다. 지시는 의미/감각이 뜻하는 여러 지향 중 하나일뿐이다. 다른 종류의 지향들도 얼마든지 가능하다. 예컨대 하나의 텍스트는 고유한 일관성을 갖는 방향으로 전개되는데 덕분에 우리는 그 텍스트의 의미/감각을 예감할 수 있다. 또한 하나의 형식이 이미 잘 알려진 전형적인 형식에 가까워질 때 우리는 그 형식의 의미/감각을 식별할 수 있다. 즉 의미/감각은 어떤 사물, 실천, 상황에 의해 발생된, 어느 정도 파악이 가능한 지향의 결과이며 긴장의 효과를 가리키는 말이다.

따라서 의미/감각은 기호학이 담당하는 비정형적인 **질료**matière로 정의될 수 있다. 기호학은 이 비정형적인 질료를 일정한 형식으로 조직하여 이해 가능한 대상으로 만드는 일을 담당한다. 이 '질료'는 물리적인 대상일 수도 있고 심리적인 대상일 수도 있다. 또한 사회적이거나 문화적인 대상일 수도 있다. 여기서 질료는 자동성이 없는 물질만을 가리키는 것은 아니다. 다시 말해서, 물리적인, 심리적인, 사회적인 세계의 법칙에 종속된 물질만을 가리키는 것이 아니라는 말이다. 하나의 해석체를 위해 그토록 많은 의미작용을 요청하고, 압력을 행사하며, 저항résistance하는 일련의 움직임으로 구성된 지향, 즉 방향 조종이 이루어지는 것을 볼 때, 질료는 수동적인 물질일 수 없다. 요컨대 질료는 물리적인 세계의 법칙에, 심리적이고 사회적인 세계의 법칙에 수동적으로 종속되어 있는 물질이 아니다. 어떤 '질료'가 식별 가능한 의미 효과를 생성하기 위한 최소 조건은 그 질료가 앞으로 우리가 **지향적 형태론**morphologie intentionnelle이라고 부를 이것을 갖추는 것이다.[1]

b_의미작용

프랑스어에서 **의미작용**은 분석을 통해 체계화되는 결과물이다. 이 단어는 하나의 표현에 배정된 의미 내용을 뜻한다. 이때 이 표현이 (분할에 의해) 독립적으로 존재하고 해당 내용이 (치환에 의해) 이 표현에 특징적으로 매여 있는 것이 확인된다면 이것은 의미작용이라고 할 수 있다. 여기서 우리는 **의미작용**이 단위의 규모와 상관없이 어떤 하나의 단위와 연결된 개념인 것을 알 수 있다. ── 우리에게 있어 최상위 단위는 담화라는 사실을 기억해 두자 ── 또한, 의미작용은 하나의 표현 층위plan de l'expression가 하나의 내용 층위와 맺고 있는 관계를 뜻한다. 그래서 이 용어는 언제나 '…의 signification'(무엇의 의

---

1 루이 옐름슬레우가 처음 사용한 용어.

미작용)으로 사용되는 것이다.

　결론적으로, **의미작용**은 언제나 **분절된 상태**articulée로 존재한다는 점에서 **의미/감각**과는 구분되는 개념이다. 의미작용은 분할과 치환의 과정이 있어야만 식별이 가능하다. 즉 독립된 단위가 다른 단위들과 맺고 있는 관계를 통해서만 의미작용을 파악할 수 있다는 말이다. 달리 말하면, 이 의미작용이 같은 단위를 위해 사용 가능한 다른 의미작용들과 맺고 있는 관계를 통해서만 파악할 수 있다는 말이다. '지향' 개념이 의미/감각과 불가분의 관계에 있는 것과 마찬가지로, **분절**articulation 개념은 그 정의상 **의미작용**과 밀접하게 연결되어 있다.

오랫동안 우리는 분절 개념을 **차이**différence 개념과 관련된 것으로 이해했고 불연속적인 단위들 사이의 차이로 이해해 왔다. 하지만 이것은 분절 개념이 가질 수 있는 다양한 속성 가운데 하나에 불과하다. 예컨대, **더위**chaleur와 같은 의미론적 범주는 점진적인 범주이며 더위가 포함하는 다양한 온도는 서로 대립하지 않으면서도 얼마든지 식별이 가능하다(**추위**froid, **혹한**glacial 등도 마찬가지다). 만약 이 점진성이 특정 방향을 향하는 움직임이라면 더위가 포함하는 온도 중 **미지근한**tiède과 같은 온도의 의미작용은 점진성의 방향에 따라 달라질 것이다. 점진성이 더위를 향해 긍정적으로 움직이는 경우에는 **미지근함**이 비호의적인 의미를 가질 것이고, 반대로 추위를 향해 긍정적으로 움직이는 경우에는 호의적인 의미를 갖게 될 것이다. 그러니까 결국 의미작용을 결정하는 것은 점진성의 **분극**polarisation이다. 게다가 문화권에 따라, 언어권에 따라, 때로는 담화의 종류에 따라 미지근한 온도는 추위의 극점에 더 가깝게 나타날 수도 있고 더위의 극점에 더 가깝게 나타날 수도 있다. 즉 특정 온도의 위치는 언어, 문화, 담화에 따라 달라진다는 말이다. 만약 음극에서부터 양극으로, 극성의 방향을 따라 점진적인 온도 차를 살펴본다면 **미지근한** 온도에 해당하는 온도가 출현하는 **문턱**seuil 지점을 발견할 수 있을 것이다. 이렇게 의미 분절의 유형들은 대립, 위계, 정도, 경계, 분극 등 매우 다양하게 존재한다.

c_시니피앙스

시니피앙스는 특정 구조를 갖춘 집합 내에서 일어나는 의미 효과들의 총체를 뜻하는 말이다. 이때, 의미 효과들은 이 집합을 구성하는 단위들의 효과로 대체될 수는 없다. 즉 시니피앙스는 **의미작용들의 총합**이 아니라는 말이다. 시니피앙스는 지금까지 복수의 정의를 가지고 다양하게 사용되어 왔다. 특히, 정신분석학에서 이 용어는 통제할 수 없을 정도로 다양한 의미로 사용된다. 하지만 이 용어에 관해 일관되게 나타나는 하나의 경향은 이것이 다음과 같은 방법상의 물음을 제기한다는 사실이다: 분석은 반드시 가장 작은 단위에서 출발하여 가장 큰 단위로 진행되어야 하는가? 혹은 그 반대 방향으로 진행되어야 하는가? 엄밀한 의미에서, **의미작용** 개념은 전자의 방향에, **시니피앙스** 개념은 후자의 방향에 해당한다고 볼 수 있다.

시니피앙스는 오늘날 거의 사용되지 않는 용어이다. 그 이유는 이 용어가 오늘날에는 더 이상 타당하다고 여겨지지 않는 위계를 상정하기 때문이다. 이제 그 쓰임은 학술 용어로만 제한적으로 인정될 것이다. 각 단위들의 의미가 이 의미들을 포함하는 보다 총체적인 집합들의 의미를 결정한다는 생각은 아마도 학술적 담론의 영역에서만 가능할 것이고 따라서 시니피앙스의 쓰임은 학술 용어로서만 용납될 수 있을 것이다. 담화 기호학이라는 새로운 관점의 기호학을 선택한 우리에게는 담화의 전체적인 의미작용이 담화를 구성하는 단위들의 부분적인 의미작용을 결정한다는 생각은 기본 전제가 된다. 예컨대, 담화적 정향orientation discursive이 각 문장의 통사까지 결정할 수 있다는 것을 앞으로 보여 줄 것이다. 이는 미시 분석이 더 이상 유효하지 않다는 주장은 아니다. 단지 미시 분석이 거시 분석의 제어하에 있어야 한다는 것이다.

부분이 전체를 결정한다는 생각은 오늘날 설득력을 상실해 가고 있다. 이러한 배경에서, **의미작용** 개념도 **시니피앙스** 개념을 포괄하는 총칭적인 의미로 사용되고 있다. 우리도 이 흐름을 따르기로 한다.

1.1.2. 기호학과 의미론

에밀 뱅베니스트는 의미 연구를 두 개의 구별된 체계로 나눌 것을 제안하였다. 한편에는 언어 체계 내에서 사회 규약에 따라 고정된 랑그의 단위들이 갖는 의미가 있고 다른 한편에는 발화행위에 의해 생산되는 의미, 구체적인 언어 행위들이 갖는 의미, 즉 담화의 의미가 있는데, 이 두 영역을 구별해야 한다는 주장이다. 뱅베니스트에 따르면, **기호학**은 랑그의 단위들이 나타내는 의미와 그 형태, 어휘론적 표현을 결합시켜 주는 규약적인 관계를 밝히는 학문이며 '담화 심급'이 담당하는 구체적인 발화행위의 의미작용을 밝히는 것은 **의미론**의 역할이다.

그러나 언어학자들은 이 구분을 인정하지 않았다. 언어학자들은 언어학 영역 내에서 의미의 내용 층위를 내재적으로 연구하는 학문을 **의미론**이라고 부른다. 이에 반해, **기호학**은 의미가 생성되는 모든 과정을 연구하는 학문이다. 지금 제기되는 이 문제는 현재의 경향과 관련이 있다. '부분'과 '전체' 사이의 관계를 넘어서서, 이제는 언어에 접근하는 두 개의 다른 방식이 문제가 된다. 한편에는 공동체의 기억 속에 가상 체계의 형태로 축적된 언어단위만을 고려하는 정태적인 접근 방식이 있고 다른 한편에는 구체적 담화에 의해 생산되는 '생동감 있는' 의미작용을 고려하는 방식, 행위와 작용 과정에 민감한 역동적인 접근 방식이 있다.

퍼스 전통의 기호학도 **의미론**(언어단위들의 의미작용), **통사론**syntaxe(언어단위들의 조합 법칙), **화용론**(의사소통 상황situation de communication에서 개인 또는 집단 주체를 위해, 주체에 의해 수행되는 언어단위들의 조합과 조작)을 구별할 것을 주장했다. 구분 방식은 다르지만 문제 제기의 지점은 동일하다: 담화는 과연 체계 내에 확립되어 있는 언어단위들의 단순한 '실행'인가, 아니면 '개인적 사용'인가? 담화는 과연 고유한 법칙, 고유한 의미 효과를 갖고 있는가? 만약 우리가, 앞서 밝힌 것처럼, 실행 중인 담화의 관점을 취한다면 **의미론**, **통사론**, **화용론**의 구분은 방법론적 측면에서 별로 유용하지 않을 것이다. 발화의 의미작용을 파악하고 나면 담화의 의미론적, 통사론적 측면에 적용할 수 있어야 하기 때문에 우리의 관점에서 기호학 분석은 별도로 다루어질 수 없다.

1.1.3. 왜 선택해야 하는가?

의미의 문제를 두 개 혹은 세 개의 영역으로 나누는 방식은 어디까지나 임시방편일 뿐이며 과거 특정 시기에 필요했던 조치이면서 동시에 그 시기를 지나면서 구분의 유익함도 불분명해진 조치이다. 예컨대, 한 언어단위의 '랑그상의 의미'sens en langue와 '담화상의 의미'sens en discours를 구분하는 것은 모두가 동의하는 바인데, 담화상의 의미가 랑그상의 의미의 여러 가능한 의미 중 하나인 만큼 이 구분은 난감한 문제를 야기하지 않는다. 그러니까 담화는 단어가 지니는 여러 의미 중 하나를 선택하는 것이라고 말할 수 있을 것이다. 하지만 두 개의 의미작용이 겹치지 않는 일이 발생한다면 문제는 좀 복잡해진다. 당연히 랑그상에서 예측되지 않는 담화상의 의미를 파악하기 위해서는 추가적인 해석의 수고가 필요하다. 잠재적인 의미들이 축적되어 있는 집합 속에서 하나를 집어내는 것과는 다른 절차가 요구된다. 이것은 단지 다를 뿐이며 얼마든지 가능하고 정당한 절차이다. 꼭 그래야 하는 것은 아니지만 실제로 이 특수한 담화 의미는 자주 수사적 표현figure de rhétorique과 함께 생산된다. 또한 애초에 예측 불가능했던 담화 의미가 랑그상에 자리 잡는 경우도 발생하는데, 그 사례는 비유적 전용catachrée에서 자주 나타난다(**트롬본** 또는 **사랑채**).

　방금 설명한 현상은 확실히 우리가 지금까지 언급한 각종 구분이 어느 정도의 논리적 근거를 갖는지, 언어기호의 송신과 수신, 코드화부터 해석까지의 일련의 과정이 어떤 것인지를 보여 준다. 언어의 코드화는 그 의미가 얼마나 익숙하게 알려진 것이냐에 따라 쉬울 수도 있고 어려울 수도 있다. 또 자동 반사적으로 이루어지는 것도 있고 보다 정교한 작업을 요구하는 것도 있다. 하지만 언어의 코드화와 해석의 여러 양태들 사이에서 앞서 언급한 구분들은 **의미 사행**procès de signification 자체에 관해서는 아무런 도움을 주지 못한다. 다시 말해서, 그 언어가 담화 행위에 의해 실현되는 과정 그대로의 상태에서 의미를 파악하는 데에는 유용하지 않다.

뿐만 아니라, 이 문제와 관련하여 우리는 언어만을 고려해서는 안 될 것이다. 언어는 매우 광범위한 영역에 걸쳐 코드화된 형태의 집합을 보유했지만 각종 비언어 의미 행위 ― 몸짓 기호, 시각 기호 등 ― 에 눈을 돌리는 즉시 우리는 담화에 의해 새로운 의미가 고안되는 현상의 중요성이 훨씬 커지는 것을 알 수 있다. 이처럼 각 요소들이 하나의 체계를 구성하는 측면에서 보면, 언어 행위들이 얼마나 서로 이질적인지를 알 수 있다. 만약 우리가 한 언어공동체의 자연언어들을 체계화할 수 있다고 해도, 그들의 회화, 오페라, 몸짓 등 의미를 생성하는 모든 실천 일반을 파악할 수 있는 것은 아니다. 여기서 이런 물음이 제기될 수 있을 것이다. 의미를 담지하는 언어 체계가 확립되는 그 원리가 비언어 행위에도 얼마간 적용될 수 있지 않을까? 만약 그런 원리가 있다면, 그 체계를 파악하기까지 수백 년 또는 수천 년을 기다려야만 할까? 언어의 경우, 체계와 체계 사이에서 번역의 필요성이 생겼고 ― 문자언어와 구술 언어의 경우가 그랬다 ― 그래서 언어단위를 안정적으로 분할하고 수용 가능한 문법을 기술하기까지 그토록 오랜 시간이 걸렸다.

기호(랑그의 최소 단위)의 관점에서 의미 현상에 접근하는 시도는 실제로 있었지만 이것은 그리 효율적이지 못한 것으로 밝혀졌다. 기호 차원의 단위들의 체계가 확립이 되면 그 조합을 고안해야 하는데, 서로 이질적인 감각기관들 사이의 상호 연계성은 상당히 곤란한 문제를 야기한다. 이런 이유로 결국 원자론의 세계로 들어가 끝없는 유형화 작업을 하게 된다(퍼스는 레이디 웰비에게 쓴 편지에서 자신이 드디어 5만 9049개의 기호 집합을 검토하여 정합성을 갖춘 66개의 집합으로 재분류하는 일에 성공했고 이 작업이 가능했다는 사실이 매우 감동적이라고 고백했다). 이러한 접근법으로 인해 이후 기호학은 그 연구 대상과 방법론에 따라 수많은 하위 학문으로 나뉘게 된다. 수많은 기호 부류들을 단일한 담화로 통합하는 것은 매우 끈질긴 분석이 필요한 작업이기 때문에 기호학 연구가 점점 기호들을 분류하는 학문으로 특징지어지게 된 것이다(문학 기호학, 사진 기호학, 영화 기호학 등등).

한편, 언어 과학은 점점 작용과 절차의 형식화formalisation des opérations et des processus에 주된 관심을 두는 쪽으로 발전해 왔는데, 기호학도 이러한 흐름 속에서 진화해 왔다. 퍼스 전통의 기호학은 최근 기호 분류보다는 '해석 행정'parcours interprétatif을 중점적으로 다루고 있다. 담화 기호학의 경우에도, 해당 술어와 명사의 양적, 정태적 분류보다는 서술 기능과 가정 기능과 같은 보다 근본적인 부분을 탐색하는 방향으로 나아가고 있다. 이 새로운 관심을 좇아 우리는 **실천**, 기호 실천, 발화실천praxis énonciative을 주목하는 단계에 도달해 있다.

이어지는 내용에서는 우리의 관점, 즉 담화 이론의 관점에서 두 개의 주요한 기호 이론 — 소쉬르 이론과 퍼스 이론 — 을 간략하게 살펴볼 것이다. 이는 단순히 하나의 기호 분석 방법을 빌리기 위해서 라기보다는 더 나아가 두 이론을 종합하는 하나의 의미 이론에 도달하는 데에 그 목적을 둔다.

1.2. 전통적인 기호 이론

1.2.1. 소쉬르의 기호

소쉬르에 따르면, 기호는 **기표**signifiant와 **기의**signifié라는 두 개의 층위로 구성된다. 그는 기표를 하나의 '청각 이미지'로 정의했고 기의를 하나의 '개념 이미지'로 정의했다. 그러니까 기표는 표현으로서, 어떤 물리, 감각적 실질로부터 형식을 취한다. 반면에, 기의는 내용으로서, 어떤 심리적인 실질로부터 형식을 취한다. 하지만 이 두 요소가 하나의 기호로 결합되고 나면 이들은 유일하게 기호학적인 위상만을 갖는다. 이들의 물리, 감각적 성격과 심리적 성격은 더 이상 고려되지 않는다.

기호의 두 면, 기표와 기의의 관계는 '필연적'nécessaire이며 '관습적'conventionnelle인 성격을 갖는다. 즉 기표와 기의가 갖는 본질적 성격과는 전혀 상관없이 둘 사이의 상호 전제présuppositions réciproque에 기초한 관계라는 말이다. 게다가 이 관계는 전적으로 기호의 '가치'에 의해 정의된다. 여기서 '가치'란 한 기표와 기의가 같은 언어 체계 내에서 또 다른 기표들, 기의들과 맺고 있는 다양한 대립 관계 사이에서 결정되는 기호의 위상을 뜻한다. 공시적 차원synchronie에서 ── 그 시간에 주어진 랑그 체계에서 —— 이 가치는 불변하지만, 통시적 차원diachronie, 즉 랑그 체계가 변화하는 역사 속에서는 기호의 가치도 진화한다. 기호의 두 층위를 결합시켜 주는 끈은 이 진화의 과정에서 완전히 해체될 수도 있다.

체계 개념은 언어적 '가치'의 체계라는 관념으로부터 나온 것이다. 한 기호의 가치가 대립 관계의 망에 의해 결정된다면, 그리고 이 관계망이 공시적으로 안정적이어야 한다면, 이는 모든 기호들이 맺고 있는 대립적인 관계망이 하나의 안정적인 체계를 형성하기 때문이다. 체계는 문법책이나 어휘 사전을 제외한다면 화자의 머릿속에만 들어 있는 가상적 존재에 불과하지만 화자들은 매 순간 이 체계를 참조한다. 소쉬르가 제안한 언어학은 바로 이 **가치들의 체계**를 연구하는 학문인 것이다.

소쉬르의 후속 세대인 보르드롱은 이 환원 불가능한 **가치의 이원성**을 경제 분야에서 증명했다. 재화의 가치는 동시간대에 순환 중인 다른 재화 집합과의 관계 속에서 결정되며 동시에 그 재화가 지나온 역사적 맥락에서 결정된다. 언어학에서 가치의 이원성은 자연언어의 '공시적' 기능과 '통시적' 기능을 구분하도록 하는 결과를 가져왔다. 서사 기호학에서 가치는 의미론적 차이의 가치를 말하는 동시에 서사 주체와 대상의 관계를 통해 서사의 구조와 행위소actants들의 변형 과정을 주관하는 가치를 말한다.

따라서 **가치들의 체계**를 논하는 것은 가치를 구성하는 각 단위의 가치를 결정하는 관계들을 논하는 것이며 체계의 전체적인 진화를 결정하는 법칙들을 논하는 것이다. 이것은 결국 구성단위들 각각의 가치를 밝히는 것과 같은 일이다.

소쉬르 이론에서 기호 문제와 불가분의 관계에 있는 **체계** 개념과 **가치** 개념은 '지시 대상'référent을 배제하는 조건에서만 유효한 개념들이다. 실제의 사물이든 상상의 사물이든 기호가 가리키는 사물은 언어학적으로 다룰 수 없는 대상이다. 이 배제는 흔히 방법론적이고 인식론적인 선택으로 이해되는 경우가 많다. 왜냐하면 현실 세계의 지시 대상을 배제함으로써 언어학은 하나의 과학으로서 고유한 연구 대상을 획득할 수 있고 이로써 독립된 분과 학문의 위상을 얻을 수 있기 때문이다. 그러나 지시 대상에 관한 소쉬르의 입장은 사실 그가 정의한 기호 개념으로부터 발생한 불가피한 결과였다. 소쉬르의 기호에서 기표와 기의의 속성 중 지시 대상처럼 실질의 성격을 지닌 것은 모두 같은 방식으로 배제되었기 때문이다. 실제로 이 문제에 관해 가치들의 체계는 우리에게 아무런 정보를 주지 못한다. 이것은 체계 자체에 관해서도 마찬가지이다. 기호가 어떤 지시 대상과 연결되는 것은 완전히 **자의적인 것**arbitraire으로 이해되며, ── **우연적**contingent이라고 표현할 수도 있을 것이다 ── 다시 말해서 가치들의 체계는 이 문제에 관해 어떤 만족할 만한 설명도 제공하지 못한다. 이해 불가능한 것으로 여겨지는 관계는 결국 자의적인 것으로 선언된 것이다. 그런데 이 관계는 내재적으로 이해 불가능하거나 자의적 또는 우연적인 것이 결코 아니다. 자의적인 것이라는 선고는 채택된 관점일 뿐이며, 이것은 지시 대상과 공존할 수 없는 기호 개념과 가치 개념의 관점일 뿐이다.

자연언어의 기호 외에 다른 종류의 기호로 고찰의 범위를 확장해 보자. 소쉬르가 구상한 **기호론**sémiologie은 좁은 의미의 언어학을 포괄하는 상위 학문이었다. 만약 그 기획이 실현되었다면 그 학문은 언어적 실질과는 다른 물리적 실질의 기표들을 탐구했을 것이며 기본 관계가 '필연적'이거나 '자의적'이지 않은 기호들, 예컨대 시각 기호 체계와 같은 주제도 다루었을 것이다.

　　여기서 알 수 있는 사실은, 만약 우리가 체계의 구성단위들을 정의하는 문제와 분할하는 문제를 부차적인 것으로 놓는다면 소쉬르가 중점적으로 다룬 문제는 다음 두 가지 핵심 내용으로 요약될 수 있을 것이라는 점이다.

　　(1) **지각과 의미작용 사이의 관계**: 의미는 지각으로부터 생성된다. 우리가 '외부' 세계를 그 물리적, 생물학적 형식과 함께 지각한 결과 나타나는 것은 **기표들**이다. 반면에, 우리가 개념, 감정, 감각, 인상 등의 '내부' 세계를 지각한 결과 형성되는 것은 **기의들**이다.

　　(2) **가치 체계의 형성**: 이 두 종류의 지각은 서로 상호작용하며, 이 상호작용은 상이한 위치들의 체계를 규명한다. 이때, 각 위치는 지각의 두 양식에 따라 특징지어지는 것이며 이러한 위치들이 한데 모인 집합을 **가치들의 체계**라고 부르는 것이다.

　　이로써 소쉬르 기호 이론의 기저에 숨겨져 있던 하나의 의미 이론이 출현한다. '이미지' 개념(청각 이미지, 시각 이미지, 심상 이미지, 심리 이미지)을 통해서 더 명확해지는 이 이론은 지각에 뿌리를 두고 있다. **실질**부터 **형식**까지의 행로는 감각 세계부터 의미 세계까지의 행로이다. 우리는 비록 그 최종 결과만을 감지할 수 있지만 말이다.

1.2.2. 퍼스의 기호

소쉬르가 기호를 구분되는 두 면의 상호 전제 관계로 이해한 반면, 퍼스는 기호를 비대칭적인 관계로 정의했다: **어떠한 관계에서 또는 어떠한 명목으로 누군가를 위해 무엇인가를 대신하는 또 다른 무엇**quelque chose qui tient lieu pour quelqu'un de quelque chose sous quelque rapport ou à quelque titre. 일반적으로 소쉬르의 기호는 이원적이고(기표와 기의라는 두 면), 퍼스의 기호는 삼원적이라고 말한다. 하지만 퍼스가 정의한 기호 개념을 보다 면밀하게 살펴보면, 네 개의 요소로 구성된다는 것을 알 수 있다. (1) 표상하는 무엇 (2) 또 다른 무엇 (3) 어떤 사람 (4) 어떤 관계 또는 어떤 명목. 소쉬르는 기호를 정의하면서 지시 대상을 배제함으로써 언어학과 기호론에서 지시 대상이 배제되도록 했다고 흔히 알려져 있는 반면 퍼스는 지시 대상에 중요한 자격을 부여했다고 알려져 있다. 그러나 이는 지나치게 단순화한 내용을 바탕으로 한 것이어서 정확한 평가라고 보기 어렵다. 퍼스가 정의한 기호 개념을 보다 면밀하게 검토해 보자:

> 하나의 기호 또는 표상체representamen는 어떠한 관계에서 또는 어떠한 명목으로 누군가를 위해 무엇인가를 대신하는 또 다른 무엇이다. 기호는 어떤 사람과 상관한다. 다시 말해서, 기호는 이 기호를 읽는 사람의 정신 속에 동등한 가치를 갖는 기호 또는 보다 더 발달된 기호를 생성한다. 기호가 생성하는 기호를 나는 최초 기호의 해석체라고 부르겠다. 이 기호는 무엇을 지시한다. 여기서 무엇은 그 기호의 대상

체라고 할 수 있다. 기호는 이 대상체objet를 지시하는데, 모든 면에서 지시하는 것은 아니고 표상체의 바탕이라고 칭한 바 있는 일종의 관념에 견주어서만 그런 지시를 한다.

다시 헤아려 보자: (1) 표상체 (2) 대상체 (3) 해석체 (4) 바탕, 이렇게 총 네 개 요소로 나누어진다. 종종 대상체는 **역동적 대상체**objet dynamique(표상체에 의해 겨냥된 대상)와 **직접적 대상체**objet immédiat(해석체에 의해 대상체 안에서 채택된 것)를 구분하는데, 이렇게 구분한다면 총 다섯 개 요소가 된다.

기호의 기능은 다음과 같이 요약될 수 있다: **역동적 대상체** —— 복합적인 양상 안에서 파악된 사물 또는 상황 —— 하나의 **표상체**와 관계를 맺음 —— 표상체는 그 사물 또는 상황을 표상함 —— **바탕**이라고 칭한 바 있는 특정 관점으로만 표상함(어떤 관계 또는 어떤 명목하에서). 여기서 이 관점 또는 **바탕**은 **역동적 대상체** 안에서 하나의 관여적 자질을 채택하는데, 이것을 **직접적 대상체**라고 부른다. 이때 **표상체**와 **직접적 대상체**의 결합은 다섯 번째 요소인 **해석체** '덕분에' 또는 **해석체**를 '위해' 또는 해석체의 '명목으로' 이루어진다.

역동적 대상체를 '지시 대상'으로 이해할 수 있다 하더라도 이것은 오직 **직접적 대상체**의 바탕의 중개를 통해서만 세미오시스sémiosis에 참여한다는 사실이 분명해졌다.

움베르토 에코는 퍼스 기호의 구성요소를 여섯 개까지 고려했다:
(1) **바탕**은 한편으로 **역동적 대상체**에 관한 하나의 관점을 마련해

주지만, 다른 한편으로 기의의 내용을 제한한다. (2) **직접적 대상체**는 한편으로 **바탕**에 의해 **역동적 대상체** 안에서 채택되고 다른 한편으로 해석체에 의해 해석된다. (3) **역동적 대상체**는 그 형태에 의해 **표상체**의 선택을 유도하는데, **표상체**는 그 자체로 **해석체**와 연결되어 있어 **기의**를 밝혀내도록 해 준다. 에코는 기호의 구성요소는 세 개인 것으로 결론을 짓는데, **바탕, 기의, 해석체**는 결국 같은 것의 다른 이름일 뿐이라고 주장한다!

하지만 에코의 지적은 다음 몇 가지 내용과 관련하여 신중하게 재검토되어야 할 것이다: (1) 퍼스의 기호가 세 개 요소를 갖는다는 것은 삼원 기호로 보겠다고 선택한 주석가들에 의해서 결정된 것이다. (2) 퍼스의 작업은 너무 광범위하고 다양해서 여러 상이한 해석이 공존할 수 있다. 그중 몇몇은 주로 단순한 합의가 가능하지만 나머지 해석과 부딪히는 해석도 상당히 많다.

퍼스 이론에 관해서는 논란의 여지가 많지만 적어도 우리의 물음에 대한 답은 명확해졌다. 우리가 익숙하게 사용하는 의미에서의 '지시 대상', 즉 기호가 지시하는 현실은 퍼스 이론에서도 나타나 있지 않다: **역동적 대상체**는 적어도 부분적으로는 지각 대상을 가리키며 그 관여적 자질로서의 **직접적 대상체**란 기호적 조건, 즉 **바탕**이 부여하는 '관점'에서만 존재하는 무엇이다. 결과적으로, 퍼스의 대상체란 **표상체**에 의해 주체의 정신 속에 유발된 순수한 인공물에 다름 아니다. 그리고 에코가 지적했듯이, 역동적 대상체는 **의미론적 법칙**instruction sémantique에 따르는 **가능성들의 집합**ensemble des possibles일 뿐이다. 직접적 대상체는 이 역동적 대상체에 관한 정신적 이미지에 불과하며, 많은 가능성 중의 한 부분만 반영된 이미지라는 점에서 더 빈약한 이미지라고 볼 수 있다. 퍼스의 기호 개념이 가리키는 세계는 많은 가능성들이 잠재하는 집합 또는 파악된 세계 또는 범주화된 세계로부터 추출된 부분이다. 다시 말해서, 만약 지시 대상이 있다면, 그 지시 대상은 이미 조직된 기호학적 세계이며 양태, 지각, 범주에 관한 규약에 종속되어 있는 세계이다. 따라서 퍼스의 기호 이론은 새로운 의미 생성도, 의미 완결도, 의미 고정도 설명하지 않는다. 시작도 끝도 없는 광활한 세미오시스 안에서 오직 한 찰나의 순간만을 붙잡을 뿐이다.

따라서, 단위 분할의 문제를 괄호 안에 넣는다면 우리는 곧 퍼스의 기호 개념도 소쉬르 기호와 마찬가지로 지각과 의미작용 사이의 관계 문제를 제기한다는 사실을 알 수 있다. 다만 퍼스는 이 관계를 잘 정의된 심급instance으로서 파악하기보다 일차성이 이차성을 유발하는 '운동 안에서' 고려하고 있다. **표상체와 역동적 대상체**라는 두 개의 감각적 요소는 상호 선별의 원리를 따르고 있기 때문이다. 즉 **표상체는 해석체**의 통제하에서만 **대상체**와 연결될 수 있고 대상체는 **바탕**이라고 하는 관점에 의해서만 **표상체**와 연결될 수 있다.

두 경우에 모두 적절한 관계의 선별은 **주의 흐름의 유도 장치**guidage du flux d'attention로서 나타난다. 첫 번째 경우에는 **해석체** ── 이것이 결국 전체 의미작용이 겨냥하는 목표 지점이다 ── 가 표상체의 선택이 **어떤 방향으로** 의미작용을 이끌어야 하는가를 지시한다. 두 번째 경우에는 **바탕** ── 이것으로부터 대상체가 파악된다 ── 이 **역동적 대상체** 안에서 **무엇을 붙잡아야 하는가**를 지시한다.

이 주의 흐름의 유도 장치는 (1) 우선 방향성과 긴장성의 표지로 이해될 수 있다. 이것은 우리가 앞서 방향이라고 정의한 것으로 가시적인 **형태**에 의해 촉발된 표지를 말한다. (2) 다른 한편으로 이것은 관여 영역un domaine de pertinence의 정의로서 이해될 수 있다.

이 기호적 유도 작용들은 우선 정향적 긴장성, 곧 **지향**에 해당하는 것이 있고 두 번째로는 관여성 영역의 한정, 곧 **포착**에 해당하는 것이 있다. 여기서 지향은 '표상체—직접적 대상체—해석체'의 축과 관계하는 반면, 포착은 '**역동적 대상체—바탕—직접적 대상체**'의 축과 관계한다. 퍼스의 관점이나 보다 일반적인 현상학적 관점과 함께 고려하지 않더라도 **지향**과 **포착**은 의미가 지각으로부터 생성될 수 있는 가능 조건들이다.

담화적 의미를 논하기에는 아직도 두 가지 본질적인 조건이 충족되지 않았다: 하나는 지각과 정념, 그리고 담화의 중추인 신체의 문제이고 다른 하나는 이것 없이는 의미가 전혀 이해 **가능성**을 얻을 수 없는 가치와 가치들의 체계의 문제이다.

2. 지각과 의미

2.1. 쟁점들

기호 이론을 검토하면서 우리는 하나의 의미가 감각과 지각으로부터 어떤 방식으로 형성되는지에 관한 유용한 정보를 얻을 수 있었다. 만약 이 모든 기호 이론에서 기호 단위들의 분할을 문제 삼는 모든 것을 차치한다 하더라도 담화적 관점에 일관성을 부여하는 몇몇 자질들을

살펴보는 작업이 남아 있다. 이 자질들은 여기서 새로운 방식으로 재구성될 것이다:

- 감각적인 두 세계, 외부 세계와 내부 세계의 공존과 분할partage
- 정향적 형태론의 통제하에 주의 흐름을 유도하는 관점(지향)의 선택
- 의미작용을 위한 관여성 영역의 한정(포착)
- 세미오시스를 구성하는 두 세계의 결합을 통해 구축되는 가치들의 체계

2.2. 언어활동의 두 측면

2.2.1. 표현과 내용

기호적 관점을 버리는 순간 그 자리를 차지하는 새로운 주인공은 담화상에 나타나는 그대로의 언어활동의 관점이다. 언어활동은 **표현 층위**plan de l'expression와 **내용 층위**plan du contenu라고 불리는 두 차원의 결합을 통해 이루어진다. 이 두 차원은 또한 지금까지 우리가 '외부 세계', '내부 세계'라고 칭했던 바에 해당한다.

호칭을 변경한 이유에 관해 몇 가지 부연 설명을 해 보자. 내부와 외부의 경계는 사전에 주어진 것이 아니다. 이것은 '의식'의 경계가 아니라 어떤 살아 있는 존재가 하나의 사건, 상황 또는 오브제에 하나의 의미를 부여할 때마다 그때그때 설정되는 경계를 말한다. 예컨대, 당신이 어떤 과일의 색깔 변화가 그 익은 정도와 관련이 있음을 본다면, 이때 과일의 색은 표현 층위에 해당하며 익은 정도는 내용 층위에 해당한다. 하지만 당신이 과일의 익은 정도를 지속되는 시간의

차원과 연결시킨다면, 이번에는 익은 정도가 표현 층위에 속하고 시간이 내용 층위에 속하게 된다.

옐름슬레우는 『언리학 서설』에서 표현 층위와 내용 층위의 차이는 매 분석마다 새롭게 규명되어야 할 불안정한 것이기 때문에 조작적인 차이로 이해해서는 안 된다고 주장했다. 이 점에서 초점은 다음과 같이 이동한다: 언어의 두 면의 존재를 고정적인 것으로 보기보다는 두 면 사이의 경계가 정해지는 방식을 주목하자.

이 '경계'는 지각 주체의 위치에 다름 아니다. 지각 주체는 의미를 밝히고자 할 때 세상 속에서 자신의 위치를 고려한다. 이 지각적 위치로부터 내부 영역과 외부 영역이 정해지며 두 영역 사이에서 기호적 대화가 이루어진다. 주체의 위치 설정을 떠나서는 어떤 요소도 내부든 외부든 한 영역에 속할 수 없다. 왜냐하면 그 정의상 경계의 위치는 신체의 위치로부터 정해지기 때문이다. 이때, 신체는 의미 세계를 전유하기 위해 **임의대로** 자유롭게 움직인다.

인간의 구술 언어와 같은 몇몇 언어활동은 표현 층위와 내용 층위의 배치가 고정적인 것으로 나타나는 랑그 체계의 지배를 받는다. 하지만 이와 다른 유형의 기호적 관계도 얼마든지 가능하다. 예를 들어, 은유적 '내용 층위'가 서사적, 상징적 내용을 위해 표현 층위가 될 수 있다. 또한, 인간의 언어를 제외하면, '표현 층위의 문법'을 규정하는 일은 엄청난 수고를 요하는 일이다. 구체적인 표현 행위마다 내용과 표현 사이의 경계가 움직이기 때문이다.

경계가 끊임없이 재협상되는 두 세계 사이에서 조작자가 항시 이동 중인 이러한 세미오시스는 도무지 파악할 수 없는 기능이라는 문제 제기가 충분히 있을 수 있으며, 실제로 기호 이론의 틀에서는 파악이 불가능하다. 이러한 사정으로 볼 때, 이제 우리는 60년대 기호 이론들이 왜 그렇게 자주 교통신호등 체계와 같은 딱딱한 규범 체계로 매도되었었는지를 짐작할 수 있다. 또한, 문법과 어휘 규칙을 통해 유일하게 파악이 가능한 언어기호 이론만이 전면에서 다루어지고 나머지 모든 비언어 기호들은 그늘에 가려져 있었던 이유가 설명될 것이다. 사실 언어기호는 이러한 배경에서 너무 성급하게 다른 모든 기호들의 모델이 되어 버렸다.

만약 우리가 담화의 장에 관한 이론, 즉 발화에 관한 이론을 구축하고자 한다면, 실행 중인 담화의 관점에서는 표현 면과 내용 면을 분할하는 '위치 설정'은 담화 심급이 수행하는 첫 번째 행위가 될 것이며 이 위치 설정에 의해서 담화 심급은 발화의 장과 그 화시déixis를 정립할 것이다. 앞서 언급한 바와 같이 이 '위치 설정'은 두 개의 구별된 행위로 이루어진다. 한편에는 주의 흐름을 유도하는 **지향**의 움직임이 있고 다른 한편에는 관여성 영역을 한정하는 **포착**의 움직임이 있다. **흐름**flux, **방향**direction, **정향**orientation, **경계**frontière, **장과 영역**champ & domaines은 '위치 점유'를 기술하는 일련의 조작적 개념들이다. 이들은 표현 층위와 내용 층위가 '상호 전제'의 관계에 있다는 귀납적 명제를 대체하기 위해 필요한 개념들이다.

2.2.2. 외부 수용성과 내부 수용성

이미 오래전에 그레마스가 『구조의미론』에서 제안한 바를 참조한다면 언어의 두 층위로 이루어진 이 장치를 또 다른 방식으로 칭할 수 있을 것이다. 이것은 더욱 뚜렷하게 '지각적'인 태도를 취하는 것으로, 표현 층위는 **외부 수용적인**extéroceptif 것으로, 내용 층위는 **내부 수용적인**intéroceptif 것으로 말할 수 있다. 지각 주체에 의해 설정된 위치는 **자기 수용적**proprioceptif이라고 말할 수 있을 텐데, 왜냐하면 여기서 주체의 위치는 상상적인 신체의 위치, 즉 **자기 신체**corps propre의 위치이기 때문이다.

자기 신체는 감각적인 외피(경계)이며, 내부 영역과 외부 영역을 규정한다. 자기 신체는 움직이는 곳곳마다, 그가 위치를 점하는 세상에서 **외부 수용적 세계**univers extéroceptif, **내부 수용적 세계**univers intéroceptif 그리고 **자기 수용적 세계**univers proprioceptif 사이의 균열을 일으킨다. 다시 말해서, 외부 세계의 지각, 내부 세계의 지각, 그리고 외피-경계 자체의 변화의 지각 사이를 분리시킨다. 새로운 위치를 점할 때마다 자기 신체는 '내부 수용 — 외부 수용 — 자기 수용' 연속체를 재고한다.

의미는 이제 지각 세계를 전제하는데, 이 지각 세계는 위치를 점하는 **자기 신체**가 경계가 유동적인 두 개의 **거시-기호**macro-sémiotiques를 구축하는 세계를 말한다. 여기서 두 거시-기호는 각각 특수한 형태를 갖는다. **내부 수용성**intéroceptivité은 자연언어의 형태를 띤 기호를 구축하며 **외부 수용성**extéroceptivité은 **자연 세계를 다루는 기호학**une sémiotique du monde naturel의 형태를 띤 기호를 구축한다. 그러니까 의미는 이 두 거시-기호를 결합시키는 행위이며, 이 행위는 두 거시-기호에 동시에 속하면서 그 사이에서 위치를 점하는 지각 주체의 자기 신체 덕분에 가능하다.

발화의 관점에서, 자기 신체는 지시를 위한 한 점으로 처리된다.

그러나, 감각 논리의 관점에서는, 외부(감각) 혹은 내부(정동émotions
과 정의affects)로부터 오는 접촉, 요청에 민감한 외피로 다루어질 것이
다. 또 다른 기회에 우리는 자기 신체를 감각적이고 운동성을 가진
육체로서 고려할 텐데, 이때 자연 세계에 민감한 형태로 자신을 조정
할 수 있고 또 자연 세계에 적응할 수 있도록 해 주는 신체의 역동적
인 유연성이 강조될 것이다.

　　앞으로 '기호 기능'fonction sémiotique에 관한 사유는 의미하는 신
체의 기호학으로 발전할 것이다. 그리고 자기 신체는 더 이상 단순한
공통분모가 아니라, 그 다양한 면모(지시의 중심point-référence, 외피-
기억enveloppe-mémoire, 육체-운동chair-mouvement)가 각각 지정된 기능
을 담당하는 복합적인 기호학적 조작자opérateur sémiotique로서 다루
어질 것이다.

만약 우리가 '거시-기호들'을 말할 수 있다면, 이것은 거시-기호
들이 이미 분절되어 있음을 뜻한다. '어떻게 사물들이 존재하기
시작했는지'를 묻는 것은 헛된 일이다. 우리는 다만 이미 의미 활
동이 일어나고 있는 세계 속에 있으며, 우리 또한 그 세계를 구성
하는 한 부분이다. 우리의 지각 또한 기호 형식 중 하나이다. 하지
만 우리가 이 세상에서 '위치를 점하는' 매 순간, 어떤 관점에 따
라 위치를 점하는 매 순간, 우리는 의미를 형성하는 그 행위를 반
복하는 것이다.

2.2.3. 두 층위의 상동성

옐름슬레우는 언어의 두 층위가 상이하되 동위적이어야 함을 보여주었다. 한편으로는 그들의 내용이 이질적이어야 하며, 다른 한편으로는 그들의 형식이 포개어질 수 있어야 한다는 말이다.

빨강이 빨강 외에 다른 뜻을 갖지 못할 때 우리는 아무것도 새롭게 배우지 못한다. 하지만 만약 빨강이 익은 상태를 의미한다면 세계에 대한 우리의 지식은 한 발 나아간다. 내용의 이질성이 두 '거시-기호'의 결합을 방해할 수는 없다. 따라서 시간의 지속성은 익은 정도와 **동위적이어야 한다.**

상동성은 주어진 것이 아니라 언어의 두 층위의 결합에 의해 구축되는 것이다. 다음 사실이 이를 증거한다. 얼마든지 다른 많은 집합과도 관계를 맺을 수 있는 하나의 집합은 새로운 짝을 만날 때마다 그 형태가 바뀐다는 점이다. 또 한 번 색깔을 예로 든다면, 색깔은 과일의 익은 정도, 감정, 교통신호등 등과 짝이 될 수 있다. 이 각각이 서로 이미 포개어질 수 있어서(상동성을 가지고 있어서) 짝이 될 수 있는 것은 아니다. 매번 새로운 짝을 만날 때, 새로운 '상동성'이 정해진다. 새로운 짝을 만날 때마다, 색깔의 성격은 같지 않다. 색깔이 과일의 익은 정도를 나타낼 때와 감정 상태를 나타낼 때, 두 경우에 색의 변화는 같지 않다. 마찬가지로, 감정의 변화도 색깔이라는 기표를 취할 때와 몸짓이라는 기표를 취할 때, 두 경우에 감정의 변화는 결코 같은 것이 아니다.

기호 기능은 바로 이 상동성을 성립시키는 언어의 두 층위의 결합을 이르는 용어이다. 결합하기 전에 두 요소의 관계는 **자의적인 것**이라는 말로 설명될 수 있을 것이다. 그러나 이 관계는 모든 가능한 무한한 관계 중 하나일 뿐이기 때문에 이 설명은 무의미하다. '자의적인 것'은 이 무한한 수의 조합 가운데 우리의 위치를 제대로 가늠할 수 없는 우리의 무능력함의 결과일 뿐이다. 요컨대, 무슨 일이 벌어지고 있는지 이해하지 못하는 우리의 무능함을 고백하는 표현에 다름 아닌 것이다. 한번 결합이 일어나면, 서로가 짝이 없이는 아무것도 의미하지 못한다는 점에서 이 관계는 이제 **필연적**이라는 말로 설명이 된다. 하지만 여기서도 역시 두 세계의 경계가 자기 신체와 함께 끊임없이 이동한다는 점을 상기한다면, 이 필연성nécessité이란 잠정적인 필연성을 뜻하며 특수한 담화에 한해서, 그 담화가 정하는 위치에 한해서만 유효하다는 사실에 동의하지 않을 수 없다. 또 다른 관점에서는, 이 위치 설정이 일시적으로 모든 가능성을 하나로 '환원'했다는 의미에서, 이 '필연성'이 자기 신체의 위치 설정la prise de position du corps propre으로부터 초래된 결과임을 인정해야 할 것이다. 표현과 내용 사이의 '필연적 관계'란 결과적으로 이러한 환원으로부터 **사후적으로** 발생한 의미 효과에 다름 아니다.

2.3. 감성과 지성

2.3.1. 가치 체계의 형성

a_현존, 지향과 포착

무언가를 지각하는 것은 두 개의 거시 기호 중 하나에 속하는 형상으로서 그것을 식별하기도 전에 우선 **현존**présence을 깊이 있게 지각하는 일이다. 자연 세계의 어떤 형상, 개념, 느낌을 식별하기 전에 우리는 그의 현존을 지각한다(또는 '예감한다'). 한편으로는 지각 주체인 우리의 위치에 따라 어떤 위치와 어떤 면적을 차지하는 무언가를 지각하는 것이고 다른 한편으로는 우리에게 일정한 강도intensité의 영향력을 행사하는 무언가를 지각하는 것이다. 이 무언가는 결국 우리의 주의를 유도하거나 그것에 저항하거나 또는 내맡긴다.

이런 방식의 설명은 아마도 **현존**에 관해 말하기 위한 최소 필요 조건일 것이다.

현존, 특별히 **감정적인 성격의 현존**은 그러니까 지각의 기호학에서 첫 번째 분절이 된다. 우리에게 영향을 미치는 정동, 우리와 세계의 관계를 규정하는 이 강도, 세계를 향해 작용하는 이 긴장성은 **의도적 지향**visée intentionnelle이다. 이에 반해, 위치, 면적, 수량은 관여 영역의 속성과 한계를 특징짓는다. 즉 이것은 **포착**의 움직임이다. 현존은 우리가 앞서 기술한 바 있는 두 개의 기호적 조작을 결합시킨다. 즉 강도의 정도를 나타내는 **지향**과 범위를 나타내는 **포착** 사이에 상관관계가 맺어진다는 말이다. 퍼스의 용어를 빌리면, 지향은 **해석체**를 특징짓는 말이고 포착은 **바탕**을 특징짓는 말이 될 것이다. 보다 일반적으로 지향과 포착은 **주의 흐름의 유도 장치**가 나타내는 두 양태라고 할 수 있다.

그러나 어떤 가치들의 체계가 실현되는 것은 차이들이 나타나는 경우에만 가능하며 이 차이들이 일관된 망(네트워크)을 형성하는 경우에만 가능하다. 이것이 **지성**의 조건이다.

b_지성적인 것과 가치

빨간색과 같은 감각적인 대상과 함께 이야기를 시작해 보자. 브렌트 베를린과 폴 케이의 작업을 통해 우리는 우리가 지각하는 색은 빨강일 수 없고 늘 빨강 계열의 색들이 펼쳐진 팔레트에서 어떤 위치를 지각하는 것이라는 사실을 알 수 있었다. 이때, 우리가 지각하는 위치는 다른 색들보다는 어느 정도 빨강에 가깝다고 판단되는 위치를 말한다. 그렇다면 이러한 조건들 안에서 어떻게 '가치'들이 만들어질 수 있을까? 우선 색깔의 두 단계는 다른 지각 대상의 두 단계와 관계를 맺어야 한다. 해당 색깔을 띠는 과일의 맛과 같은 것이 그 예가 될 수 있다. 이 조건에서만 우리는 색깔의 정도에 있어서 **차이**가 있다고 말할 수 있는 것이다. 한 색깔의 **가치**는 다른 색깔들과의 관계 속에서 차지하는 위치에 따라 결정되는 동시에 맛의 차이들과의 관계 속에서 결정될 것이다.

단순한 **현존**의 문제로 돌아가 보자. 만약 우리가 현존의 강도의 변이를 지각하는 것이라면 다른 대상의 변이와 관계를 맺지 못하는 한 이 현존은 아무런 의미를 갖지 못한다. 강도의 변이가 거리의 차이와 짝을 맺는 순간, 이것은 차이를 만들어 내는 것이며 우리는 이제 무슨 일이 일어나고 있는지 설명할 수 있다. 무언가가 깊이의 면에서 깊어지고 있거나 얕아지고 있다. 현존의 공간은 이제 지적으로 이해 가능한 대상이 되고 우리는 비로소 그 대상의 변형을 **진술** 또는 **서술** 할 수 있다.

대체로, 가치들의 체계는 지향과 포착의 결합의 결과라고 볼 수 있다. **강도적**intensive이라는 말로 수식되는 첫 번째 변이에 관한 우리의 주의를 유도하는 지향과 이 첫 번째 변이를 **외연적**extensive이라는 말로 수식되는 다른 것과 관계를 맺어 주는 포착이 결합한 결과 가치들의 체계가 확립되는 것이다. 그리고 이 지향과 포착은 그들의 관여성 영역의 공통 경계를 규정한다.

2.3.2. 형식과 실질

지금까지 살펴본 내용을 통해 우리는 형식과 실질의 관계 또한 규명해 볼 수 있을 것이다. 옐름슬레우는 기호 기능 속에서 결합한 두 요소는 다 실질, 즉 감정적, 개념적, 생리적, 물리적 실질들이라고 주장하며 소쉬르의 이론을 보다 상세하게 설명했다. 이 실질들은 **대체적으로** 소쉬르가 말한 '청각 이미지'와 '개념 이미지'에 해당한다. 하지만 이 결합은 기호 기능 덕분에 **형식**으로 전환된다. 즉 **표현의 형식**forme de l'expression과 **내용의 형식**forme du contenu으로 전환된다.

앞서 논한 바 있는 가치 형성 과정은 정확히 실질에서 형식으로 바뀌는 과정에 해당한다는 사실이 이제 분명해졌다. 실질은 감성적인 것 ── 우리가 지각하고 느끼고 예감하는 대상 ── 이며, 형식은 지성적인 것 ── 우리가 이해하고 식별하는 대상 ── 이다. 실질이 범위, 수량의 변이와 정동을 갖는 지향적 긴장성이 발생하는 근거라면, 형식은 가치들의 체계가 확립되는 장소이며 상호 관계 속에서 위치들이 정해지는 장소이다.

엄밀한 의미의 언어학적 관점에서 언어학이 랑그를 구성하는 가치들의 체계에만 관심을 기울인다는 점에서 실질의 문제도, 실질에서 형식으로 전환되는 과정의 문제도 언어학자의 관심을 끌 수 없다. 또한, 이미 완결된 기호에만 관심을 갖는다는 점에서 전통적 기호학자의 관심도 끌 수 없다. 그러나 끊임없이 의미의 '원초적 장면'scène primitive, 즉 감성적인 것으로부터 의미가 생성되는 장면이 연출되고 재연출되는 **담화 기호학**에서는 이 문제가 매우 근본적인 중요성을 갖는다.

실질과 형식을 대립시킬 때, 이 표현 자체가 그렇게 만들기는 하지만, 실질에 관한 모든 것이 '형태가 없는' 것이라고 상상해서는 안 된다. 실질은 고유한 형태 — '과학적 형식' 또는 '현상학적 형식' — 를 갖는다. 그러나 이 형태는 언어의 두 면의 결합으로 생겨난 형식이 아니다. 결과적으로 우리는 그 자체로서는 기호학의 정체를 파악할 수 없으며 다른 기호학적 물음을 제기할 줄 아는 여타 분과 학문들이 있어야만 기호학을 이해할 수 있다. 기호학적인 관점에서 이 선-형 식들을 이해하고자 할 때, 주로 칸트적 의미의 **도식화**로 이해할 수 있을 것이다. 감성적인 실질의 다양성은 그것을 안정시켜서 정체성과 규칙성을 부여하려는 힘의 압력을 받는다.

결국, 옐름슬레우에 따르면 실질과 형식 사이의 경계는 퍼스의 **역동적 대상체**와 **직접적 대상체**의 경계처럼, 유동적 성질을 갖는다. 앞서 주장한 바와 같이, 표현 면과 내용 면의 경계가 이동하기 때문에 실질과 형식 사이의 경계 또한 정태적일 수 없다. 표현과 내용의 경계가 이동할 때마다, 형식들 사이에는 새로운 상관관계가 출현하며 기존 형식의 효력을 정지시킨다. 형식과 실질 사이의 경계의 안정성은 따라서 분석의 기억 또는 분석의 추이에 달려 있다. 더 나아가, 이 경계는 분석자가 채택한 관점에 달려 있으며, 결과적으로 그가 자신에게 부여하는 위치에 달려 있다고 볼 수 있다.

2.3.3. 감성적인 의미를 위하여

앞서 우리는 기호 기능을 기술하기 위해 제안된 논리적 개념들, **자의성, 필연성** 등(종종 **상호 전제**로서 정의되기도 하는 기능)과 같은 개념들이 절대적 개념도 아니고 그렇다고 완전히 조작적인 개념도 아니라는 것을 밝혔다. 40, 50년대 수학적 논리가 참조 모델이었던 사유의 세계에서는 이 개념들이 지식의 대상이 갖춰야 하는 정합성의 기반을 마련했음은 부인할 수 없는 사실이다 ─ 이것은 무시할 수 없는 역할이다 ─ . 이 개념들이 오늘날에도 부분적으로 유효하다 하더라도 담화 기호학을 위한 만족스러운 출발점이 될 수는 없다.

감성적이고 지각적인 차원은 훨씬 풍부한 가르침을 줄 것으로 보인다. 요컨대, 기호학의 두 세계는 자기 신체의 위치 설정에 의해 분할된다. 보다 넓은 의미에서 **자기 수용성**proprioceptivité이라는 용어로 지칭할 수 있는 이 자기 신체의 자질들은 내부 수용적 세계에 속한 동시에 외부 수용적 세계에도 속한다. 의미를 생성하기 위한 목적으로 이루어지는 두 세계의 결합은 이렇게 동시에 두 세계에 모두 속해 있는 제삼자의 매개에 의해서만 가능하다.

자기 신체는 이 두 세계를 언어의 두 층위로 삼는다. 이 같은 과정이 상호 전제에 이르는 문제는 그다지 중요하지 않다. 중요한 것은 감각적인 신체가 기호 기능의 중심에 있으며 자기 신체는 언어의 두 층위를 결합시키는 조작자라는 사실이다.

이 간단한 정식, "세미오시스는 자기 수용적이다"la sémiosis est proprioceptive라는 정식은 적지 않은 반향을 불러일으켰다. 지금으로서는 다음의 정식이 가장 안전한 주장이 될 것이다: "만약 기호 기능이 논리적인 만큼 자기 수용적이라면, 의미는 개념적이고 인지적인 만큼 감정적이고 정서적, 감성적인 대상이다." 이어지는 내용에서, 특히 담화와 감성적인 대상에 할애된 장에서 우리는 자기 수용적인 세미오시스가 초래하는 또 다른 결과들을 살펴볼 것이다.

2.3.4. 범주화 스타일

언어활동을 가능케 하는 인간의 기초적인 능력 가운데 하나는 세계를 '범주화'하고 세계를 구성하는 각종 요소들을 분류하는 능력이다. 언어활동이 가능하려면 각 상황에 해당하는 표현이 필요하기 때문에 분류를 할 수 없는 언어능력은 상상하기 힘들다. 비언어 의사소통을 포함해서 언어능력이 조작하는 것은 사물의 유형들이며, 결코 개별 사물 자체가 아니다. (예를 들어, 언어능력을 가진 인간이 사무용 책상이라는 말로 표현하는 대상은 사무용 책상이라는 유형이며 여기에는 다양한 책상들이 포함되어 있다. 이 말은 사무실 안에 위치한 특정 책상을 가리키는 말이 아니다.) 이런 점에서, 오직 담화만이 지시 행위를 통해 한 유형에 속한 이러저러한 사물, 상황을 상기시키고 이것을 특정 장면에 담을 수 있다.

이미지의 영역에서는 오랫동안 시각적 유형들을 참조해야 할 필요성과 표상된 사물을 지칭해야 하는 필요성 사이에 혼동이 있었다. 어떤 나무의 이미지는 내가 '나무'라고 부를 수 있기 때문에 나무의 이미지가 되는 것이 아니라, 나무라고 하는 시각적 유형에 근접하기 때문에 나무의 이미지인 것이다. 마찬가지로, 내가 어떤 타원 형태를 보고 그것이 타원인 줄을 알아본다면 그것은 내가 '타원'이라고 부를 수 있기 때문이 아니라 그 사물 안에서 타원이라는 시각적 유형을 발견했기 때문이다. 이름을 갖지 않는 사물, 예를 들어 '타원 형태'라는 에두른 표현을 사용할 수밖에 없는 사물이 있을 때, 이름이 없다고 해서 그 시각적 유형을 알아보는 데에 방해가 되는 것은 아니다.

그룹 뮤는 『시각 기호론』에서 '시각적 유형'의 변조는 특수한 조건하에서 지극히 개인적인 언어 사용과 관련될 수도 있고 수사적인 조작과 관련될 수도 있으며 한 장르적 규약과 관련될 수도 있음을 잘 보여 주었다.

유형의 수립은 어떤 의미에서 범주화의 다른 이름으로 볼 수 있다; 언어능력이 조작하는 것은 바로 이 부류와 범주의 형성이다. 범주 구성은 언어능력과 관련된 모든 면에서 중요성을 갖는다. 지각, 코드 그리고 그 체계. 그중에서도 범주화는 특히 담화의 차원에서 실현된다. 담화가 '가치들의 체계'를 확립하는 일을 주관하기 때문이다. 이런 의미에서, 유형의 수립, 체계, 범주화는 담화 활동 내에서 전략들이 되는데, 그런 만큼 우리가 논하고 있는 담화 기호학과 밀접하게 연결되어 있다. 실행 중인 범주화는 우리가 점진적인 방식으로 확립한 여정을 다소간 따른다: 도식화는 감성적인 대상의 다양성을 안정시키고 담화 심급은 위치를 점유하며 범주화의 결과를 겨냥한다. 그리고 그 결과를 분절하기 위해 일정한 영역을 포착한다.

전형 의미론은 일찍이 언어의 범주들을 구성하는 방식은 오직 하나뿐임을 알려 준 바 있다. 오늘날 우리의 사유는 모르는 사이에 구조주의적 접근 방식에 익숙해져 있기 때문에 우리는 직관적으로 '변별 자질'traits pertinents이라고 불리는 공통 자질들을 탐색하는 것만이 범주화를 가능케 하는 유일한 방법이라고 믿는다. 의소 분석의 모델이 된 포티에B. Pottier의 그 유명한 의자의 사례가 바로 그것을 증거한다(등받이가 있는avec dossier, 세 개 또는 네 개의 다리가 있는avec 3 ou 4 pieds, 팔걸이가 있는avec accoudoirs…). 범주 구성을 위해서는 이 공통 자질들을 확인하는 작업이 필요하다. 범주에 속한 구성요소들 사이에서 공통 자질의 수와 분배에 따라 범주는 달리 결정된다. 따라서 여기서 지향되는 대상은 변별 자질들이며 포착되는 것은 이 공통 자질들이 분포되어 있는 영역이다.

　동일한 접근 방식이지만 좀 더 모호한 판본이형도 생각해 볼 수 있다. 친족 관계의 집단을 상상해 보자. 이때 구성요소들을 식별하도록 하는 유사성은 비균질적으로 분포되어 있다. 아들은 아버지를 닮았고 아버지는 그의 고모를 닮았고 고모는 그의 어머니를 닮았으며 어머니는 그의 아들을 닮았고…. 매번 유사성은 그다음에 오는 요소에 따라 달라지며 이 연쇄에서 맨 처음 요소와 맨 마지막 요소 사이에는 공통적인 것이 아무것도 없다. 그러나 각 개체가 이 집단에 소속되어 있음은 의심할 여지가 없다. 비균질적으로 분포되어 있는 자질들의 망은 그 어떤 요소도 가족 유형을 총체적으로 정의해 줄 수 없지만 그것이 소위 **가족 유사성**ressemblance de famille이라 불리는 루트비히 비트겐슈타인의 개념에 합당한지의 여부에 따라 범주화의 가능성이 결정된다. 여기서 지향되는 대상은 친족성이며 포착되는 대상은 지엽적인 유사성의 망이다.

　또한 특별히 표상체적인 사물을 둘러싸고 하나의 범주를 구성할 수도 있다. 다른 어떤 요소보다 쉽게 파악할 수 있고 가장 가시적인 하나의 표본이 결정하는 범주가 있는 것이다. 이 표본은 같은 범주의 다른 요소들에는 부분적으로만 표상된 자질들이다. 가장 흔한 예로 환칭antonomase이 있는데, 이 사례에서 우리는 이 범주의 성격을 잘 알 수 있다. "마키아벨리가 따로 없군." 이 범주의 구성은 **최상의 표본**을 선택하는 일에 달려 있다. 여기서 우리는 분포 자질들을 지향하며 '표본'을 포착한다.

　　같은 의미에서, 유형을 특성화하기 위해 가장 중립적인 표본이 선택될 수도 있다. 다시 말해서, 다른 모든 요소들도 소유하고 있는 몇 가지 공통 자질들만을 소유한 표본이 선택될 수 있다는 말이다. 조리 기구들을 명명하는 일에서 이러한 특징이 잘 드러난다. 음식을 익히는 일에 쓰이는 기구들을 지칭할 때, 어떤 이들은 **냄비**casserole를 말하고 어떤 이들은 **솥**marmite을 말한다. 모터가 장착된 조리 기구들은 모두 **가전제품**robots이라고 말한다. 이 경우, 유형화는 **기본 항**terme de base의 선택에 기초한다.

　　본질적으로 이러저러한 범주에 귀속되는 실질들은 존재하지 않는다. 범주에 귀속되는 것은 범주화 조작의 결과이며 범주화를 활성화시키고 범주의 양상, 그 경계와 내부 구성을 결정하는 것은 '전략'이다. 또 전략은 이웃 범주와의 관계도 결정한다. 여기서 범주의 양상은 **중앙 집중적인** 분포를 보이거나 전체적으로 흩어진 **산만한** 분포를 보일 수 있다. 범주의 경계는 열려 있거나 닫혀 있을 수 있다. 내부 구성은 **연쇄적**이거나 **포도송이**와 같은 다발의 형태로 묶여 있거나 또는 **가족적인** 형태로 나타나는 등 다양하다. 이 문제는 문화의 상대성과 직접적으로 관련되어 있다. 문화권마다 사물을 언어의 대상으로 만들기 위해 사물을 '분절'하고 조직하는 고유한 방식이 있는데, 이 방식에 따라 범주의 양상과 경계, 내부 구성이 달라지는 것이다. 담화도 또한 가치들의 체계를 정립하기 위해 형상들을 분절하고 범주화한다는 점에서 실행 중인 담화에 따라서도 범주의 양상, 경계, 내부 구성은 차이를 보일 수 있다. 이 같은 이유로 여기서 **범주화 스타일**이 이야기되는 것이다.

범주화 '스타일'은 크게 네 종류로 나누어 볼 수 있는데, 이것은 지각적인 선택에 따라 결정된다. 보다 정확하게는 유형과 그 유형에 속한 요소들 간의 관계가 지각되고 정립되는 방식에 따라 결정된다고 말할 수 있다: 범주는 우선 외연으로서, 자질의 분포로서, **계열형**série(공통 자질의 집합)으로서 또는 **가족형**famille(가족의 유사성에 의해 묶이는)으로서 지각될 수 있다. 범주는 한 요소(또는 종espèce)를 둘러싼 다른 요소들의 **집체형**agrégat(기본 항을 중심으로 재결합한)으로서 또는 대표가 되는 요소 뒤로 줄지어 선 **행렬형**file으로서 지각될 수 있다(최상의 표본을 **우두머리**chef de file로 삼아 일렬로 나열된 집체라고 말할 수 있을 것이다).

각각의 선택에서, 범주는 그 고유한 형태로 인해 우리에게 강한 결합 또는 약한 결합의 느낌을 줄 수 있다. 예를 들어, **행렬형**과 **계열형**의 경우에 우리는 강한 결속력을 느끼지만 **집체형**과 **가족형**을 보고 느끼는 결속력은 상대적으로 약하다.

결론적으로, '범주화 스타일'은 범주 내에서 유형의 현존이 나타내는 양태를 규정한다. 산만하거나 집중적인 분포로, 강하거나 약한 감성의 강도와 함께 나타날 수 있다. 이 내용을 요약하면 다음의 표와 같다.

실행 중인 담화의 유형들 못지않게 그 구성요소들을 지시한다는

		외연	
		집중된 분포	산만한 분포
강도	강한 강도	최상의 표본 (행렬형)	공통 자질들의 망 (계열형)
	약한 강도	중립 항 (집체형)	가족 유사성 (가족형)

점에서, 또 끊임없이 우리를 요소에서 유형으로, 유형에서 요소로 이동하도록 한다는 점에서, 그리고 끊임없이 새로운 범주와 새로운 가치들의 체계를 서술 또는 단언한다는 점에서, 범주화 '스타일'에 대한 지식은 담화 기호학을 구성하기 위한 필수 조건이 된다. 하지만 **범주화 스타일** 자체는 지각적이고 감성적인 **현존**의 변조의 제어하에 가치들의 체계가 형성될 때에만 정립될 수 있다. 다시 말해서, 의미작용 속에서 지각이 수행하는 제어 기능을 우리가 명시적으로 고려할 때에만 범주화 스타일이 결정될 수 있다는 것이다.

　범주화 스타일은 가치들의 체계가 형성되는 방식을 특징짓기 때문에 이는 결국 두 가지 차원에서 가치를 결정한다: (i) 관계 집합 속에서 점유하는 위치로서의 가치 (ii) 생성 중인 체계 안에 나타나는 차이로서의 가치.

　예를 들어, 기본 항을 둘러싼 **집체형** 전략이 선택된다면, 체계의 실현은 기본 항의 세련도에 따라 '특수화'와 '일반화' 사이의 운동에 의해 제약을 받는다. 가치의 생성은 따라서 세련이라는 관점에서 평가될 것이다. 만약 최상의 표본을 둘러싼 **행렬형** 전략이 선택된다면, 체계의 실현은 **대표성** 기준으로 평가될 것이다. 공통 자질들이 한데 모인 **연속형**의 경우에는 공통 자질들의 수가 증가하느냐 감소하느냐에 따라 논리적 **일관성**을 기준으로 평가될 것이다. 마지막으로 **가족형**을 선택하는 경우, 체계의 실현은 부분적인 유사성과의 관계의 밀도에 따라 결정되며 따라서 **응집력**을 기준으로 평가될 것이다.

우리가 어떤 텍스트의 논리적 **일관성**을 검토할 때, 우리는 분포된 자질들의 수와 반복적 출현을 지향한다. 하지만 텍스트의 **응집력**을 논할 때는 부분적 조응, 주제의 환기, 성/수 일치와 불연속적인 형태소, 음성학적 또는 의미론적 운율 등의 부분적 관계의 밀도가 높은가 낮은가를 문제 삼는다. 요컨대, 가치의 이원성으로 인해 범주화 스타일의 선택은 '통합 관계 스타일'style syntagmatique의 선택이기도 하다.

제II장 의미의 기본 구조

개요

도식화, 그리고 의미작용의 분절 문제는 담화에서만 고유하게 다루어지는 문제이다. 퍼스는 세상이 하나의 기호이며 인간도 하나의 기호라고 말한 바 있다. 하지만 우리가 속한 환경 속에, 우리 자신 안의 산만하게 흩어져 있는 이 의미는 담화에 의해 현동화actualisé될 때에만 비로소 하나의 의미가 된다. 다시 말해서, 발화행위가 있어야만 의미작용이 가능하다는 말이다. 이 산만하게 흩어져 있는 의미와 관련하여, 담화에 이어서 도식화가 일어난다. 즉 담화는 늘 의미의 도식들을 제안하는데, 도식은 가장 단순한 것부터 가장 복잡한 것까지 다양하게 나타난다. 그리고 이 도식 안에서 가치들의 체계가 분절된다. 의미의 첫 번째 분절을 식별한 결과, 이것이 바로 우리가 '기본 구조'라고 부르는 것이다.

1. 이원 구조

우리는 두 가지 측면에서 **이원 구조**를 파악할 수 있다. 우선 모순 관계의 두 항 사이의 대립(종종 **결성** 대립이라 불린다)이 있고 반대 관계의 두 항 사이의 대립이 있다. 모순 대립은 총칭적 가치valeur générique를 취한다는 점에서 **결성 대립**이라는 개념 자체에 논란의 여지가 있다. 이것은 위계적 층위의 변화를 야기하기 때문이다. 옐름슬레우는 이 두 종류의 대립을 두고 범주 영역을 점유하는 두 가지 방식을 정의한다. 전자의 경우에는 얼마나 집중적이고 집약적으로 영역을 점유하고 있는가의 문제가 제기되는 데에 반해, 후자의 경우에는 하나의 영역을 분할하는 두 지대가 얼마나 영역을 가득 채우고 있는가의 문제가 제기된다.

2. 기호 사각형

기호 사각형은 함의라고 하는 또 다른 관계를 매개로 하여 모순과 반대의 두 종류 대립을 하나의 가치들의 체계 안에 결합시킨다. 범주의 각 항은 세 종류의 관계가 교차하는 교차 지점에 위치한다. 하나의 항은 반대, 모순, 함의라는 관계 속에서 다른 항과 연결된다. 즉 각 항은 이 복수의 관계 속에서 자신의 정의를 취한다. 이러한 방식으로 구축된 질서는 그 전체가 한 서사의 행로를 나타내는 지도가 될 수 있다.

3. 삼원 구조

퍼스의 **삼원 구조**는 기본 구조의 또 다른 면, 의미가 가공되는 세 단계를 다룬다. 이 세 단계를 분석해 보면 세 단계가 각각 기호적 크기grandeurs sémiotiques의 상이한 존재 수위degrés d'existence에 해당한다는 것을 알 수 있다. 이것은 지각에서 출발하여 의미로 가는 과정의 주요 삼단계에 해당한다. 실존 수위에 따라 존재 양태modalités existentielles라고 부르는 네 종류의 양태를 구분할 수 있고 우리는 또한 이를 담화 분석에 적용할 수 있다.

4. 긴장 구조

긴장 구조는 전통적인 모델이 해결하지 못한 문제들에 답하기 위해 새롭게 고안된 모델이다. 긴장 구조는 연속 의미론une sémantique du continu의 관점으로 기본 구조의 표상 문제를 재조명한다. 또한 이것은 발랑스valence, 즉 선가치의 긴장 공간과 가치의 범주적 긴장 공간의 관계를 매개하며 의미의 두 차원, 감성과 지성을 결합시킨다.

1. 이원 구조

의미의 최소 차이를 분석하는 과정에서 우리는 모순 대립과 반대 대립이라는 이원적 논리 관계를 파악할 수 있다. 두 항으로 분절되는 의미 범주는 공통 축이라고 부르는 하나의 공통 자질과 차이를 발생시키는 **변별 자질**에 의해 결정된다. 이것은 그레마스가 로만 야콥슨의 음운 이론을 참조하여 설명한 것으로, 이해를 돕기 위해 자주 음운 이론과 비교된다.

1.1. 모순 대립(결성 대립, 유무적 대립)

의미의 이원 구조에서 첫 번째 구조를 만드는 차이는 한 자질의 유무에 의해 발생된다. 예를 들어, 자음 중에는 양순음으로 분류되는 일군의 자음이 있고 이들은 다시 유성voisées 자음과 무성non-voisées 자음으로 분류된다(/p/ vs /b/). 여기서 의미 범주는 **성대 울림**voisement이 될 것이다. 하지만 이 설명은 논란의 여지가 있다. '성대 울림' 자질을 갖고 있지 않은 항이 어떻게 '성대 울림'이라는 범주에 속할 수 있는지를 설명하기가 어렵기 때문이다.

    이 문제는 이미 60년대에 제기된 바 있고 당시 '모순 대립'은 '표지'marque라는 개념으로 대체되었다. 특정 자질을 갖는 항은 '표지된'marqué 것으로, 갖지 않은 항은 '표지되지 않은'non marqué 것으로 간주하는 방식이었다. '표지'라는 개념이 '결성'privation이라는 개념보다 더 적절해 보일 수는 있으나 앞서 제기한 범주 문제를 해결하는 데에는 별 도움이 되지 않는다. '자질의 부재'라고 표현하든, '표지되지 않은'이라고 표현하든, 한 항이 이 자질 또는 이 표지에 의해서 정의되었음에도 불구하고 해당 범주에 속하는 것으로 보기 어렵기 때문이다.

여기서 '결성' 또는 '표지'의 부재라는 표현은 사실 해당 항의 중요한 속성, 즉 총칭적 가치를 감추고 있다. 이는 특수한 자질의 유무를 문제 삼음으로써 해당 범주의 다른 모든 항들을 총칭할 수 있는 것을 뜻한다. 유명한 페미니즘 슬로건 "팜므의 절반은 옴므다"La moitié des femmes sont des hommes는 바로 이 점을 잘 활용한 사례이다. 일반적으로 프랑스어 **옴므**homme는 남성과 여성을 포함하여 성을 가진 모든 사람을 지칭한다. 여기서 우리는 **옴므**가 '성을 가진 사람'이라고 하는 범주 자질을 갖고 있는 항이라고 간주한다. 반면, **팜므**femme는 **옴므**가 갖지 않은 '여성'이라고 하는 자질을 추가로 갖고 있는 대립 항으로 여겨진다. 위의 슬로건은 바로 이 관계를 뒤집어 **팜므**를 의미 범주로 채택하고 **옴므**를 특수 항으로 간주한 것이다. 범주화라는 무기를 젠더 투쟁에 사용한 예라고 할 수 있다.

'표지되지 않은' 항의 총칭적 성격은 모순 대립의 효용성 자체를 의심하게 만든다. **옴므**는 실제 담화에서 대립 항이 존재할 때에만 '성'의 범주가 된다. 그렇지 않다면 **옴므**는 얼마든지 다른 성격의 항들, 즉 **동물, 신, 우주**와 같은 항들과 함께 또 다른 범주를 이룰 수 있다. 결국 '표지되지 않은' 항은 다양한 **해석 가능성**을 안고 있는 것이다. 예의 슬로건은 담화의 목적에 따라 **옴므**와 **팜므**라는 대립을 선택했지만 옴므가 또 다른 항과 만나면 새로운 범주화 가능성들의 '문'이 열린다.

따라서 '결성 대립' 또는 '표지' 개념은 범주가 포함하는 항이 두 개로 제한되어 있을 때에는 별 문제가 없지만 두 개 이상의 항들이 등장하는 순간 문제는 복잡해진다. '표지되지 않은'이라는 표현은 표지된 항을 제외한 나머지 모든 항들을 다 포함하기 때문이다. '흡연 금지' 표지판에는 시가, 수연통 등과 같은 흡연에 쓰이는 모든 오브제를 상징하는 대표 오브제로서 담배 그림을 사용한다. 담배가 이처럼 총칭적으로 사용되고 있는 것으로부터 우리는 우리 문화권의 특정 분야에서, 특정 시기에 담배는 '흡연 기구'라는 범주 안에서 다른 모든 기구들과 최소 자질(종이, 기계장치의 유무, 크기 등)로 구분되는 오브제라는 것을 알 수 있다. 이것은 어떤 범주화의 스타일 중 하나의 특징을 드러내는 '기본 항'에 관한 내용이기도 하다. 결국 구조주의 언어학에서 말하는 표지되지 않은 항이라는 것은 원형 이론에서 말하는 '기본 항'과 통하는 것으로, 범주의 정원이 단 두 개뿐인 특수한 경우의 기본 항, 즉 원형의 예외적인 사례일 뿐인 것이다.

이 문제와 관련하여 옐름슬레우는 모순 대립이 범주 자체를 이해시키는 문제라기보다는 범주의 외연에 관한 것임을 분명히 하였고 따라서 그는 다른 종류의 접근 방식을 제안했다. 그에 따르면, 하나의 범주는 우리 문화권에서 나타나는 각종 분류 체계라는 추상적 공간에서 일정 공간을 차지하고 있는 어떤 영역과 같은 것이며 이 영역은 두 가지 다른 방식으로 점유될 수 있다. 두 개의 다른 방식이란 69쪽 그림에 나타난 하위 영역 A와 같은 산만하고 애매한 점유 방식과 하위 영역 a와 같은 집중적이며 정확한 방식을 말한다. 이것은 더 이상 자질의 '출현' 또는 '부재'의 문제가 아니다. 범주의 한 부분이 지각되는 강도의 문제인 것이다. '산만하거나' 또는 '애매한' 방식으로 공간을 점유하는 항들은 그림에서 배경에 해당하며, '집중적이거나' 또는 '정확한' 방식으로 공간을 점유하는 항은 배경과 구분되는 형상으로 존재한다.

$$A \quad \boxed{a}$$

'결성 대립'이라고 불렸던 대립 관계는 이제 강도와 위치에 의한 대립으로 재정의될 수 있을 것이다. 여기서 오해를 피하기 위해 부연 설명을 하자면, '애매한'과 '산만한'이라는 용어는 자칫 부정확하다는 뜻으로 이해될 수 있는데, 그런 뜻이 전혀 아니다. 이것은 다만 총칭적 가치를 지니고 있다. '산만한' 것은 범주 내에서 해당 항의 존재 양식mode d'existence(그 항이 요구하는 포착의 유형)을 일컫는 말이지, 해당 항이 어떤 대상을 지시하는 방식을 말하는 것이 아니다. 하나의 특수한 항이 중립화 또는 부정의 효과와 함께 담화 안에 나타날 때 이항은 범주 내에 존재하는 항들, 존재 가능한 항들을 같은 강도로 포함한다. 이제 자질이 '부재한' 항은 빈 상자이기보다는 판도라의 상자에 가깝다고 보아야 할 것이다….

1.2. 반대 대립

공통 **축** 위에 두 개 항이 동일한 강도로 영역을 '가득' 점유하고 있는 대립 관계도 있다. 이때 두 항은 각자 다른 자질로 정의된다. 음성학에서 양순음 자질과 순치음 자질은 '순음(입술)'labial이라는 공통 축 위에서 대립한다. 이로부터 우리는 프랑스어에서 '순음' 범주가 다시

'양순음'과 '순치음'이라는 하위 범주로 분절된다는 사실을 알 수 있다.

　앞서 예로 들었던 성의 범주와는 다른 층위에서 살펴보면, 남성masculin과 여성féminin은 반대 관계의 논리를 따르고 있다. 성이라고 하는 범주를 배경으로 두 영역은 각자 다른 자질을 가지고 대립하고 있다. 옐름슬레우의 관점에서 본다면, 두 개의 하위 범주가 상위 범주의 영역을 집중적인 방식으로 점유하고 있다고 말할 수 있을 것이다.

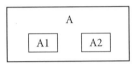

　옐름슬레우의 표상 방식은 하나의 영역이 반대 관계로 대립하는 두 항에 의해 가득 채워질 수도 있고 아닐 수도 있다는 사실을 시각적으로 보여 줄 수 있어서 매우 유용하다. 두 개 항 **A1**, **A2**로 채워지지 않고 남아 있는 잔여 공간들이 있다면, 이것은 또한 총칭 항에 의해 점유되는 '산만한' 하위 영역이 있음을 뜻한다. 하지만 이 경우 범주 대립의 총칭적 압력은 반대 관계에 있는 두 항이 어떻게 대치하는가에 달려 있다. '결성' 대립(모순)의 경우에는 하나의 항이 배경을 점유하지만, 반대 대립의 경우에는 두 개 항이 배경을 점유하고 있고, 이때 두 항에는 동일한 수준으로 영역을 점유하도록 요구하는 압력이 작용한다. 이렇게 한 언어 체계 내에 이미 정립된 반대 항들 외에도 우리는 꾸준히 담화 속에서 새로운 반대 항들을 '생성'하고 있다. 특별히 비유를 할때 자주 새로운 반대 항들이 생산되는데, 비유적 표현의 해석을 위해서는 반드시 '총칭적 압력'의 역할이 필요하기 때문이

다. 반대 관계에서 나타나는 총칭적 성격은 클로드 레비스트로스가 말한 '담화 매개'의 특수한 사례가 될 수 있다. 레비스트로스는 신화를 분석하는 과정에서 **담화 매개**의 조작적인 가치를 잘 보여 주었다. 의미론적으로 이질적인 항들이 총칭적 압력에 굴복하여 반대 관계에 놓이는 순간이 바로 '매개'가 가능해지는 순간이다.

2. 기호 사각형

기호 사각형은 이원 구조의 두 대립 관계를 하나의 체계 내에 통합하는 방식으로 구축된 모델이다. 이 체계는 반대 관계에 있는 두 항이 동시에 존재하는 상황을 관리하는 한편, 이 두 항 중 어느 한 항의 부재 또는 출현을 관리한다. 앞서 살펴보았듯이, '부재'는 총칭적 가치를 지닌다는 사실을 기억한다면, 기호 사각형은 범주의 내적 구성을 다루는 동시에 범주의 경계들을 설정하고 제한하는 역할을 담당한다고 볼 수 있다.

2.1. 기호 사각형의 구성 원리

한 범주에 속해 있는 두 반대 항이 있을 때, 우리는 여기에 모순 관계의 두 항을 투사하여 기호 사각형을 구성한다.

그러나 각 항들 사이의 관계가 부정확한 상태로 남아 있는 한, 이 표상은 유용하지 않다. 특히, **a2**와 **−a1**의 관계와 **a1**과 **−a2**의 관계, 그리고 **−a1**과 **−a2**의 관계도 정확하게 파악되어야 기호 사각형은 의

$$
\begin{array}{ccccc}
a1 & \leftarrow & A & \rightarrow & a2 \\
\downarrow & & \downarrow & & \downarrow \\
-a1 & \leftarrow & -A & \rightarrow & -a2
\end{array}
$$

미 모델로서의 기능을 수행할 수 있다. 따라서 차이의 첫 번째 두 유형으로부터 생성된 두 항 사이에 정립된 관계를 규정하는 것이 관건이다. 예를 들어, 우리는 **a1**으로부터 그 **반대 항 a2**를 획득하고 그 **모순항 −a1**을 획득한다. 여기서 우리는 만약 이 범주가 균질적이라면 새롭게 획득한 두 개 항은 **상호 보완적**이어야 함을 확인할 수 있다. 반대항 **a2**는 그와 같은 **부류**인 **a1**의 부재, 즉 −a1을 함의한다. 마찬가지 방식으로 **a1**은 기본적으로 −a2를 함의한다.

달리 말해 보자. 내가 **a1**으로부터 **a2**를 지향할 수 있으려면 반드시 −a1의 매개가 있어야만 하고 그 반대 방향의 진행도 마찬가지이다. 따라서 기호 사각형에서 함의 관계la question des complémentaires[1]에 있는 항들의 문제는 중요하다. **대립 관계**에 있으면서 동시에 **매개**의 기본 구조를 이루는 것이 바로 이 항들이기 때문이다. 예를 들어, '삶/죽음'의 범주가 만약 반대 항들 사이의 대립으로만 귀착될 수 있다면 '죽음의 공포'와 같은 서사는 가능하지 않았을 것이다. 이런 조건에서는 판타지, 공포 장르의 서사들이 모두 가능하지 않다. 서사 장르의 구분은 거의 '비-삶'과 '비-죽음'의 존재에 의해 결정되기 때문이며, 구체적으로는 '죽음'과 '비-삶' 사이의 함의 관계와 긴장, '삶'과 '비-죽음' 사이의 함의 관계와 긴장에 의해 결정되기 때문이다. '삶'의

---

1 수학의 '집합' 개념에서 '여집합'의 의미로 사용되는 단어.

위치에서 바로 '죽음'의 위치로 향하는 것은 불가능하다. 반드시 '비-
삶'(악마, 사탄 또는 다른 불길한 존재)의 매개가 있어야만 가능하다.
그 반대 방향의 진행도 마찬가지다. '죽음'의 위치에서 바로 '삶'으로
갈 수는 없다. 반드시 '비-죽음'(유령, 귀신, 좀비, 이승과 저승 사이에
서 방황하는 존재들)의 매개가 필요하다.

하지만 기호 사각형의 구성요소들을 '지향'과 '매개'의 기본 구조
를 표상하는 틀 속에서 다루는 이러한 방식은 다음의 사실을 함의한
다. 의미론적 위치들이 단지 추상적 공간에 투사되고 그 속에서 분절
된 상태이기만 한 것이 아니라 '의미론적 지각' 활동이 이 위치들을
담당한다는 사실을 말이다. 다시 말해서, 범주의 각 위치에서 관찰자
는 각종 '관계'(반대, 모순, 보충)에 의해 정의된 어떤 조건하에서 다른
위치를 지향할 수도 있고 포착할 수도 있다. 한 위치에서 다른 위치를
지향할 때, 가장 가까운 전면의 위치를 매개로 가장 후면의 위치가 포
착될 수 있는 것이다.

우리의 상식에 비추어 볼 때, 이것은 발화의 의미론적 기본 구조
로부터 자리를 예견하는 유일한 방법이다. '관찰자'는 의미론적 지향
의 위치만을 점유한다는 점에서 결코 '주체'가 될 수 없지만, 적어도
그는 의미론적 범주 자체가 구성되는 과정에서 지각의 행위소적 구
조를 함의한다. 행위소적 구조에 관해서는 '행위소' 장의 '위치 행위
소' 제하의 내용에서 자세히 다루어질 것이다.

오랫동안 그레마스 기호학의 '상징'처럼 기능해 온 기호 사각형
에 관해서는 70, 80년대 기호학 서적 중에서 많은 탁월한 자료를

찾아볼 수 있다. 따라서 더 자세한 내용에 관해서는 다른 자료들을 참조하면 좋겠다. 다만 여기서 짧게 상기하고 싶은 것은 이 모델이 분석의 방법론으로 사용이 될 때마다 늘 같은 문제점을 보였다는 사실이다. 하나는 기술적인 문제이고 다른 하나는 방법론적인 문제인데, 먼저 기술적인 측면부터 살펴보면 정당성을 설명하기 가장 어려운 관계는 바로 함의 관계다. 반대 관계의 두 항으로부터 두 항의 부정을 통한 모순 관계를 도출하여 기호 사각형의 형식을 갖추는 것은 어렵지 않은 일이다. 그러나 분석 중에 이 모순 관계들을 명확하게 밝히는 것과 이 모순 항들이 반대 항들과 함의 관계에 있다는 것을 밝히는 것은 늘 순조롭지 않았다. 이 모순 항들이 '매개자'로서 기능한다는 것을 증명하기가 어려웠다는 말이다.

방법론적인 측면에서 실제 텍스드 분석을 통해 기호 사각형을 도출하는 작업 또한 자주 문제를 일으켜 왔고, 범주화 스타일을 밝혀내기 위해서 텍스트 자료체가 추출되고 처리되어야 하는 방식에 관해서 충분한 지침이 제공되지 못했다. 그 결과, 기호 사각형은 자주 텍스트 분석의 결과를 투사하는 방식으로 사용되었고 실제 텍스트의 요소들을 기호 사각형에 적용하여 분석을 수행하는 것은 원활하지 못했다. 매번 문제가 되었던 것은 구체적인 자료의 텍스트 정보의 형식을 기호 사각형이라는 도식으로 연결하는 어려움이었다.

이런 이유로, 함의 관계의 항들과 그 항들이 담당하는 매개 역할은 늘 논란의 중심에 있었다. 주어진 텍스트에서 변별적 대립 관계가 확인되었다면 후에는 매개 작용이 밝혀져야만 텍스트가 기호 사각형 모델을 통해 어떻게 분절되는가를 설명할 수 있기 때문이다.

또 다른 예를 살펴보자. 어떤 텍스트에서 물과 불이라는 두 자연 요소들이 반대 항으로서 대립하는 것을 상상할 수 있다. 이때 각 항의 부재를 통해 우리는 흙과 공기라는 다른 두 항을 얻을 수 있다. 그런데 후자의 두 항은 전자의 두 항의 부재를 나타내는 것 외에 다른 어떤 기능도 갖고 있지 않다. 기호 사각형의 원리에 따르자면 흙은 물과 모순 관계에 있어야 하고 공기는 불과 모순 관계에 있어야 한다.

두 유형의 차이를 단순히 투사하는 것을 통해서는 물과 공기, 불과 흙, 흙과 공기의 관계에 관해서 아무것도 알아낼 수 없다. 범주가 동위적이고 균질적이기 위해서는 한 항의 가치가 다른 하나의 항이 아니라 나머지 모든 항과의 관계에서 분명하게 설명될 수 있어야 한다. 이것은 범주화 스타일의 문제와 다르지 않다. 만약 한 항이 다른 하나의 항과 맺고 있는 관계를 정의하는 것에 만족한다면, 이때 범주는 단지 대립 항들의 '가족'일 뿐이다. 하지만 우리가 찾는 범주는 전체를 구성하는 범주, 즉 모든 항이 다른 모든 항과 관계를 맺고 있는 범주이다. 이것이 소쉬르가 말한 가치들의 체계인 것이다. 게다가 대립 항 사이에는 매개 작용도 있어야 한다.

이번에는 기본 대립 항들에 다른 두 유형의 관계가 추가된다고 말해 보자. 물과 공기는 둘 다 불과 대립된다는 점에서 보충 항들이며 마찬가지로 불과 흙도 공통적으로 물과 대립되며 둘은 보충 항이 된다. 흙과 공기의 경우에는 각각 물과 불의 부정 항으로 둘은 하위 반대 항들이 된다. 따라서 불 항으로부터 공기 항을 매개로 하여 물 항을 지향하는 것은 가능하다. 마찬가지로, 물 항으로부터 흙 항을 매개로 하여 불 항을 지향하는 것도 가능하다.

전통적으로 기호 사각형은 직관적으로 수용 가능한 시각적인 도식으로서 보다 명시적인 방식으로 기술되어 왔다. 이 도식에서 대각선은 모순 관계를, 가로선은 반대 관계를, 세로선은 함의 관계를 나타낸다.

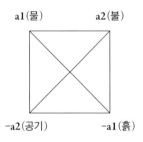

보다 실천적인 관점에서, 기호 사각형을 구축하고자 할 때 부딪히는 어려움은 늘 함의 관계를 정립하는 데에 있다. 함의 관계를 검토하는 것은 따라서 분석의 논리적 정합성을 시험하는 일이 될 것이다. 만약 분석 대상이 되는 텍스트에서 함의 관계가 제대로 기능하지 못한다면, 이는 범주가 잘못 구성되었거나 잘못 한정되었음을 뜻한다.

2.2. 기호 사각형의 기본 통사

기호 사각형은 통사적 행로의 궤적을 보여 주는 모델이다. 기호 사각형이 보여 주는 가치 체계는 서사의 뼈대를 구성하는 주요 문장들을 묘사할 수 있고 여기서 항들 사이의 논리 관계들은 기초적인 서사적 변형을 지지하는 받침대가 된다. 그러나 모든 논리 관계들이 동일한 방식으로 활용되는 것은 아니다.

첫째, 모순 관계는 서사적 변형을 지지할 수 없다. 다만 한 항을 그 반대 항으로 이끄는 행로(a1 → a2)는 필연적으로 그 모순 항(-a1)을 경유한다. 한 항의 반대 항을 긍정하기 위해서는 그전에 경로의 출발점이 되는 항을 부정해야만 한다는 말이다. 즉 두 번째로 진입하기 위해서는 첫 번째 '장르'를 부정해야 한다. 이 원칙은 매개의 원리를 따른다.

둘째, 두 가지 행로가 가능한데, 하나는 표준 행로이고 다른 하나는 비표준 행로이다. 표준 행로에서 우리는 a1으로부터 출발하여 a1을 부정하고(-a1), 이어서 a2를 긍정할 수 있다. 비표준 행로에서는 함의 관계에 있는 항 -a2로 역행하고 이어서 -a2에서 a2 사이의 모순 관계로 진행할 수 있다. 여러 텍스트에서 이 비표준 행로도 종종 만나게 되는데 우리는 즉시 이것이 왜 표준적이지 않은가를 알아챌 수 있다. 왜냐하면 이 행로는 그것이 지지대로서 사용하는 논리 관계들 각각을 역행하기 때문이다. 비표준적이며 비논리적이기까지 한 이 변형들은 텍스트상에서 특별히 충격적이고 강렬한 질적, 정념적 도약으로 나타난다.

이와 같이, 비표준적인 행로란 매개의 원칙에서 어긋나거나 그 원칙에 반대하는 행로들을 가리킨다. 예를 들어, '삶'이라는 지점으로부터 '죽음'의 지점으로 나아갈 때 '비非죽음'(유령, 좀비 등)을 경유하는 행로를 보자. 이것은 중간에 위치한 방황의 영역에서 길을 잃을 위험을 감수하는 행로다. 논리적 추진력('비죽음'에서 '죽음'으로 가기 위한)이 조금이라도 부족할 때 도중에 길을 잃게 되기 때문이다. 기호 사각형은 이동 경로를 보여 주는 모델이다. 기호 사각형이 제시하는 가치들의 체계는 최소 단위의 서사가 어떤 변형 경로를 통해 이루어지는가를 한눈에 볼 수 있도록 해주며 각 항들의 관계가 기본 서사의 변형에 어떻게 기여하는가를 효과적으로 보여 준다. 하지만 모든 관계가 같은 방식으로 조작되는 것은 아니다.

금지된 행로

$a1 \rightarrow a2$ & $a2 \rightarrow a1$

$-a1 \rightarrow -a2$ & $-a2 \rightarrow -a1$

표준 행로

$a1 \rightarrow -a1 \rightarrow a2$ & $a2 \rightarrow -a2 \rightarrow a1$

비표준 행로

$a1 \rightarrow -a2 \rightarrow a2$ & $a2 \rightarrow -a1 \rightarrow a1$

2.3. 가치론적인 분극

기초 통사는 요약된 서사 행로의 이접과 연접을 담당하는 일련의 술어들(부정하다 & 긍정하다)이 구성하는 하나의 시퀀스다. 이야기는 내용의 변형이라고 한 그레마스의 정의를 따른다면, 이 시퀀스는 그 자체로 하나의 서사 원형이 된다. 다양한 서사 원형들이 가능하다는 사실에 대해서는 뒤에서 다시 다루도록 할 것이다. 이 장의 주제와 관련해서만 이야기한다면, 기호 사각형과 이 모델을 구성하는 항들은 서사적 행로의 **쟁점들**이 된다. 예를 들어 a1에서 출발하여 −a1을 경유하여 a2에 도달하고자 한다고 하자. 결과적으로 기호 사각형을 도식화하는 의미론적인 가치 체계는 주체들을 위한 가치 체계, 즉 **가치론적인 체계**système axiologique로 간주되어야 한다. 우리는 여기서 여러 다른 항들에 대해서 갖는 한 항의 가치로부터 다른 위치들에 대해 취하는 한 위치의 가치로 이동한다. 위치의 가치란 곧 내용들의 가치이자 주체들이 차지하는 위치들의 가치를 말한다. 차이에 의해 정의되는 가치(계열체 버전)로부터 **서사 주체의 관점**에서 정의되는 가치로, 서사적 변형에 따라 움직이는 주체의 관점에서 정의되는 가치(**통합체 버전**version syntagmatique)로 이동하는 것이다.

이러한 전환은 그 자체로 간단한 현상이 아니지만 간단한 방식으로 설명될 수 있다. 기호 사각형으로 재현할 때 소쉬르적 가치 체계는 일정한 방향성을 가지는데, 좀 더 정확하게 말해서 **분극화** ─ 양극과 음극 ─ 된다. 이는 가치 대상을 추구하는 한 주체가 움직이는 행로를 재현하기 위한 것이다.

의미론적인 지향의 관찰자는 여기서 하나의 서사적 행위소가 되고 의미론적인 항들 사이의 **운동**은 간단한 **초점화**mise en perspective로 대체된다. 감각적 신체, 지각의 중심이 되는 감각적 신체는 이제 운동하는 신체가 되었다.

한 항을 그 반대 항으로 이끄는 행로는 한 극에서 다른 극으로 이동하는 행로가 된다. 이는 긍정적 가치에서 가까워지거나 멀어지는

행로와 다르지 않다. 예를 들어 지구환경의 4원소가 구성하는 사각형
은 다음과 같이 분극화된다:

통사적으로 움직이는 행로는 다음과 같이 요약될 수 있다.

(1) **순행적 표준 행로** —— 긍정적 가치와 접하는 운동 : (−)불 → 공기
　 → 물(+)

(2) **역행적 표준 행로** —— 부정적 가치와 접하는 운동 : (+)물 → 흙 →
불(−)

　상술한 두 행로는 마치 법칙처럼 언제나 활용 가능한 상태에 있
는데, 만약 그렇지 않은 경우라 하더라도 적어도 잠재적으로는 활용
가능한 상태에 있다. 결과적으로 두 행로의 각각은 다른 행로를 중립
화하지 않고는 실현될 수 없다. 행로의 실현을 위해 펼쳐지는 '에너지'
는 반대 행로의 저항에 맞서는 방법으로만 움직인다. 가치 체계 분극
화의 첫 번째 시퀀스는 하나의 긴장(**잠재적 차이**)으로, 음극과 양극 사
이의 긴장으로 볼 수 있다. 두 번째 시퀀스는 두 가지 가능한 방향, 두
개의 대립되는 행로 사이의 긴장성의 출현이다.

2.4. 2세대 항

기호 사각형에서 획득한 항들은 사각형을 구성하는 논리 관계들이 그 극점에 닿았음을 나타낸다. 다시 말해서 이 항들은 세 가지 유형의 논리 관계들, 반대, 모순, 함의가 교차하는 교차점에서 출현한다. 그러나 구체적인 담화에서는 혼합된 형태들, 지배적인 논리 관계들을 포함하는 복합적인 형태들이 가장 자주 나타난다. 이 복합 항들을 2세대 항으로 부르는 것은 적절해 보인다. 2세대 항들을 파악하기 위해서는 단순한 항들을 반드시 2세대 항들과 연결해서 파악해야 한다.

두 반대 항 **a1 & a2**의 결합은 하나의 **복합 항**을 출현시킨다. 두 하위 반대 항 **-a1 & -a2**의 결합은 **중립 항**을 출현시킨다. 만약 사각형이 **분극화**되어 하나의 가치론을 나타낸다면, 이 결합 관계들 중 하나는 **긍정 항**을, 다른 하나는 **부정 항**을 출현시키게 된다.

이러한 조합들을 규명하는 작업은 일반적으로 구체적인 담화 각각에서 특수하게 나타나지만 조합의 경우의 수는 한정적이기 때문에 우리는 그 조합의 다양한 정체를 예상할 수 있다. 예를 들어 자연의 4원소라고 하는 특수한 담화는 다음과 같은 조합을 출현시킬 것으로 추정해 볼 수 있다. [물 + 불] = 액화 / [공기 + 흙] = 먼지 / [물 + 공기] = 안개 / [불 + 흙] = 재.

이러한 형태들이 텍스트상에서 파악된다면 이는 매개 작용이 성공했다는 것뿐만 아니라 더 나아가 그 매개 작용들이 새로운 형태를 만들어 냈음을 뜻한다. 이제 분석의 중심은 이동해야 한다. 우리는 분석의 중심을 이 새로운 형태들이 아이콘으로 자리 잡도록 하는 것으로 이동시켜야 한다. 왜냐하면 우리가 매개 작용을 자세히 파악할 수 있는 것은 바로 이 새로운 형태들의 텍스트적 생성과 안정성의 정도, 생성된 형태의 아바타를 연구하면서 가능하기 때문이다.

3. 삼원 구조[2]

3.1. 현상 기술의 세 가지 층위

퍼스 기호학은 의미의 기본 구조로서 삼원적 구조를 취한다. 그러나 퍼스 기호학의 경우에 구조라는 용어의 의미는 한 가지 범주에 속한 항들의 구조를 뜻하는 것이 아니라 범주를 기술하는 층위를 세 단계로 구분하는 것을 뜻한다. 달리 말하면, 의미작용을 포착하는 세 가지 다른 방식을 뜻하는 것으로 퍼스는 이 삼단계 위계 구조를 통해 우리가 의미 세계를 파악할 수 있다고 주장했다. 이는 퍼스의 기호학이 현상학에 기반을 둔, 현상 이해를 위한 이론이라는 점을 감안하면 이해가 쉽다.

　세 층위 중, 첫 번째 층위는 **일차성**이라고 불리는 것으로(영어로 firtness), 이 층위에서 우리는 세계의 감각적이고 정서적인 성질만을 감지한다. 일차성이라고 불리는 이유는 순서적으로 어떤 현상을 이해하는 첫 단계이기 때문이기도 하고 '성질 그 자체'라고 하는 단 한 개 요소만을 포함하기 때문이기도 하다. 예컨대, '축축한(젖은)' 느낌과

2　이 장에서 저자는 퍼스 기호학의 지표, 도상, 상징 개념을 재서술하고 있다. 이는 기존의 퍼스 기호학과 다소간 차이를 보이므로 주의가 필요하다. 여기서는 원서에 충실하게 번역하였다.

같은 것은 **어떤 현상**을 파악하는 과정에서 **첫 번째** 단계에 해당한다. 첫 번째 층위에 해당하는 전형적인 기호는 **지표**indice인데, 이는 한 개 요소를 포함하기 때문이 아니라 순서적으로 **현상을 지각**하는 과정의 첫 번째 단계이기 때문이다.

두 번째 층위는 이차성이라고 불리는 것으로(영어로 secondness), 이 층위에서 우리는 첫 번째 층위에서 감지한 성질을 다른 어떤 것과 관계 맺도록 한다. 이 층위가 **이차성**인 것은 순서적으로 두 번째이기 때문이기도 하고 **두 개** 요소를 포함하기 때문이기도 하다. 예컨대, '축축한(젖은)' 느낌이 비와 관련이 될 때, 우리는 이 관계를 **이차성**이라고 부른다. 이 층위에 해당하는 전형적인 기호는 **도상**icone이다. 어떤 현상이 다른 무엇과의 관계성을 통해 그 정체가 확정되고 이해 가능하게 되는 것을 도상이라고 부른다는 점에서 도상은 전형적인 이차성 기호인 것이다.

삼차성이라고 불리는 세 번째 층위에서는(영어로 thirdness) 앞서 설명한 일차성과 이차성 기호를 제3의 관점 안에 위치시키거나 또는 제3자의 감독하에 둔다. 이 층위가 **삼차성**인 것은 또한 세 개 요소를 포함하기 때문이기도 하다. 이 세 번째 요소는 흔히 하나의 법칙, 원리처럼 제시된다. 계속해서 '축축한(젖은)' 느낌의 예를 살펴보자. 우리는 반복적인 경험을 통해 '비가 오면 젖는다'라는 결론을 내릴 수 있는데, 이것은 이차성의 관계를 날씨와 조합한 것으로 삼차성 기호의 기능을 하며 하나의 원리를 드러내도록 한다. 이 층위에 해당하는 기호의 전형은 **상징**symbole이다.

3.2. 삼원 구조의 속성

퍼스의 다수 저작에서 삼원 구조는 우리가 상상할 수 있는 모든 기호적 속성에 관여한다. 퍼스 기호학의 주석가들은 각자 자신의 필요에 따라 때로는 이렇게 때로는 저렇게 삼원 구조를 설명하곤 한다. 일차성, 이차성, 삼차성이 구체적으로 무엇을 가리키는지를 고민할 필요는 없어 보인다. 왜냐하면 이것은 모든 의미, 모든 인간 경험, 즉 인간과 환경의 관계 일반을 구축하는 데에 토대가 되는 시간적 순서의 세 단계를 뜻하기 때문이다. 퍼스 이론에서도 마찬가지다. 퍼스 이론에서 삼원 구조는 다음의 역할을 주로 담당한다:

(1) 기호 자체를 구성한다. 일차성은 대상체, 이차성은 표상체 그리고 삼차성은 해석체에 다름 아니다.

(2) 기호의 유형을 구분하도록 해 준다.

(3) 대상체, 표상체, 해석체의 여러 유형을 구분하도록 해 준다. 또한 같은 원리로 다시 세 층위를 나누어 도상, 지표, 상징을 구분하도록 해 준다.

만약 우리가 언어활동의 관점과 언어활동을 실현시켜 주는 담화 기능의 관점을 도입한다면, 퍼스의 삼원 구조는 기본적으로 의미의 생산 또는 해석의 과정을 설명하는 데에 특히 유용하다는 사실을 알 수 있다. 보르드롱은 최근, 퍼스의 삼원 구조가 칸트의 세 가지 종합[3]에 각각 상응함을 보여 주었다: 포착apprehénsion, 재생reproduction, 재인recognition. 보르드롱은 이 상응 관계로부터 영감을 얻어 한 가지 기호 모델을 이끌어내는데, 여기서 의미는 감각으로부터 출발하며, 감성적 포착apprehension sensible, 형상의 안정화stabilisation de la figure, 기호적 조절régulation sémiotique을 그 내용으로 하고 있다.

위 모델의 세 단계는 더 구체적으로 각각 의미 구성의 **양태**와 관련이 있다. 퍼스 기호학의 전문가들(제라드 델레달, 에코, 데이비드 사반…)이 모두 인정하는 삼원성의 자질 중 가장 자주 언급되는 것은 바로 이 **양태적 자질들**les propriétés modales이다.

이 양태적 자질들은 의미의 분절 층위를 특징짓는다. 담화 기호학의 관점에서 우리는 이 양태적 자질들을 담화 의미의 **존재 양식**으로 정의하기로 하자.[3]

3.3. 존재 양식

모든 언어 이론은 인식론적인 층위에서 그 이론적 토대를 갖추어야 하는데, 이 인식론적인 층위들은 **기호적 크기의 존재 양식**les modes d'existence des grandeurs sémiotiques이라고 정의할 수 있다.

예컨대 소쉬르는 **잠재적 체계**인 랑그와 그 랑그가 **실현된** 결과인 파롤을 구분한 바 있다. 기욤의 경우에는 랑그와 현동화effectuation, 그리고 담화를 구분했는데, 랑그는 **잠재적인 것**으로, 현동화는 잠재적인 차원의 랑그가 실현되는 **과정**으로, 담화는 바로 그 실현된 **결과**로 보았다. 옐름슬레우 또한 **실현 가능한** 것으로서의 체계와 실현된 결

---

3 칸트는 순수이성비판에서 인지를 가능하게 하는 세 가지 종합을 이야기한다.

과로서의 사행을 구분했다. 그레마스식 구분에 따르면, 체계의 **잠재성**virtualités, 기호-서사적 전개의 **현동성** 그리고 담화에 의한 **실현**이 있다. 학자마다 조금씩 접근 방식의 차이는 있지만 큰 틀에서는 같은 구분을 하고 있는 것을 알 수 있다. 여기서 우리의 관심은 큰 틀에서 다음과 유사한 공통점을 보는 것이다: 모든 언어 이론은 그것이 조작하고자 하는 대상의 자격을 충분히 명확하게 설명할 수 있기 위해서 **존재 양식들**에 관한 이론이 반드시 필요하다.

더 나아가, 구체적인 발화 역시 이 존재 양식을 활용한다: 모든 것은 마치 구체적인 담화 속에서 이론에 필수적인 '존재의 층위'를 발화가 재생산하는 것처럼 이루어진다. 언어적 크기, 기호적 크기의 위상에 관한 인식론적 문제는 결국 구체적인 담화 안에서 방법론적 문제가 되고 담화상에 나타나는 다양한 크기들의 현존을 어떻게 변조시키는가의 문제가 된다. 따라서, 우리는 곡언법la litote(ex. **너를 결코 증오하는 것이 아니야**Je ne te hais point)이 두 개의 존재 양식으로 기능한다고 볼 수 있을 것이다: 하나는 그 현존이 **실제적인**réelle ── 부정 발화체 ── 내용이며 다른 하나는 그 현존이 **가능한**potentielle 차원에 머물러 있는 내용 ── 함축적이면서 긍정적인 발화체(ex. **너를 사랑해**Je t'aime) ── 을 말한다.

대부분의 언어학적 개념화는 다음 세 가지 층위로 그 존재 양식을 설명하지만 우리는 네 가지 층위 구분이 필수적이라 하겠다. 일반적으로 대부분의 언어 이론은 잠재적인 것에서 출발하여 현동화의 매개를 거쳐 현실적인 것으로 이동하는 과정, 즉 상승 행로만을 고려한다. 그러나 반대로 우리가 하강 행로를 고려한다면(예컨대, 언어형식이 사용된 이후에 '화자의 기억 속에 남아' 추후에 상기될 수 있는 상태에 있다면) 이것은 '현동화되는' 과정으로 설명될 수 있는 것이 아니라 또 다른 형태의 매개, 즉 '가능화'potentialisation에 해당한다. 퍼스의 삼원 구조에 대해서도 같은 지적이 가능하다. 퍼스 이론도 일반적으로 상승 행로만을 고려하여, '하강하는 이차성'과 '상승하는 이차성'을 구분하지 않는다.

대체로 퍼스가 삼원 구조를 통해 의미를 설명하고자 했던 방식은 소쉬르, 기욤, 옐름슬레우의 방식과 크게 다르지 않다. 그의 연구 결과를 정식화한 이론은 언뜻 보면 매우 상이해 보이지만, 퍼스 역시 **의미의 양태적 구성**의 다양한 층위를 소개할 때 다음과 같이 구분하고 있다는 것을 알 수 있다: (1) 잠재적 양태(일차성)는 하나의 언어가 지닌 모든 가능성을 포함한 상태, 특히 모든 감각적, 지각적 **가능성**을 포함한 상태를 말한다. (2) 현실적 또는 실제적 양태(이차성)는 실현된 **결과**를 포함하는 상태를 말하며, 특히 지각과 감각을 통해 일어나는 상태의 변화와 행위를 고착시킨다. (3) 가능한 양태(삼차성)는 존재와 그 존재의 변화를 기획하는 모든 **법**, **규칙**, **관례** 일체를 포함하는 상태를 말한다.

　이처럼 퍼스 기호학의 세 층위도 역시 담화의 존재 양식이 무엇인지를 명확히 보여 주며 양태들의 내용을 통해 이를 정의하도록 해 준다. (1) 첫 번째 층위의 **논리 양태**les modalités aléthiques(가능성), (2) 두 번째 층위의 **사실 양태**les modalités factuelles(의지vouloir, 지식savoir, 행위 능력pouvoir faire), (3) 그리고 마지막 세 번째 층위의 **의무 양태**les modalités déontiques(의무, 법, 규칙 등)를 각각 구분할 수 있다.

　담화의 의미를 구성하는 것은 이렇게 여러 양태적 단계를 차
례로 통과하는 것이다. 인상과 직관을 통해 얻는 여러 가능한 의
미들이 완전히 개방되어 있는 상태로부터 분석을 통해 얻어지는
제한적인 도식화에 이르기까지 여러 양태적 단계들을 거쳐 담화
의 의미가 구성된다는 말이다.

　여기서 다음과 같은 물음이 제기된다: 존재 양식이라고 하는 이
광범위한 개념을 어떻게 **조작 가능한** 도구로 만들 것인가? 보통의 경
우, 이 개념은 이론의 인식론적 배경만을 제공한다(예컨대 소쉬르와
촘스키의 이론이 그렇다). 게다가 이러한 이론 자체는 존재 양식 중
단 하나만을 관여적인 것으로 채택힌다(앞서 소개한 예의 두 이론가
는 다분히 의지적으로 **잠재적 양태** 내에서 랑그 또는 역량만을 그들의
영역으로 제한한다). 기욤과 그레마스도 그렇지만 퍼스는 이론적 틀
내에서 양태에 하나의 기능을 부여한 보기 드문 이론가이다. 그러나
우리는 퍼스가 채택한 해결 방법이 기호의 유형, 하위 유형의 수를 확
대하는 방향으로 이어졌다는 사실과 이것이 곧 기상천외한 기호 유
형학이 되어 버렸다는 것을 잘 알고 있다.

　이러한 일탈을 방지하기 위해 우리는 존재 양식의 구분을 단 하
나의 범주, 즉 **현존**이라는 범주에 귀속시키기를 제안한다. 이렇게 의
미의 존재 양식(인식론적인 문제)은 이제 담화상의 존재 양식, 즉 **담
화에서 나타나는 현존의 양태**들이 된다(방법과 분석의 문제). 이제 "그
사람은 진정한 마키아벨리이다"라는 환칭에서 마키아벨리라는 인물

은 현동화actualisé되기는 했지만 현실화réalisé되지 않았다고 분석할 수 있다. 술어가 가리키는 지시 대상이 마키아벨리가 아닌 다른 인물과 관계하기 때문이다. 여기서 술어가 가리키는 다른 인물, 예컨대 그가 마키아벨리와 비슷한 성격을 가진 어떤 정치인이라면 그는 주어진 담화에서 현실화되어 있다. 마키아벨리의 정의에 부응할 수 있는 모든 인물군은 **잠재적인** 상태로 존재하는 반면, 그 정의가 함의하는 품행과 그 범주를 특징짓는 품행의 도식은 **가능한** 양태로서 이해될 수 있다. 결론적으로 존재 양식은 다음 네 가지로 볼 수 있다: 잠재화된 양태virtualisé, 현동화된 양태actualisé, 현실화된 양태réalisé, 가능화된 양태potentialisé. 이 주제에 관해서는 추후에 다시 논하기로 하자.

4. 긴장 구조

4.1. 미결 상태의 문제들

기호 사각형은 여러 다양한 대립 관계들로 하나의 일관성 있는 도식을 만들기 위해 이 관계들을 한데 모아 놓았다고 볼 수 있다. 그러나 기호 사각형은 범주를 하나의 완결된 전체로 소개함으로써 더 이상 살아 있는 발화의 감시를 받지 않는다는 한계가 있다: 게다가 기호 사각형의 전통적인 판본에 따르면 이 도식은 범주를 현상의 감각적인 지각 또는 접근과 어떤 관계도 맺지 않는, 형식적인 표상으로 변형시킨다.

우리가 제안하는 바는 기호 사각형 모델의 기본 의미 구조 속에 지향, 관점, 매개의 관찰자를 도입하는 것인데, 이것만으로는 지각의 현상적 자질들을 의미 구조와 연결시키기에 미흡한 부분이 있다. 따라서 이 문제를 해결하기 위한 새로운 시도가 필요하다.

더 나아가, 구체적인 담화는 우리로 하여금 끊임없이 담화의 혼잡한 형태들과 복잡하게 얽힌 형상들을 직면하게 한다. 이 형태들은 매우 복잡하게 얽힌 실타래와 같아서 그 기본적인 원리에 도달하기 위해서는 얽힌 실타래를 한 올 한 올 풀어야 하는 지난한 작업을 요구한다. 그러나 기본 구조의 확립을 바탕으로 하는 방법은 그 반대여서 가장 간단한 형태로부터 출발하여 가장 복잡한 것에 이르는 방식이다. 이러한 접근 방식을 보완하기 위해서는 결국 담화상에 나타난 그대로를 설명할 수 있는 수단, 다시 말해 복잡한 형태들 그대로를 파악할 수 있는 수단이 필요하다.

퍼스의 삼원 구조, 좀 더 일반적인 표현으로 존재 양식들 사이의 구분은 감성에서 지성으로 가는 여정의 도식적인 재현을 가능케 해줄 것이다. 이는 기호 사각형 모델이 제공하지 못했던 것이다. 하지만 기호 사각형과 다른 이러한 방식의 접근은 기호 사각형이 명확하게 밝혀 준 가치들의 체계가 구축되는 방식에 대해서는 아무런 정보를 주지 못한다.

4.2. 새롭게 요청되는 내용

만약 우리가 오늘날 의미의 기본 구조의 구성적 모델을 제안하고자 한다면 다음의 조건이 반드시 수반될 것이다:

(1) 감성과 지성 사이의 연결 관계, 즉 하나에서 다른 하나로 이행하는 과정이 반드시 규명되어야 하는데, 이는 엄밀한 의미에서의 기호학적인 속성들은 '지성'에 속한다는 사실을 전제로 한다.

(2) 여기서 우리가 제안하는 모델은 하나의 가치들의 체계를 구성하는 데에까지 도달해야 한다.

(3) 이 모델은 또한 '범주화 스타일'의 다양성을 고려해야 한다.

(4) 그 이론적 출발은 담화상에 '나타난 그대로'를 존중해야 한다. 다시 말해서, 최종적으로 간단명료한 위치 설정에 이르기 위해 복잡한 형태들로부터 출발하는 방식으로 진행되어야 한다.

우리는 총 네 단계의 과정의 이론을 제안하고자 하며, 이해를 돕기 위해 이어지는 내용에서 자연의 4원소들을 참조하여 설명하고자 한다.

4.3. 감성의 차원

모든 범주화 이전에 담화라는 주제와 관련하여 그것이 무엇이든 간에 크기grandeur는 우선 **감각적인 현존**이다. 앞서 말했듯이, 이 현존은 수량, 외연 차원과 동시에 강도 차원에서 동시에 나타난다.('제I장 기호에서 담화로', '2.3.1. 가치 체계의 형성') 예컨대, 자연적인 요소들의 현존의 수량 차원이란 무엇을 말하는 것일까? 이런저런 물질, 이런저런 원소의 정체를 파악하기 전에 우리는 먼저 손으로 만질 수 있고 눈으로 볼 수 있는 속성들, 뜨거운 것과 차가운 것, 매끄러운 것과 울퉁불퉁한 것, 보이는 것과 보이지 않는 것, 움직이는 것과 움직이지 않는 것, 딱딱한 것과 말랑말랑한 것이 무엇인지 알고 있다.

우리가 제안하는 두 개의 큰 방향에 따라 파악될 수 있는 것이 바로 이 감각적인 성질들이다: 예컨대, **움직이는 것과 움직이지 않는 것**은 **강도**에 따라 평가될 수 있을 것이다. 이때 다양한 수준의 에너지가 물질의 여러 가지 감각적인 상태에 묶이는 것으로 보인다. 또한 **외연**étendue에 따르면, 움직임은 물질적인 현존의 연속적인 위치와 관계한다고 볼 수 있다. 이때 움직임은 흐르는 시간과 통과되는 공간에 관한 이해를 함의한다.

딱딱한 것을 예로 들어 보자. 딱딱한 것(고체)은 지속된다는 것을 의미하며 이것은 일관된 상태를 유지하려는 강한 내적 응집력(강도)을 발휘함으로써 한 위치에서 한 형태로(외연) 유지될 수 있는 능력으로서 이해할 수 있다. 반대로, **말랑말랑한 것**(액체)은 내적 응집력의 약화(강도)로 이해할 수 있을 것이며 이것은 또한 시공간 속에서 위치와 형태의 변형 가능성(외연)을 갖는다.

따라서 감각적인 현존의 각 효과는, '현존'이라고 말할 수 있기 위해서는, 일정한 강도와 해당 범위 내에서의 일정한 위치 또는 수량의 결합으로 설명될 수 있어야 한다. 요약하면 현존은 한편에 있는 **힘들**forces과 다른 한편에 있는 **위치 또는 수량**을 활용한다. 여기서 우리는 강도의 효과가 **내적인 것**interne으로, 외연의 효과가 **외적인 것**externe으로 등장한다는 사실을 주목해야 한다. 이것은 개별 심리 주체의 내면과 외면을 말하는 것이 아니라, 감각적인 세계 자체에서 그 경계가 그려진 내적 영역과 외적 영역을 말하는 것이다. 앞서 제안한 대로, 주체의 자기 신체는 기호학적인 관계의 형식 그 자체가 되고 이렇게 기호학적인 행위에 의해 도식화된 현상은 내적 영역(에너지)과 외적 영역(외연)을 취하게 된다.

4.4. 두 차원의 상관관계

첫 번째 단계에서 현상의 감각적 이해의 모든 가능성을 탐색한다면
두 번째 단계에서는 두 차원, 즉 강도가 속한 차원과 외연이 속한 차
원을 구분해야 하는데, 이는 두 차원의 관계를 설정하기 위한 것이다.

이 관계 형성을 이제부터 **상관관계**라고 부르자. 상관관계는 그것
을 하나의 형상으로 인지하기도 전에 먼저 감각적인 현존의 일정한
성질과 일정한 수량으로부터 정립된다. 예컨대, **흙**이라고 하는 원소
를 강한 응집력과 약한 분산성(시공간적으로 분산하려는 성향에 있어
서)을 가진 것으로 볼 수 있다면 그것은 '딱딱한 것'으로 분류된다. 반
대로, 같은 현존의 성질을 통해 우리는 **공기**를 약한 응집력과 강한 유
동성(외연 속에서의)을 가진 것으로 볼 수 있을 것이다. 담화의 관점
을 도입한다는 것은 결국 하나의 범주에 속한 구성요소들이 보편적
가치를 갖는지 그렇지 않은지를 따지기 전에 범주의 구성과 그 진로
를 결정하는 감각적인 성질들을 먼저 탐구하는 것을 뜻한다. 그러나
기호학적인 형상들이 구축되고 안정되는 것은 바로 이 감각적인 차
원 사이에 존재하는 상관관계 속에서 일어나는 일이다.

우리가 점진적인 차원으로서 살펴볼, **강도**와 **외연**이라는 두 차원
에서 출발한다면, 둘의 상관관계는 두 개의 조절의 축에 따라 결정되
는 한 공간의 점집합으로 나타낼 수 있을 것이다.

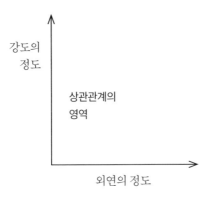

언어의 두 층위의 정의에 따라 환언하자면,

(1) **강도**는 **내용** 층위에 해당하는 **내적, 내부 수용적 영역**interne, intéroceptif
을 특징짓는다.

(2) **외연**은 **표현** 층위에 해당하는 **외적, 외부 수용적 영역**externe, extéroceptif
을 특징짓는다.

(3) 두 영역의 **상관관계**는 자기 신체의 위치 설정에 따라 결정되며, 자기
신체는 감각적인 현존의 효과가 결정되는 본좌에 다름 아니다. 따라
서 상관관계는 기본적으로 **자기 수용적**이다.

4.5. 상관관계의 두 가지 유형

세 번째 단계에 이르러, 우리는 자기 신체, 즉 '지각하는 신체'의 위치
설정의 결과들을 살펴보아야 할 것이다. 자기 신체는 단지 내부 수용
적 영역과 외부 수용적 영역이라는 두 영역의 분할만을 요구하는 것
이 아니라 **정향**, 즉 **지향**(내적 영역, 즉 강도의 차원으로부터)의 방향을

정하는 역할과 **포착**(외적 영역, 즉 외연의 차원으로부터)을 정하는 역할을 요구한다.

지향과 **포착**, 우리가 실행 중인 의미를 재현하기 위해서는 필수적이라고 생각하는 이 두 조작('제I장 기호에서 담화로', '2.3.1. 가치 체계의 형성')은 점진적인 차원을 **깊이의 축**axes de profondeur으로 변환하는데, 깊이의 축은 관찰자의 위치로부터 결정된다. 지향과 포착의 조절 작용하에서 강도와 외연의 정도는 **지각적인 깊이의 정도**가 된다.

만약 우리가 내적 공간의 점들을 하나하나 고려한다면, 한 축의 정도와 다른 축의 정도가 만나서 이루어지는 모든 결합을 이해하는 것은 이론적으로는 가능하다. 따라서 내적 공간의 모든 점들은 차별없이 하나하나가 체계의 위치를 밝히는 데에 유용하다. 그러나 우리는 고립된 위치들을 정의하고자 하는 것이 아니라 **가치들**, 즉 상대적인 위치, 위치들의 차이를 탐구하려고 하는 것이다. 내적 영역의 두 점이 만나서 맺어지는 관계를 고려한다면 우리는 즉시 조절을 담당하는 두 축과 상관하는 정향을 고려하지 않을 수 없다.

내적 영역에서 두 개의 다른 위치를 비교해 보면 서로 상관하는 두 개의 진화가 가능함을 알 수 있다. 두 개의 진화는 각각 조절의 두 축 사이에서 나타나는 상관관계의 두 유형을 결정한다.

두 위치 사이에서 두 차원은 같은 방향으로 진화할 수 있다: 지향이 강할수록 포착의 외연은 넓어지고, 지향이 약할수록 포착의 외연은 좁아진다.

두 위치 사이에서 두 차원은 반대 방향으로 진화할 수 있다: 지향이 강할수록 포착의 외연은 좁아지고 지향이 약할수록 포착의 외연은 넓어진다.

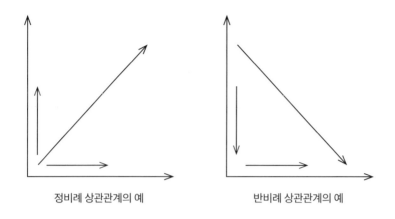

정비례 상관관계의 예   반비례 상관관계의 예

　　이렇게 지향과 포착 사이에는 두 유형의 상관관계가 있을 수 있고 우리는 그것을 이렇게 구분할 것이다: 정비례 상관관계corrélation directe와 반비례 상관관계corrélation inverse.

　　두 유형의 상관관계는 각각 다음과 같이 색으로 표시된 두 영역으로 재현될 수 있다. 정비례 상관관계의 경우에 위치 변화의 방향은 모퉁이에서부터 사각 영역을 2등분하는 방향을 따른다. 이 2등분된 공간을 사선으로 교차하는 방향으로 위치가 변화하는 것이 반비례 상관관계이며, 이 방향은 두 극단이 두 기본 축과 만나는 활 모양으로 그려 볼 수 있다.

4.6. 발랑스에서 가치로

외적 공간의 두 축은 해당 범주의 **발랑스**들을 규정한다. 내적 공간의 모든 점은 해당 범주의 **가치**들에 해당한다고 볼 수 있다. 그러나 이 점들로 구성된 구름 사이로 몇 가지 구성적 원칙이 드러난다: 한편으로

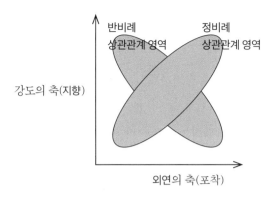

는 두 상관관계의 차이가 변동의 두 큰 방향을 정하며(도식에서 회색 빛 영역), 다른 한편으로는 가장 강한 두 지수의 결합과 가장 약한 두 지수의 결합은 극단의 영역을 정한다. 내적 영역의 모든 점들은 관여적이지만 각 상관관계의 극단은 해당 범주에서 가장 전형적인 영역이 된다. 이 두 원칙이 만남으로써 우리는 범주의 네 가지 전형적인 영역을 밝힐 수 있고 이 네 영역은 각각 앞장에서 소개한 네 개의 '범주화 스타일'에 해당한다.('제I장 기호에서 담화로', '2.3.4. 범주화 스타일')

　(1) 강한 강도와 좁은 외연(범주화 스타일: **행렬형**)

　(2) 강한 강도와 넓은 외연(범주화 스타일: **계열형**)

　(3) 약한 강도와 넓은 외연(범주화 스타일: **가족형**)

　(4) 약한 강도와 좁은 외연(범주화 스타일: **집체형**)

　좀 더 구체적인 경우로 돌아와, 특수한 어떤 담화에서 자연의 4원소가 그들이 생성시키는 에너지를 통해 또는 각 원소의 **시공간적**

진열déploiement spatio-temporel을 통해 지향되거나 포착될 때 어떤 일이 일어나는지 검토해 보자. 이 경우에 에너지를 하나의 **발랑스**로, **시공간적 전개**를 다른 하나의 **발랑스**로 이해할 수 있다. 내적 공간의 네 가지 전형 영역은 각각 자연의 4원소 중 하나에 의해 점유되며, 상관관계의 공간에서 어느 위치를 점하느냐에 따라 가치가 결정된다. 요컨대, 이렇게 결정된 4원소는 외적 공간의 감각적이고 지각적인 발랑스에 의해 결정되는 위상적 가치들이다. 여기서 우리는 한 위치의 가치가 조절 축에서 그 가치를 결정하는 지수들과 함께 해당 상관관계(정비례, 반비례)의 유형에 따라 결정됨을 기억해야 한다. 그 결과로 얻어지는 분포 양상은 문화의 특수성과 담화의 특수성을 반영한다. 왜냐하면 이 분포는 특수한 담화에서 선별된 발랑스들에 따라 달라지기 때문이다. 선택의 폭이 넓지는 않다 하더라도 원칙적으로 이것은 이런저런 담화의 특수성을 보여 준다.

따라서 앞서 제안한 모델은 원칙적으로 구체적인 발화행위가 조절하는 있는 그대로의 담화적 범주화를 설명하기 위해 고안되었다. 기호 사각형은 구체적인 담화를 기술하기 위한 목적을 표방하면서도 실질적으로는 보편적인 구조만을 다룬다는 비판이 자주 있었다. 우리는 이러한 비판이 정당성을 갖는다고 판단하며 이에 부응하기 위해 **가치의 출현**이 **발랑스**의 조절하에 있음을 상정하는 이론적 보완을 시도했다.

환언하면, 우리의 이론에서 문화적 변동은 의미의 기본 구조에서부터 나타나는데, 이는 담화적 가치와 형상을 지각하는 것이 이미 지각적 발랑스의 선별에 기초한다는 점으로 미루어 보아 문화적 변동이 지각의 조절 작용에 의해 이루어진다는 조건하에서 가능해진다. 이러한 방식으로 우리는 자연의 4원소를 살펴볼 것이다. 각 원소가 생성시키는 에너지, 시간적 지속성, 유동성, 공간 점유 능력 또는 식별 가능한 도상을 구축하는 힘을 지각하는 활동으로부터 4원소의 의미를 파악하면 다음과 같다.

긴장 구조 내에서 자연의 4원소가 어떤 분포를 보이는가는 담화의 특수성 또는 분석 대상이 되는 문화의 특수성에 따라 달라진다. 강도와 외연이 일반적인 가치를 갖는다고 본다면, 특수한 담화 안에서 이것을 실현하는 동위성isotopie들은 특수성을 갖기 때문에 발랑스 자체는 특수성을 갖는다고 말할 수 있을 것이다. 만약 채택된 유형이 철저히 발랑스와 그 상관관계에 달려 있음을 고려한다면 가치 자체가 특수한 것으로 볼 수도 있다. 따라서 다음 내용에서 제안하는 분포는 소크라테스 이전 철학자들이 남긴 자연 기호학의 분석 내용에 기초하고 있음을 밝힌다. 이 철학자들에 따르면, 예컨대 불feu은 가장 강한 에너지와 가장 약한 외연이 만나는 위치를 점하며, 물eau은 가장 강한 에너지와 가장 넓은 외연이 만나는 위치를 점한다.

4.7. 4장의 결론

긴장 구조는 이와 같이 네 단계의 과정을 거친 끝에 얻어진다: (1) 감각적인 현존의 두 차원을 식별하는 작업 (2) 이 두 차원 사이의 상관

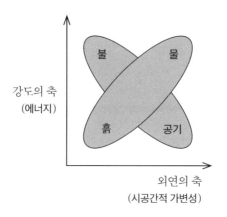

관계를 규명하는 작업 (3) 두 차원의 방향을 정하는 작업으로 이는 한 편으로 **발랑스**가 되고 다른 한편으로 두 방향으로 작용하는 상관관계의 이중 구조가 된다 (4) 네 개의 전형 공간이 출현하는데, 이는 범주의 **전형적인 가치**를 보여 주는 두 지수의 극점에 의해 결정된다.

이 모델은 앞서 상기한 바가 있는 요구에 부응하는 것으로, 감성의 두 차원은 일정한 방향으로 움직이는 두 지수에 해당한다. 지성적 가치는 상관관계의 공간 안에 나타난다. 여기서 우리는 언어활동의 구성 원칙이 지켜지는 것을 알 수 있는데, 상관관계와 두 차원의 정향은 지각하는 신체의 위치 설정의 결과이기 때문이기 때문이다. 지각하는 신체의 위치는 감각적인 현존을 도식화하는데, 이때 현존은 내적 영역(강도)과 외적 영역(외연)으로 구분된다.

제III장 담화

개요

담화는 기호학의 분석 단위이다. 담화를 이해하는 작업은 기호 활동(기호를 포함한)의 규범적이고 고정된 결과물만을 분석하는 데에 그치지 않고 기호 행위 자체를 파악하는 작업이다. 담화는 행위 중인 발화이며, 이 행위는 우선 현존의 행위이기 때문이다. 담화 심급은 언어 능력을 실행하는 꼭두각시가 아니다. 그것은 인간의 현존이며 자기 표현을 하는 감각하는 신체이다. 우리가 분석의 출발점으로 담화를 선택한다면, 담화 내에서 만나는 규범적이고 고정된 형태는 단지 기호이기만 한 것이 아니라는 사실을 금방 알 수 있다. 담화의 흥미로운 속성 중 하나는 우리의 표상과 경험을 **도식화**할 수 있는 능력에 있다. 따라서 **담화 도식**schéma du discours의 탐구는 순수한 의미에서의 기호 탐구를 대체한다.

1. 텍스트, 담화, 이야기

이 장에서 우리는 세 개의 개념을 정의하고 비교할 것이다. 이는 현재 널리 퍼져 있는 몇 가지 오해를 규명하기 위한 것이다. 한편으로는 담화와 이야기의 관계를, 다른 한편으로는 담화와 텍스트의 관계를 살펴보고자 한다.

담화와 텍스트le discours et le texte는 동일한 의미작용을 해석하는 두 개의 구별되는 관점이다. **담화와 이야기**le discours et le récit의 경우, 뱅베니스트의 이론을 자세히 살펴보면, 이 둘은 동일한 관여성 층위niveau de pertinence에 속해 있지 않다는 사실을 알 수 있다.

2. 담화 심급

담화 심급은 몇 가지 자질을 갖추고 있다: 하나의 위치, 하나의 장 그리고 행위소. 담화 심급은 발화의 기본 행위를 수행한다: 지시적 위치 점유와, 발화를 수행하고 발화의 여러 층위를 조직하는 데에 필요한 여러 가지 작용들(연동과 탈연동)이 그것이다. 뱅베니스트를 참조하여, 담화 심급을 표상하는 가장 간단명료한 모델로서 우리는 '위치의 장'champ positionnel 모델을 제안한다.

3. 담화 도식

담화 도식은 두 가지 유형으로 나누어 볼 수 있다: 한편으로는 **긴장 도식**을 볼 수 있고 다른 한편으로는 **표준 담화 도식**을 볼 수 있는데, 긴장 도식은 담화상에 나타나는 긴장의 변조에 관한 명확한 재현이며, 표준 담화 도식은 행위의 논리적인 과정을 구성하거나 담화상에 나타나는 감정 행로를 구성한다.

긴장 도식은 긴장과 이완의 관계를 통해 작동하는 기본 변조 체계이다. 이때 긴장과 이완의 조합은 추론을 통해 예측이 가능하다. 표준 도식은 좀 더 일반적인 시퀀스로, 많은 사례를 통해 고착화되었다. 각 시퀀스는 또한 담화의 한 차원에 거시적인 '긴장 프로필'profil tensif을 부여하기 위해 여러 긴장 도식을 변이시킨다.

그러나 **담화 통사**는 이 도식화된 형식들에 국한되지 않는다. 담화적 정향으로서 시점, 진실 가치의 통사 또는 수사적 가치의 통사, 문체와 논증의 통사와 같은 많은 요인들이 작용한다.

1. 텍스트, 담화, 이야기

앞서 우리는 기호학이 의미의 최소 단위인 기호를 아우르는 동시에 기호 차원을 넘어서는 의미 집체의 학문임을 상기했다. 이를 위해서는 의미 집체를 뜻하는 텍스트, 담화, 이야기 개념이 각각 구체적으로 어떤 위상을 갖는지 살펴볼 필요가 있다.

1.1. 텍스트

텍스트texte를 먼저 살펴보자. 흔히 생각하는 것과는 달리 텍스트는 문학 연구의 대상만을 뜻하는 용어가 아니다. 텍스트는 언어학적 연구의 대상이기도 하다 ──텍스트 문법grammaire de texte 또는 텍스트 언어학linguistique textuelle이 있고 디 최근의 연구로는 텍스트 의미론sémantique des textes이 있다 ──. 언어학의 관심도 또한 문학 텍스트에 국한되는 것이 아니라 모든 유형의 기호학적 대상에 관심을 갖는다.

또한, 언어 텍스트도 다양한 텍스트 중 하나일 뿐이다. 옐름슬레우는 『랑가주 이론 서설』에서 다음과 같이 선언했다:

> 랑가주 이론은 텍스트에 관심을 갖는다. 그리고 그 목표는 주어진 텍스트의 전체를 망라하고 수미일관된 기술을 할 수 있는 방법과 절차를 정립하는 것에 있다.(31쪽)

그는 심지어 이렇게 명시하기까지 했다:

만약 우리가 자료체에 관해 이야기할 수 있다면, […] 언어학자에게 있어서 자료체는 분해되지 않은 전체 안에서 보는 텍스트를 말한다.(24쪽)

그러니까 언어활동의 전문가 —— 기호학자 —— 에게 있어서 **텍스트**는 이해해야 할 대상이며 분석할 수 있는 사실과 현상들 일체를 말한다. 언어학자는 흔히 말하는 의미의 '랑그 현상'을 다루는 사람이 아니라 텍스트, 즉 텍스트적인 현상을 다루는 사람이다.

텍스트가 언어학자와 기호학자의 기본 **자료체**라고 말할 때, 이것은 자료체가 사전에 조작되어서는 안 된다거나 그 조작이 어렵지 않다는 것을 뜻하지는 않는다. 인쇄, 출판에 앞서 텍스트의 수립은 그 자체로 **문헌학**philologie에 속하는 전문 작업이며 오늘날의 전자출판 기술은 놀라운 방식으로 이 작업을 발전시켰다. 이는 분야마다 달라서, 영상 분야를 예로 든다면, 컷과 시퀀스 단위로 이루어지는 영상 편집 또한 영상 텍스트를 수립하는 하나의 방식이 될 수 있다.

텍스트가 언어학자에게 **분해되지 않은 전체**로서 주어진다고 말할 때, 이 전체가 늘 명확하다는 것을 뜻하는 것도 아니다. 예컨대 우리가 중세 서정시를 다룬다면, 일반적으로 중세 서정시는 무수한 판본 이형이 존재하며 그 어떤 판본도 원작의 권위를 가질 수 없다. 따라서 이러한 텍스트에서 전체라는 것은 파악하기 어려운 문제이며 이 전체는 그 어떤 개별 텍스트에서도 나타나 있지 않다. 이런 경우에 우리는 **가상 텍스트**texte virtuel에 관해 이야기할 수밖에 없다.

같은 방식으로 오늘날 우리가 **하이퍼 텍스트**hyper-texte라고 부르는 것도, 그것이 **하이퍼 미디어**hyper-média를 말하는 게 아니라면, 결코 전체로서 주어지지 않으며, 명확하게 규정할 수 있는 전체로서 파악될 수도 없다. 독자는 그가 현동화하는 연결 고리와 여러 텍스트 층위를 통과하며 완주하는 행로에 따라 자신만의 고유한 텍스트를 조직한다. 이때 다양한 텍스트 집체와 여러 표현 양식의 공존은 개별적인 방식으로 독자의 텍스트 재구성 작업을 돕는데, 독자는 반드시 **잠재적 층위**couche virtuelle, **가능적 층위**couche potentielle 그리고 **현동적 층위**couche actuelle를 구분할 수 있어야 한다.

결론적으로 텍스트는 첫 단계에 속하는 여러 조작 ── 구획délimitation, 분할segmentation, 자료체 수립établissement des données ── 의 결과물이다. 이 조작은 구체적인 기호적 산물의 연속적인 흐름에 가해진다.

좀 더 명시적으로 말한다면 분할, 분절, 연결 관계, 변환 단계의 측정은 모든 기호학 분석 작업에서 첫 단계에 해당한다. 왜냐하면 이러한 작업은 가설을 세우기 위한 목적을 가지고 표현 층위의 '거시-형상'macro-figures을 식별하도록 해 주기 때문이다. 그러나 자크 게니나스카가 거듭 보여 준 바와 같이, 이러한 작업을 통해 얻는 '텍스트적 단위들'unités textuelles은 아직 '담화적 단위들'unités discursives이 될 수 없다. 이러한 단위들은 의미론적 해석의 관점에서 그리 변별적이지 않기 때문이다.

1.2. 담화

담화라는 용어의 사전적 의미는 매우 다양해서 우리가 여기서 하나하나 자세히 다루는 것은 유용하지 않을 것이다. 다만 어떤 의미들이 있는지 잠시 상기해 보기로 하자. 때로 우리는 담화를 문장들의 집체라고 여기기도 하고, 조직된 말들의 집체로 정의하기도 한다. 또한, 발화의 산물로 이해하기도 한다. 경우에 따라, 담화는 텍스트 언어학 분야에서 쓰이기도 하고 발화 언어학에 속하기도 하며 수사학이나 화용론에서 사용되기도 한다. 그러나 이 모든 경우에 공통적으로 '담화'라는 용어가 함의하는 바는 다음과 같이 요약될 수 있다: 담화는 하나의 집체인데 그 의미가 각 부분의 의미들을 단순히 한데 모아 놓은 것이거나 조합해 놓은 것의 결과가 아니다.

한 문장의 의미가 그 문장을 구성하는 단어들의 의미를 단순히 합산 또는 조합한 결과로서 얻어지는 것이 아니라는 사실은 잘 알려져 있다. 우선 (1) 이 단어들이 구성하는 통사의 형식을 파악해야 하고 (2) 이 통사 형식을 떠안는 발화행위의 술어적 지향을 이해해야만 문장의 의미를 알 수 있다. 담화의 의미를 파악하는 과정도 비슷하지만, 문장보다 더욱 그 통사 형식을 식별하기 어렵고 발화행위가 가리키는 술어적 지향도 더 난해하다.

담화는 분석의 심급이다. 이 분석의 심급을 생산하는 활동으로서의 발화는 그 결과물인 발화체와 분리될 수 없다. 이러한 입장은 우리가 서두에서부터 줄곧 밝혀 온 입장과 일치한다: 결과물만을 고려하는 것은 그 구성요소만을 고려하는 것이고, 이는 하나의 체계를 만들기 위해 그 요소들을 일반화시키는 시도에 다름 아니다. 이것은 우리가 여기서 특히 경계하는 많은 이론적 전제 중 하나이다. 왜냐하면 담화는 이미 확립된 코드나 체계의 구성단위들을 단지 **이용하는** 차원에 머무르지 않기 때문이다. 사물을 보는 이러한 관점은 극히 제한적인 몇몇 상황에서만 적용 가능하며(도로교통법이 한 예가 될 수 있다), 결국 이론적 관점에서 전혀 흥미롭지 않다. 반대로, 담화는 끊임없이 새로운 형상들을 고안하고 기존 담화들이 풍성하게 만들어 놓은 체계를 부분적으로 또는 그 이상 굴절시키거나 변형시킨다.

이것은 결과적으로 우리의 시야에서 의미 형식의 생산을 잃어버리지 않도록 도와준다. 이것이 담화가 우리의 경험과 표상을 도식화하는 방식이며 이는 우리의 경험과 표상을 의미 있는 것으로 만들어 타인과 공유하기 위한 목적을 가진다. 하지만 이러한 관점은 다음과 같은 결과를 낳는다: 담화는 시간 속에 존재하며, 이 시간은 생산물이 존재하는 시간이자 물질적 전개가 이루어지는 시간이다. 따라서 하나의 담화는 수많은 생산물들 중 하나의 임시 표본에 불과하다.

1.3. 이야기

텍스트의 구조적 분석이 처음 시도된 50~60년대에 텍스트 분석은 주로 서사적 차원에 집중했다. 그 덕분에 우리는 모든 텍스트에서 어느 정도 명료한 서사 구조를 볼 수 있었다. 장편소설, 단편소설, 전설, 우화 등의 서사적 장르에서 명료한 서사 구조를 파악할 수 있었고 여타 다른 장르에서도 암시적으로 나타나는 서사 구조를 볼 수 있었다. 우리가 문장 차원을 넘어 담화의 거시적인 조직 원리를 찾고자 할 때, 서사 논리는 분석을 수행하는 데에 있어서 가장 간편한 방법 중 하나이다. 텍스트 단위들의 분할과 연속에 의해 서로 분리되어 있거나 때로는 숨겨진 연결 고리들을 서로 이어 주기 때문이다.

구조적 분석이 그 유용성으로 인해 중요한 자리를 차지할 수 있었지만 한편으로는 좀 더 일반적인 맥락의 물음이 제기되어 왔다. 담화의 의미를 분석하고자 할 때, 용어, 표현, 형상 들 사이에 존재하는 차이나 대립에만 의존할 수 없다는 것이 그것이다: 사실 차이는 모든 언어 과학의 기본 전제이다. 그러나 우리가 변별적 대립 관계를 정립할 때, 엄밀한 의미에서 우리는 차이를 만나지 못한다. 다시 말해서 대안 선택, 즉 연속체 안에 주어진 한 자리에 치환에 의해 밝혀지는 선택들이 소거된다는 말이다. 결국 우리는 **대조**contrastes **관계**만을 만날 뿐이다. 이것은 언어 담화의 연속체 속에, 건축적인 의미의 3차원 공간에서, 무대에서 또는 설치물에서, 항들이 각각 상이한 자리에 위치하는 대립 관계를 뜻한다.

텍스트 내에서 하나의 차이를 파악할 때, 이 차이는 사실 두 내용 사이에 존재하는 **변형**으로서 나타난다. 두 개의 내용은 각각 다른 자리에 위치하며 한 자리에서 다른 자리로 이행하는 과정에서 하나의 범주는 변형되고 변조되고 왜곡되거나 또는 뒤집어진다.

이러한 관찰로부터 우리는 다음의 원칙을 발견한다: "한 담화에서 의미/감각sens은 그 변형을 통해서만 파악될 수 있다." 모든 이야기가 의미론적 변형에 의존하는 것처럼, 텍스트의 의미 확립도 서사 차원의 분석과 분리될 수 없게 된 것이다.

그러나 서사적 변형이 담화 내에서 찾을 수 있는 유일한 변형인 것은 결코 아니다: 형상, 리듬, 장르, 의미론적 집체들은 모두 서사적 변형으로서 해석됨 없이 변형될 수 있다. 그러니까 **엄밀한 의미**에서 서사 구조의 일반화로 귀결됨 없이도 담화적 변형의 원리 자체는 일반화될 수 있어야 한다. 서사적 변형은 담화적 변형의 가능한 형태 중 하나에 불과하다.

기호학사적 관점에서 레비스트로스, 그레마스, 롤랑 바르트가 블라디미르 프로프의 가설을 일반화하고 재구성하여 각색한 작업은 서사성narrativité을 담화의 지적 이해의 가능성의 원리로 일반화하는 데에 크게 기여했다. 이 일반화가 담화 기호학의 기초를 닦았다고도 볼 수 있을 것이다.

그러나 모든 과학적 환원이 그러하듯, 프로프 가설의 일반화도 지나친 수준에 이르고 말았다. 하나의 텍스트는 독자가 느끼기에 **아무 일도 일어나지 않는 것처럼** 보이는 순간에도 주체의 감정적 정체성에 영향을 끼치는 형상적 변형, 정념적 변형을 포함할 수 있다. 다시 말해서, 텍스트 환경과 관련하여 행위자acteurs의 상황이 변하지 않았다 하더라도 다른 종류의 변형이 일어나고 있을 수 있다는 말이다.

현대문학에 등장하는 소설들은 많은 경우 무수한 사건들을 포함하지만 서사적으로는 답보 상태라는 인상을 준다. 이 제자리걸음은, 알랭 로브그리예가 『질투』라는 작품에서 보여 준 것처럼, 우연적인 사건들의 반복이 가져다주는 효과이거나 끊임없이 어긋나는 분할의 효과인데, 이는 서사적 논리의 투사를 차단한다. 『밤 끝으로의 여행』에서처럼 이것은 또한 서사적 생성 자체의 형식일 수도 있다: 실패와 참사의 축적은 바르다뮤의 상황도 그의 정체성도 변형시키지 않는다. 이런 사건의 축적은 다만 점진적으로 소설 초반부에 나타났던 어떤 변화를 기대하는 잠재적 소망의 자산을 소진하게 만들 뿐이다.

1.4. 텍스트와 담화

텍스트와 담화를 구분하는 의미 목록은 지루할 정도로 많겠지만 그런 작업은 우리에게 불필요하다. 담화의 개념은 그것을 '랑그'langue에 대립시키느냐 '체계' 또는 '텍스트'에 대비시키느냐에 따라 그 의미가 달라지기 때문이다. 이론의 각축장에서는 '담화'가 차지하는 자리를 구분하기 위해 각자는 때로 텍스트만을, 때로 담화만을 관여적인 것으로 인정한다.

전체적으로 언어학 이론의 다수는, **텍스트**를 이해할 때 그 구조를 파악할 수 있는 분석 가능한 물질적 대상으로 이해하며, **담화**는 언어 행위acts de langage의 산물로서 이해한다. 언어 행위는 구조를 조작하고 생산하며 구조는 언어 행위에 의해서만 현동화될 수 있다.

두 개념, 두 현상이 전체적으로 겹치기 때문에 차라리 이들이 의미에 관한 상이한 관점이라고 볼 수도 있을 것이다. 즉 쟁점은 **텍스트의 관점**le point de vue du texte과 **담화의 관점**le point de vue du discours이다.

만약 의미를 하나의 표현 층위(E)와 하나의 내용 층위(C)의 결합으로 정의한다면, 이 두 관점은 다음과 같이 정의될 수 있을 것이다: 텍스트의 관점은 표현 층위에서 내용 층위로 가는 길(E → C)을 따르는 것이고, 담화의 관점은 내용 층위에서 표현 층위로 가는 길(C → E)을 따르는 것을 말한다.

논의를 좀 더 이어 가 보면, 내용에서 표현으로 가는 길(과 그 반대의 길)은 여러 단계를 포함하는데, 이것은 가장 추상적인 구조(기본 구조의 예와 같은)로부터 자연 세계와 표현에 가까운 가장 구체적인 조직(형상적 조직organisations figuratives처럼)으로 가는 길이거나 또는 그 반대의 길이다. 이러한 관점에서 표현과 내용을 이어 주는 길은 수직적으로 조직된 이론적 공간에서 여러 층위를 통과하는 행로, 즉 **의미 생성 행로**parcours génératif라고 하는 하나의 행로이다. 이 행로는 두 방향으로 진행될 수 있는데, 표현에서 내용으로의 진행(E → C)은 **하강**descendant 행로로, 내용에서 표현으로의 진행(C → E)은 **상승**ascendant 행로로 볼 수 있다.

　두 관점은 의미 집체와 관련하여 철저히 상동적이며, 우리가 어휘 단위라고 부르는 것과 관련하여 각각 **명칭론적인**onomasiologique 관점(하강)과 **어의론적인**sémasiologique 관점(상승)에 해당한다.

의미 생성 행로는 다음 네 개 요소로 구성되는 의미 층위의 집체로서 나타난다.

　(1) 기본 의미 구조

　(2) 행위소 구조

　(3) 서사, 주제 구조

　(4) 형상적 구조

각각의 층위는 가장 추상적인 부분에서 가장 구체적인 부분으로 재분절되는데, 이 과정은 매우 복잡한 방식으로 이루어진다. 예컨대, (1) [삶/죽음] 범주(**의미의 기본 구조**)는 범주 자체 내에서 (2) [연접/이접]conjonction/disjonction(**서사의 기본 구조**)으로 재분절될 수 있다. 이는 주체 행위소와 대상 행위소(**행위소 구조**)

의 관계 덕분에 가능하며, 이 관계 자체는 또다시 (3) 유지/상실 또는 회복의 서사 프로그램들을 가능케 한다(서사 **구조**와 **주제 구조**). 마지막으로, (4) 서사 프로그램programmes narratifs들은 시점, 시공간화, 행위자화로 이어진다(**형상적 구조**). 예컨대, [삶/죽음]은 의미 생성 행로의 끝인 마지막 층위에서 [빛/어둠](지각), [낮/밤] 또는 [여름/겨울](시간화)로 나타날 수 있을 것이다. 지금까지 우리는 상황을 단순화하는 방식으로, '상승' 행로와 그 의미 구축 과정을 보았다. '하강' 행로도 마찬가지 방식으로 설명이 가능한데, 이번에는 추상적인 의미 범주에 이르기 위해 직접적인 관찰이 가능한 구상적 요소로부터 출발하는 분석 방식이 될 것이다. 이렇게, 구체적인 텍스트 안에 구상적 요소로 나타나는 [낮/밤]으로부터 출발하여, 앞의 예와 반대되는 방식으로 [빛/어둠], [연접/이접], [삶/죽음], 더 나아가 [존재/비존재]까지 하나하나 짚을 수 있다.

텍스트의 관점은 **하강하는 방향**으로 진행하는 행로를 따른다. 이것은 가장 구체적인 조직으로부터 출발하여 추상적인 구조에 도달하는 행로를 말한다. **담화의 관점**le point de vue du discours은 **상승하는 방향**으로 진행하는 행로를 따른다. 이것은 추상적인 구조에서 출발하여 구체적인 조직으로 향하는 방식이다.

엄밀한 의미에서 보면, 담화의 관점이 **생성적**génératif이라 할 수 있다. 가장 일반적인 내용 구조에서 출발하여 점진적으로 표현의 특수성과 다양성을 찾아가기 때문이다. 결과적으로 **기호적 생산**production sémiotique의 재현을 가능케 하는 것은 담화의 관점이라고 볼 수 있다.

반면, 텍스트의 관점은 **해석학적인 성격**을 갖는다. 왜냐하면 이것은 고유한 의미에서의 텍스트적 사실에 내재하는 설명과 지향성을 탐색하는 과정이며 이 과정이 인도하는 행로이기 때문이다. 이 관점은 **기호학적 해석**interprétation sémiotique의 재현을 허락할 것이다.

텍스트 단위의 분할로부터 담화 구조로 가는 여정이 적어도 관여성 원칙에 따른다는 사실은 이미 지적한 바 있다. 따라서 이 첫 번째 분할은 극복되거나 그렇지 않으면 '잊혀야' 한다. 그래야만 관여적인 구조, 즉 행위, 정념 또는 인지 구조를 파악할 수 있다.('제V장 행위, 정념, 인지' 참조) 마찬가지로, 기본 구조에서 담화의 구체적 조직으로 진행하는 반대의 행로는 많은 장애물을 만나는데, 특히 담화에 내재하는 구조를 선별, 지향하기 위해 모든 순간에 발화가 개입한다는 사실이 가장 큰 장애가 된다.

두 관점 사이에 표면적으로 존재하는 대칭성으로 인해 우리는 한 가지 근본적인 관여성 차이를 놓칠 수 있다. 담화의 관점에서는, 행로의 각 층위에서 다음과 같은 행위의 문제가 제기된다. 구조를 하나의 표현 안에 기록하기 위해 발화의 통제하에, 구조를 지향하고 선별하며 소환하는 행위의 문제가 제기된다. 담화 기호학은 항상 의미 집체와 직면하여 **담화 심급**을 탐색하는데, 담화 심급은 현존하는, 현동화된, 특수성을 가진 사례의 위상을 담화에 부여한다.

텍스트의 관점에서는, 앞서 말한 행위들은 무용하거나 주변적인 것으로 나타난다. 심지어는 객관화될 수 있는, 관찰 가능한, 일반화될 수 있는 구조들을 도출하기 위해 점차 소거해야만 하는 방해물이다. 텍스트 기호학은 독해를 통제하기 위해 텍스트적인 사실의 특수성과 발화의 고유성을 간과하는 경향을 보인다: 유리 로트만은 『예술 텍스트의 구조』*La structure du texte artistique*에서 텍스트의 특수성은 개별적으로 취했을 때 보편적인 성격을 갖는 수많은 구조들의 교차로부터만 얻어지는 결과라고 주장하지 않았던가!

또한 이 이론적 관여성의 차이 외에도, 분석 방법과 우리가 **문맥**이라고 부르는 것의 역할에 직접적으로 영향을 주는 또 다른 차이가 있다. 장-미셸 아담은 다음 두 방정식으로부터 출발한 추론을 제안했다:

[담화 = 텍스트 + 문맥]

[텍스트 = 담화 - 문맥]

이 맥락에서는 담화의 관점이 문맥을 포함하는 것으로, 텍스트의 관점은 문맥을 배제하는 것으로 이해된다. 그러나 사태는 조금 다른 방식으로 나타난다. 우리의 경험상, 해석학적인 관점에서, 문맥적인 요소들을 **추가하도록** 하는 것은 텍스트의 관점이다: 문맥적인 요소들을 추가함 없이는 해석이 불완전한 상태에서 벗어날 수 없으며 이해는 불만족스럽다. 그러나, 담화는 문맥의 도움을 요하지 않는다. 추가된 부분의 의미로 담화를 이해하지 않는다는 말이 아니라 문맥이라는 개념 자체가 이 관점에서는 타당하지 않다는 말이다.

담화의 관점은 텍스트와 문맥의 차이를 중화시킨다. 담화의 관점을 채택한다는 것은 의미 사행에 기여하는 모든 요소들이 곧 **의미 집체**, 즉 그것이 무엇이든지 간에 담화에 속한다는 것을 인정하는 것이다.

요컨대, 문맥이라는 개념을 '창안하는' 것은 텍스트의 관점이다. 왜냐하면 텍스트는 처음부터 제한된 자료체에서 출발하기 때문에 해석 과정에서 처음에 배제되었던 자료들을 추가해야 할 필요를 느끼기 때문이다….

랑그 또는 텍스트의 '내재성으로부터 벗어나는 것'에 관한 많은 논의가 있지만, 만약 우리가 무엇이 관여적인 분석 요소들인지 사전에 결정하지 않는다면, 이 논의들은 불필요할 것이다. 언어적 요소들만이 타당하다고 미리 결정하는 텍스트 언어학은 필연적으로 '문맥'의 요소들을 삽입해야만 할 필요를 느끼게 된다. 의미는 언어적 요소들에만 배타적으로 의존하는 것이 아니기 때문이다. 마찬가지로, 분석을 시작하기도 전에 한 그림 속에서 색칠된 부분만 관여적인 것이라고 정해 놓아야 할 이유가 있을까? 결코 그렇지 않다. 왜냐하면 그 경우에 우리는 나중에 '문맥'이라는 이름으로 동일한 계열의 다른 그림들, 동일한 화가의 다른 그림, 액자, 캔버스 틀, 전시 방법, 전시장의 건축양식, 관객의 감상 위치까지도 추가로 다루어야만 할 위험이 있기 때문이다.

프랑수아 라스티에가 도입한 **외래성**afférence(맥락에서 부과된 추가 요소) 개념은 언어 텍스트와 비언어 텍스트들 사이의 연결 관계들을 사전에 고려할 수 있도록 해 주며 동일한 원칙을 적용한다: 언어 텍스트를 우선 검토하고 그 해석에 필수적인 문맥적 요소들을 찾는 방식이다.

대화 상황을 분석하고자 하는 기호학자가 한 명 있다고 상상해

보자. 만약 그가 **텍스트의 관점**을 채택한다면 그는 분석에 앞서 고려해야 할 표현들의 경계를 정할 것이고 대화문을 분할하는 작업부터 시작할 것이다. 예컨대, 그의 '텍스트'는 언어적 발화체들의 집합으로 구성되어 있을 것이다. 그러나 이 발화체들의 의미를 파악하기 위해서는 금방 몸짓이나 억양과 같은 정보들을 추가해야 할 텐데, 그는 이 추가적인 정보들을 **준언어적인 문맥**contexte para-linguistique이라고 부를 것이다. 하지만 만약 그가 언어 행위에 속하는 요소들을 점진적으로 배제하기보다 이것을 고려하기를 원한다면, 그는 상호작용의 당사자들이 맺고 있는 사회적, 제도적 관계들 역시 연구해야 할 것이다. 뿐만 아니라, 그들의 관계의 역사와 그들 각자가 속한 문화권의 역사도 살펴보아야 할지 모른다. 결국 언어 행위의 연구는 **사회문화적 문맥**에 관한 연구도 포함한다는 것을 알 수 있다.

반대로, 이 기호학자가 **담화의 관점**을 채택한다면, 그는 우선 한정되지 않은 표현들의 집합을 대상으로 다양한 조사를 진행하며 상호작용에 참여하는 이들 각자의 역할, 대화의 쟁점, 대화의 중심 주제에 관해 이런저런 가설을 상정할 것이다. 이다음 순서에서야 적절하다고 판단되는 표현들을 선별하는 작업이 이어진다. 이때, 그는 기표의 유형, 장르에 대해 어떠한 제한도 가하지 않는다. 분석을 끝내고 나서야 그는 그의 자료체의 한계를 알 수 있을 것이다. 그의 자료체는 하나의 **기호적 상황**situation sémiotique과 같은 형태를 가질 것이며, 언어 표현, 몸짓, 공간적, 제도적, 문화적 표현을 포함할 것이다. 그는 자의적인 방식으로 텍스트의 한계를 정하지 않기 때문에, 연구가 진행되는 동안 그 어떤 순간에도 문맥적인 정보를 요청할 필요를 느끼지 않는다. 오히려 그는 다양한 유형의 기표들부터 얻은 대상 표현들을 가지고 의미하는 전체로서의 담화(여기서는 **기호적 상황**)를 구축하게 될 것이다.

문맥이라는 개념은 결국 **텍스트**의 관점을 도입할 때에만 필요하며 **담화**의 관점을 선택한다면 고려할 필요가 없다. 그렇다고 담화의 관점을 도입하는 데에 아무런 어려움이 없는 것은 아니다. 담화의 관점 나름대로 성격이 다른 문제들에 부딪힐 수 있다. 그중 동일한 의미작용 속에 여러 기호 양식이 혼재하는 현상으로부터 발생되는 문제들이 대표적이다. 다시 말해서 언어적, 시각적, 청각적 양식과 후각적, 근접적 양식까지도 하나의 기호 작용 속에 존재할 수 있다는 말이다. 마찬가지로 하나의 담화 안에 여러 유형의 **논리들**이 공존할 수 있다.('제V장 행위, 정념, 인지' 참조) 따라서 이 복수의 기호 양식들과 복수의 합리성이 동일한 발화자에 의해 수임되는지 그렇지 않은지 따져 보아야 할 필요가 있고 이 양식들이 맺고 있는 관계가 상징적인 유형의 것인지 아니면 유사-상징주의적인 것인지, 수사적인 것인지를 알아보아야 한다. 요컨대, 상호 기호적인 관계들의 망이 어떤 방식으로 구성되어 있는가를 파악해야 한다는 말이다.

여기서 우리는 의미의 문제가 좀 더 큰 틀에서 근본적인 이동을 보이고 있음을 알 수 있다. 모든 텍스트가 미리 균질화되거나 한정되지 않고 분석 이후 **사후적으로만** 그 경계를 정할 수 있는, 이질적인 것들의 집체로서 제시되는 것을 원칙으로 한다면, 의미 생산이든 의미 해석이든 의미/감각의 압력 또는 의미화 과정 자체는 동질화하려는 힘, 압박에 다름 아닐 것이다. 즉 의미작용은 **이질성 해결**을 목적으로 작용하는 힘, 압력이라는 말이다.

외래성이나 문맥의 요청을 통한 해석과 같은 사후적 작업으로는 이질성을 이해할 길이 없다. 이질성은 의미 생산 또는 의미 해석 이전에 이미 기호적 소여인 동시에 해결해야 할 하나의 긴장성이다. 이렇게 이질적인 것들의 집체로서 고안된 텍스트의 의미는 그것이 이질성을 다루는 다양한 양상 아래에서만 파악될 수 있을 것이다. 예컨대, 폴 리쾨르의 연구에서 큰 비중을 차지하고 있는 주제 중에는 다음과 같은 것들이 있다: 구상적 요소의 의미론적 이질성 해결 방법으로서의 은유와 시간적 요소의 이질성 해결 방법으로서의 이야기 등.

이질성 통합synthèse de l'hétérogène의 다양한 형식은 담화의 역동적 구조에 관한 사유에서 핵심적인 자리를 차지한다.

이제 우리가 원하는 바가 텍스트에 문맥을 단순히 '추가하는 것'과 같은 접근 방식과는 전혀 다른 것임이 명확해졌다. 희곡 또는 오페라 상연이 언어 '텍스트' 또는 음악 '텍스트'에 연극적 문맥을 추가함으로써 실현될 것이라고는 아무도 생각지 않을 것이다. 직관적으로도 우리는 공연이 하나의 생생한 의미 집체로서의 위상을 갖는 줄을 알고 있다. 또한 이것이 담화를 생산하는 하나의 총체적인 발화행위임을 알고 있다. 대화의 경우도, 어떤 사회적 실천의 경우도 이와 다르지 않다.

요컨대, 엄격한 텍스트의 관점은 그 인위적 성격 때문에 어려움을 야기한다. 담화의 관점도 이와는 다른 여러 가지 어려움을 야기하는데, 그중에서도 여러 기호적 합리성과 다양한 기호 양식의 통합을 시도하는 작업이 가장 까다롭다고 할 수 있다. 그러나 이 문제는 발화의 다성성과 복수적 조직을 고려하는 방식으로 해결될 수 있다. 이를 통해 우리의 분석은 이질성의 통합 문제를 다루게 될 것이며, 이것은 '텍스트+문맥'과 같은 해법보다 월등히 흥미로운 발견을 가져다줄 것으로 기대된다.

1.5. 이야기와 담화

우리는 앞서 담화 이해에서 서사 구조가 어떠한 역할을 담당하는지를 이미 논한 바 있다. '담화/이야기'는 뱅베니스트의 연구에서 특수한 분석의 대상이었던 적이 있다. 우리는 여기서 뱅베니스트의 연구를 검토하며 몇 가지 모호성을 짚어 보고자 한다.

『일반언어학의 여러 문제 1』(1966)에 수록된 「프랑스어 동사에서 시간의 관계들」(Les relations de temps dans le verbe français)이라는 제목의 유명한 논문에서 뱅베니스트는 프랑스어의 단순 과거와 복합 과거의 사용에서 나타나는 한 가지 문제를 다루었다. 표면적으로 이것은 같은 정보를 이중으로 표현하는 것처럼 보이는데, 뱅베니스트는 이 현상을 이론적으로 설명하고자 했던 것이다. 당시까지 많이 제기되었던 주장들과는 달리, 그는 이 두 개의 과거 시제가 각각 판명하고 **상호 보완적인 두 체계**(238쪽)임을 주장한다. 그는 분석의 대상 영역을 확대하면서, 이 두 체계가 **두 개의 상이한 발화 층위**에 해당한다는 것, 즉 단순 과거 시제는 **이야기** 층위에, 복합 과거는 **담화**의 층위에 해당함을 보여 주었다.

이 두 개의 발화 층위는 각각 상이한 형태론에 상응하며, 이것은 인칭의 문제뿐 아니라 시공간적 위치 결정의 문제와도 긴밀한 관련성을 갖는다. 더 나아가, 각 발화 층위는 고유한 언어를 사용하는데, 이야기는 단순 과거 시제, 반과거 시제, 조건법 및 그 파생 형식들을 사용하며, 담화는 현재 시제, 복합 과거 시제, 미래 시제 및 그 파생 형식들을 사용한다. 그러나 언어 형태론을 넘어서서, 두 발화 층위는 발화 체제에 의해서도 구분이 된다. 이야기 층위에는 화자가 등장하지 않지만 담화 층위에서는 화자와 청자가 자유롭게 출현한다. 따라서 이야기와 담화는 각각의 특수한 언어 형태론으로 대비되는 동시에 화자, 청자의 존재 여부에 의해서도 구분이 된다.

모호성은 여기서 제기된다. 뱅베니스트의 실험은 첫 번째 유형의 사례, 즉 이야기 서사 텍스트의 사례를 제안하는데 이 사례들은 이야기와 담화가 상이한 형태론적 특징을 가지고 상이한 발화 유형의 지배를 받는, 상이한 텍스트 장르임을 명확하게 보여 준다. 요컨대, 이야기와 담화는 명확하게 구분되는 두 개의 텍스트 장르라는 것이다.

그러나 뱅베니스트는 오직 발화의 층위 문제만을 이야기하고 있을 뿐이다. 이런 방식에 따르면, 이야기 층위는 담화의 부재에 의해서만 구분이 된다. 담화는,

> … 화자와 청자를 전제하는 모든 발화, 여기서 화자는 일정한 방식으로 청자에게 영향을 미치고자 하는 의도를 가진다.(242쪽)

여기서 이야기는 담화의 중지로서 정의될 뿐이다:

> 여기서는 아무도 말하지 않는다. 사건이 스스로 이야기하는 것처럼 보인다.(241쪽)

이것은 결국 텍스트 유형의 문제가 아니라 텍스트 형태론적 차원에서 담화 심급의 현존을 나타내거나 또는 숨기기 위해서 취해지는 두 가지 상이한 전략에 다름 아니다. 따라서 형식적인 면에서 우리는 담화 심급의 존재라는 보편적인 사실과 담화 심급의 게시 또는 은폐와 같은 특수한 경우를 구분해야 할 필요가 있다. 또한, 실질적인 면에서는 발화의 텍스트적 기구가 담화 심급의 지각을 변조하는 결과를 초래한다는 사실을 고려해야 할 것이다.

용어의 문제에서, '담화'의 이중적 용법이 혼동을 일으키는 것이 사실이다. 뱅베니스트의 이론에서 담화는 일반적인 사실로서의 담화 심급의 존재를 가리키는 동시에 특수한 경우로서의 명시적인 표명을 가리키는 용어이기도 하다.

발화의 현존을 은폐하기 위해서는 행위자의 표현이나 발화의 시공간적 위치를 삭제하는 것만으로는 부족하다. '탈연동된'débrayé 양식에 맞는 특수한 동사, 인칭대명사와 같은 다른 표현을 도입해야 한다.

이러한 현상은 실제로 자주 관찰이 된다: 예컨대, 언어의 성은 완전히 상이한 두 표현 중 해당 성에 적합한 형태를 선택함으로써 표현되기도 하지만(homme/femme) 여성형 어미의 출현 또는 부재에 의해 표현된다(lion/lionne). 두 경우에 모두 남성은 일반항이며 여성은 특수 항이 된다. 마찬가지로, 담화와 이야기는 각각 특수하면서도 대립적인 표현을 도입하는 두 개의 장르이면서 동시에 하나는 일반항이며 다른 하나는 특수 항이기도 하다.

> 일반항과 특수 항의 구분이 반드시 **표지된** 항과 **표지되지 않은** 항 사이의 대립 관계에 의해서 나타나는 것은 아니다.

뱅베니스트가 제기하는 문제는 엄밀하게 말하면 형태론적 분류나 텍스트 장르의 문제가 아니라 담화 심급의 현존이 어떻게 변조되고 있는가의 문제라고 할 수 있다. 여기서 담화 심급의 현존은 텍스트 안에서 표지되어 있거나 그렇지 않을 수 있고 게시되어 있거나 그렇지 않을 수 있다. 따라서 이것은 전체적으로 **담화**의 관점이 제기하는 문제이며 이야기는 담화 중에서 담화 심급이 전체적으로 또는 부분적으로 삭제되어 있는 특수한 경우일 뿐이다. 다시 한 번 말하지만, 텍스트의 관점은 이러한 문제에서 완전히 벗어나 있다.

방법론적인 면에서, 발화 양식에 따라 텍스트를 규정하거나 분류하려는 시도는 무의미하다고 볼 수 있다. 반면, 발화의 점진적인 현존이나 부재의 정도 또는 양태를 주의 깊게 살피는 것이 필요하다. 이와 관련하여, 발화 심급의 완전한 소거는 수신자의 조작 형식 중 하나일 뿐이며, 은폐된 발화자의 거짓 부재를 믿는 사람만 속일 수 있는 위장된 객관성 장치에 다름 아니다.

2. 담화 심급

'심급'이라는 용어는 뱅베니스트가 처음 사용한 것으로, 행위로서의 담화를 칭하는 데에 가장 적합한 표현일 것이다. 심급은 담화를 제어

하는 각종 조작, 조작자, 변수 들을 뜻한다. 이 일반 용어는 섣불리 주체 개념을 도입하기 전에 신중하게 접근할 수 있도록 한다는 점에서 유용성을 갖는다. 행위 —— **구체적이고 특수한 행위**sui generis —— 가 먼저 있고, 부차적으로 그 행위의 심급을 구성하는 요소들이 있는 것이다.

　담화의 관점에서 말하는 행위는 기호 기능을 생산하는 발화행위를 가리킨다. 물론, 기호 작용은 내용 층위와 표현 층위의 완결된 결합과 같은 다른 관점에서도 검토될 수 있지만, 이것은 앞서 말한 텍스트의 관점을 따르게 된다.

2.1. 위치 점유

기억을 되살려 보자. 기호 작용이 정립될 때, 담화 심급은 두 세계의 분할을 수행한다. 하나는 표현 층위에 해당하는 요소들을 제공하는 외부 수용적 세계이고 다른 하나는 내용 층위에 해당하는 요소들을 제공하는 내부 수용적 세계인데, 이 두 세계의 분할은 여기서 '위치 점유'의 형태를 취한다.

　행위는 위치 점유로 시작된다. 발화행위를 하면서, 담화 심급은 자기만의 고유한 위치를 발화한다. 이 과정에서 담화 심급은 일체의 다른 작용에 참조 기준이 되는 하나의 현존(그중에는 **현재**présent의 현존이 포함된다)으로 자리 잡는다. 메를로퐁티의 설명에 따르면,

　　지각하는 것, 그것은 신체의 도움으로 무엇인가가 현재에 존재하게 되는 것을 말한다.

　　Percevoir, c'est se rendre présent quelque chose à l'aide du corps.(『지

각의 탁월성과 그 철학적 결과』*Le primat de la perception et ses conséquences philosophiques*, 104쪽)

우리 식으로 말하면,

발화하는 것, 그것은 언어의 도움으로 무엇인가가 현재에 존재하게 되는 것을 말한다.

우리는 이 현상학의 명제를 확대하여 기호학의 명제로 삼고자 한다. 기호학의 관점에서 지각은 이미 언어에 다름 아니다. 왜냐하면 지각은 무엇인가를 의미하기 때문이다. 이처럼, 언어 행위의 시작이 '현재에 존재하도록 하는 것'이기 때문에 언어 행위는 이 현존을 감지할 수 있는 신체와 관련하여서만 이해할 수 있다.

따라서 이 행위의 조작자는 자기 신체이다. 자기 신체는 감각하는 신체로서, 발화 행위소가 취하는 첫 번째 형식이다. 실제로, 행위소는 주체(Je)로서 규정되기(또는 규정되지 못할 수 있다) 이전에 감각하는 지시의 중심으로 기능하며 그를 둘러싸고 있는 현존에 반응한다.

이 첫 단계는 무시할 수 없는 결과를 가져온다. 담화의 **지시**(공간, 시간, 발화의 행위자)는 단순히 하나의 형식이기만 한 것이 아니다. 이것은 현존의 감각적인 경험, 지각적이고 감성적인 경험과 연결되어 있다.

자기 신체의 위치 점유가 지각적인 위치 점유이고 참조의 영역을 결정하기 때문에 이것은 지각적인 감성의 보다 큰 차원, 즉 강도와 외연상의 위치 결정이기도 하다. 강도의 경우, 위치 결정은 곧 **지향**을 뜻하며 외연의 경우에는 **포착**을 뜻한다. 지향은 **강도**의 양태를 조작한다. 자기 신체는 그에게 감각적인(지각적이고 감성적인) 힘을 불러일으키는 것을 향해 움직인다는 말이다. 반대로 포착은 **외연**의 양태를 조작한다. 다시 말해서 자기 신체는 위치, 거리, 크기, 수량을 지각한다는 말이다.

2.2. 연동/탈연동

'연동 장치'Le brayage는 잘 알려진 두 개의 파생 형태, **연동**embrayage과 **탈연동**débrayage으로부터 구축된다.

첫 번째 위치 점유가 완결되고 나면, 지시 참조 체계가 기능하기 시작한다. 이제 다른 위치들이 발견될 수 있고 첫 번째 위치와 관계를 맺을 수 있다. 이것이 담화 심급의 두 번째 기초적인 행위이다. **탈연동**은 기원적 위치로부터 또 다른 위치로의 이행을 수행하는 반면, **연동**은 기원적 위치로 회귀하기를 꾀한다.

연동과 탈연동 이론은 그레마스가 야콥슨의 '연동 장치'shifter 개념에서 영감을 받아 고안한 것이다. 야콥슨의 이론에서 '연동 장치'는 발화의 현존을 나타낼 수 있는 언어 요소들을 가리킨다. 그러나 '연동'은 이보다 훨씬 넓은 개념으로, 발화행위의 전형적인 특징을 보여준다. 또한, 담화는 '연동'을 통해 간접적으로 '위치 점유'를 나타낼 수 있다.

연동은 일반적으로 **동위소 파기**의 집체(시공간적 파기와 행위자적 파기)로서 정의되었고, 이러한 동위소 파기는 나$_{je}$와 그$_{il}$, 지금 maintenant과 그때$_{alors}$, 여기$_{ici}$와 거기$_{ailleurs}$를 대립시킨다. 이러한 기술은 맞는 내용이기는 하지만 탈연동의 피상적인 결과들, 형태론적, 텍스트적 결과들만을 고려한 기술이다. 사실 이러한 방식은 **연동** 안에 존재하는 특수한 성격, 즉 담화 심급의 위치 변화를 면밀히 보지 않은 채, 다만 일반적 가치를 지닌 조작으로서 동위소 파기만을 고려한다. 담화 행위의 시작이자 '현존의 장'champ de présence을 조성하는 '위치 점유', '위치의 변화'로 정의되는 탈연동, 탈연동과 연결된 다양한 동위소 파기(행위자적인 동위소, 시공간적 동위소, 인지, 감정적 동위소 외)는 기본 조작의 표층적인 발현들로 나타난다.

탈연동은 분리하는 정향에 기인한다. 탈연동 덕분에 담화 세계는 말로는 표현할 수 없는 현존의 '체험'으로부터 분리된다. 이 과정에서 담화는 강도의 측면에서 약화되는 것이 사실이지만 외연의 측면에서는 강화된다. 새로운 공간, 새로운 시간이 열릴 수 있고 새로운 행위소들이 담화상에 등장할 수도 있다. 탈연동은 그 정의상 다원화하는 경향이 있고 외연의 측면에서 확장되는 힘으로 나타난다. 또한 탈연동은 담화 심급을 복수화한다. 이렇게 열린 새로운 담화 세계는 적어도 잠재적으로는 무한한 공간, 무한한 시간 그리고 무한한 행위자를 포함한다.

반대로 **연동**은 결합시키는 정향에 기인한다. 연동의 운동 아래,

담화 심급은 기원적 위치로 회귀하기를 꾀한다. 하지만 이 목적에 완전히 도달하는 것은 불가능하다. 왜냐하면 기원적 위치로의 회귀는 말로 표현할 수 없는 자기 신체로 회귀하는 것이며 현존의 순전한 예감으로 회귀하는 것을 의미하기 때문이다. 그러나 적어도 연동은 기원적 위치로 회귀하는 척하는 시뮬라크르를 구축할 수는 있다. 이런 방식으로 담화는 어느 순간(지금), 어느 장소(여기), 발화하는 사람들(나/너)의 현존을 가장한 재현을 제안한다. 연동은 외연적 확장을 포기한다. 왜냐하면 연동은 지시의 중심에 가장 가까운 위치로 돌아가기 때문이다. 대신 강도에 특권을 부여한다. 연동은 다시 담화 심급을 하나로 집중시킨다.

따라서 발화 주체의 표면적인 단독성은 외연이 축소되고 강도가 급작스럽게 강화되면서 나타난 결과에 불과하다. 기원적 위치로 회귀(실현 불가능한)하려는 제스처를 취하면서, 담화는 지시 체계의 시뮬라크르를 야기하는 동시에 단독 심급의 시뮬라크르를 야기한다. 여기서 이론적으로 신중하게 접근해야 할 내용이 있다: 발화 주체의 단독성은 가장 멀리 나간 연동의 한 결과에 불과하며, 보통의 경우 담화 심급은 복수적이다. 역할이 복수적이고, 위치가 복수적이며, 목소리도 복수적이다.

그러나 이러한 회귀는 늘 불완전할 수밖에 없기 때문에, 그 정도에 따라 연동의 효과가 달라진다. 만약 연동이 중간에서 멈춘다면, 해당 인물은 분열된 상태로, 복수적이거나 이원적인 상태로 머무르게 된다. 이 경우, 예컨대 너Tu는 나Je만큼이나 발화 주체의 여러 구상적 형태 중 하나일 수 있다.

2.3. 위치의 장

2.3.1. 장의 속성

심급의 첫 번째 양식, 즉 강도와 외연을 가진, 지향되거나 포착되는 순수한 현존의 심급은 담화 내에서 표현될 수 있고, 이는 탈연동과 연동을 통해 얻어지는 부차적 양식들도 마찬가지다. 첫 번째 심급에 관해서는 우리가 담화 **제시**présentation ──**현재화**présentification ──의 기능을 논하겠지만, 다른 심급들에 관해서는 **재현** 기능, 다른 세계의 재현(탈연동에 의한) 또는 제 세계의 재현(연동에 의한)이 가지는 기능을 논할 것이다. 담화 심급의 각 조작은 그것에 앞서 존재하는, 여전히 활동 가능한 심급의 바탕fond에서 이루어진다.

위치 결정의 담화적 연출은 **위치의 장**의 형태로 부분적으로 도식화될 수 있다. 뱅베니스트에 따르면, **위치의 장**은 **인물**personne, **수**nombre, **목소리**voix의 범주들에 의해 구성된다.(『일반언어학의 여러 문제 1』, 174쪽) 우리는 여기서 행위소, 수량, 그리고 **술어적** 정향의 가장 일반적인 범주들을 식별해 낼 것이다. 이 모든 범주들은 기원적 위치 결정으로부터 도출된다.

(1) **술어적 정향**은 담화 심급의 위치로부터 정해지며, 담화 심급의 위치를 알면 사행을 둘러싼 다양한 행위소들의 분배를 예상할 수 있다 (능동, 수동, 사역). 좀 더 일반적으로 말하면, 담화 심급은 해당 담화에 부여된 관점이 무엇인지를 알려 준다.

(2) **행위소**는 위치 결정의 조작자이다. 앞서 지적했듯이, 행위소의 최소 단위는 담화의 지시 체계의 중심을 차지하는 신체이다. 다양한 인

물 구성은 부차적인 현상이다.

(3) **수량**은 다양한 위치들의 관계 형성의 결과로 나타나며, 여러 위치들의 시공간적 거리 측정의 결과로 나타난다.

위치의 장을 구성하는 기본 속성들은 다음과 같다: (1) 지시의 중심 (2) 장의 지평 (3) 중심과 지평의 관계를 결정하는 장의 깊이 (4) 이 깊이에 고유한 강도와 외연의 정도.

중심centre은 감각하는 신체 자신에 의해 결정된다. 이것은 최소 외연에 대한 최고 강도의 장소에 다름 아니다. 뱅베니스트의 설명을 들어 보자:

> 장의 질서를 정하는 중심은 그 자신도 하나의 위치이면서 동시에 중심이자 기준으로 정의된다.
>
> Celui qui ordonne le champ se désigne lui-même comme position, comme centre et repère.(『일반언어학의 여러 문제』, 69쪽)

이접이 없이는 중심은 외연을 가질 수 없고 순수한 감성의 강도, 자기 수용적 강도로서만 자신을 지각할 수 있을 뿐이다.

장의 **지평**은 현존의 장을 한정하는 경계를 뜻한다. 더 나아가, 지평은 부재의 영역을 밀어낸다. 지평은 최대 외연을 갖는 최소 강도에 상응한다. 위치의 장의 지평에서는 그 무엇도 충분한 강도로 감각적 중심에 영향을 줄 수 없다. 그러나 강도의 상실은 중심과 지평 사이를 가르는 거리를 가늠할 수 있도록 해 준다. 지평에서 아주 강한 강도가 출현한다면 이것은 또 다른 위치의 장, 기존의 장과 힘을 겨루는 장,

즉 타자성의 장이 형성되고 있다는 사실을 알려 주는 신호에 다름 아니다.

2.3.2. 깊이

깊이는 바로 중심과 지평 사이의 (감각적인, 지각되는) 이 거리이다. 어떤 형상이 장의 지평을 넘어서는 순간, 어떤 외연이 거의 감지할 수 없을 만큼 약한 어떤 강도와 만난다. 이 약한 강도와 연합한 이 외연을 가늠해 보면 장의 깊이를 측정할 수 있다. 외연이 좁아지고 강도가 세지는 흐름 속에서 깊이는 감소한다.

확실히 짚어 두어야 하는 사실은 우리가 담화의 위치적 장에 관해 이야기하고 있다는 점이다. 여기서 담화는 중심과 지평 사이의 긴장, 지각적인 강도와 외연의 변화에 따라 결정되는 긴장으로서 이해되는 담화를 말한다. 담화의 감각적인 중심의 경우, 강도와 외연의 균형에 변화가 있을 때와 중심과 지평 사이의 긴장 관계의 변화가 있을 때에만, 깊이라는 것이 존재한다. 환언하면, 깊이는 여기서 하나의 역동적인 범주이고 위치 행위소는 움직임 속에서만 깊이를 가늠할 수 있다. 즉 무엇인가가 가까워지거나 멀어지는 등의 움직임이 있을 때에만 위치 행위소가 깊이를 파악할 수 있다는 말이다. 그러니까 깊이는 하나의 위치가 아니라, 중심과 지평 사이에서 일어나는 어떤 **움직임**이며, 측량의 대상이라기보다는 강도와 외연 사이에 존재하는 긴장의 변화를 지각함으로써 파악할 수 있는 대상이다.

깊이라는 개념은 그 자체로 '현존의 장'을 구성하는 데에 필수적인 모든 조건들을 포함한다. 깊이는 하나의 지시의 중심을 전제하며, 장의 지평의 장소를 가리킨다. 또한 여러 지평들을 가르는 거리를 명시한다. 깊이는 강도와 외연의 반비례 관계로서 정의될 수 있는데, 깊이의 경험은 위치적 장과 두 개의 주요한 진행 방향을 정의하는 데에 충분한 정보를 제공한다. 상관관계의 두 극에는 차례로 깊이 제로의 신체-중심, 최고 깊이의 지평들이 자리 잡고 있다.

몇몇 지시소에 의해서 행위소가 단일하다는 인상을 받거나 시간차가 없는 것처럼 느끼는 것은 직접적으로 깊이의 부재에 기인한다. 여기는 깊이가 스스로를 평가하는 장소이긴 하지만 이것이 깊이의 일부를 구성하고 있지는 않다. 반면, 저기là, là-bas는 장의 깊이를 가늠하기 위한 조건들이면서 동시에 이 깊이의 부분을 이룬다. 저기의 한가운데에는 이것을 여기와 구별시켜 주는 어떤 외연이 깊이의 측면에서 거리 두기를 유도하며, 이 거리 두기는 하이데거 철학이 천착했던 그 거리 두기('현존'être-là의 거리 두기)의 문제이기도 하다.

여기서 우리는 한 가지 구분을 명확하게 할 필요가 있는데, 그것은 다름 아닌 **점진적 깊이**와 **역진적 깊이** 사이의 구분이다. 두 방향의 움직임이 가능하다. 중심으로부터 발발하는 움직임과 지평으로부터 발발하는 움직임. 중심으로부터 그 움직임이 시작되는 깊이는 잘 알려진 기준점, 즉 담화 지시의 위치를 가지며, 행위소는 깊이의 측면에서 거리를 가늠하고 측정할 수 있다. 반대로, 지평으로부터 그 움직임이 시작되는 깊이는 알려진 기준점을 갖지 못한다. 다만 이 깊이는 중심을 향해 나아갈 뿐이며, 감지될 뿐이다. 이는 예컨대 현기증의 경험이나 적의 침입 또는 폭력 사건을 예감할 때와 비슷하다고 볼 수 있다. 따라서 **점진적 깊이**는 인지 지배적인 깊이이며 담화 심급이 서술할 수 있고 평가할 수 있는 깊이이다. 반면, **역진적 깊이**는 감성 지배적이고 정념 지배적인 깊이에 해당한다.

2.3.3. 위치 행위소

지향(강도적)과 **포착**(외연적)이라는 두 가지 유형의 위치 결정과 연결된 첫 번째 정의들은 위치의 장의 행위소들, 더 간단히 말해서 **위치 행위소**들을 정의할 수 있도록 해 준다. 다음 장에서 우리는 이 **위치 행위소** 개념에 관해 **변형 행위소**와의 대조를 통해 더 자세히 살펴볼 것이다.

뱅베니스트는 '**주체의 위치의 장**'에 관해 논한 적이 있는데, 그는 인물 개념을 통해 이 문제를 다루었다. 우리가 여기서 현존의 강도와 외연을 **감각하기**sentir만 하는 행위소, 지평들의 가깝고 먼 거리를 감지하기만 하는 행위소를 두고 **주체**에 관해 논하는 것은 좀 성급한 일일 것이다. 그러나 만약 여기서 말하는 행위소가 최소한 **현존하는 행위소**이고 자신에게나 타자에게 현재하는 행위소를 말하는 것이라면, 이에 비해 **인물**은 위치의 장의 기본적인 자질들 가운데에서 이미 제자리를 가지고 있다. 그럼에도 불구하고 우리는 추후에 인칭 범주가 매우 신중하게 조작되어야 함을 보여 줄 것이다.('제VI장 발화' 참조)

위치의 장의 전형적인 행위소들(더 간략하게 '장의 행위소'actants de champ)은 심지어 지각의 행위소로 간주될 수 있다. 또한 이 행위소들은 담화 그 자체의 내부에서 '지각 행위', 지각의 각종 '작용', 지각으로부터 발생하는 의미 생산에 관해 논할 수 있도록 해 주는 최소 행위소 구조에 해당한다. 만약 우리가 이 위치 행위소를 '변형 행위소'와 대조하려 한다면, 이는 본질적으로 '힘의 논리'logiques de forces(변형 행위소에게서 발견하는)와 '위치 논리'logiques de places(위치 행위소에게서 발견하는) 사이에서 실행되는 분배 작업에 다름 아니다. 그러나 좀 더 깊이 들여다보면, 변형 행위소의 구조는 가치들의 체계의 존재를 전제한다(적어도 하나의 '가치 대상'objet de valeur을 정하기 위해서 그리고 다른 행위소들과의 관계, 주체와 발신자destinateur와의 관계의 성격을 규명하기 위해서). 반면, 지각의 행위소 구조는 그러한 가치들의 체계를 전제하지 않는다. 왜냐하면 그 정의상 지각의 행위소는 어떤 가치가 자리 잡을 수 있도록 기여하는 역할을 하기 때문이다.

위치 행위소는 '장의 행위소'로서 의미가 발생하기 전에 첫 규칙과 방향성을 제공한다. 반면, 변형 행위소는 '행정 행위소'actants de parcours로서 어떤 의미에서는 위치 행위소에 의해 고안되고 기획된 가치를 실현한다고 볼 수 있다. 따라서 하나의 행정 행위소가 가치를 '만들어 내는' 것처럼 보이는 동시에 그가 행위를 통해 그 가치를 실현하는 순간부터, 그 행위소에 두 개의 위상, 즉 위치 역할과 변형 역할을 부여하는 것이 합당할 것이다. 왜냐하면 그는 이 경우에 두 개 역할을 담당하고 있기 때문이다.

따라서 지각적인 구조의 위치 행위소들은 **지향**과 **포착**의 행위소들이다. 그리고 지향이든 포착이든 어느 경우에도 위치 역할은 세 개로 나누어 볼 수 있다: **원점 행위소**sources, **목표점 행위소**cibles, **제어 행위소**actants de contrôle. 이 마지막 제어 행위소는 특정 조건하에서 **방해물**이 될 수도 있다.

지향의 원점 행위소, 지향의 목표점 행위소 그리고 지향의 제어가 있다. 원점 행위소는 그의 생산성에 의해 나타나며, 목표점 행위소는 그의 반응의 강도에 의해 나타난다. 또한 제어는 강도의 변조에 의해, 원점 행위소와 목표점 행위소 사이에서 발생하는 제어 기능(여과, 증폭, 방향 전환 등)에 의해 나타난다.

포착의 원점 행위소, 포착의 목표점 행위소 그리고 포착의 제어도 있다. 포착의 원점 행위소는 포획caption, 측량, 종결clôture의 장치를 마련한다. 포착의 목표점 행위소는 그의 외연을 통해 평가된다. 포착의 제어는 평가의 척도와 기준을 제공하며 상호작용을 느슨하게 또는 엄격하게 통제하는 매개 기능을 담당한다.

포착에 대해서 지향이 우월하지도 않고 선행적인 것도 아닌 것과 마찬가지로, 이 세 개 행위소 사이에도 우월성이나 선행성이 존재하지 않는다. 또한, 그들의 역할은 술어에 의해 정의되는 것이 아니라, 담화적 정향에 의해 결정된다. 예컨대, 기욤 아폴리네르의 『알코올』에서 나Je 와 너Tu는, 그 역할이 발화행위에 의해 고정되어 있는데, 위치 행위소로서도 그 역할에 큰 반전은 없다. 나는 목표점 행위소이고 너는 경우에 따라 원점 행위소이기도 하고 제어 행위소이기도 하다.

원점 행위소와 목표점 행위소가 늘 간단하고 분명하게 규명되는 것은 아니다. 예컨대, **지향**의 속성을 지닌 강도의 양상에 관해서, 장의 중심인 신체는 그가 장 속에 현존함으로써 발생하는 효과에 부여하는 강도를 감각한다. 따라서 신체는 이 현존을 **지향하는데**, 이는 현존이 이 강도의 원점 행위소라는 것을 인식하기 위함이다. 역설적으로 신체는 지향의 **원점 행위소**지만, 강도의 **목표점 행위소**가 된다. 여기서 관건은 결국 지향성이 어디에 위치해 있는가를 아는 것이다. 오랫동안 이런 방식으로 감각되는 현존이 지향성으로 인정받지 못하는 한, 신체-중심은 지향의 원점 행위소로 남아 있다. 그러나 만약 이러한 현존이 지향성으로 지각된다면, 담화의 중심 행위소는 지향의 주도권initiative을 잃어버린다. 행위소는 그가 감지하는 강도에 의해 지향되는 대상이 된다. 이러한 지향적인 대체성은 그의 고유한 장에서 구체적 형태를 갖는다.

반대로, 포착이 이루어지는 외연의 양상에 대해서, 장의 중심인 신체는 거리와 수량에 관한 일체의 평가에서 지시의 중심이 된다. 신체는 포착의 **원점 행위소**인 동시에, 외연 측정의 **원점 행위소**가 된다. 그러나 같은 종류의 대체는 여전히 가능하다. 만약 현존이 지향적인 것으로 지각된다면, 포착되고 평가되는 것은 담화 중심 행위소의 자리이며, 계량되고 측량되는 것도 담화 중심 행위소이다.

이것은 무엇보다도 기호학적인 의미에서 현존이 이미 하나의 기본적인 의미 소통3 구조라는 것을 뜻한다. 적어도 그 정향의 효과에 의해서 그러한데, 현존의 정향은 단순히 감각기관이 제공하는 정보의 구조를 넘어 그 이상의 효과를 말한다. 정향은 늘 어떤 움직임이며, 감각적인 신체에 영향력을 행사하는 하나의 강도이다(여기서 정향은 구심적인 움직임이다). 그러나 현존의 감각은 지향성의 관계라는 보충적인 관계를 함의하며, 이 새로운 관계는 원심적이거나(이 경우에 감성적인 신체는 세계를 지향한다) 또는 구심적이다(이 경우에 세계는 감성적인 신체를 지향한다). 지향적인 원점 행위소는 감성적인 신체 안에 위치하거나 또는 세계에 위치할 것이다.

> 지각적인 지향은, 의미 소통의 행위소적인 구조로서, 두 관계와 정향을 구성한다: 정보 전달의 관계와 지향성의 관계. 이 이원성은 경우에 따라 두 유형의 감각이 지각될 수 있다는 사실을 설명하는 열쇠가 된다. 즉 세계로 향하는 감성적인 신체의 움직임이 있거나 또는 감성적인 신체로 향하는 세계의 움직임이 있을 수 있는 것이다.

따라서 **제어 행위소**는 원점 행위소와 목표점 행위소 사이의 관계를 관리, 감독한다. 제어 행위소들은 깊이 안에서 강도와 외연의 점진적인 변화로부터 정의될 수 있다. 강도 또는 외연의 모든 변조나 갑작스러운 변화는 현존을 약화시키거나 강화하는 제어 행위소의 책임하에서 일어난다. 제어 행위소는 새로운 지평의 출현을 초래할 수 있다: 제어 행위소가 목표점 행위소로서 기능하며 자신 외에 모든 현존을 중지시키기만 하면 충분하다. 제어 행위소는 이렇게 **방해물**로 바뀐다. 제어 행위소의 이러한 기능 수행은 빛의 원점 행위소와 목표점 행위소 사이의 관계가 방해물의 출현에 의해 교란될 수 있는 조명의 경우에 가장 확실한 방식으로 나타난다. 여기서 제어 행위소는 목표점 행위소로 바뀐다.

장의 행위소 구조가 '장'이 실현되는 장소로서의 실질과는 독립적이기 때문에, 행위소 구조는 매우 다양한 형태로 나타날 수 있다.

예컨대, 두 사람의 의사소통 관계에서 제어 행위소는 우리가 '추가적인 수신자'라고 부르는 사람으로 육화되어 나타날 수도 있고, '제3자'indirect인 누군가(가시적이거나 비가시적인 제3의 관찰자이지만 그의 현존은 의사소통 중에 있는 두 사람 중 적어도 한 사람에 의해 인지되어야 하며, 결과적으로 의사소통의 흐름을 전환하는 역할을 한다)로 육화되어 나타날 수도 있다.

완전히 다른 관점에서 살펴보면, 감각 운동적인 경험을 상기하는 것은 가장 간편하게 '원점 행위소'와 '목표점 행위소'라고 하는 두 원리가 '제어'라는 제3의 원리의 조절에 예속되어 있는 장의 구조를 취한다. 와인을 맛볼 때, 만약 원점 행위소의 힘과 강도(알코올, 청량함vivacité, 효력puissance…)가 원점 행위소(물질, 당, 타닌…)의 안정적인 구조를 향해 나아간다면, 원점 행위소의 강도는 주요한 작용(꽃잎 엑기스essences florales, 과일 맛saveurs fruitées, 산성도acidité…)에 변화를 가하는 매개적 조절의 제어에 예속될 수 있다.

그렇다 하더라도 만약 우리가 수사적인 표현과 비유를 단순한 의미론적 형식이 아닌 관찰자(의미 생산자 또는 해석자)의 시선 아래 텍스트 내에서 일어나는 사건과 작용으로서 고려한다면, 담화의 수사적인 차원은 완전히 이 지각적인 행위소 구조에 종속된다. 각 비유와 수사적 표현에는 (i) 하나의 **원점 행위소**가 있고(영역들, 동위소들, 영역의 부분들 또는 형상들, 논항들, 가치론적 위치들… 사이의 충돌), (ii) 이 원점 행위소는 하나의 **목표점 행위소**를 불분명한 방식으로 겨냥한다(최초 충돌의 해결, 해석적 해결, 이질적인 것들의 조합을 위한 종합의 형식…). 그리고 (iii) 이 원점 행위소와 이 목표점 행위소 사이에서 발화는 제어 **행위소**를 활용하는데, 제어 행위소는 불분명한 발화체의 해석 또는 해결을 위한 가이드이기도 하다(발화체의 고유한 수임 능력force d'assomption과 믿음 세계의 변화, 어느 정도 고정되어 있어서 정체를 파악할 수 있는 조합 및 배치 효과의 변화 또는 이동 등).

따라서 위치의 장의 일반적인 장치는 수많은 범주에 적용이 가능하다. 예컨대 우리는 공간, 시간의 차원에서 깊이를 이야기할 수 있는 것과 마찬가지로 감정이나 상상력의 차원에서도 동일하게 깊이를 이야기할 수 있다. 만약 깊이가 구성하는 실질이 무차별적이면, 그 속성들(중심, 지평, 깊이, 위치 행위소)은 항구적으로 동일한 상태를 유지한다. 이러한 적용의 다양성이 은유적 전이에 작용하는 것처럼 보일 수 있는 것은 사실이다. 그러나 이것은 메타-기호적 가치를 지니는 은유적 전이이며, 이것은 담화의 기본 도식 자체의 항구성을 드러낸다.

예컨대, 인칭 범주도 역시 이와 유사한 변조를 겪는다. 에고Ego를 지칭하거나 포함하는 인칭대명사 'nous'의 다양성이 이를 증거한다. nous de majesté〔짐, 본관 등의 인칭대명사〕, nous amplifié〔필자, 우리 등의 인칭대명사〕의 경우, 중심은 장 전체와 혼동될 소지가 있는 대중적 형태로 바뀐다. 이렇게 해서 제어 행위소들과 목표점 행위소들은 장 밖으로 밀려난다. 이 초월적 인칭대명사는 그의 현존 이외에 다른 현존의 방해를 받지 않으며, 대화자interlocuteur를 갖지 않으며, 따라서 어떤 깊이도 수용하지 않는다.

그러나 우리가 포괄적이라고 말하는 인칭대명사(2인칭을 포함하며 나머지는 배제하는)와 배타적이라고 말하는 인칭대명사(2인칭을 배제하며 3인칭들을 포함하는)는 장의 지평의 이동으로서 해석될 수 있다: 첫 번째 경우에 제어 행위소는 장을 닫으며, 두 번째 경우에는 장의 문을 '그들'eux에게로 열어 준다. 환언하면, 이 두 개의 '인칭대명사'의 차이는 단순한 조합 관계의 차이가 아니라 인물 범주의 깊이의 변조이며 장의 경계의 견고함이 수정되는 과정이다. '포괄적' 인칭대명사는 두 대화자가 그들의 위치를 정하기 위해 상호 조정하는 관계에 있다는 점에서 이 영역을 강화한다고 볼 수 있다. 반면, '배타적' 인칭대명사는 단지 자아만이 그가 '인칭대명사'에 참여시키는 '그들'의 몫을 제어하는 능력을 가졌기 때문에(그리고 어떤 지시 규칙도 자아로 하여금 이 몫의 외연이 어떠한가를 밝히도록 강제하지 않기 때문에), 영역을 약화시킨다고 볼 수 있다.

다른 예로 마르셀 프루스트의 소설에서 마들렌의 맛을 음미하는 경험에 주목해 보자: 서술자는 기억 깊숙한 곳에서 찾아낸, 이른바 '소환된 기억'을 이야기한다. 이 기억은 홍차에 적셔진 마들렌의 맛 덕분에 되살아났다. 마들렌의 음미는 담화 심급의 위치적 장을 마련해 주었다. 이것을 깊이가 아닌 다른 무엇으로 기술하는 것은 매우 어려운 일일 것이다.

여기서 **원점 행위소**는 기억의 깊은 바닥으로부터 솟아오른 기억이고, **목표점 행위소**는 행위소의 신체이다. 행위소는 마들렌의 효과를 감지했다. 그는 한 가지 기억과 연결된 미각적 효과를 깨닫는 과정에서 기억이 솟아오르는 그 지점의 깊이를 가늠했다. 이 순간 그는 이 감각적인 현존에 지향적 가치를 부여한 것이다. 이 행위소는 **지향**의 원점 행위소가 되고자 했으나 소환된 기억을 **포착하는** 데에는 이르지 못했다.

제어 행위소는 기억이 장의 중심인 신체와 연접하기 위해 통과해야 하는 여러 층의 기억들로 표상된다. 텍스트는 이 제어 행위소의 형식을 매우 명시적으로 보여 주고 있다. 기억의 용솟음을 가로막고 방해하여 억누르는 하나의 층과 그 두께는 이어서 기억의 내용이 선명하게 펼쳐질 수 있도록 해방시킨다. 그러나 제어 행위소는 장의 중심인 행위소가 지향의 원점 행위소가 되기를 포기하고 단지 목표점 행위소가 되기만을 받아들인다는 조건에서만 기억을 자유롭게 놓아준다. 따라서 소통의 구조가 달라지는데, 이는 지향성의 관계의 역전에 의한 결과이다. 우리가 여기서 임시로 내릴 수 있는 결론은, 제어 행위소 역시 관여적 정향과 비관여적 정향 사이에서 일종의 선별 장치로 기능할 수 있다는 것이다: 제어 행위소는 기억의 감성적인 신체가 의도적 지향의 위상을 스스로 부여할 때에도 남아 있지만 만약 의도적 지향을 완전히 갖추는 것이 감성적인 신체가 되면 제어 행위소는 기억을 완전히 놓아준다.

이 경험은 일종의 미시-이야기처럼 인물, 사건들과 함께 다른 층위의 분석에서도 포착될 수 있다. 하지만 그럴 경우 서사적 재현이 되며 감각적인 경험도, 현존의 경험도 될 수 없다. 현존의 경험을 위해서는 위치적 행위소들 ── **원점 행위소, 목표점 행위소, 제어 행위소** ── 만이 관여적이다. 또한 미각적인 장과 기억의 장 사이에서 즉각적인 전이를 가능케 하는 것도 역시 이 지각적인 위치 행위소 구조의 안정성이다: 미각적인 장과 기억의 장 모두 지각적인 장에 해당한다.

3. 담화 도식

담화 심급은 담화의 지적 이해의 가능성을 보장하지는 않지만 담화를 현동화하고 이 세계에서의 그 현존을 보장하며, 또한 담화의 실현(실현화)에 필수적인 행위를 수행한다. 그러나 이 행위의 의미가 유일한 현존의 효과로만 환원될 수는 없다. 이에 관해서는, 각 행위가 환원할 수 없는 방식으로서 독자성을 가지며, 이처럼 이 행위가 어떤 다른 행위와 비교되거나 연관될 수 없기 때문에, 그 행위가 참조하고 제안하는 세계에 아무런 유용한 정보를 제공하지 못한다. 게다가, 현존은 어떤 구상적인 형태나 가치를 식별해 주지 않는다. 현존은 단지 구상적 형태나 가치의 조건이 될 뿐이다. 즉 현존은 발랑스(가치의 가치, 선가치)를 제공한다. 이것이 현상들이 최초의 의미론적인 도식화를 수용하는 배경이며, 이 도식화로부터 구상적 형태와 가치는 서로 구조적 관계를 맺을 수 있다.

그럼에도 불구하고, 담화는 우리에게 식별 가능한 지식과 감정을 유발한다. 담화가 우리에게 영향력을 행사할 때, 만약 담화의 작용 방식을 이해하기 원한다면 우리는 비교하고, 대조하고, 일반화할 수 있어야 하고, 따라서 그 현존의 환원 불가능한 독자성을 벗어날 수 있어야 한다. 요컨대, 우리는 **실행 중인 담화**에서 **발화된 담화**discours énoncé로 넘어가야 하는데, 바로 이 과정에서 가치들은 '체계'를 형성하고, 형상들은 '도상'의 안정적인 윤곽을 갖추게 된다.

실제로, 우리가 '최초 행위', '기원적 위치 결정'에 대해 이야기했을 때, 이는 바로 이 독자적인 현존에 관한 것일 뿐이었다. 하지만 그 무엇도 '최초' 담화를 건드릴 수는 없다. 담화적인 활동은 언제나 연쇄 작용 속에서 포착되며, 서로 참조하기를 그치지 않는 다른 담화들의 두께 속에서 파악된다. 각 담화는 그 자체로 서로 포개어져 있고 연쇄적으로 이어져 있는 무수한 언어 행위가 일어나는 계기가 된다.

이는 어떤 의미에서 우리가 **발화행위**에서 **발화실천**으로 넘어가야 한다는 말이기도 하다. 여기서 실천은 바로 이 집체, 서로 포개어져 있고 예속되어 있는 발화들의 열린 집체에 다름 아니며, 각 단독 발화는 바로 이 발화 집체 안으로 비집고 들어간다.

이제, 모든 발화실천의 행위들은 반복, 재구성, 혁신을 통해, 하나의 단독 행위 실행의 기저에 감추어져 있다고 보아야 할 것이다. 이런 면에서 담화는 그가 지시하고, 우리로 하여금 의미를 구축할 수 있도록 허락하는 명료한 형식을 투영하는 그 무엇을 **도식화**한다고 말할 수 있다.

따라서 담화 도식은 이해 가능한 형식이며 이 형식은 감성적인 세계와의 연결 고리를 유지한다. 각 발화행위는 실제로 의미의 두 차원을 동시에 재활성화한다. 요컨대, 담화 도식은 우리가 지성적으로 이해하는 바와 담화 현존의 감성적 이해 사이에서 두 차원의 연결 고리를 표상한다.

따라서 우리는 이 두 유형을 구분할 것이다:

(1) **긴장 도식**은 감성과 지성의 상호작용을 조절하고 이 상호작용에 각종 변조를 일으키는 긴장과 이완을 조절하는 기본 담화 도식이 될 것이다.

(2) **표준 도식**은 복합 담화 도식이 될 것이다. 이는 주어진 문화권에서 즉각적으로 알아볼 수 있는 어느 정도 고정된 형태 아래, 여러 긴장 도식을 결합하고 연결한다.

도식론schématisme은, 칸트 전통에서, 개념과 이미지 사이의 매개를 가리킨다. 좀 더 일반적으로, 지적 이해의 범주와 감성적인 현상 사이의 매개를 말할 수 있다. 에른스트 카시러는 『상징형식의 철학』이라는 제목의 저작에서 이러한 역할을 언어의 중심 기능으로 보았다:

> 언어langage 역시 (…) 하나의 도식을 취한다. 언어는 모든 지성적 재현을 이 도식에 연결시켜야 하는데, 이는 이 재현들이 의미/감각에 의해 포착 가능하고 이해 가능하도록 만들기 위함이다.(1권, 154쪽)

3.1. 긴장 도식

도식이 감성(강도, 정동 등)과 지성(외연, 수량, 이해 등) 사이의 연대를 보장한다는 기본 원칙을 바탕으로, 우리는 일련의 기본 담화 도식을 두 차원 사이의 균형의 변화, 즉 감정적 긴장의 고조 또는 인지적 긴장 이완을 야기하는 변화로서 정의할 수 있을 것이다. 강도의 고조는 긴장을 고조시키는 반면, 외연의 확대는 긴장을 이완시킨다.

　담화 통사, 즉 행위의 연쇄와 중첩은 늘 강도(감성)의 차원과 외연(지성)의 차원을 연결시킨다. 따라서 우리의 목표는 이제 전형적인 시나리오를 예견하고 계산하는 것이다.

3.1.1. 네 개의 기본 도식

기본 담화 도식은, 앞서 살펴본 정의에 따르면, 가장 큰 긴장 또는 가장 느슨한 이완을 지향하는 움직임들이다. 이러한 다양한 움직임들은 강도의 하강/고조를 외연의 축소/확대와 연결시킨다. 긴장 구조의 조작 원리에 따라 우리는 크게 네 가지 유형의 움직임을 분류할 수 있다.('제II장 의미의 기본 구조' 참조)

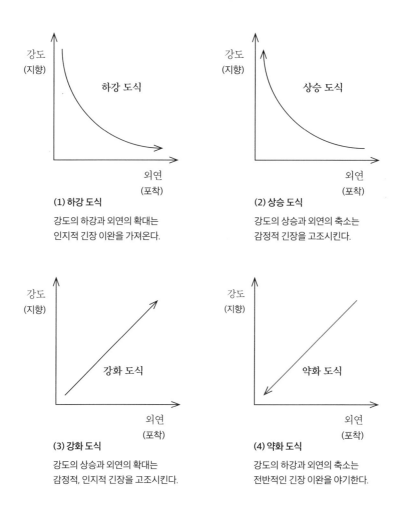

(1) 하강 도식
강도의 하강과 외연의 확대는
인지적 긴장 이완을 가져온다.

(2) 상승 도식
강도의 상승과 외연의 축소는
감정적 긴장을 고조시킨다.

(3) 강화 도식
강도의 상승과 외연의 확대는
감정적, 인지적 긴장을 고조시킨다.

(4) 약화 도식
강도의 하강과 외연의 축소는
전반적인 긴장 이완을 야기한다.

a_하강 도식

이 첫 번째 시나리오는 강도의 급격한 고조, 즉 감정적인 충격에서 이야기의 전개 또는 사건의 명시 등 외연적 차원의 재구성으로 인한 긴장 완화까지의 행로를 그리고 있다. 루이 아라공이 그의 소설에 관해 펼친 이론(『나는 글 쓰는 법이나 첫 머리말을 배운 적이 없다』[1])과 같은 소설 시작 이론 또는 폴 발레리가 자신의 시 「젊은 파르크」(『시적 기억의 단상』*Fragments des mémoires d'un poème*)에 관해 펼친 이론은 바로 이 하강 도식을 완벽하게 보여 준다. 둘 다 발화실천을, 생산의 관점에서, 짧은 '영감'의 시간으로 소개하고 있는데, 이 시간은 텍스트의 시작과 그 일반적인 형식이 나타나는 순간이며 뒤이어 긴 전개와 이 형식의 '충당'(형식을 내용으로 채우는 행위)이 수행되는 시간이 있다. 아라공과 발레리는, 각자 고유한 방식으로, 이 두 시간대는 같은 인지적 위상을 갖지 않으며 같은 양상적 위상을 갖지 않는다고 주장하기까지 했다: 첫 번째 시간에는 신체, 상상력, 무의식의 형상이 지배적이다. 반면 두 번째 시간에는 인지, 다시 읽기, 의식적이고 반성적인 생산이 우세하다. 첫 번째 시간은 요란한 위치 결정의 시간이며, 이후의 진행 과정은 첫 번째 시간의 위치 결정을 인지적으로 운영하는 과정이다.

이와는 전혀 다른 어떤 영역을 보자. 광고업자들이 카피accroche라고 부르는 부분과 광고의 나머지 부분 사이의 관계도 쇠퇴 도식의 질서를 취한다. 광고 카피는 관객의 주의와 시선을 사로잡는 능력으로

---

1 루이 아라공의 문학적 자서전(*Je n'ai jamais appris à écrire ou les incipits*, 1969)을 말한다.

일종의 강세와 같은 가치만을 갖는다. 즉 광고 카피는 압축적이고 강렬하며 감정을 자극하는 공식을 제안한다. 광고의 나머지 부분의 텍스트와 이미지는 관객의 관심을 산만하게 해서, 다소 복잡한 논증을 통해, 어떤 결정 또는 다른 인지적 행동을 하도록 유도한다.

b_상승 도식

두 번째 시나리오는 첫 번째와 반대되는 것으로 최종 긴장으로 나아가는 행로를 보인다. 최종 긴장은 감성적인 양상을 띤 일종의 불꽃같은 움직임인데 이것은 초중반에 전개된 모든 것의 총합으로서 나타난다. 서사 구조의 측면에서 이것은 예컨대 공포스러운 이야기 또는 서스펜스의 점진적인 상승을 관리하는 유형의 도식이다. 하지만 문장의 통사 자체는, 그 문장이 담화적 정향과 담화적 실천에 따른다는 점에서, 우리에게 무수한 사례를 제공한다. 그중에는 우리가 감탄문이라고 부르는 유형이 특징적으로 나타난다.

영화 편집의 경우, 이것은 주로 영상의 발화 심급의 통제하에 이루어진다고 알려져 있는데, 영화 편집도 당연히 상승 도식Le schéma d'ascendance의 가능성을 활용한다. '인서트'insert에 의해 포착된 사물 또는 얼굴 클로즈업의 수준까지, 편집이 장의 집약(점이적이거나 또는 갑작스러운)에 의존할 때, 극은 묘사적이거나 서사적인 전개에서 순수하게 감정적인 효과로 이행한다. 반대로, 클로즈업이나 집약적인 장면에서 출발하여, 편집이 점차 장을 확장시킬 때, 이것은 일련의 더 넓고 다채로운 묘사와 서사에 이르기 위한 장치이다. 따라서 극은 감정적인 효과(의문이나 감탄과 같은 것)로부터 설명적이고 인지적인 전개로 이행한다. 이러한 선택을 유도할 수 있는 특수한 요인들이 무엇이든지 간에, 감성과 지성의 변증법은 여기서 늘 전체적인 상승 도식 또는 전체적인 하강 도식의 선택에 의해 결정된다.

우리는 또한 어떤 '추락'을 포함하는 문학 장르의 구축을 떠올려 볼 수 있겠다. 단편소설의 **추락**, 소네트의 **반전**은 앞선 내용의 의미를 전체적으로 의문에 붙이는 강도의 폭발이다. 그런데 이는 앞선 내용을 반박하기 때문이 아니라 마지막 순간에 예상치 못한 종합을 제안하기 때문이며 정념, 근심, 불확실성 등의 감정을 재활성화시키기 때문이다. 이 '추락'과 '반전'이 전체 텍스트의 역진적 독서를 강제하는 것은 사실이지만, 이 다시 읽기가 —'전문적이고' 학술적인 독자의 다시 읽기를 제외하고 — 속독을 뜻하지는 않는다. 격한 감정의 효과와 함께, 추락과 반전은 순간적으로 독자의 기억 속에 남아 있는 텍스트를 횡단하고 재배치하도록 부추긴다. 이 횡단은 어떤 의미에서 이미 읽은 모든 것의 '종합'이며 이 최종 요약을 통해 텍스트는 전반적인 의미의 새로운 분절의 가능성을 열게 된다.

c_강화 도식

세 번째 시나리오는 일반적인 점이적 추이의 원리를 따른다. 약한 강도와 좁은 외연으로부터 출발하여 최고 강도와 넓은 외연을 향해 나아가는 흐름이다. 이 경우에, 정보의 증가와 인지적 확장은 강도의 하강을 유발하지 않으며, 반대로 감성과 지성이 함께 커진다. 대부분의 심포니 구성을 생각해 보자. 들릴 듯 말 듯 가는 소리의 **독주**soli **선율**로 시작해서 점차 풍성해지다가 마지막에는 웅장하게 울려 퍼지는 **전체 악기의 합주**tutti로 이어진다. 이와 마찬가지 방식으로 수사학에서는 모든 구상체들의 **강화**amplification **현상**으로 나타난다. 텍스트의 일부 또는 전체 텍스트와 동일한 수준에서, 강화된 형상들이 강도를 높이면서 하나의 효과를 확산시킨다. 이 강화 도식은 또한 하나 또는 여러 문장의 수준에서는 **강조법**emphase의 도식이기도 하다.

고전적인 비극은 이 도식을 활용한다. 희곡 제4장에서 긴장성은 떨어지고, 갈등이 해결되는 과정이 펼쳐진다. 여기서 우리는 극적 긴장이 약화된다고 말할 수 있을 텐데, 그렇다고 반드시 문제의 진정한 해결책이 발견된다는 것을 전제하지는 않는다. 희곡 제5장에서, 위기는 절정으로 치닫는다. 주인공 중 누구도 이 단계에서 죽음이나 불행을 피할 수 없다. 이러한 파괴적이고 전염성 강한 강도는 이 서사에서 가능한 유일한 결말이다. 비극과는 반대로 희극에서는 모든 갈등이 **하강 도식** 모델과 같이 해결되는 게 일반적이다. 인지적 해결, 합리적 타협 또는 마지막 순간에 새롭게 발견된 사실이 희극의 결말을 하강 도식의 흐름으로 유도한다. 때로는 매우 자세한 설명이 제공되기도 한다. 이 단계에서 주인공들의 관계는 재정립되고 상황은 안정된다.

d_약화 도식

네 번째 시나리오는 긴장과 이야기 전개가 전반적으로 약화되는 방향의 시나리오이다. 담화에서 힘들이 점차 소멸하거나 약화되는 추이를 보이는 가운데 외연도 축소되는데, 이러한 흐름은 일반적으로 평가 절하의 형식을 띤 긴장 완화로 이어진다. 평가 절하는 또한 즉시 재평가를 촉발한다. 강도의 감성적인 발랑스와 외연의 지성적인 발랑스는 가장 낮은 수준으로 하락하거나 또는 완전히 소멸하는데 그러나 이는 새로운 도약에 대한 기대를 품고 있다. 어떤 면에서, 고전적인 비극 제4장에서 나타나는 긴장 하락은 그 어떤 인지적인 해결의 실마리가 보이지 않는다 하더라도 이러한 약화 도식의 시나리오를 따른다고 볼 수 있다.

좀 더 일반적으로, **무미건조함**fadeur이 지배하는 모든 시나리오는 이 약화 도식에 기인한다고 볼 수 있다. 무미건조함은 결코 어떤 이야기 속에 자리 잡지 않지만, 상기된 형상이나 상황 속에서 또 감각 속에서 끊임없이 절제하는 힘을 발휘한다. 예컨대, **베를렌**[2]**식 무미건조함을 상기해 보자.** 이것은 의미론적이고 형식적인 기법 일체에 의존하는데, 이를 통해 감각의 표출을 '잠재우고', **중립적인**(또는 중립화된) 상태 또는 완전한 긴장 완화의 상태를 지향한다. 예컨대, 시집 『예지』에 실린 시 「울타리 배치」(L'échelonnement des haies…)는 들판의 전원적 풍경의 요소들(식물, 물레방아, 동물, 종소리)을 가능한 한 가장 중립적인 어감으로 소개(현실적인 차원에서)함으로써 내용과 표현 사이의 대조(그러나 가능한 차원에서)를 이루고 있다. 결국, 구상체들이 종합적으로 실현되는 순간에는, 모든 것이 안개처럼 희미한 분위기에서 뒤섞이고 만다. 비유를 통해 동물과 식물들의 고유한 속성들이 교환되고, 비교와 대조 덕분에 좋은 **플루트처럼**comme des flûtes **울리며**, 마지막 구절에서, 하늘은 **우유와 같다**comme du lait. 끝으로 /어머니 같은/ 자질은 이 현존의 중립성과 이완된 긴장 상태에 정신분석적 해석이 가능한 어떤 정신적이고 감성적인 차원을 부여한다.

프랑수아 줄리앙(『무미건조 예찬』*Eloge de la fadeur*)에 따르면, **무미건조함**은 또한 중국 문화의 보편적인 성격이기도 하다. 하지만 이 무미건조한 성격은 다분히 전략적이다. 이러한 성격은 모든 영역에서 가능한 한 가장 중립적인 위치를 점유함으로써 세상의 모든 경험의 **중심** 또는 **기반**을 차지하도록 해 준다. 결국 무미건조함은 가장 비결

---

2 폴 베를렌(1844~1896)은 프랑스의 시인이다. 베를렌의 언어는 인상파 화가들에게 큰 영감을 주었고 드뷔시와 같은 고전음악가들에게도 영향을 끼쳤다.

정적인 장소이면서 가장 덜 특수한 장소이며, 가장 묽은(감각 층위에서) 현존의 장소이면서 동시에 가장 총칭적인(인지 층위에서) 장소이다. 결론적으로 이곳은 아무것도 현동화되지 않으며, 모든 것이 가능한 상태에 머물러 있는 장소이다.

가장 약한 강도와 가장 좁은 외연의 발랑스가 이루는 영역은 **약화 도식**이 겨냥하는 영역이며, **잠재적 영역**의 전형이다. 이 영역에서 형상들은 지워지거나 사라지지만, 이것은 새로운 기호 형식이 생성될 수 있는 조건이 된다.

완전히 다른 관점에서 보면, 약한 발랑스의 영역은 비웃음과 조롱의 영역일 수 있다. 아폴리네르의 『알코올』에 등장하는 조롱하는 인물의 역할을 사례로 살펴보자. 해결을 기대할 수 없는 상태에서 감정적인 긴장이 고조되는 순간에 ── 이루어지지 못할 불행한 사랑 또는 실연의 아픔의 경우가 여기에 해당한다 ── 유머 또는 엉뚱한 농담이 개입하면 감정의 힘을 약화시킬 수 있다. 그렇다고 해서 이것이 강도의 차원에서든 외연의 차원에서든 어떤 문제를 해결한다는 것을 전제하지는 않는다. 만약 유머가 대화나 담화의 리듬을 '깬다'고 말할 수 있다면, 이것은 단지 유머가 어조나 말투를 새롭게 하기 때문만은 아니다 ── 이런 것은 수단에 불과하다 ──. 그보다는 유머가 감성과 지성 사이에 새로운 균형을 가져다주기 때문이라고 보아야 할 것이다.

『알코올』에서 약화 도식은 작품 전체를 관통한다. 조롱은 통용되지 않는 어휘의 사용, 시대착오 등 발화 수임 능력의 약화를 보이며 텍스트 전개 능력이 결여된 모든 장소, 사건 등과 연결되어 있다.

3.2. 표준 도식

긴장 도식은 어떤 면에서 담화의 '음절들'syllabes이다. 음절들은 담화적 시퀀스(통사syntagme들과 문장들에 상응하는)를 형성하기 위해 특정 방식으로 배치될 수 있다. 예컨대, 우리는 고전적인 비극이 세 개의 연속적인 긴장적 시나리오를 연결시킨다는 것을 이해했다: (1) 비극적인 사건이 엮일 때의 시나리오는 **상승 도식**에 해당하며, (2) 제4장에서 갈등 관계가 가라앉을 때의 시나리오는 **약화 도식**에 해당한다. (3) 마지막으로 참극이 발생하여 그 효과가 확산될 때의 시나리오는 **강화 도식**에 해당한다. 이 전형적인 시나리오의 연쇄는 프랑스식 고전 비극의 **표준 도식**을 구성한다.

담화의 각 유형 —— 곧 각 장르이기도 한데(단편소설의 반전 결말과 소네트의 반전에 대해서는 전술한 내용 참조 요망) —— 과 각 수사적 문체는 이렇게 하나 또는 여러 개의 복합 도식으로 구성된다. 독자가 이러한 도식들을 파악하는 것은 도식의 가장 확실하고 보편적인 지침 중 하나이다. 도식들은 한 유형 또는 한 장르의 특징을 나타내는 까닭에 **선험적으로** 담화의 이해 과정을 안내하는 역할을 하며, 따라서 이들은 전통적인 유산이나 규범의 영향 아래 있는 문화적 도식의 위상을 갖는다. 그래서 우리는 이 도식들을 **표준 도식**이라고 부르는 것이다.

표준 도식의 구성 원리들은 이질성을 다루는 기술에 안정적인 틀을 제공한다는 점에서 흥미로운 발견을 가능케 하는 특징을 지닌다. '분노'라는 정념의 경우는 특별히 큰 중요성을 갖는다. 우리가 인간의 분노 정념(예를 들어, 세네카가 『분노에 대하여』에서 설명한 내용 또는 그레마스가 『의미에 관하여 II』에서 분석한 내용)을 관심 있게 살펴보면, '상승/하락'의 조합이 그려지는 것을 볼 수 있다. 이 조합은 감정 또는 감정 표출의 강도와 감정 표출의 외연(예컨대 보복의 횟수와 지속 시간) 사이에 존재하는 반비례 관계에 의존한다. 세네카가 말했듯이, 즉각적인 감정 폭발은 무력한 분노로 이어지는데, 그 강도가 순간적으로 소진되어 보복에는 매우 불리하게 작용하기 때문이다. 하지만 우리가 신적 분노에 관심을 기울여 보면, 이것은 전혀 다른 원리를 보인다. 이 감정은 오직 **강화 도식**만을 따르기 때문이다. 강도의 차원에서 신적 분노의 표출은 모든 것을 포함하는 외연과도 양립 가능하며, 분노의 표현은 결과의 증식과 지속 시간과도 양립 가능하다. 여기서 우리는 **감정-정념**passion-sentiment(개인적인 감정과 행동을 관리하는)에서 **신화-정념**passion-mythe(우주적 힘을 연출하는, 세계와 인간의 존재 조건을 연출하는)으로 이행하는 것을 볼 수 있으며, 이 차이는 부차적인 것이 아니다.

　　게다가 이렇게 조합된 표준 도식들은 담화의 큰 부류들에 지적 이해의 가능성을 부여할 만큼 큰 보편성의 정도에 이를 수 있다. 따라서 이러한 도식들은 어떤 한 유형 또는 한 장르의 경계를 넘어 소통된다. **표준 서사 도식**schémas narratifs canoniques과 **표준 정념 도식**schémas passionnels canoniques이 그 대표적인 예가 된다. 이 도식들은 문화적인 틀 내에서 행위와 정념의 담화 통사를 결정하며 일반적으로 담화의 큰 두 개의 차원을 정의한다.

3.2.1. 표준 서사 도식

a_시련 도식

전통적으로 시련 도식schéma de l'épreuve은 경쟁 관계에 있는 두 서사 도식('제V장 행위소')의 만남으로 정의해 왔다. 즉 두 주체가 하나의 가치 대상을 획득하기 위해 싸우는 이야기를 말한다. 하지만 프로프의 작업으로부터 경험적으로 정립된 이 시련 도식에서 기본 발화체의 변형 —— 서사 프로그램을 식별할 수 있게 해 주는 —— 은 첫 번째, 두 번째 단계를 거쳐 도달하는 마지막 세 번째 단계에서만 개입할 뿐이다. 세 단계를 모두 포함하는 완전한 도식은 다음과 같다:

대결confrontation → **승리**domination → **획득**approrpiation → **박탈**dépossession

획득은 승자가 누리는 연접의 서사 프로그램이며, **박탈**은 패자인 상대 주체가 맛보는 이접의 서사 프로그램이다. 반면 대결, 승리 단계의 위상은 서사 프로그램이라는 용어로 번역조차 될 수 없다. 서사 프로그램은 **엄격한** 의미에서 담화-발화체를 의미하는데, 대결과 승리는 담화-발화체의 위상을 갖지 못한다.

대결은 두 행위소, 두 프로그램의 **현재화**mise en présence에 불과하다. 실행 중인 담화가 수행하는 이 같은 만남이 없다면, 시험은 결코 일어날 수 없다. 가치 대상을 두고 싸울 수 있으려면, 두 주체가 동일한 현존의 장, 하나의 담화 심급의 장에서 각자의 위치를 점유해야만 한다. 때때로, 갈등의 쟁점은 이 대결 자체에 제한될 수도 있다. 즉 어떤 가치 대상의 이동도 초래하지 않는, 단순히 **위치**를 점유하고자 하는 싸움, 참조의 장의 중심을 점유하고자 하는 싸움이 될 수도 있다는 말이다.

이제 승리의 의미가 또렷해진다. 가치 대상을 얻거나 혹은 잃기도 전에, 주체들은 그들의 힘을 겨루고, 누가 누구를 쓰러뜨릴 수 있을지 알기 위해 맞선다. **한 주체가 상대를 쓰러뜨렸다**는 말은 우위를 차지했다는 뜻 외에 무엇을 의미하겠는가? 이 승리는 우선 현존의 양태로 표현될 수 있다. 승자는 가장 강한 현존을 누리는 자이며, 그는 참조의 장에서 중심을 차지한다. 패자는 가장 약한 현존을 누리는 자이며, 그의 위치는 장의 주변부로 밀려난다. 패자의 위치는 굴욕적인 깊이를 갖거나 아예 장의 바깥으로 밀려날 수도 있다. 이러한 국면은 독자적으로 표현될 수 있으며, 그렇기 때문에 이 국면은 '그늘'ombrage의 형태를 취한다. '그늘'은 질투와 같은 몇몇 정념 행정의 전형적인 형태 중 하나이다. 경쟁 상대의 그늘은 그의 강한 현존 때문에 주체의 장에서 그 영역이 확대된다.

승리도 역시 역량의 양태들로 표현될 수 있다: 한 사람의 할 수 있음은 다른 사람의 **할 수 있음**을 능가한다. 하지만 패자의 **할 수 있기**가 반드시 형편없는 역량(**할 수 없음**ne pas pouvoir faire)을 보이는 것은 아니다: 승리는 승자에 대한 저항이 강했을수록 보상이 커지는 원리를 따른다. 양태적인 면에서도 승리는 강도와 수량을 관건으로 한다.

따라서 **시련 도식**은 서사 프로그램으로서는 부분적으로만 해석될 뿐이다. 마지막 국면만이 서사 프로그램과 같은 기술에 적합할 것이다. 전체적으로는 두 개의 연쇄적 긴장 도식에 더 상응한다: 우선, 대결부터 승리까지는 **상승** 도식의 흐름을 보인다. 이 과정에서 **자리 점유를 위한 투쟁**은 승자의 현존을 점점 더 활기차게 만든다. 이어서, 승리부터 획득/박탈까지는 **하강 도식**의 흐름을 따른다. 가치 대상의 이전 덕분에 획득/박탈 단계에서 서사적 긴장은 (적어도 일시적으로는) 가라앉는다.

전체적인 서사는 발화의 통제 아래 있다. 특히 담화적 정향은 서사 전체를 관통한다. 서사적 갈등의 쟁점이 되는 위치와 담화의 위치의 장의 중심 사이에서 벌어지는 우연의 일치 또는 우연의 불일치를 결정하는 것은 모두 담화적 정향이다. 도식을 지배하는 관점은 바로 이 결정에 달려 있다: 만약 두 위치가 우연히 일치한다면, 승자의 관점이 도식을 지배하는 것이고, 두 위치가 일치하지 않는다면, 패자의 관점이 서사를 지배하는 것이다. 이 두 경우에 가치론적이고 정념적인 효과는 큰 차이를 보인다.

b_탐색 도식

프로프 민담을 기반으로 그레마스가 정립한 탐색 도식schéma de la quête은 네 가지 상이한 행위소 유형을 실현한다: 발신자와 수신자, 주체와 대상.('제IV장 발화') 주체와 대상은 앞서 살펴본 경우와 같이 연접과 이접의 프로그램과 관계한다. 발신자와 수신자는 여기서 서사 도식의 새로운 차원 때문에 나타난다: 탐색quête은 **가치 대상**objets de valeur의 이전의 한 형식이다. 여기서는 더 이상 하나의 자리를 두고 다투거나 하나의 대상을 획득하기 위한 두 행위소 간의 갈등 문제가 아니다. 이것은 **가치**들의 확립과 현동화의 문제다. 이 가치들은 주체의 행정에 의미를 부여하기 때문에 추가적인 결정이면서 동시에 특별히 큰 중요성을 갖는 결정이다. 우리가 네 행위소의 첫 글자를 대문자로 표기하고 있는 것은 관례에 따른 것이다.

탐색 도식은 두 차원에서 분석되어야 한다. 한편으로, '접합'jonctions과 접합에 따르는 긴장이 있고, 다른 한편으로 가치들의 조종이 있다. '접합'은 일반적으로 **하강 도식**(결말이 연접으로 맺어질 때)을 따라 진행되거나 **상승 도식**(결말이 이접으로 맺어질 때)을 따라 진행된다. 가치들의 조종은 반대로 **강화 도식** 또는 **약화 도식**을 따라 진행되는데, 이는 교환의 수량적 변동이 안정적으로 변화하도록 한다는 사실에 기인하는 것으로, 같은 의미로 순환하는 대상들의 가치가 안정적으로 변화하도록 한다는 사실에 기인한다.

수신자(가치 대상을 받는 자)는 자주 주체(가치 대상을 추구하는 자)와 동일한 행위자인 경우가 많지만, 이것이 일반적인 경우는 아니다. 어쨌든 수신자와 주체는 두 개의 상이한 행위소 역할들이다. 수신자는 가치의 승인에 참여하는 행위소이고, 주체는 대상과의 연접 프로그램에 참여한다. 수신자와 주체가 겹치는 경우가 빈번하게 발생하기 때문에 때로 수신자의 역할을 소거할 수 있을 것으로 생각하기도 했지만, 이 빈번한 혼동은 표준 도식의 두 층위 사이에 존재하는 관여성의 차이를 제대로 이해하지 못한 결과일 뿐이다.

두 행위소 쌍은 각자 고유한 행정을 따른다.

발신자/수신자 쌍의 행정은 다음과 같다:

계약CONTRAT(또는 조종MANIPULATION) → 행동ACTION → 상벌SANCTION

주체/대상 쌍의 행정은 다음과 같다:

$$역량compétence \rightarrow 수행performance \rightarrow 결과conséquence$$

2차 행정은 1차 도식의 행동 단계가 다시 세 단계로 세분된 것에 다름 아니기 때문에, 2차 행정은 1차 행정 내에 삽입된다:

$$행동 = 역량 \rightarrow 수행 \rightarrow 결과$$

이 두 행정은 담화의 연속체 내에서 서로 뒤섞여 나타날 수 있다. 그러나 그 근본적인 위상의 차이(1차 행정은 2차 행정을 통제하고 아우르며, 1차 행정은 2차 행정이 조작하는 가치를 정의한다)를 고려한다면, 두 행정이 변별적인 두 층위임이 확실해진다. 텍스트 차원에서 발현될 때, 이는 경쟁의 대상이다. 두 층위 중 하나가 나타나기 위해서는 다른 층위가 일시적으로 소거되어야 하기 때문이다. 이 두 행정은 위계적인 관계에 놓여 있으며, 따라서 선적인 하나의 시퀀스에서 평면적으로 '양립'할 수 없다.

예컨대 주체가 행동의 단계로 접어들면, 그는 발신자로부터 독립되어 있는 것처럼 보인다. 발신자는 이 단계에서도 물론 개입할 수는 있지만, 발신자보다 약하고 보조적인 역할인 조력자Adjuvant의 형식으로만 개입할 수 있을 뿐이다. 조력자는 주체의 역량을 보완하거나 강화시키는 역할을 한다. 다시 말해서, 행동의 단계에서 위치의 장의 중심은 주체/대상 쌍에 의해 점유된다 —— 또는 적어도 주체 혼자 점유하거나 ——. 발신자는 여기서 주변적인 위치만 차지할 뿐이다.

그는 계속해서 초월적인 존재로 남아 있으나 장의 지평 너머에 있다.

반대로, 계약을 위한 협상이 진행되는 단계에서 또는 승인의 단계에서, 주체와 대상의 관계는 대기 모드에 있다(이들의 관계는 **가능한 상태에 있을 뿐이다**). 몇몇 서사 유형에서, 주체는 그가 획득한 대상을 발신자에게 돌려주어야 하는데, 이는 그의 위상 변화(그는 주체였지만, 이제 발신자가 된다)를 더 분명하게 드러내기 위한 것이다. 이 과정에서, 위치의 장의 중심을 차지하는 것은 발신자/수신자 관계이며, 주체/대상 관계는 자리를 내주어야 한다.

행동의 단계를 발전시키는 시퀀스는 동시에 일반적인 시퀀스에 종속되어 있다. 일반적인 시퀀스는 행동을 규정하며 텍스트 차원의 발현을 위해서 행동 단계와 경쟁 관계에 놓인다: 이는 단지 관점(주체의 관점 또는 발신자의 관점)의 문제만이 아니라, 우선 가치론적인 문제이다. 실제로, 장을 지배하는 것이 주체/대상 관계인지 또는 발신자/수신자 관계인지에 따라 가치들의 가치는 탐색에 근거한다.

조종과 역량 획득 사이에 근접성은 특별한 중요성을 갖는다. 왜냐하면 이것이 두 가지 유형의 상이한 지향성을 규명하기 때문이다. **조종** 덕분에, 발신자는 수신자로 하여금 행동 단계로 이행하도록 협의를 할 수 있으며, 이렇게 수신자를 주체로 전환시킨다. 가치들을 인지함으로, 주체는 가치들을 실현화하기 위해 노력하며, 그가 가치들을 인지했던 현실과 다른 층위의 현실로 가치들을 이동시킨다. 즉 그는 초월적 층위에서 내재적 층위로 가치들을 이동시키기 위해 노력한다. 조종의 지평에서, 가치들 사이의 위계는 계속해서 현존하지만, 지향성을 유지시키는 것은 가치들의 잠재적, 가능적 위상(발신자/수신자 쌍의 영역)과 가치들의 현동적 또는 실현화의 위상(주체/대상 쌍의 영역) 사이에 존재하는 긴장성이다.

역량 획득(행위 의지, **행위 능력** 등의 양태) 덕분에, 주체는 수행을 위해 필요한 정체성을 스스로에게 부여한다. 이 역량은 오직 서사 프로그램의 실행에만 기여하는 것으로, 가치들의 실현화에는 기여하지 않는다. 지향성은 바로 이접 프로그램과 연접 프로그램 사이에 존재하는 긴장성에 근거한다.

이 지향성의 차이는 좀 더 복잡한 서사에서 출현할 수 있다. 불안, 망설임과 같은 서사는 표준 서사 도식의 두 관여성 층위 사이를 '왕복'하는 과정에서 생기는 감정적인 표현에 다름 아니다. 그렇지만 이러한 감정 표현들은 동시에 두 층위 사이의 강한 연대를 보여 주는 증거이기도 하다. 담화 주체는 자주 **불안한 사람**inquiét, **우유부단한 사람**velléitaire으로 등장한다. 주체로서의 역할과 발신자로서의 역할 사이에서 분열된 그는 끊임없이 **목적**과 **수단** 사이에서 줄다리기를 해야 하며, 가치들의 조작과 대상의 획득 사이에서 협상을 계속해야 한다. 두 위치 사이에서 발이 묶인 담화 심급은 동요하거나 우물쭈물할 수밖에 없다.

담화 현존 정도의 변화에 의해 영향받지 않는 유일한 것은 가치의 존재이다. 행동 단계에 있는 주체는 그가 발신자이기도 하다는 사실을 '망각'할 수 있지만, 대상에 부여된 가치는 '망각'할 수 없다. 그렇지 않다면 그의 행정 전체의 의미는 달라진다 ─ 승인의 단계에서 행정의 의미는 반드시 논의된다 ─ . 드문 경우지만 주체가 잠시 가치에 집중하지 못한다 하더라도, 그는 가치들의 체계를 점검하고 심의하여 재활성화시켜야 하며, 발신자의 심급과 재접속해야 한다.

담화 심급의 고정된 상태에 비해, 가치의 현존은 약화될 수 없다. 가치는 현존하며, 가치는 현존 자체이기도 하다. 가치는 발화적 장치의 중심에 있다. 만약 가치의 현존이 약해진다면, 이는 가치가 반어법적이고 조소적인 경우이다. 이런 경우에는, 담화 심급의 상태가 상이하게 나타나거나 심지어는 또 다른 심급이 위치를 점하는 중이다.

따라서 우리는 탐색의 표준 서사 도식이 두 개의 변별적인 층위로 구성되어 있음을 알 수 있다. 두 층위는 두 개의 상이한 관여 영역이지만 긴밀한 연대의 관계에 있으며, 번갈아가며 담화의 1차 층위로, 또는 2차 층위로 이동한다.

3.2.2. 그 밖의 표준 도식

서사 도식들은 그 정의상 발화실천의 산물이며, 문화적 틀의 제약을 받는다. 때로는 개인적 특수성도 반영되지만, 공동체의 관습으로 굳어져 있는 경우가 가장 많다. 60~70년대의 기호학은 표준 도식을 일반화할 수 있을 것으로 믿었다. 특히 탐색 도식은 보편성을 띤 것으로 간주했다. 이 시기에 기호학은 탐색 도식을 대표로 하는 표준 도식들을 행위의 의미를 나타내는 보편적인 도식으로 삼고자 했다. 이러한 야심은 오늘날 도달할 수 없는 목표로 보일 뿐 아니라 내적 원칙에 의해서도 정당성을 갖기 어려워 보인다.

각 문화권은 행위 의미를 재현하는 양식에 있어서 각자 고유한 양식을 갖는다. 보다 일반화해서 말하자면, 각 문화권은 '삶의 의미'를 표현하는 고유한 도식들을 갖는다. 예컨대, 개인의 운명이 시간을 초월하여 이미 쓰여 있는 것처럼 간주되는 문화권에서는 개인의 탐색은 거의 의미를 갖지 못한다. 고전주의 시대 프랑스 기독교 문화권에서 예수회와 얀센파 사이에는 신의 은총에 관한 논쟁이 있었는데, 이는 간접적이기는 하지만 '삶의 의미'와 관련된 문제였고, 행위의 서사 도식들에 관한 논쟁이었다: 자신의 구원을 완성하고 획득할 수 있는 능력이 있다고 믿는 사람은 구원을 탐색의 대상으로 삼을 수 있다. 반면, 구원을 이미 받았거나 또는 이미 받지 못했다고 믿는 사람은 구원받기에 합당한 사람임을 증명하려고 노력할 뿐이며 이는 엄밀한 의미에서 탐색에 해당되지 않는다. 이는 단지 자신의 정체성에 관한 항구적인 노력일 뿐이다.

유럽의 전원문학 텍스트로부터 첫 서사 도식들이 고안되었는데, 이 도식들은 한정적인 것들이며, 다른 다양한 종류의 서사들이 고려되지 않았음을 알 수 있다. 예컨대, 두려움의 감정이 지배적으로 나타나는 서사가 있고 도피가 플롯의 지배적인 형식을 구성하고 있는 텍스트가 있는데, 이런 종류의 서사들은 배제되었다. 기 드 모파상의 단편소설들이나 판타지 이야기의 전통이 대표적으로 공포가 지배하는 서사에 해당되며, 루이 페르디낭 셀린의 소설 중 여러 편은 도피가 지배적인 형식을 구성하는 서사에 해당한다. 전체적으로 탐색 도식은 서사 주체들이 욕망할 만한 가치 대상 앞에 현존하는 경우들만 고려했다고 볼 수 있다. 주체가 부정적인 가치 대상, 즉 끔찍해서 거부하고 싶은 가치 대상들에 직면하는 서사들은 모두 배제된 것이다.

a_탐색 도식을 대체하는 몇 가지 대안 도식

문화적으로 지배적인 모델은 결핍에 의존한 서사 도식이다: 서사 주체는 가치 대상의 존재를 인식 또는 발견하고, 그가 느끼는 결핍이 탐색을 촉발한다.

그러나 문학적 실천들은 예의 상황에서 벗어나는 많은 상이한 형태들 역시 탐구해 왔다. 점점 그 수가 증가하면서 현존의 장을 침범하는 대상들이 등장하는 가운데 서사 주체는 이 대상들로 인해 공포를 느끼고 숨 막혀 하다가 도주를 꾀한다. 이것이 바로 외젠 이오네스코 작품의 지배적인 서사 도식이다: 이오네스코의 희곡에서 의자, 코뿔소, 시체, 단어, 문장 들은 반복과 축적에 의해 증식하며, 현존의 장을 가득 메우기에 이른다 ─극 중에 실제로 무대 자체가 채워진다─. 그러다 어느 순간 이 대상들은 갑작스럽게 가치를 잃어버리고 ─일종의 인플레이션 현상으로─ 그들의 현존은 주체에게 견딜 수 없는 압박이 된다.

이오네스코 희곡 특유의 극적이고 상징적인 포화 상태까지 고려하지 않더라도 누보로망 역시 현존의 장을 가득 메우는 대상들에 강박적인 주의를 기울이면서 이러한 맥락을 탐구한다: 예컨대, 알랭 로브그리예의 『질투』에서 보는 반복적인 전수조사를 생각해 볼 수 있고 르클레지오의 『조서』의 황홀한 묘사도 떠올릴 수 있다. 완전히 다른 관점에서, 『사물들』에서 조르주 페렉은 가치 대상의 탐색이 어떻게 상투적인 행동들을 유도하며, 이런 대상들이 축적되는 과정에서 어떻게 대상들의 가치가 점차 소거되는가를 보여 준다.

서사의 이 같은 다양한 흐름은 오늘날 제기되는 문제가 결핍의 문제보다는 포화의 문제임을 증거한다고 볼 수 있을 것이다: 도망치거나 그렇지 않으면 가치들의 침략적인 현존을 감내하는 것을 배워야 한다. 혹은 새로운 가치들의 체계를 고안하며 기존에 볼 수 없었던 탐색을 상상해 볼 수도 있겠다.

다른 한편으로는, 앞선 예들과 같이 모더니티 분위기가 물씬 풍기는 서사가 아니더라도 우리는 이미 오래전부터 탐색과는 다른 서사 도식을 유발하는 한 가지 대상 유형을 잘 알고 있다. 언제든지 소유 주체로부터 등을 돌릴 수 있는 대상들, 풍요를 가져다주는 한편 독이 될 수 있는 대상들, 대상을 획득한 자를 영예롭게 할 수도 있지만 그만큼 쇠퇴시킬 수도 있는 대상들, 이러한 대상들의 부류가 있다. 파르마콘Le pharmakon은 가장 좋은 예가 될 것이다: 약은 언제나 동시에 독이기도 하다. 사실 여기에 해당하는 사례는 셀 수 없이 많다: 길하다고 믿었던 주술적인 물건들이 그에 합당한 의식을 치르지 않을 경우 불길한 물건이 되기도 한다. 또한, 설탕은 달지만 당뇨 환자의 상상 속에서 설탕은 독이다. 마약류는 일반적으로 이런 성격을 지니고 있다. 질투하는 사람에게 애정의 대상은 독이다(오셀로의 내장을 갉아먹은 독은 바로 이것이었다). 마지막으로, 유명한 신화에서 플라톤이 우리에게 말하는 글쓰기 또한 이러한데, 허점투성이인 우리의 기억력을 글쓰기가 대체하면서 글쓰기는 우리를 시간으로부터 해방시킨 한편, 우리의 기억을 약화시키는 기술에 매이도록 하는 결과를 가져왔다.

이러한 유형의 대상은 그 현존 자체가 가치론적인 전복의 요인이 되는데, 이는 '저항', '긴장(집중)', 또는 '미덕'의 행정을 유도한다: 주체가 (그가 가진 힘, 그의 행위, 자질, 예정된 운명 등에 의해) 대상을 취할 만한 자격이 될 때, 대상의 현존은 길한 것으로 유지된다.

그러나 시련 도식에 관해, 페미니즘 명제들은 문화적으로 남성적 상상력으로 특징지어지는 시련 도식의 문제를 제기한다. 예컨대, 뤼스 이리가레는 시련 도식과 대비되는 것으로 융합적 나눔 도식schémas de partage fusionnel, 모성의 도식schéma de maternage, 배려와 바른 행실 교환의 도식schéma d'échange de soins et de bons procédés을 제안한다. 저자에 따르면, 이들은 모두 여성적인 서사 상상력에 해당한다.

대안 서사에 관한 이상의 관찰들은 모두 우리를 **현존**으로 이끈다: 탐색 도식은 본래 결핍에 근거하지만, 현존의 관점에서 결핍은 대상의 **결함**défaut에 근거한다. 따라서 지향의 강도는 높으나(기대, 대상이 유발하는 강한 주의력) 그에 비해 포착은 매우 약하거나 없다. 여기서 결핍의 해소는 포착의 외연 수준을 지향의 강도 수준에 맞추는 일에 다름 아니다. 따라서 이 경우에 포착은 **정복**conquête 또는 **포획**capture이라고 불린다.

대상의 현존/부재의 양상은 주체의 서사 형식을 결정하는 것처럼 보인다. 만약 서사 주체의 유형론이 가능하다면, 그것은 현존의 양식을 기준으로 삼을 것이다. 대략적인 모델은 다음과 같다:

	강한 지향 visée intense	약한 지향 visée affaiblie
확장적 외연의 포착 saisie étendue	충만함	무력감
제한적 외연의 포착 saisie restreinte	결함	공허

충만함plénitude의 현존 양식을 보이는 서사들이 행복한 서사들은 아니다: 행복은 좋은 이야기 진행을 유발하기보다 오히려 앞서 살펴본 것과 같은 강박적이고 억압적인 포화의 형식들과 만난다. 행위는 그 행위가 포화된 현존의 장에서 도피하도록 해 줄 때나 또는 대상과 가치 선별recomposition sélective 작업을 함으로써 대상을 재구성하도록 도울 때에만 의미를 갖는다. 억압, 도주, 선택적 재구성의 서사 도식들은 결과적으로 주체의 입장에서는 걱정스러운 대상의 **충만함**에 근거한다.

가치론적인 선별이 나타나는 이야기들은 특별한 중요성을 갖는다. 이 이야기들은 종종 탐색 도식의 표면적인 양상을 취하고 있지만 탐색은 부수적인 프로그램에 불과하며 담화 전체의 의미를 담지하지 않는다. 왜냐하면 이 경우에 담화는 '좋은 것'과 '나쁜 것', '바람직한 것'과 '혐오스러운 것', 긍정적 가치와 부정적 가치 사이의 선별에 바쳐져 있기 때문이다. 주체의 '미덕'과 그의 행정 중에 미덕을 증명하는 모든 행위들은 자주 이미 이용되고 있는 구분 원리에 다름 아니다. 선별이 있다 하더라도 거의 아무것도 새롭게 취하지 않는 배타적인 성격을 띤다. 따라서 우리는 견유주의나 허무주의에 도달하고 만다. 견유주의나 허무주의는 각자 고유한 방식으로 대상들의 전반적인 평가절하를 실행한다.

무력감inanité의 현존 양식이 지배하는 이야기들은 페렉의 『사물들』에 잘 나타나 있다: 서사 주체들이 대상을 축적하면 할수록, 그들의 욕망은 약화되고 이 대상들의 가치는 그들의 관점에서 감소한다. 대상들은 사회적, 경제적, 상징적 가치를 보존하지만 담화 심급과 관련하여서 점차 현존의 자질을 잃어버린다.

하지만 또 다른 관점에서 보면, 처음부터 견고하게 자리 잡은 주체가 그의 대상의 가치를 재고하고 쟁점화하는 모든 이야기는 이러한 형태를 취한다. 도스토옙스키의 『노름꾼』과 오노레 드 발자크의 『나귀 가죽』에서 우리는 행위에 의미를 재부여하기 위해, 무언가(재산, 생명)를 소유한 사람이 소유물을 잃어버릴 위험을 감수해야 하는 이야기를 만난다. 따라서 이것은 더 이상 행위의 값을 치르는 **탐색**이 아니고 **위험/도전**이다. 위험/도전의 서사 도식들은 대상에 대한 주체의 **무력감**에 기초한다. 왜냐하면 이 도식들은 가장 약한 대상 가치를 원점 행위소로 취하며, 위험을 감수하는 과정 속에서 이 대상을 재활성화하기 때문이다. 담화 심급의 관점에서 보면, 특히 심급의 정념적인 개입의 관점에서 보면, 표면적으로 탐색 서사로 보이는 많은 모험소설들이 실제로는 **위험/도전**의 모델을 따라 진행된다.

공허vacuité의 현존 양식이 지배하는 이야기들은 다른 현존 양식들에 비해 그 사례가 드물다. 하지만 방랑 도식(영화 부문에서 짐 자무쉬의 **로드무비**들이 대표적인 사례가 될 수 있다)은 훌륭한 표준 모델을 제공한다. 소설 부문에서 셀린은 이 유형의 서사를 탐구한 것으로 보인다. 『밤 끝으로의 여행』은 우리에게 가치들이 무너져 내리는 세계를 소개한다. 더 이상 용기도, 명예도, 사랑도, 충성도, 안전도 없다. 아무것도 살아낼 만한 가치는 없다. 단지 쾌락이 있을 뿐. 등장인물들, 특히 바르다뮤는 이런 절망적인 세계에서 때때로 어떤 물질을, 어떤 혜택을, 어떤 쾌락을 발견하지만 그 즉시 모든 것은 그의 손을 벗어난다. 어떤 것들은 일생 동안 바르다뮤와 어긋난다.

이러한 서사적 세계는 그 어떤 것도 지향할 만한 가치가 없고 아무것도 포착되지 않는다는 점에서 **공허**의 세계라고 볼 수 있다. 이것은 견유주의적인 세계(디오게네스를 기원으로 하는 견유주의 철학을 뜻함)와는 다르다. 견유주의 역시 아무것도 지향할 만한 가치를 지니고 있지 않다는 생각이지만 그럼에도 불구하고 즉각적인 만족에 필요한 모든 것을 포착해야 한다고 주장하기 때문이다. 반면, 셀린의 주인공들은 거의 아무것도 포착하지 않는다. 우리는 여기서 지향과 포착 모두의 진정한 강도 감퇴를 목도한다. 이러한 이야기가 말할 수 있는 유일한 것은 쇠퇴이다: 육체의 쇠퇴, 사물과 장소의 쇠퇴, 영혼의 쇠퇴. 결국 남는 것은 비천함이다. **쇠퇴 도식**은 대상에 대해 느끼는 주체의 **공허**에 기초한다.

셀린의 작품에서 현존의 장이 비어 있는 것은 아니다. 오히려 포화되어 있다고 볼 수 있는데, 다만 '폭력적이고 파괴적인 현존'으로 채워져 있다. 더 이상 주체는 지향하거나 포착하지 않는다. 도식화의 궁극적인 전복으로서, 주체는 죽음에 의해 지향되고 포착된다. 여기서 우리는 또 한 번 억압적인 **충만함**의 현존 양식을 발견한다. 행위에 의미를 부여하는 유일한 방법은 도주하는 것이다.

네 가지 유형의 현존은 네 가지 기본 도식을 유도한다: (1) **결함**: **탐색식** (2) **충만함**: 도주 도식 또는 **가치 선별 도식** (3) **무력감**: 위험 감수 도식 (4) **공허**: 쇠퇴 도식. 이 대략적인 유형 분류는 서사 도식화의 다른 가능성들을 소거하지는 않는다. 다만, 원리와 지평들의 밑그림을 제공할 뿐이다.

b_시련 도식을 대체하는 몇 가지 대안 도식

시련 도식과 관련하여, 대안이 이미 잘 알려져 있기 때문에 상황은 좀 더 간단할 것이다: **대결 관계** 또는 **계약 관계**. 그러나 만약 우리가 기호 사각형이 허락하는 가능성을 고려한다면 미묘한 차이들에 관해서는 따로 살펴볼 수 있을 것이다. 계약과 논쟁은 하나의 동일한 위치를 공유하는 두 주체 사이의 관계에서 양극으로 간주될 수 있기 때문이다 (시련에서 쟁점은 무엇보다 위치 점유라는 사실을 상기하자). 대항 프로그램 없는 프로그램은 존재할 수 없기 때문에 담화는 결국 공동의 현존을 관리해야 한다. 즉 한 주체나 한 대상의 현존이 아니라 두 주체와 그들의 프로그램을 관리해야 한다는 말이다:

(1) 만약 두 주체가 하나의 주체가 되기를 수용하고 각자의 정체성과 위치를 요구하지 않는다면 문제는 해결된다. 이런 경우에 우리는 **공모**collusion를 이야기할 수 있다. 공모의 원리는 정체성의 교환, 호의적인 행동의 교환이다.

(2) 만약 두 주체가 각각 특수한 정체성과 위치를 요구할 경우, 관계는 폭력적인 양상을 띠게 된다. 이런 경우에 우리는 **반목**antagonisme을 이야기할 수 있다. 한 정체성이 다른 정체성을 지배해야만 긴장이 해소되는 관계이다.

(3) 두 주체 중 하나가 위치, 정체성, 상이한 프로그램을 요구하는 순간 **공모** 관계는 유예된다. 이것은 **내분**dissension에 해당한다. 이 경우에, 행위는 상이한 정체성들의 **공-존**co-habitation이 가능할 때에만 실행될 수 있다.

(4) **반목**의 유예는 우리가 위치들을 근접시키려고 노력한다는 것을

전제하며 두 주체에 공통된 정체성과 프로그램을 드러내기 위해 노력한다는 것을 전제한다. 이것은 **협상**이다. 협상은 상호주관성을 **구축**하면서 행위에 의미를 부여한다.

위의 다양한 형상들 가운데, 시련 도식은 단 하나의 형태, 반목의 형상에 해당함을 알 수 있다. 반목 도식은 상대 주체가 가장 심하게 부정적인 현존을 보이는 경우에 해당한다. 반대로, **공모** 도식의 경우는 상대 주체가 가장 심하게 긍정적인 현존을 보이는 경우이다. 그런데 공모 도식이 이론적으로는 가능하다 하더라도(예: 이리가레의 페미니즘 소설) 서사적인 층위에서 이것이 얼마나 생산적일 수 있을지는 불확실하다. 나머지 두 형상, **협상**과 **내분**의 경우는 모든 상호주관적 관계의 미완성 이야기 또는 관계의 쇠퇴에 해당한다. 경우에 따라 이제 막 피어난 사랑 또는 우정, 불완전한 공모 관계 또는 갈등을 빚는 유대 관계 등이 있을 수 있다.

주체의 공동-현존의 각 양태에는 하나의 상호주관적 서사 도식이 부응한다: (1) 공모 관계에는 **상호주관적 교환**이, (2) 반목 관계에는 **상호주관적 시련**이, (3) 내분 관계에는 **상호주관적 공-존**이, (4) **협상**에는 **상호주관성의 구축**이 부응한다. 대부분의 구체적인 이야기들에서 이들 중 두 개 혹은 여러 유형들은 조합되거나 연쇄적으로 나타난다.

3.2.3. 표준 정념 도식

담화상에 나타난 정념은 '감각적 경험'의 차원에 속한다. 현존과 관련하여, 정념은 자기 신체에 영향을 미치는 강도이며, 때로는 정념 내부에서 분산되거나 집중되는 외연이기도 하다. 그러나 담화의 다른 차원들과 같은 방식으로, 정념적 차원도 발화실천에 의해 도식화된다. 그리고 이 도식화는 정념이 순수한 감각의 상태에서 벗어날 수 있도록 해 준다. 도식화는 정념을 지적 이해의 대상으로 만들고, 정념에 의미를 부여하는 문화적 형식들 내에 편입시킨다.

정념에 의미를 부여하는 것, 그것은 우선 정념에 하나의 표준 시퀀스를 부여하는 것이다. 이 시퀀스를 통해 해당 문화는 그 전형적인 정념들 중 하나를 인식할 수 있는 것이다. 하지만 다른 모든 도식화들과 마찬가지로, 인지적 차원의 인식은 감각적인 인상과 연결된 채로 남아 있다. 다시 말해서, 정념의 표준 시퀀스는 긴장 도식에 종속되어 있다.

시퀀스를 정립하는 것으로 시작하도록 하자. 표준 정념 도식은 다음과 같다:

정의적 자각 → 장치화 → 정념 축 → 정동 → 도덕화

a_정의적 자각

· **정의적 자각**éveil affectif은 행위소가 '동요되는' 단계를 말한다: 그의 감각이 깨어나고, 하나의 **현존**이 그의 신체에 영향을 미친다. 우리가 정의적 자각을 말할 수 있기 위해서는, 강도의 변화와 외연의 변화를 동시에 관찰할 수 있어야 한다. 이 두 변화의 조합이 행위소의 행정의 리

듬을 변화시킨다. 그의 리듬을 흥분시키거나 감속시키고, 중지시키거나 가속시킨다. 이러한 리듬의 변화 속에서 장 내 현존의 흐름은 영향을 받는다.

이 변화는 정념 행정의 선행 조건일 뿐 아니라 정념 행정의 항구적인 '사인'이자 지표이다: 낙심한 상태 — 피곤 또는 고뇌 — 와 관련된 감속된 리듬은 전체 정념 행정이 이러한 정념 상태, **긴장 스타일**style tensif로 진입함을 보여 준다: 약한 강도와 넓은 시간적 외연.

b_장치화

장치화disposition는 정념의 종류가 구체적으로 결정되는 단계를 말한다. 단순한 동요의 단계를 지나, 정념을 느끼는 행위소는 이제 예를 들어 공포, 질투, 사랑 또는 오만의 시나리오를 상상할 수 있다. 따라서 장치화는 **정념적 이미지**가 형성되는 순간인데, 여기서 정념적 이미지란 쾌락 또는 고통을 유발하는 장면 또는 시나리오와 같은 것이다.

그러나 이 때문에 장치화는 행위소가 가진 특정 능력을 함의한다. 질투하는 사람은 의심을 불러일으킬 수 있는 상상력을 구비해야만 질투가 가능하다. 두려워하는 사람 역시 그의 장을 침범하는 위협적인 현존으로부터 폭력의 시뮬라크르를 구축할 수 있어야만 두려움의 정념이 가능하다. 여기서 폭력의 시뮬라크르란 그의 연약함, 그의 경험 또는 그의 무지가 반영된 것이다. 셀린은 『밤 끝으로의 여행』에서 이러한 능력을 하나의 문구로 요약했다: "죽음의 상상"L'imagination de la mort. 오만한 사람의 경우에는 만족감의 시나리오들을 스스로에게 부여하는데, 이것은 그로 하여금 자신을 과대평가하도록 만든다.

c_정념 축

정념 축pivot passionnel은 정념적 변형이 일어나는 단계를 말한다. 그러나 이 변형은 정의를 확대시키는 경우를 제외하고는 접합에 관한 표현으로 번역될 수 없다: 우리는 현존의 변형을 다루고 있는 것이지, 엄밀한 의미에서의 서사적 변형을 말하는 것이 아니다. 정념 축 단계에 와서야 비로소 행위소는 앞서 있었던 동요(**정의적 자각**)와 이미지(**장치화**)의 의미를 깨닫는다. 이제 그는 식별 가능한 정념적 역할을 부여받게 된다. 예컨대 위협적인 현존을 느끼는 사람, 어떤 폭력의 시나리오를 증식시키는 사람은 그의 두려움을 극복할 수도 있다: 따라서 그는 용감해질 수 있다. 만약 그가 극복하는 대신 두려움을 확신으로 전환한다면 그는 겁쟁이가 될 것이다.

d_정동

정동은 정념 축으로부터 초래된 관찰 가능한 결과를 말한다: 행위소의 신체는 그가 겪는 긴장에 반응한다. 그는 펄쩍 뛰기도 하고, 부들부들 떨기도 하며, 얼굴이 빨개지거나, 울음을 터뜨리고 소리를 지르는 등 갖가지 반응을 보인다. 이것은 단지 정념 상태에 의미를 부여하는 것만의 문제가 아니다. 자신에게 또 타인에게 정념적 사건을 표현하고, 알리는 문제이다.

일반적으로 정념은 지극히 개인적인 일로 간주하곤 하는데, 사실 표준 도식과 관련하여 정동은 오히려 정념을 사회화한다. 그리고 관찰 가능한 표출 덕분에 각자가 정념 행위소의 내적 상태를 이해할 수 있도록 한다. 이것이 바로 정동이 상호작용 속에서 핵심적 역할을 한다고 말할 수 있는 근거가 된다. 정동의 단계가 있기 때문에 우리는 예측하고 계산할 수 있을 뿐만 아니라 정념의 존재를 믿을 수 있고 실수를 부추기거나 조작할 수 있다.

e_도덕화

행정의 끝에 이르면, 행위소는 자신 또는 타인을 위해 그가 느끼고 인식한 정념을 드러낸다. 따라서 이때 정념은 평가되고 조절될 수 있으며 판단의 대상이 될 수 있다. 외부 관찰자에게 정념의 의미는 가치론적인 의미가 된다.

평가 기준은 다양하다. 예컨대, 만약 타인이 오만한 주체에 부여하는 평가에 비해 그의 자존감의 표현이 지나치다면, 그는 '허영심이 많은' 사람이라는 평가를 받을 것이다. 만약 인색한 사람의 표현이 비교적 적은 가치의 사물에 치우쳐 있다면, 그는 '쩨쩨한 사람'(사전은 이 사람을 '치사스러운' 구두쇠라고 적고 있다)이라는 평가를 받을 것이다. 마찬가지로 도가 지나친 고통을 표현하는 애도는 그 진실성을 의심받게 될 것이다.

도덕화moralisation와 함께, 정념은 정념이 기반으로 삼는 가치들을 드러낸다. 이 가치들은 공동체의 가치와 대조되고 공동체의 가치를 강화하느냐, 위태롭게 하느냐에 따라 결국은 (긍정적으로 또는 부정적으로) 상벌이 주어진다. 이렇게 담화 안에서 정념 행정으로부터 발생하는 윤리적 차원은 바람직하지 않은 지향성을 조절하는 데에 그 목표를 둔다. 더 나아가 생성 중인 가치들의 세계를 조절하고 정념 행위소 혼자서는 고정시키지 못하는 의미를 확정하는 역할을 한다. 반대급부로, 정념 행위소는 정념들이 숨기는 '삶의 의미'를 온전히 수임하면서 그의 정념을 충분히 느끼고 표현할 '권리'를 요구할 수 있다.

표준 정념 도식은 여러 긴장 도식으로 구성된다: 강도로부터 출발해, 정의적 자각과 함께, 표준 정념 도식은 점진적으로 외연 차원에서 그의 장면들, 이미지, 정념적 역할들을 펼친다(하강 도식). 이어서 정념 축의 단계에서부터 점차 **정동**으로 집중되는데, 정동은 강도적인 표현을 위해 모든 에너지를 모으고 발산시킨다(상승 도식). 마지막으로 최종적 가치평가는 정념 도식을 조절하고 공동체의 시선에 직면하도록 한다. 결국 정념 도식은 외연과 수량의 권리들을 복원시킨다. 하지만 도덕화는 정념의 폭발을 평가절하하고 그 폭을 감소시킬 수도 있고(약화 도식), 감정의 폭발을 고무시키고 공동체 내에 확산시켜서 과장하거나 보편화시키는 데에 기여할 수도 있다(강화 도식).

3.3. 담화 통사

현존의 관점에서, 담화 통사의 전체적인 구조는 **긴장 도식**에 의해 뒷받침된다. 긴장 도식은 시퀀스로 나누어지는데, 때로는 **표준 도식** 내에서 변형된다. 실행 중인 담화의 속성 일반, 담화 심급과 위치의 장으로부터, 다양한 도식들이 현존의 속성들, 강도와 외연을 경영한다.

하지만 담화 통사는 실행 중인 여러 담화의 속성들을 운영하는 여러 가지 규칙들을 따른다. 그중에서도 (1) **담화적 정향**은 장 내에서 기원과 목표의 위치를 강제한다. (2) **상징적인 동질성**은 내부 수용성과 외부 수용성을 결합시키고 서로 소통하게 하기 때문에 자기 신체의 자리를 마련해 준다. (3) **위치의 장의 깊이**는 의미의 여러 '층'을 공존하도록 해 주며 이것들을 하나의 관점에서 조망하도록 해 준다.

담화적 정향의 조직 원리는 **시점**이다. 담화의 구상적 세계의 동질성에 있어서, 그 조직 원리는 **유사-상징주의**semi-symbolism이며, 좀 더 일반적으로 말하면, 동위소들 사이의 모든 연결 형식들이다. 마지막으로, 담화의 차원들, '층'들의 깊이 수준의 차이로 인해 나타나는 층

구조에 관해서는, 그 조직 원리를 **수사학**의 원리에서 찾을 수 있을 것이다.

각 원리들은 일반적으로 잘 알려져 있고 많은 텍스트에서 풍부하게 다루어진다. 따라서 우리는 긴 설명 대신 이 원리들을 담화 기호학의 관점 속에 위치시킬 수 있는 몇 가지 특징만을 짚어 보도록 하겠다.

3.3.1. 시점

서사학, 그중에서도 특히 주네트의 서사학의 학문적 성과로는 시점의 유형론을 꼽을 수 있을 것이다. 이 이론의 핵심은 **참조 중심**을 식별하는 문제와 참조 중심이 발화 층위(행위자, 관객, 서술자)에서 차지하는 위상에 있다. 주네트 이론은 담화적 포착의 인지적 양식과 지각적 양식을 구분하기도 한다: 지성적 양식, 시각적 양식 또는 청각적 양식. 그러나 우리가 여기서 시점의 유형론을 재론하고자 하는 것은 결코 아니다.

실행 중인 담화의 관점, '생생한' 발화의 관점을 채택하고 있는 우리는 시점을 의미 구축의 한 양태로서 이해하고자 한다. 이러한 맥락에서, 각 시점은 심급을 중심으로 구성된다. 담화 내에 나타나는 여러 시점의 공존은 각 시점이 하나의 자기 위치의 장에 상응한다는 사실과 여러 특수한 장의 집합은 담화의 전체적인 장 내에서 이러저러한 방식으로 서로 양립 가능하다는 사실을 가정한다.

담화 의미의 구축에서 시점의 기능을 이해하기 위해서는 위치의 장을 구성하는 두 개의 기본 행위 —**지향**과 **포착**— 로 돌아갈 필요가 있다. 두 행위는 원점 행위소와 목표점 행위소를 연결시킨다.

시점은 **지향**과 **포착** 사이의 틈, 차이에 기초한다. 다시 말해서, 시점은 **제어 행위소**의 개입으로 인해 벌어진 틈으로 발생한다. 무엇인가가 포착이 지향된 바에 온전히 상응하지 못하도록 방해한다. 이것이 시점의 첫 번째 속성이다: 원점 행위소와 목표점 행위소 사이에 어떤 장애물이 나타났고, 따라서 포착은 불완전해진다.

하지만 동시에 시점은 이 불완전한 포착을 최적화시키기 위해 사용하는 수단이기도 하다. 포착의 정도를 지향의 정도에 맞추기 위한 수단이라는 말이다. 이것이 시점의 두 번째 속성이다: 지향은 포착이 제공하는 것 이상을 요구하며, 포착은 지향이 요구하는 수준을 회복하려는 움직임을 보인다.

최적화optimisation는 시점의 고유한 행위로서, 포착과 지향 사이에서 기능하는 일종의 **조절 장치**라고 볼 수 있다: 이는 지향의 욕망을 조금 제어하고 포착에 힘을 실어서 둘의 수준을 일치시키는 기능을 한다. 따라서 이것은 지향의 강도와 포착의 외연이 상호 적응하도록 함으로써 원점 행위소와 목표점 행위소의 관계를 조절하는 행위이다. 하지만 한편으로 이것은 장의 지평이 제어 행위소와 맞닥뜨리게 하는 효과를 발생시킨다. 이것을 포착의 움직임을 방해하는 장애물로 간주해서는 안 된다. 우리는 단지 이것을 장의 경계로 이해해야 한다. 시점은 위치의 장의 경계들을 재설정한다. 이것이 시점의 세 번째 속성이다: 시점은 장애물을 장의 경계로 전환시키는데, 이것은 실행 중인 지각의 제한적이고 특수한 성격을 수용하는 것을 뜻하며, 잠재적인 지향visée virtuelle과 현동화된 포착 사이의 긴장을 환원 불가능한 것으로 인정하는 것을 뜻한다. 그리고 바로 이것을 의미작용의 근거로 삼는다. 의미/감각은 이 긴장으로부터 발생한다. 이것이 모든 지향성의 기본 원리이다.

> 지금까지 발전시킨 시점에 관한 내용을 요약해 보자. 시점은 모든 지각의 구성적 불완전성에 직면하기 위하여 담화적 정향을 탐구한다. 이러한 방식으로 그 경계가 재설정된 장 내에서 시점은 어떤 불완전한 지각에 의미를 부여할 수 있다.

이러한 관점에서 보면, 시점 연구를 통해 얻어지는 중요한 이점은 시점을 다루는 다양한 유형의 담화들이 이러한 불완전성을 어떻게 소화하고 있는가를 검토하는 데에 있다. 만약 여기서 어느 한 유형론이 하나의 방향을 갖는다면, 그 유형론은 불완전성을 조절하는 전략들과 포착이 지향의 수준을 맞추는 움직임을 최적화시키는 전략들을 기초로 해야만 할 것이다.

그 결과로서 우리는 그러한 전략들을 크게 네 개 유형으로 분류할 수 있다. 이 전략들은 지향의 강도를 변화시키거나 포착의 외연을 변화시키거나 또는 둘 다를 변화시킨다.

첫 번째의 경우에 해당하는 시점을 우리는 **선택적 시점**이라 부를 수 있을 것이다(또는 **배타적 시점**). 이 경우에 지향은 대상 전체를 지향하기를 포기하고 전체를 대표한다고 생각되는 한 가지 양상에 집중함으로써 그의 높은 강도를 회복할 수 있다.

두 번째의 경우에 해당하는 시점을 **누가적**cumulatif **시점**이라 부를 수 있다(**병합**exhaustif **시점**). 이 경우에 담화는 포착을 지향의 강도에 맞출 수 없기 때문에, 주체는 독자적이고 강한 하나의 지향을 포기하고 이것을 연속적이고 부가적인 여러 지향들로 분리시킨다. 대상은 이제 여러 부분들과 양상들이 누적된 합일 뿐이다.

세 번째의 경우에 담화는 전체를 포괄하고자 하는 야망을 고수하거나, 그렇지 않으면 장애물로 인해 설정된 경계들을 단순히 인정하는 전략이 있을 수 있다. 전자의 경우, 그 시점은 **총괄적**dominant **전략** 또는 **포괄적**englobant **전략**을 갖는다고 말할 수 있고, 후자의 경우에는 **개별화하는**particularisant **전략** 또는 **특수화하는**spécifique **전략**을 갖는다고 말할 수 있을 것이다.

	강한 지향	약한 지향
확장적 포착	포괄적 전략	누가적 전략
제한적 포착	선택적 전략	개별화하는 전략

기억해야 할 사실은, 각 시점 유형에서 대상에 부여된 의미/감각은 매번 상이한 형태론에 기초한다는 것이다: 대상은 부가에 의해 재구성된 부분들 중 하나로, 상징적으로는 전체(une gestalt)로서 포착된 것 또는 분리시킬 수 있는 하나의 조각으로 환원된 것으로 표상될 수 있다. 이 형태론morphologie들은 가치들의 체계의 담지자들일 수 있다. 때로는 이것들이 장르를 결정하기도 한다. 16세기에 여성의 신체를 대표하는 상징blason은 완전히 개별화하는 근거리 시점에 기초하고 있는데 눈썹, 발, 가슴 등과 같이 전신에서 분리된 조각을 보여줄 뿐이다. 하지만 이러한 세부적인 시각의 시적이고 은유적인 조작은 이 부분을 전체 아름다움의 상징으로 만든다. 결국 **개별화 시점**은

여기서 **선택적 시점**으로 전환된다.

3.3.2. 유사-상징주의

여러 동위소들의 연결 관계는 별도로 검토해 볼 만한 가치가 있다. 동위소 관계는 기호학 세계 전체의 **동질성** 지향visée d'homogénéité을 토대로 한다. 특히 이것은 표현 층위와 내용 층위 사이에서 요구되는 동질성을 말한다. 다른 한편으로, 동위소 관계는 담화 전체의 일관성을 보장하는 등가성과 유비analogie의 거대한 네트워크를 구성한다.

　　동위소들의 연결 관계는 동위소들에 공통된 형상들에 의해 보장될 수 있다: 예컨대, '높이'는 동일한 담화에서 '하늘의'라는 동위소와 '성스러운'이라는 동위소에 공통적으로 들어 있는 자질일 수 있다. 그러나 공통된 부분에 기초한 이러한 유형의 연결 관계는 잘하면 일관성의 지표는 될 수 있을지 몰라도 그 외에 다른 기능을 가질 수 없다. 동질성은 하나의 동위소의 여러 요소들이 다른 동위소의 여러 요소들과 등가 관계에 들어가야만 보장될 수 있다. 이러한 조건하에서, 동위소들 중 하나는 하나 또는 여러 동위소들에 표현 층위로서 등장한다.

　　우리가 여기서 목표하는 일관성은 동위소들의 연결 관계가 가치들의 체계(관여적인 대립 관계의 체계들) 사이에 확립될 때에만 도달할 수 있다. 이것은 고립된 항들 사이의 관계를 말하는 것이 아니다. 항과 항 사이에서 확립된 연결 관계들은 항의 일반적인 의미에서 상징적일 수는 있다: 장미는 사랑을 상징하고, 하늘은 신성을 상징하며, 저울은 정의를 상징한다. 이 상징적인 연결 관계들은 담화 의미의 발견에 있어서는 그리 흥미롭지 않다. 이들은 너무나 상투적이어서 실행 중인 담화에 아무런 장치를 제공하지 못하거나 또는 그 반대로 분석가의 지극히 개인적인 투사의 결과여서 담화적 합리성을 벗어나 있기도 하다.

그러나 특수한 가치들의 체계의 연결 관계들(관여적인 대립 사이에 확립된)은 발화실천의 결과물이며, 담화 전체의 가치들의 체계를 구축하면서 담화적 일관성에 기여한다. 이런 이유로, 동위소 연결 관계들은 다른 무엇보다 한 담화의 일관성에 대한 모든 기호학적 접근의 기본 원리가 된다. 이런 유형의 연결 관계를 우리는 **유사-상징주의적 체계**라고 부른다.

유사-상징주의가 이론적으로 정립된 것은 레비스트로스가 신화의 원리를 공식화할 때였다: 두 형상 사이의 대립은 두 기능 사이의 대립과 관계 형성을 하는 것으로 간주되었고 레비스트로스는 이것을 공식화하였다.

이후 그레마스는 유사-상징주의가 기호학 도구로서 사용될 수 있는 가능성을 이론적으로 밝혔고, 플로슈는 실제로 이것을 이미지 분석의 주요 도구로 삼았다. 유사-상징주의는 특별히 개인적, 집단적 발화 수행에 특화된 기호학적 코드화로서, 이것은 어떤 언어활동이 체계적인 '랑그'나 '문법'을 갖추지 못했을 때, 그 언어활동의 구조에 접근하는 유일한 수단이 된다. 이미지가 바로 그 대표적인 예이다. 따라서, 유사-상징주의적 코드화가 이미지 분석에 가장 자주 활용되는 것은 자연스러운 일이다.

유사-상징주의는 특정 담화에서 의미를 고정시키는 형식들 중 하나이다: 이것은 의미를 **명확하게** 밝히면서 **고정시킨다**. 한편으로, 유사-상징주의는 즉각적으로 파악할 수 있는 하나의 형식을 부여한다(담화적 의미를 이미지화한다). 다른 한편으로, 유사-상징주의는 담화의 의미를 특수한 발화행위에 고유한 상관관계의 조건에 종속시킨다.

레비스트로스는『질투심 많은 여도공』에서 여자는 도기의 기원이고 여러 신화들이 이 관계를 또 다른 요소와 연결 짓고 있음을 밝힌다: 쏙독새(아마존 숲에 서식하는 새)는 질투심의 기원이다. 레비스트로스는 두 개의 동위성을 도출한다: 기원이 되는 형상들 사이의 동위성(여자/쏙독새)과 주제적 기능들의 동위성(도기/질투심)이 그것이다. 이런 방식으로 그는 여자와 쏙독새를 대립 관계에 놓는 한편, 도기와 질투심의 대립 관계를 규정한다:

여자 : 쏙독새 :: 도기 : 질투심

이런 유형의 공식은 두 가지 방식으로 해석될 수 있다: (1) 여자가 쏙독새에 대해 맺고 있는 관계는 도기가 질투심에 대해 맺고 있는 관계와 같다(신화들은 이러한 관계를 갈등하는 관계로 나타낸다). (2) 여자가 도기에 대해 맺고 있는 관계는 쏙독새가 질투심에 대해 맺고 있는 관계와 같다(신화에서 하나는 다른 하나의 기원이 된다). 발화실천은 여기서 세 가지 방식으로 개입한다:

(1) 발화실천은 일련의 형상 또는 주제들을 동위성 관계에 놓는다. 사실, 여자와 쏙독새의 언어학적인 정의에서 우리는 선험적으로 두 형상이 하나의 동위성에 속한다고 간주할 수 있는 그 어떤

실마리도 찾을 수 없다. 이 동위성은 순전히 담화적이다(전혀 언어학적이지 않다).

(2) 발화실천은 적어도 두 개 이상의 상이한 동위성에 속하는 일련의 요소들 사이에 포괄적인 하나의 연결 관계를 확립한다.

(3) 발화실천은 서로 연결된 동위성들에 위계질서를 부여하며, 이를 위해 각 관계들에 통사적인 속성을 부여한다(여기서는 형상들이 갈등 관계에 있고 각 형상은 주제적 기능의 기원을 표현한다).

이 세 가지 발화실천의 역할을 통해, 실행 중인 담화는 그가 제안하는 관계들의 망과 그로부터 생성되는 의미를 전체적으로 관리한다.

앞에서 상기한 연결 관계의 첫 사례에서, 높음, 하늘, 신성을 연결시켜 주는 유사-상징주의적 체계는 두 단계에 걸쳐 확립된다. 먼저, 비교적 상투적인 코드화가 문화적 유형의 우주 구성을 제안한다. 이에 따르면:

높은 : 낮은 :: 하늘의 : 땅의

그리고 나서, 문화적으로 좀 더 특수한 방식으로 두 번째 단계가 진행된다:

하늘의 : 땅의 :: 신성한 : 세속적인

두 개의 유사-상징주의적 체계는 전환이 가능하므로, 마지막으로 우리는 다음을 얻는다:

높은 : 낮은 :: 신성한 : 세속적인

예컨대, 개인적인 해석이 반영되지 않더라도 우리는 **높음**이 신성한 공간임을 단언할 수 있다. 이러한 결론을 이끄는 관계들의 망은 전체적으로 담화 행위에 의해 통제된다.

3.3.3. 담화의 깊이와 수사학

동위소들 간의 유사-상징주의적 연결 관계는 먼 거리와 짧은 거리, 두 경우에 모두 그 사이에서 정립될 수 있다. 거리가 멀수록, 담화의 전체적인 동질성은 더 확실하게 보장된다. 이번에는 지엽적인 층위, 즉 거의 맞닿을 정도의 가까운 거리 관계로 넘어가 보자. 담화가 서로 긴장 관계에 있는 동위소들을 항구적으로 지니고 있고 담화가 그 동위소들의 공존을 조작하며 한쪽과 다른 쪽 사이의 왕복운동을 위한 등가성을 조작하는 상황을 상상해 보자. 연쇄의 모든 지점에서 우리는 연결과 지엽적 긴장으로 구성된 소소한 담화적 사건들을 목격한다.

담화상에서 동일한 영역에 위치한 상이한 동위소들의 공존은 그들이 상이한 현존의 정도를 보인다는 사실을 함의한다. 다시 말해서, 어떤 동위소는 다른 동위소보다 더 강하거나 또는 더 약한 강도의 현존을 보이며, 담화의 지시적 중심으로부터 더 멀거나 또는 더 가까운 거리에 있다는 말이다.

현상을 보는 이러한 관점은 특별히 말실수lapsus의 경우에 뚜렷하게 확인이 된다. 여러 동위소들이 담화가 진행되는 모든 순간 공존한다면, 그중 하나만이 표층에서 발현될 수 있다. 이때, 그의 발현은 주제적 정향과 동위소 체계의 통제하에 이루어진다. 만약 어느 순간, 음성적인 사고를 계기로 다른 동위소가 수면 위로 떠오를 경우, 이것은 말실수가 된다. 따라서, 동위소들 간의 경쟁에서 각자는 일정한 힘을 갖춰야 하며, 발화적 '압력'을 행사할 수 있는 능력을 갖춰야 한다. 결국 정상적으로 통제되고 있는 담화란 여타 다른 후보 동위소들에 대항하여 지속적으로 행사하는 압력의 결과물일 수밖에 없다.

비유tropes와 각종 수사 장치는 이러한 장르의 발화적 사건으로서는 특이한 경우에 해당한다. 수사는 전통에 의해 규범화되며, 설득하는 효과와 미학적인 효과를 생산하기 위해 구조화된다.

우리가 이야기하는 현존은 더 이상 다른 행위소에 대한 한 행위소의 현존만을 가리키지 않는다. 담화 자체의 내용의 현존이며 담화심급에 의해 감각되고 수임되는 현존이다. 담화의 위치적 장은 동위소들이 여러 층위에 걸쳐 다양한 깊이를 가지는 장이다. 장의 중심에 위치한 가장 강한 현존부터 장의 경계 부분에 위치한 가장 약한 현존까지 현존의 정도에 따라 깊이는 다양하게 나타난다.

현존의 점진성은 발화 심급의 통제하에 있다. 각 층위는 강하거나 또는 약하게 지향되고 가깝거나 또는 멀게 포착된다. 따라서 발화적 통제는 두 가지 방향에서 실행된다: 강도(감각적이고 감성적인)와 관련된 **수임**assomption의 통제와 거리(시공간적이고 인지적인)와 관련된 **외연**déploiement의 통제. 담화적 깊이의 각 층위에 배열된 다양한 동위소들은 강하거나 또는 약하게 수임되고, 넓거나 또는 좁게 펼쳐진다: 담화 심급은 동위소들에 발화의 힘(종종 **발화 내적 힘**force illocutoire

이라고 불리기도 한다)을 실어 주거나 빼앗는다. 또한 담화 심급은 동위소들을 깊이의 정도에서 더 깊게 나아가게 하기도 하고 얕은 위치로 물러나게 하기도 한다.

이 장치는 그 자체로 수사가 실행되는 장소이기도 하다. 바로 위에서 언급한 '서로 연결된 소소한 사건들'은 동위소들 간의 공존의 양태를 조작하는데, 이 사건들이 바로 비유이며 수사의 장치들이다.

우리는 여기서 담화의 내용들의 존재 양식을 보도록 하자. 담화 내용의 존재 양식은 담화 심급의 **수임**과 **외연적 전개**의 정도에 의해 결정된다. 앞서 살펴본 표준 서사 도식과 관련하여 확립된 현존의 양식들의 유형론을 다시 상기해 보면, 현존의 양식들은 각각 하나의 담화 내용의 존재 양식에 상응함을 알 수 있다.

	강한 지향	약한 지향
확장적 포착	**충만함** 현실화된 양태	**무력감** 가능화된 양태
제한적 포착	**결핍** 현동화된 양태	**공허** 가상화된 양태

반어법ironie의 예를 보자. 반어법은 적어도 두 개의 내용 층위를 필요로 한다. 긍정적인 방향으로 나아가는 하나와 부정적인 방향으로 나아가는 다른 하나가 있어야 하고 이 둘은 모두 담화의 깊이에서 상이한 층위에 자리 잡고 있어야 한다. 예컨대, "참 영리하군!"C'est malin!이라는 경멸적 표현은 표현되지 않은 채 부정적

> 인 방향으로 나아가는 하나의 내용과 표현된 채 긍정적인 방향으
> 로 나아가는 다른 하나의 내용을 결합시키고 있다. 하지만 이 표
> 현은 아이러니하게도 표현된 내용이 수입되지 않는 조건에서만
> 기능한다(그의 담화적 현존은 강도 면에서 매우 약하다). 반면, 표
> 현되지 않은 내용은 수입된다(그의 담화 현존은 강하고, 이어질
> 내용에 의해 표지되는 경우가 많다).

반어법의 경우에, 긍정적인 내용은 그것이 표현되었기 때문에 포착 가능하지만, 매우 약한 강도로 지향되고 있다. 따라서 이것은 **가능화된** 상태에 있다. 반대로, 부정적인 내용은 표현되지 않았기 때문에 포착이 어렵다. 그러나 이것은 강한 강도로 지향되고 있다. 따라서 이것은 **현동화된** 상태에 있다. 광고에서 주로 즐겨 사용되는 말장난의 경우를 상상해 보자. "참 영리하군!"은 결국 문자 그대로의 뜻으로 포착되어야 한다. 따라서 이 경우에 긍정적인 내용은 포착 가능하기도 하고 동시에 충만하게 지향되고 있다. 즉 이것은 실현되어 있다. 부정적인 내용은 지향되지도 않고 포착 가능하지도 않다. 이것은 **잠재화된** 상태에 있다.

모든 수사학적 표현은 두 층위의 발화의 결합으로 이루어지는데, 두 층위는 뚜렷한 구분이 가능하고, 각각 상이한 방식으로 수입된다. 이러한 표현은 앞서 소개한 존재 양식의 유형론을 따른다. 예컨대, 비유와 환유는 직접적인 방식으로 표현된 내용 너머에 있는 다른 내용에 주의를 기울이도록 한다. 좀 더 추상적이고 보편적인, 또는 다른 동위소에 속한 내용을 고려해야만 이러한 수사를 이해할 수 있다.

따라서 이 수사적 표현들은 다층적인 깊이를 가진 담화에서 내용 면의 배치를 조작하고 상이한 존재 양식들을 조작한다.

은유: 이 여인은 **밀밭**이다는 유비적 해석(여인의 금발 머리? 추수의 약속?)을 넘어, 서로 다른 깊이의 두 층위에 위치한 두 동위소의 결합으로 시작된다. 반어법의 경우에는 표현된 내용을 수임하지 않았다. 이와 반대로 **밀밭**은 여기서 확실히 실현되어 있다. 반면에, 재구성해야 할 내용은 매우 약하게 수임되고 있으며 포착 가능성도 낮고 지향의 정도도 약하여, 이는 결국 **가상화**되어 있다고 보아야 한다. 함축된 내용은 해석의 과정 중에 주의력을 요구하는 힘을 발휘하며, 이 과정에서 **현동화**된다(포착의 정도는 약하지만 지향의 정도는 강하다).

여기서 모든 수사학의 표현과 전의를 하나하나 검토하는 것은 불필요한 일이다. 우리가 수사적 표현에 할애된 장을 마련한 것은 실행 중인 담화의 기본 자질들과 관련하여, 특히 현존의 깊이와 관련하여, 수사적 차원이 어떤 위치를 차지하고 있는가를 보기 위한 것이었다. 이는 결코 어떤 표현의 의미론적인 구조 ─ 이 주제에 관해서는 이미 알기 쉽고 명확한 연구 결과들이 많은 줄 안다 ─ 가 흥미롭다는 말이 아니다. 새로운 발견은 연출의 역동성, 즉 두 동위소의 연결 관계를 해석하는 과정에서 두 동위소를 대면시키는 사행에 있다.

따라서 우리가 수사적 표현을 검토할 때, 우리는 이를 담화의 미시 시퀀스로서 고려한다. 미시 시퀀스는 적어도 하나의 '대면'(두 발화체 또는 두 동위소 사이의 갈등) 국면과 하나의 해석(예컨대, 유비에 의한 갈등의 해결) 국면을 포함한다.

'대면', 또는 대결은 의미론적인 영역(우의화allégorie처럼)의 문제이기도 하지만 위계적 층위(제유법synecdoque처럼), 행위소 역할(환유métonymie처럼) 또는 발화 위치(논증 표현figures d'argumentation처럼)의 문제이기도 하다. '대면'은 주로 갈등의 거시-형상을 사용하지만 이동의 거시-형상 또한 무시하지 않는다(특히 대결이 표층 또는 심층에서 통사의 변질, 왜곡으로 인한 결과일 때 더욱 그러하다).

해석 또는 해결의 국면은 두 가지 주요한 대체 경로를 채택한다: 유사성similitude과 연결성connexion. 유사성에 의한 해결은 은유의 고유한 해결 경로이며, 모든 비유적 표현들뿐 아니라 등가적 표현들을 해석하는 방법이다(예를 들어 모든 종류의 조응, 우언법 등). 반면, 모든 다른 표현들에서는 연결성에 의한 해결을 볼 수 있다. 서로 대면하는 두 집체 사이에 등가성이 없다는 결론에 이르면, 해석자는 그들의 연결성(행위소적이거나 위상학적인) 원리를 탐구한다. 우리는 이 해결이 위계(제유법처럼)에 의해 기능하는지 아니면 체계(환유 또는 교착어법chiasme)에 의해 기능하는지에 따라, 두 가지 연결성 유형을 구분할 수 있다.

환언하면, 각 표현은 대결(대면)의 유형에 의해 정의될 수 있는 동시에 그 대결이 요구하는 해결의 유형에 의해서도 정의된다. 은유는 의미론적 영역 사이에서 일어나는 갈등의 표현이며 이것은 우의화 관계에서 해결된다. 환유는 이동의 표현이며 행위소 역할들 사이에서 일어나는 체계적 연관성에 의해 해결된다. 교착 어법은 약화된 의미론적 **갈등**의 표현으로 볼 수 있으며, 이것은 위상학적인 유형의 **체계적 연관성**에 의해 해결된다. 이 밖에도 많은 대결과 해결의 유형이 있을 수 있다.

앞서 우리는 매개적 국면의 가능성, **제어의 가능성**을 상기한 바 있다.('2.3.3. 위치 행위소') 이 매개적 국면에서 대결을 해석하는 문제를 푸는 작업은 발화 수임의 변화, 구성이나 배열 상태에 의해 준비되고 인도된다.

모든 수사 작용의 시퀀스 유형은 세 가지 국면으로 구성되며, 이로부터 행위 중에 발화 행위소들이 지각하고 포착한 그대로의 담화적 미시-(또는 거시-) 사건들의 통사가 드러난다. 수사의 관습적 무게를 차치한다면, 말실수와 수사적 표현의 가장 큰 차이(아마도 유일한)는 여기에 있다: 말실수는 통사도, 표준 시퀀스도 없기 때문에 미래가 없지만, 수사적 표현이니 전의는 하나의 통사적 형태 안에서 만들어지며, 이것은 수천 년 동안 유효한 사용과 규범을 허락한다.

본 장에서 살펴본 내용들을 종합하면 다음 두 개의 표로 요약될 수 있다. 첫 번째 표는 표준 시퀀스의 세 단계 국면을 정리한 것으로, 생성적 관점과 해석적 관점을 구분한 것이 특징적이다.

	실용적 관점(생성)	인지적 관점(해석)
원점 행위소	대결	문제화
제어 행위소	지배/승리	수임
목표점 행위소	해결	해석 양식

수사 작용은 담화 범주에 영향을 미친다. 두 번째 표에서 우리는 담화의 범주들이 각자 위의 세 국면 중 하나에 상응함을 알 수 있다.

	강도	외연
대결 국면	**갈등**	**이동**
	의미론적 갈등, 모순	역할 이동 또는 역할 교환, 통사적 대안
조절 국면	**수임**	**배열/배치**
	강도, 현존과 믿음의 변조	반복, 분산, 구성
해결 국면	**유사성**	**연결성**
	등가성과 유비	체계와 위계

제IV장 행위소

개요

행위소는 하나의 사행이 실행되는 데에 필수적인 힘과 역할들이다. 하나의 플롯을 구성하는 등장인물들, 한 문장을 구성하는 명사구, 연극에 등장하는 연기자들과 그들이 맡은 역할들이 바로 행위소의 구체적 실현들이다. 행위소 이론의 야심은 구체적 실현이 어떻든지 간에 상관없이, 하나의 사행이 실현되는 데에 필수적인 행위소 일반을 재현하고자 하는 것이다. 이를 위해서는 우선 (1) 행위자 개념과 행위소 개념을 정확하게 구분해야 하고, (2) 위치 행위소와 변형 행위소를 구분해야 하며, 마지막으로 (3) 기본 행위소들과 그들이 연기할 수 있는 다양한 역할들을 구분해야 하는데, 이는 특별히 그들이 지닌 양태들의 효과를 중심으로 살펴볼 필요가 있다.

1. 행위자와 행위소

행위자와 행위소는 두 가지 면에서 구분이 된다. 우선 그들을 인식하는 원리에 의해 구분이 된다. 행위자는 그가 항구적으로 가지는 일정 수의 구상적 자질들로 인식된다. 그의 구상적 자질들의 결합은 행위자의 역할이 달라지더라도 최소한 부분적으로는 안정성을 갖는다. 반면에 행위소는 한 유형의 술어와 관련하여 그가 맡은 역할의 안정성에 의해 인식된다. 그의 구상적 자질의 변화와는 상관하지 않는다. 따라서 결과적으로 하나의 행위자는 여러 행위소에 상응할 수 있고, 마찬가지로 하나의 행위소도 여러 행위자에 상응할 수 있다.

2. 위치 행위소와 변형 행위소

위치 행위소는 오직 담화의 위치적 장에서 그들이 차지하는 자리에 의해 정의된다: 위치 행위소들을 특징짓는 지향성은 하나의 위상학적인 성격의 정향일 뿐이다. **변형 행위소**는 사물들의 상태를 변화시키는 힘들에 개입하는 행동에 의해 정의된다. 변형 행위소를 특징짓는 지향성은 변형이라는 쟁점에 기초한다. 변형의 쟁점이란 곧 가치들의 체계를 말한다. 위치 행위소가 담화의 정향에 의해 통제된다면, 변형 행위소는 그들이 관여하는 술어들의 의미론적 구조에 달려 있다.

3. 역할과 양태

양태는 행위소들의 정체성을 결정하는 내용 면이다. 위치 행위소들은 현존의 양태들(과 존재 양식들)에 의해 결정된다. 변형 행위소는 행위 술어와 상태 술어의 양태들(하기faire의 양태들과 있기être의 양태들)에 의해 결정된다. 담화 통사의 관점에서 보면, 하나의 행위소에 연속적으로 부여되는 다양한 양태들은 이 행위소를 **양상적 역할**들의 연속체로 만든다.

행위소의 문제는 오늘날 언어학에서 가장 폭넓은 공감대를 형성하는 문제이다. 또한 50년대 이후로 가장 지속적으로 설득력을 입증해 온 연구 주제이기도 하다. **실행 중인 담화**의 관점에서, 행위소의 문제는 두 개의 핵심적인 물음 중 하나에 해당한다: 핵심적인 물음이란 하나는 **심급**의 구성요소들을 말하며, 다른 하나는 그 자체로서의 실행 중인 **행위**를 정의하는 문제를 말한다.('제III장 담화' 참조)

1. 행위자와 행위소

1.1. 행위소와 술어

행위소 개념은 무엇보다 **등장인물, 주연, 주인공, 행위자** 또는 **역할**과 같이 직관적으로 이해되는 전통적인 개념들과 구분하여 이해할 필요가 있다. 나열한 전통적인 개념들은 모두 특정 텍스트 단위들이 인간 또는 인형화된 존재를 표상한다는 생각과 이들이 각자 서사적 플롯에서 하나의 역할을 갖거나 무대 위에서 하나의 자리를 차지한다는 생각으로부터 출발한 개념들이다. 이들은 이러한 공통된 전제를 바탕으로 하되, 몇 가지 기준에 따라 쓰임이 갈린다. 예컨대, 그가 지시하는 자리나 역할의 중요성에 따라 용어를 선택할 때에는 **행위자/주인공** 개념을, 인간 존재의 역할을 강조하느냐 플롯에 개입하는 정도를 강조하느냐에 따라서는 **등장인물/주연** 개념을 채택한다.

위에서 나열한 전통적인 개념들 사이에 미묘한 의미 차이가 어떻게 나타나든지 간에, 이 개념들은 모두 표상적 실체들의 텍스트적 존재를 상정한다. 다만, 제기되는 유일한 질문은 개념들이 무엇에 소용되는가를 아는 것이다.

그러나 **행위소**는 하나의 텍스트 내에는 그 무엇도 조건으로서 주어진 것은 없다는 관점으로 이해해야 한다. 모든 것은 구축해야 할 대상이며, 특히 텍스트에 발현되어 있는 것처럼 보이는 인형적 형상들의 정체성은 더더욱 그러하다. 따라서, 어떤 인물의 기능이 무엇인지를 묻기 전에 플롯의 진행을 나타내는 도식을 정립하고 그 도식이 요구하는 기능들을 정의하는 것이 우선적이고 필수적인 작업이다. 행위소는 결국 이 추상적 단위를 가리키는 개념이다. 추상적 단위의 기능적 정체성은 서사적 술어 기능을 가능케 하는 필수적인 요소이다.

모든 발화체는 두 개 유형의 요체로 구성되어 있다: 하나는 술어로, 술어는 **상태**나 **행위**를 표현한다. 다른 하나는 그 술어의 '대상 항들', 즉 그 술어에 관여하는 행위소들이다. 술어는 행위소들 사이에서 하나의 관계를 정립하고 이 관계를 중심으로 일정 수의 '기능'을 취한다. 기본 공식은 다음과 같다.

$$\text{발화체} = \text{행위소} \rightarrow (\text{기능}) \rightarrow \text{술어}$$

하지만 이 기본 공식은 거의 문장 차원의 관점이며, 특수한 하나의 술어에 초점을 맞추었을 경우에만 성립하는 공식이다. 만약 우리가 담화적 관점을 채택한다면, 상황은 완전히 다르게 진행된다. 왜냐하면 이 경우에 하나의 동일한 행위소가 여러 술어들로 구성된 부류 전체에 상응하기 때문이다. 다시 말해서 담화가 진행되는 동안 하나의 행위소는 술어 1과 만난 후에 술어 2와 만나고 그 후에 다시 술어 3과… 만난다. 하지만 술어의 입장에서 보면 또한, 각각의 술어는 여러 행위소를 요구할 수 있다. 따라서 전체적으로 담화는 여러 행위소와 여러 술어가 관계를 맺음으로써 형성하는 관계망으로 이루어진다. 그리고 이 관계망은 다음 세 가지 조건이 충족될 경우에만 지적 이해가 가능하다: (1) 술어들은 모두 일정 수의 부류를 구성해야 한다. (2) 각 술어 부류가 요하는 행위소들의 위치 또한 예측 가능하고 측정 가능한 일정 수로 모아져야 한다. (3) 술어의 계열들은 상aspect적으로 분절되는 **사행들**을 구성해야 하고, 이 사행들은 **행위소들의 행**

정과 일치해야 한다. 담화의 관점에서 본 발화체의 기본 공식은 다음과 같다:

담화-발화체 = 행위소들의 행정 → (일치) → 사행

1.2. 정체성, 역할, 태도의 행정

행위소 개념과 행위자 개념을 통해 우리는 담화상에서 나타나는 두 유형의 항구성과 정체성을 구분할 수 있다. 우선 여기서 항구성 또는 정체성이라고 부른 이것이 동위소의 특수한 형식에 다름 아니라는 사실을 자세히 설명해 보자. 주지하다시피, 동위소는 의미론적인 반복이며 동위소는 여기서 내용 층위의 특수한 하나의 범주에 적용된다. 텍스트에서 처음부터 끝까지 동일한 이름을 가지고 동일한 성격, 외모를 부여받은 등장인물은 동위성의 원칙에 순응한다. 만약 각각의 인물들이 등장할 때마다 다른 이름과 새로운 자질들을 갖는 상황을 상상만 해 봐도 우리가 말하는 정체성이 어떤 면에서 동위성을 띠는가를 금방 이해할 수 있다. 동위성 덕분에 독자는 인물의 행정이 논리적 일관성이 있는 독서를 할 수 있는 것이다.

두 유형의 정체성이란, 첫째, 술어적 동위성에 의해서 보장되는 (1) 행위소들의 정체성과 둘째, 기타 다른 모든 동위성(구상적, 주제적, 감성적⋯)에 의해 보장되는 (2) 행위자들의 정체성을 말한다. 행위소들의 정체성은 동일한 술어 부류의 반복과 관련하여 정의되는 반면, 행위자들의 정체성은 추상적(주제적 정체성)이든, 구체적(구상적 정체성)이든, 동일한 의미론적 부류의 반복과 관련하여 정의된다.

술어들은 사행 단위로 정리되기 때문에 이 정체성들은 하나의 **행정** 속에서 변형된다. 이때, 행정은 주제적 행정(사행의 상적 특성에 고유한)일 수도 있고 형상적 행정(행위자들에게 고유한)일 수도 있다.

예컨대, 텍스트에서 **비상하다**prendre son essor, **올라가다**s'élever, **날아오르다**s'envoler를 같은 술어 부류로 구분한다면, 이 술어 부류는 '올라가다'monter와 같은 상위 술어 아래 모일 수 있을 것이다. 그리고 우리는 이 술어가 함의하는 행위소들이 어떤 것들인지 생각해 볼 수 있다. 최소한, 하나의 원점 행위소(아래에서), 하나의 목표점 행위소(위로), 그리고 두 행위소 사이를 이동하는 세 번째 행위소가 필요하다. 보들레르의 시 「상승」에서, 이 세 행위소는 다음 형상들에 상응한다: (1) **대지**terre는 이동의 기원이다(**연못**étang, **계곡**vallées, **산**montagnes…). (2) **하늘**ciel은 표적이다(높은 곳의 대기air supérieur, 맑은 공간espace limpide, 빛나는 들판champs lumineux…) (3) **내 정신**mon esprit은 한쪽에서 다른 쪽으로 움직인다.

이 동일한 형상들은 일련의 이미지와 비유를 통해 형상적 행정(담화적 정체성의 두 번째 유형)을 따른다. 예컨대, **내 정신**은 형상적 행위자(pensers)의 자격으로 등장하는 만큼 개인적인 행위자(Tu)의 자격으로 등장한다. 하지만 이 행정은 행위자의 명칭 이외에도 다른 자질들에 영향을 미치는데, 특히 정념적인 자질들과 관계한다: **쾌감**volupté, **권태**ennuis, **비애**chagrin 등. 또한 이 행정을 검토해 보면 행위자가 자신의 정체성을 온전히 유지하면서도 두 가지 방식으로 변화한다는 사실을 알 수 있다. 두 가지 방식은 서로 보완적이고 어울리는 방식이다: 사행의 새로운 국면(주제적 변화)마다, 행위자는 새로운 자질들(형상적이거나 정념적인 변화)을 부여받는다. 이러한 방식으로, 이동의 출발점에서, 내 정신은 권태와 비애의 정념에 의해 영향을 받는다. 반면, 목표점에서 행위자는 쾌감을 경험한다. 두 극 사이에서 내 정신은 한 마리 새(종달새alouette)와 유사해진다. 더 나아가 행위자는 비행voler 사행(비상하다prendre son essor, 활공하다planer)의 매개적 측면들의 규칙을 따른다. 우리는 곧 두 행정 사이의 정합성이 사행을 따라 변화하는 행위자의 양태적 위치들에 의해 보장됨을 살펴볼 것이다.

술어 개념은 정태적이고, 술어와 관계하는 행위소는 술어가 변화하지 않는 한 어떤 변화도 겪지 않는다. 반면, 사행 개념은 사행이 연속적인 국면들(사행의 상)과 국면들의 전환을 포함한다는 의미에서 역동적이라고 볼 수 있다. 따라서, 하나의 사행에 연결된 행위자 또한 사행에 나타나는 상들만큼 주제적인 변화를 경험할 수 있다.

이 사례는 행정 개념과 분리할 수 없는 역할 개념도 잘 이해할 수 있도록 해 준다. 각 행위자는 일정 수의 형상적 행정들을 위해 프로그래밍되어 있는데(예를 들면, 새의 경우 비상하는 단계, 날아오르는 단계, 활공하는 단계를 나누어 생각해 볼 수 있다), 행정의 각 단계는 하나의 형상적 역할에 상응한다. 반면, 위치를 이동하는 행위소는 행위자의 형상적 행정이 그의 주제적 행정을 부여하는 함축적인 사행의 국면들과 만나는 동안에도 계속 동일한 행위소로 남아 있다.

한편으로는 행정들과 형상적 역할들 사이의 관계가 있고 다른 한편으로는 함축적인 사행의 국면들이 있는데, 이들은 모두 하나의 기호 관계, 유사-상징주의 유형의 기호 관계로 간주될 수 있다. 이런 방식으로, 새의 비상의 형상적 국면들은 정신적 고양의 주제적 행정을 표현할 수 있다. 비유 덕분에 성립된 이 전반적인 등가 관계(은유와 유추의 중간 단계에 위치하는 사례)가 있기 때문에 우리는 사행의 모든 국면들을 유추 양식에 기반하여 다시 읽을 수 있는 것이다.

보들레르의 시는 **주제적인 것**le thématique과 **형상적인 것**le figuratif의 구분을 명확하게 보여 주는 예다. 여러 행위자들(정신, 헤엄치는 이, 종달새)은 각자 하나의 형상적 행정을 실행하는 가운데 위치 이동하는 행위소와 그가 속해 있는 사행을 책임진다. 그러나 이 행위자들 중 하나인 **정신**은 다른 두 행위자들의 기저에 감춰져 있다. 두 행위자들이 비유적으로 **정신**을 대체할 때조차 그러하다. 이 경우에 이것은 주제에 관한 것이라고 말할 수 있다. 주제는 주제적 역할들의 행정을 감내하며 이 주제적 역할들은 **헤엄치는 이**와 **새**의 형상적 역할들과 맞닥뜨린다. 주제적 역할은 이렇게 행위소와 행위자 사이의 매개적 위치로서 나타난다.

행위소 역할의 변화는 술어 부류의 변화를 함의하며, 이는 곧 사행의 변화를 뜻한다. 동일한 행위자, 예컨대 **내 정신**과 같은 행위자는 사행의 변화에 따라 여러 다양한 행위소에 상응할 수 있다. 창공에 닿았을 때, 행위자는 더 이상 이동의 행위소에 상응하지 않는다(이동은 끝났으므로). 이제 수신réception/발신émission

이라는 새로운 사행이 시작되었기 때문에 행위자는 이제 수신하는 행위소에 해당한다. 따라서 새로운 행위소는 맑은 불꽃을 마시고boit le feu clair, 어려움 없이 말 없는 꽃과 사물의 언어를 이해한다. 마찬가지로, 초반부에서 행위자가 너로서 불렸을 때(Tu te meus), 이 새로운 정체성은 또 다른 사행, 언어적 소통에 상응한다.

행위자들의 정체성은 행위소의 정체성만큼이나 연속적으로 변화할 수 있는 가변적인 정체성이다. 환언하면, 행위자의 정체성은 전이적인 정체성들로 구성되어 있다. 이와 관련하여 두 가지 행정 유형을 구분할 필요가 있다:

(1) 고성적이고 닫힌 행징은 행징의 각 단계를 시전에 미리 예상할 수 있는 행정을 말한다. 행위소 또는 행위자의 닫힌 정체성은 하나 또는 여러 행위소 역할(들)로 구성되기도 하고 형상적 역할들로 구성될 수도 있다.

(2) **열린 행정**은 행위소와 행위자들이 고유한 정체성을 생성하고 구축하기에 충분한 자유를 누리는 행정을 말한다. 행정의 각 단계는 여기서 **태도**에 상응하며 엄밀히 말해서 이것은 역할에 상응하지 않는다.

역할과 태도는 한 행위자 또는 한 행위소의 행정을 구성하는 여러 **전이적인 정체성**들의 상이한 두 형식이다. 역할은 다음 두 경우의 형상 안에서만 인식 가능하다: (1) 역할은 주어진 문화권에서 충분히 전형성을 띠고 있기 때문에, 이 전형성에서 벗어나지 않는다는 조건하에서 우리는 역할을 즉각적으로 파악할 수 있다. (2) 역할은 해당 담화 내에서 충분히 반복적으로 등장하며 재확인되기 때문에, 우리는 어느 정도 고정된 역할을 파악한다. 하지만 두 경우에 모두, 역할 인식은 그것이 충분히 고정된 이후, 즉 반복적인 등장 이후에만 이루어진다. 역할은 완성된 정체성이며 행정의 끝에서 포착된 정체성이다. 역할은 언제나 발화적 실천을 전제한다. 발화적 실천 덕분에 역할은 고정될 수 있고 객관화될 수 있는 것이다.

반면, **태도**는 태도가 출현하는 그 순간 인식이 가능하다. 태도는 정체성의 새로운 가능성들을 열어 주며, 행위소 또는 행위자를 생성, 즉 '~되기'의 과정 속에 둔다. 예상치 못한 행동, 과감한 태도 또는 예상할 수 없는 방식으로 드러난 자질, 새로운 양분점들이 태도를 출현시키는 조건이 된다.

하나의 **역할**을 정립하기 위해서는, 담화 심급이 행정의 끝에 위치해야 한다. 변화된 것과 동일하게 남아 있는 것 사이에서 모든 상황을 고려하기 위해, 사행이 완성되는 지점에 위치해야 한다. 이와 반대로, **태도**를 식별하는 문제에서 담화 심급은 생성의 과정 속에 위치해야 한다. 행위소의 가장 가까이에서 사행의 흐름을 따라가며 공유해야 한다. 요컨대, **태도**는 담화 심급의 현존 내에서만 포착될 수 있기 때문에 태도는 주관적인 정체성이라고 할 수 있다. 반면, **역할**은 이 심급으로부터 분리된 객관적인 정체성이다.

보들레르의 시 「상승」에서, 종달새는 그의 역할(비상, 날아오름, 활공)을 수행할 뿐이다. 하지만 헤엄치는 이의 역할은 종달새보다는 덜 고정적이다. 그는 의식을 잃고, 맑은 불꽃을 마시며, 말 없는 꽃과 사물의 언어를 이해하기에 이르는 등 종달새보다 훨씬 운신의 폭이 넓다. 종달새는 하나의 역할을 수행한다: 닫힌 형상적 행정의 형태로 프로그래밍된, 고정된 하나의 정체성으로 나타난다. 헤엄치는 이는 하나의 태도를 수임한다: 열린 형상적 행정의 형태로, 생성 중인 정체성을 실현한다. 이어지는 내용에서 더 자세히 보겠지만, 행위소의 관점에서도, 이 두 유형의 정체성은 두 그룹의 상이한 양태에 상응한다: 종달새는 '행위-능력 & 행위-의무'의 양태를, 헤엄치는 이는 '행위-지식 & 행위-의지'의 양태를 보인다.

1.3. 문장의 행위소와 행위자

문장은 그 정의에 따라 적어도 하나 이상의 술어를 포함한다. 이는 곧 문장이 행위소의 관점에서 분석될 수 있음을 뜻한다. 현대 문법 분야에서 문장의 행위소적 차원을 강조한 최초의 학자는 뤼시앵 테니에에르였다. 테니에르에 따르면, 문장은 한 편의 '작은 극'petit drame, 한 '장면'scène과 같은 것으로 이해할 수 있다. 하나의 동사 술어를 중심으로 동사의 여러 발랑스들이 발견되는데, 이 발랑스들은 극에 필요한 행위소의 수와 위치를 지시한다.

  하지만 행위소적인 발랑스들은 그들의 자리를 차지하는 구체적인 통사와는 독립적으로 존재한다. 각 통사는 '주체' 행위소가 명사, 부정사, 대명사 또는 다른 문장 등에 의해 재현될 수 있음을 잘 알고 있다. 통사들의 본질은 행위자들의 본질에 근접해야 한다: 술어 자체에 의해 정의되는 행위소적 발랑스들의 통사적 가치를 부여받는 것은 형상적 구성소들이다. 전통적인 문법 분석에서 '기능'이라고 부른 것은 결국 형상적 구성소, 명사, 부정사, 대명사 등('행위자들'에 해당하는)이 동사 술어와 맺고 있는 하나의 피상적인 관계를 지칭한 것이다. 이 관계는 행위소의 매개 없이는 정립될 수 없는데, 행위소는 술어와 깊이 관계를 맺고 있다.

따라서, 우리는 두 유형의 '기능'을 구분하는 방식으로, 위에서 제시된 공식을 다음과 같이 보완할 수 있다: 문장 차원의 기능들('기능 1')과 행위소 또는 발랑스 차원의 기능들('기능 2'):

$$\text{문장} = \text{구} \rightarrow (\text{기능 1}) \rightarrow \text{행위소} \rightarrow (\text{기능 2}) \rightarrow \text{술어}$$

테니에르는, 프랑스어와 관련하여, 프랑스어 동사들은 적어도 **3가** 발랑스(예를 들어 주체, 대상, 수신자)의 기본 구조를 요구한다는 사실을 밝혔다. 그는 이 사실을 일반화하여 행위소를 세 유형으로 분류하기를 제안했다: **1차 행위소**prime actant, **2차 행위소**second actant, **3차 행위소**tiers actant. 코케가 기호학에 도입한 바 있는 이 분류는 신중한 검토를 요한다: 예컨대 **팔다**vendre와 같은 동사는 네 개 행위소(주체 둘과 대상 둘)를 취하는 한 편의 '작은 극'이다. 행위소의 수를 세 개로 맞추려면 **팔다** 사행을 서로 연결된 두 개의 술어로 재구성해야 한다: **대상을 주다**와 **대가를 주다**. 이런 방식으로 우리는 두 개 술어 각자가 세 개 행위소만을 취하도록 할 수 있다: 주는 주체(1), 대상(2), 수혜자(3). 하지만 이러한 분석은 몇몇 발화체들이 삽입enchâssement된 구조가 아님에도 불구하고 복합문으로 취급되어야 하는 상황을 초래한다. 테니에르는 이러한 경우를 고려하지 못한 것으로 보인다.

행위자 분석에 비해 행위소 분석이 갖는 한계는 여기서 분명하게 드러난다: 동사의 발랑스는 '작은 극'에 필수적인 역할과 자리만을 취한다. 구체적인 문장에서 특히 발랑스는 명사(구)에 해당하는데, 명사(구)는 통사 구조를 바꾸지 않는 한 그 자리를 이동시킬 수 없는 요소들이다. 자리 이동을 하는 경우로는 접어 대명사pronom clitique로 대체하는 경우가 있기는 하다(너의 이웃, 나는 어제 그녀를 보았다Ta voisine, je l'ai vue hier). 따라서 테니에르의 발랑스는 기본 구조의 행위소들만을 계산한 것이고, 나머지 다른 구성요소들은 간접적으로 이 기본 구조에 접속되거나 아니면 '상황보어'circonstants의 목록에 들어갈 수밖에 없다.

찰스 필모어로 대표되는 격문법grammaire des cas은 행위소를 기술하는 또 다른 방식을 제안한다(격문법에서 행위소는 **심층격**cas profonds으로 명명된다). 여기서 행위소는 명사(구)보다 더 추상적인 형식으로 이해된다. 격문법은 문장이 선적으로 배치된 일련의 통사 조직이기 전에 한 장면의 의미론적인 (그리고 정신적인) 재현이라는 생각으로부터 출발한다. 각 술어-장면은 일정한 행위소들(**심층격**)의 분배를 필요로 한다. 이 행위소들은, 기본적으로, **주격**agentif(탐색자 생물 행위소), **도구격**intrumental(매개물 무생물 행위소), **여격**datif(영향을 받은 생물 행위소), **사역격**factitif(사역 행위소), **처소격**locatif(상황 행위소), 그리고 **대상격**objectif(영향을 받은 무생물 행위소)으로 분류된다. 오늘날 이 목록은 수정, 보완을 거쳐 많이 변형되었지만 여기서는 우리의 논의와 관련이 있는 기본 원리만을 소개한 것이다.

사실, 격문법에서 문제가 되는 것은 더 이상 '위치' 또는 '발랑스'가 아니다. 문제는 범주들의 수로 결정되는 **의미론적인 격**이다. 범주들의 공통 핵은 **힘**, 해당 범주와 관계하는 **지향성**이라고 볼 수 있다. 힘과 지향성의 원리를 기준으로 할 때, 영향을 주는 행위소(**주격 또는 도구격**)와 영향을 받는 행위소(**대상격 또는 여격**)는 힘의 두 극이다: 힘은 무엇으로부터 나와, 다른 무엇에 작용한다. 한편, 생물 행위소(**주격 또는 여격**)와 무생물 행위소(**도구격 또는 대상격**)는 다음의 사실로 구분된다: 생물 행위소는 내적으로 힘을 보유하거나, 또는 정체성의 측면에서 힘에 의해 영향을 받는 반면, 무생물 행위소는 그렇지 않다. 마지막으로, 만약 이 힘의 **작용 범위**를 고려한다면, **처소격**과 **사역격**을 정의할 수 있을 것이다. **처소격**은 힘이 작용하는 시공간적 틀을 가리키며, **사역격**은 결과와 관련하여 힘의 범위를 가리킨다.

지금까지 살펴본 내용을 종합해 볼 때, 행위소는 두 가지 상이한 방식으로 이해될 수 있다: **위치 논리**에 따른 방식(테니에르의 동사의 발랑스)과 **힘의 논리**에 따른 방식(필모어의 격문법). 두 경우에 정체성의 행정은 상이하다. 위치 논리에 따른 방식에서, 정체성 행정은 일련의 연속적인 '위치들'로 구성되어 있다. 행위소는 위치 이동 속에서 정체성의 변화를 겪는다. 그는 각각의 술어가 그에게 부여하는 위치(첫 번째, 두 번째, 세 번째)에 따라 전경premier plan에 등장하거나 또는 후경second plan으로 물러날 수 있다. 힘의 논리에 따른 방식에서,

이 행정은 행위소를 정의하는 '힘'의 변조로 구성되어 있고, 이 힘은 행위 실현에 필요한 조건들의 집합으로 이해할 수 있다. 힘은 강해지거나 약해지고 소멸할 수 있다. 힘은 행위소에 속하거나 또는 속하지 않는다. 힘은 행위소를 변형시키거나 또는 그렇지 않을 수 있다. 힘은 행위소를 쓰러뜨리거나 또는 그렇지 않을 수 있다….

이제 우리에게 남은 마지막 물음을 보자: 위치의 논리와 힘의 논리는 어떤 면에서 양립 가능한가? 이들 각각의 관여성 영역은 어떻게 이해할 수 있을까?

2. 변형 행위소와 위치 행위소

2.1. 담화적 변형과 담화적 정향

우리는 이 마지막 물음을 담화 기호학의 관점에서 재정립하고자 한다. 자리들의 논리는 위치 논리를 뜻한다: 위치 논리는 오직 참조 위치를 기준으로 행위소를 정의한다. 행위소들은 참조 위치를 기준으로 위치를 점유하고(예컨대 첫 번째, 두 번째, 세 번째 위치와 같은), 이동한다. 힘의 논리는 **변형 논리**를 뜻한다: 변형 논리는 오직 한 상태에서 다른 상태로의 변형에 참여하는 정도, 변형의 과정에 개입하는 정도를 기준으로 행위소를 정의한다.

테니에르의 이론과 필모어의 이론은 각각 위치 논리와 힘의 논리를 배타적으로 따르고 있다. 하지만 자세히 살펴보면, 테니에르의 이론에서 1차 행위소와 2차 행위소는 주어와 대상에 상응한다. 반대로, 필모어의 이론에서도 힘들의 논리는 출발점과 목표점을 함의한다는 사실을 알 수 있다. 물론, 테니에르가 위치의 관점에서 사고한다는 사실과 필모어가 변형의 관점에서 사고한다는 사실은 인정해야 할 것이다. 그러나 이제 그것은 큰 중요성을 갖지 못한다. 두 논리는 구분되어 있고, 우리는 두 언어학자의 이론과는 독립적으로, 행위소가 차지하는 자리로부터 **위치** 행위소를, 행위소가 보유하는 힘으로부터 **변형** 행위소를 정의하고 식별할 수 있다.

다음 예를 통해 우리는 두 논리의 차이를 기술할 수 있다:

장은 어떤 독일인에게 아르데슈 지방에 있는 그의 집을 팔았다.
Jean a vendu sa maison en Ardèche à un allemand.

같은 의미를 전달하기 위해 다음과 같은 문장을 사용할 수도 있다:

볼프강은 한 아르데슈 지방 사람으로부터 집 한 채를 샀다.
Wolfgang a acheté une maison à un paysan ardéchois.

두 문장은 동일한 네 개 행위소로 구성된 '작은 극'에 기초하고

있다: 주어가 둘(파는 사람과 사는 사람), 대상이 둘(대상과 그 대가)이다. 하지만 사용된 어휘소가 다르고, 통사들의 순서가 바뀌어 있다. 통사들의 내용, 특히 행위자들의 정체를 확인하는 층위도 다르다: 물론 이것은 연출의 차이일 뿐이지만, 첫 번째 문장이 두 번째 문장으로 바뀌는 과정에서 장면은 완전히 바뀌었고 서로 같은 이야기를 하고 있다는 것을 거의 알아볼 수 없을 정도다.

이것은 단순히 관점의 차이라고 설명할 수도 있다. 같은 '극'이장의 관점에서 이야기될 수도 있고, 볼프강의 관점에서 이야기될 수도 있다. 능동태 문장이 수동태 문장으로 다시 쓰일 수도 있는 것처럼 말이다. 하지만 여기서 관점은 행동하는 주체와 대상, 문장의 통사 주어들을 대립시키는 것이 아니다. 관점은 사행을 **주도한** 두 행동주를 대립시킨다. 관점 개념에 일반적인 경우보다 더 큰 중요성을 부여하지 않는다면, 관점을 이야기하는 것은 별 의미가 없을 것이다. 여기서 관점 개념은 행위자들의 지시 체계, 어휘소의 선택, 문장 구성소들의 순서 등과 관계한다.

또한 여기서 관점은 발화체의 의미와 그 지향성도 함의한다. 사실, 두 번째 발화체는 문자적인 이해에서 장이 주인공인 이야기에서는 아무런 의미를 갖지 못할 것이다. 그 반대도 마찬가지다. 볼프강이 주인공인 이야기에서 첫 번째 발화체는 아무 의미를 갖지 못한다. 왜냐하면, **사행을 주도하는 것은 담화적 정향**에 따르거나 또는 거스르는 문제이기 때문이다. 담화적 정향은 참조 위치를 결정하며 참조 위치를 기준으로 고려되어야 할 요소들을 결정한다. 결국, 담화적 정향은 서사적 변형들이 전체적으로 하나의 의미를 갖기 위해서는 담화 심급을 중심으로 어떻게 배치되어야 하는가를 결정한다.

변형 발화체는 항상 개별적으로 해석 가능하지만, 만약 이것이 지배적 정향을 따르지 않는다면 담화 내에서 무의미한 것으로 나타난다. 그렇기 때문에 각 변형 발화체는 하나의 '위치 점유'와 만나야 한다. 위치 점유는 발화행위로부터 발생한다. 반대로 담화적 정향과 위치들의 체계는 변형들의 체계를 전제한다. 만약 담화가 '지향'한다면, 반드시 그 방향으로 진행되는 무엇이 있다는 말이기 때문이다.

우리의 논의와 관련하여 리쾨르의 '플로팅' 이론은 아주 유용하다. 한편으로, 담화는 **이야기**의 구조, 서사적 변형의 구조를 소화한다. 다른 한편으로, 담화는 이야기 흐름의 변조를 부각시키면서 '플로팅'을 보장한다. '조작 주체'(변형을 실현시키는 주체)의 역할은 **이야기**의 구조에 속하는 반면 '주도적 행위소'(이야기의 흐름을 변형시키는 주체)의 역할은 **플롯**의 구조에 속한다.

플롯은 서사 구조를 발화적으로 떠안은 결과라고 볼 수 있다. 이때, 서사 구조는 담화 심급의 위치, 담화적 정향과의 관계 속에서 재형상화된다. 예컨대, 형식 면에서 보면, **플롯**을 주도하는 행위소 역할은 그 위치가 담화 심급과 일치하는 행위소에 다름 아니다.

만약 우리가 대가를 지시하는 것이 예의 기본 구조에 필수적이지 않다는 테니에르의 말을 그대로 받아들인다면, 세 개 행위소의 분배(1차, 2차, 3차 행위소)는 엄밀한 의미에서 반대로 바뀌어야 할 것이다: 첫째 문장에서 **1차 행위소**였던 장은 둘째 문장에서 **3차 행위소**가 된다. 첫째 문장에서 **3차 행위소**였던 볼프강은 둘째 문장에서 **1차 행위소**가 된다.

그러나 필모어의 이론에 따르면, 아무것도 바뀌지 않는다. 장은 주택과 관련하여 계속해서 **주격**일 것이고 주택 비용에 대해서는 계속해서 **여격**일 것이다. **볼프강**은 주택과 관련하여 늘 **여격**일 것이고 주택 비용과 관련하여 늘 **주격**일 것이다. 앞서 지적했듯이 테니에르의 이론은 위치 행위소의 분배에 더 민감하며, 필모어의 이론은 변형 행위소의 분배에 더 민감하다.

현상의 완전한 기술을 위해서는 두 관점을 모두 반영한 행위소 이론이 필요하다는 것을 확실히 알 수 있다.

2.2. 위치 행위소

위치 행위소 개념은 위상학적 구조로부터, '장소'lieu의 구조로부터 추상적인 통사 단위인 행위소들을 정의할 수 있다는 생각을 전제로 한다. 이것이 이른바 **처소 이론**théorie localiste이다. 처소 이론과 같은 유형의 접근은 새로운 것이 아니다. 유사한 사례를 이미 스토아 문법학자들에게서 볼 수 있고 ── 중세 문법학자들의 해석을 통해 접한 내용에 따르면 ── 러시아와 미국의 문법학자들에게서도 찾아볼 수 있다. 유럽 언어학과 기호학에 크게 기여한 옐름슬레우도 격의 **처소 이론**théorie localiste des cas을 발전시켰다.

이러한 정황은 다음의 사실과 함께 고려되어야 할 것이다: 처소 이론의 방법을 상기하는 것은 곧 지각에 호소하는 것이다. 만약 통사 구조가 공간 속에 존재하는 하나의 '장소'의 형태를 취할 수 있다면, 이는 곧 지적으로 이해 가능한 통사 구조이기 이전에 그것이 **모호하게**

지각된 장면scènes vaguement perçues이었음을 뜻하기 때문이다. 장소와 운동의 속성들만을 간직하기 위해서 모든 형상적 실질을 제거한 장면들 말이다. 이 위상학적 요소들은 담화 통사에 내재한 도식적 이미지의 자격을 갖는다. 위상학적 요소들이 행위소들을 중심으로 구축된 만큼, 이들은 **장의 구조**structures de champ라고 볼 수 있다.

이렇게 해서 우리는 담화의 위치적 장에 이르렀다. 이 장의 내부에는 두 개의 기본 지각 행위가 이루어지는데, 그것은 각각 **지향**과 **포착**이다.

두 행위는 각각 적어도 두 개 이상의 행위소를 포함한다. **원점 행위소**와 **목표점 행위소**가 있는데, 이들은 늘 음색의 변화를 동반한다: 지향에서, **원점 행위소**는 **목표점 행위소**와 강도적이고 감성적인 관계를 맺는데, 이는 열린 위치의 장에서 진행된다. 반면 **포착**에서, **원점 행위소**는 **목표점 행위소**와 인지적이고 외연적이며 거의 수량적인 관계를 맺는데, 이는 닫힌 위치의 장에서 진행된다. 요컨대, 지향이 장의 구조를 현동화함으로써 구조를 개방한다면, 포착은 장의 구조를 실현함으로써 그 문을 닫는다.

원점 행위소와 목표점 행위소의 대면에서 **제3자**의 자리가 필요하다는 점에서 세 번째 행위소 또한 예측이 가능하다. 이는 이미 앞서 **제어 행위소** 또는 **제어 장치**로 소개한 바 있다. 제어 행위소의 가능한 형태로서 우리는 조정réglage, 여과filtre, 방해물 유형을 생각해 볼 수 있다. '조정' 유형은 특별히 시점의 기능에 의해 표상될 수 있다.('제III장 담화', '3.3.1. 시점') '여과' 유형은 모든 종류의 선별, 분배의 사행에 포함된다. '방해물' 유형은 갑작스럽게 튀어나오는 주변적 에피소드들로 나타난다.

제어 행위소의 다양한 버전은 특별히 **플롯**의 구조에 참여하는 양식(조절, 양분, 돌발 사건)을 설명해 준다. 주지하다시피, 플롯의 구조는 일반적으로 말하는 서사 구조(대상과 주체 사이의 연접과 이접)와 분명하게 구분된다.

> 위치 행위소는 주체와 대상, '주격'과 '대상격'이기 이전에, 위치의 장 내에서 **원점 행위소**와 **목표점 행위소**들이다. 마찬가지로 3차 행위소들은, '사역격', '도구격', 또는 '여격'이기 이전에, 제어 행위소들이다.

이 최소 장치는 결국 기본적인 지각 행위가 두 기본 속성을 드러낸다는 사실에 기초한다: 하나의 **방향**(원점/목표점)과 이 방향의 **제어**. 제어는 진로를 변경하거나 가속시키거나 중단시키거나 연장시킬 수 있다. 시각 기호학에서 이 행위소 장치는 특별히 빛의 조명에 잘 적용된다. 조명은 반드시 **원점**과 **목표점**을 필요로 하고 때에 따라 **방해물**을 만난다. 하지만 커뮤니케이션에서 각 단계마다 **원점**과 **목표점**과 관련하여 **제어** 기능을 담당하는 것은 추가적인 수신자 또는 관찰자이다.

이 용어들은 일반적으로 우리가 다양한 형상들을 두고 사용하는 용어들을 정확히 대체하는 것은 아니다('발신자', '수신자' 또는 '송신자', '수신자'와 같은 개념들). 그럼에도 불구하고 굳이 새로운 개념을 사용하는 것은 이것이 기능의 층위를 구분할 수 있도록 해 주기 때문이다. 예컨대, 아폴리네르의 『알코올』에 등장하는 시 「포도월」은

'나'Je와 '너'Tu를 이야기하는데, 이 둘은 차례로 발신자와 수신자로 파악될 수 있다. 그러나 여기서 원점 행위소는 '너'Tu이고, 목표점 행위소는 '나'Je이다. 즉 위치적 역할은 발화적 역할과 늘 일치하는 것이 아님을 알 수 있다.

예컨대, 빛의 기호학은 이러한 기본 위치 행위소 없이는 성립될 수 없다. 행위소들이 빛을 포착하는 정도에 따라, 그들이 빛의 순환 운동에 맞서는 힘에 따라, 우리는 방해물들의 유형론을 상정해 볼 수 있다: 이것은 결국 **불투명**하거나 **반투명**하거나 **투명**한 방해물들이다. 우리는 그들이 빛을 목표점으로 되돌리기 위해 펼치는 힘을 고려할 수도 있다: 빛을 흡수하는 방해물은 미광만을 되돌려 보내는 반면, 빛을 반사하는 방해물은 눈부신 반사광을 되돌려 보낼 수 있다. 눈부신 반사광의 경우에, 제어 행위소가 빛을 수용하건 거부하건, 빛을 사로잡아 빛의 방향을 바꾸며 그 정향을 반대 방향으로 향하도록 하고 빛의 강도를 강화시킨다. 물론 관찰자에게 작용하는 효과, 거친 시각적 충격은 기원적인 원점 행위소의 강도로 인한 것이지만, 또한 모든 제어 작용들의 결과이기도 하다.

시적인 혹은 과학적인 언어 텍스트에서도 위치 행위소들은 개입한다. 예컨대, 이러한 텍스트가 물질의 기본적인 변형을 연출할 때 우리는 **원점**, **목표점**, **제어**의 위치 행위소들의 작용 덕분에 물질적인 요소들이 선별되고, 전이되고, 혼합되며, 통합되는 것을 확인할 수 있다: 예를 들어, 여과는 혼합된 요소들을 분리시키는 **제어 행위소**인데, 이때 이 행위소는 혼합 운동에 맞서는 선택적인 저항을 구분한다: 포착된 방향과 관련하여, 제어 행위소는 흐름의 부분만을 포착하며 나머지는 흘려보낸다.

커뮤니케이션의 관점에서, 남의 대화를 엿듣는 추가 수신자는 제3자로서 출현할 것이고, 그는 **제어 행위소**로 기능할 것이다. 왜냐하면 그는 커뮤니케이션 과정의 정향을 변화시키거나 방향을 거꾸로 돌려놓을 것이기 때문이다. 제어 행위소가 직접적인 수신자와는 다른 종류의 정보에 민감하기 때문에 흐름을 거스르거나 방향을 거꾸로 돌려놓을 수 있음을 충분히 생각할 수 있다. 더 나아가, 만약 그의 출현이 소통 중에 있는 두 파트너에게 알려진다면, 두 파트너는 그들의 소통 전략을 전환할 것이다. 제3자가 존재하며 그들의 대화를 듣고 있고 기대하는 바가 있음을 고려하는 과정에서 이 간접적인 수신자에 대한 소통 전략이 새롭게 결정될 것이다.

여기서 살펴본 사례 중 두 건(빛과 언어 소통)은 마치 **원점 행위소**와 **목표점 행위소**가 전통적인 커뮤니케이션 이론에서 말하는 **송신자**와 **수신자**에 상응한다는 오해를 줄 수 있다. 이 모호성에 대해서는 확실히 해 둘 필요가 있다. 우선, **송신자/수신자** 커플이 두 번째 예(물리적 변형)에 적용되는 것은 비유 ── 또는 매우 높은 수준의 추상화 ── 에 의한 것일 뿐이다. 또한 **송신자/수신자** 커플은 변형 활동(송신과 수신)을 함의하는데, 이것은 엄밀한 의미에서 위치적 관점에 관여적이지 않다. 위치 행위소는 그 자체로서는 아무것도 실행하지 않는다. 그들은 어떤 자리를 차지하며 그들을 이동시키는 에너지의 이끌림을 받을 뿐이다.

2.3. 변형 행위소

변형 행위소는, 발화체의 서술 장면에 참여하기 위해, 지향적 힘을 보유하거나 또는 지향적 힘의 영향 아래 있다. 이는 담화적 정향과는 독립적으로 이루어진다. 기호학의 전통은 두 부류의 변형을 구분한다: (1) 한편으로는, **주체와 대상**의 관계에서 나타나는, 욕망과 탐색으로부터 발생하는 변형이 있고, (2) 다른 한편으로는, **발신자와 수신자**의 관계에서 나타나는, 소통으로부터 발생하는 변형이 있다. 이 구분은 모든 서사적 술어가 두 부류 중 하나에 속한다는 사실을 전제하며, 문장의 술어들의 경우, 그것들이 각각 어느 부류에 속하는가를 밝히는 것은 문장 해석을 위해서 필요한 일이다.

하지만 우리가 가정한 모델은 문장도, 술어들도 아니고, 인류학적인 것까지 포함하는 가장 넓은 차원에서 접근하는 담화 모델이다. 그러나 인류학적인 관점에서 가치는 담화적 서술의 중심에 있다: 변형 논리의 쟁점, 변형 논리에 의미를 부여하는 것은 가치들의 구축이며, 가치들의 생성, 그 구체적 실현, 세상의 형상들 속에 가치를 새기는 것이다. 그리고 서사적 통사의 관점에서, 즉 사물의 상태의 변형의 관점에서, 최소 요건이 되는 행위소는 **대상**이다. 대상조차도 변형되는데, 이는 대상이 변형의 관건이며 가치는 대상 행위소 내에서 정립되기 때문이다.

따라서 담화적 관점은 **가치 대상**을 서사적 통사의 중심에 놓는다.

가치 대상은 변형을 견디며, 이는 그럴 만한 가치가 있다. 핵심으로 돌아와, 담화 내에서 가치 대상의 생성은 두 차원에서만 이루어진다:

(1) 한편으로는, **가치들의 현동화** 차원이 있다. 이는 구체적인 사물과 형상에 가치가 새겨지는 과정이며 주체가 대상을 구축하거나 탈환하는 과정이다.

(2) 다른 한편으로는, 발신자와 수신자 사이에서 이루어지는 **가치 대상들의 교환** 차원이 있다. 이는 인간 공동체 내에서 나타나는 가치 대상들의 존재 양식을 말한다.

가치 조작이 이루어지는 두 차원은 동시에 가치가 지각되는 두 관점이기도 하다. 가치를 표현하는 형상들을 통해 가치를 지각하는 것은 담화의 미학적 차원으로 통한다. 그리고 한 공동체 내에서 대상들의 교환과 순환을 통해 가치를 지각하는 것은 윤리적이고 경제적인 문제이다.

두 차원은 뚜렷이 구분되는 동시에 상호 보완적이다. 한 차원은 다른 차원 없이는 기능할 수 없다. 만약 한 차원은 억제되고 다른 차원이 활성화되어 있다 해도, 억제된 차원은 계속해서 효력을 갖는다. 예컨대, 인색한 사람은 주체들 간의 교환 차원을 억제하고 특정 사물 내에서 가치를 현동화하는 차원만을 유지하고자 한다. 그러나 그가 인색한 사람으로 나타날 수 있는 것은 특정 집단 행위소, 교환 행위소에 소속되어 있을 때에만 가능하며, 공동체가 인색한 사람이 보유한 재산을 다시 순환시키려는 압력을 행사할 때에만 가능하다.

질투나 **시기**와 같은 정념들은 완전히 두 차원 사이에서 일어나는 문제적 연대에 기초한다. 한편으로, 대상에 대한 집착은 경쟁자의 출현에 의해 근심으로 변형된다. 다른 한편으로, 다른 주체들과의 교환은 욕망하는 대상을 둘러싸고 벌어지는 경쟁으로 변환된다.

이 두 차원은 가치를 지각하는 과정에서 나타나는 두 발랑스라고 볼 수 있는데, 이들은 하나의 긴장 구조를 형성한다. 형상과 사물을 통한 가치의 지각이 이 긴장 구조를 지배할 수도 있고 교환이 지배적인 힘을 가질 수도 있다. 또는 두 차원이 서로 강화될 수도 있고 서로를 억제할 수도 있다.

레비스트로스 이론에서 동족 체계는 사회적 소통의 체계로서 소개되며, 이는 **가치 대상들의 교환** 차원에만 관계한다. 그러나 가치 대상들이 공동체적 교환의 대상이기만 하다면, 이들은 어떤 이야기의 대상도 될 수 없을 것이다. 이야깃거리가 없기 때문이다. 로미오와 줄리엣의 만남도 결코 일어나지 않을 것이다. 그러나 레비스트로스 본인도 구체적이고 복합적인 이야기에 이런저런 가족 관계들이 개입하는 경우들을 연구한 바 있다. 파트너를 찾는 과정, 즉 첫 번째 차원에서, 구체적인 형상에 **가치를 등록하는 일(대상 탐색)** 또한 개입한다.

특히 근친상간을 다룬 이야기에서 두 차원은 갈등 관계에 들어간다. 파트너를 찾는 과정은 사회적 소통에 물의를 빚는다. 가치들의 탐색은 교환의 원칙과 대립한다. 두 차원은 서사적 역동성을 위해 필수적이며, 하나는 다른 하나에 영향을 준다: 가치 현동화의 양식은 당연히 교환될 수 있는 대상들을 결정한다. 동족 체계의 원칙은 가능한 결혼 유형과 불가능한 유형을 결정한다. 그러나 반대 방향으로도 역시 영향력은 결정적이다. 예컨대, 공동체의 규범에 위배되는 결혼은 가치들의 체계의 안정성을 문제 삼아 재검토하게 만들거나, 가치 대상들 자체의 가치를 하락시킬 것이다.

근친상간의 경우, 공동체의 교환 원칙을 위반하는 위험을 무릅쓰면서 특정 대상에 투사된 가치의 현동화가 지배적으로 나타나므로, 긴장 구조는 반비례의 방향으로 진행될 것이다. 반대로, '정략결혼'과 같은 뻔한 모티브에서 대상의 선택권을 무시하고 강제적인 힘을 발휘하는 것은 사회적 교환의 원칙이다. 물론 사회적 원칙을 만족시키면서 주체도 만족시키는 선택도 존재한다. 현대사회가 그렇다. 대상의 선택도 교환 원칙의 적용도 결혼의 가치를 안전하게 보장해 주지 못한다. 결혼 풍습에 관한 이야기는 이처럼 가치론적 구조의 다양한 변화를 바탕으로 한다.

장르 자체도 이러한 긴장 구조에 종속된다: 시적 텍스트는 교환의 쟁점(수사학적이고 화용론적인 커뮤니케이션 가치)이면서 동시에 물질적이고 지적인 현실에 가치를 고정시키는 대상이다(형태론적이고 미학적인 구성 가치). 미학적 대상의 구축과 독자와의 소통, 이 두 차원은 상호 보완적인 관계에 있으며, 하나는 다른 하나와의 관계에서만 의미를 갖는다.

그러나 같은 장르 내에서도 두 차원의 균형은 상이하게 나타날 수 있다. 형태론적이고 미학적인 고민이 소통의 고민을 이기거나(난해한 수준에 이를 정도로) 또는 소위 '사회주의적 리얼리즘' 이론에서 보는 바와 같이 그 반대일 수 있기 때문이다.

결과적으로, 두 차원은 다음과 같이 정리될 수 있다:

(1) 가치가 사물 속에서 구현되고, 가치가 주체에 의해 탐색되고 정복되는 차원.

(2) 가치가 제안되고 보장되며 교환되고 순환되는 차원.

각각의 차원에서 행위소의 범주는 두 역할로 나뉜다. 첫 번째 차원에서는 **주체/대상**으로, 두 번째 차원에서는 **발신자/수신자**로 분열된다. 주체는 대상을 지향하고 차지한다. 발신자는 대상을 수신자에게 제안한다.

이 지점에서 우리는 위치 행위소로부터 변형 행위소를 직접적으로 간단히 끌어내는 것이 가능함을 알 수 있다. **주체/대상** 커플은 사실 **원점/목표점** 커플의 다른 이름이기 때문이다(주체는 대상을 **지향**하고 **포착**한다). **발신자/수신자** 커플도 마찬가지다(발신자는 수신자를 **지향**하고 그에게 대상을 전달함으로써 그를 **포착**한다). 또한 **발신자/수신자** 커플은 **주체/대상**과의 관계에서 전체적으로 제어 행위소의 역할을 담당한다(이 커플이 가치를 결정하기 때문에).

그러나 우리는 관여 영역을 바꾸어, **힘의 논리** 속에 들어와 있다. 이 힘은 가치에 의해 발생한다. 따라서 우리는 여기서 '변형 논리'는 위치 체계상에 가치를 투사한 결과라고 말할 수 있다. 변형 논리는 행위소들의 위상 변화(그들이 차지하는 자리에 관해서가 아니라 가치론적인 힘과 관련하여 결정되는 위상) 외에도 가치 조작의 두 차원으로 인한 중복 구조를 요구한다.

이제 하나의 모호성이 남아 있다: 만약 주체가 대상을 차지한다면, 발신자가 대상을 수신자에게 제안한다고 말할 수 있는 근거는 무엇일까? 모순처럼 보이는 이 문제 때문에 몇몇 기호학자들은 수신자 개념을 버리기도 했다. 수신자는 주체와 겹치기 때문이다. 하지만 주체와 수신자 사이의 혼동은 우리에게 익숙한 이야기 형태가 초래한 착각에 불과하다. 물론, 주체가 진정한 수신자인 제3자의 손에 넘기기 위해서 가치 대상을 구축하거나 정복하는 이야기들도 있다.

만약 행위소(와 그들의 역할)와 행위자(와 그들의 형상적 정체성)를 혼동하는 것이 아니라면, 두 차원의 구분과 두 차원을 지탱하는 네 행위소들은 절대적으로 필요하다. 일반적으로 서사적 변형을 중심으로 네 행위소 역할을 예측하는 일은 특수한 변형을 위한 의무는 아니다. 반대로, 네 행위소의 수가 채워지지 않을 때, 행위소 장치는 더욱 의미심장해질 뿐이다. 예컨대, 발신자의 출현은 주체 행위소를 **타율적**으로 만드는 반면, 발신자가 부재할 때, 주체는 **자율적인** 행위소가 된다. 마찬가지로, 행위를 **대가 없는** 행위로 만드는 수신자가 부재할 때, 주체의 정체성 구축 또는 정체성 확인은 전면에 부각되며, 이것은 이야기 전반의 주요 쟁점이 된다.

2.4. 위치의 장과 서술 장면

이처럼 변형 행위소는 위치 행위소로부터 파생되는데, 이는 우선 상이한 기호학 논리(힘&가치)를 도입함으로써 가능하고, 이중적 구조에 의해 가능하다.

그러나 위치 행위소와 변형 행위소의 구분은 **현존**의 세계와 **접합**의 세계를 대립시키는, 좀 더 일반적인 구분을 토대로 한다. **현존**의 세계란 **현존의 장**의 세계이며 발화적 위치 점유, 담화적 정향 등의 세계를 말한다. 반면, **접합**의 세계란 상태 발화체와 행위 발화체들의 세계, 변형과 서사적 프로그램화의 세계를 말한다. **현존**의 세계가 주관하는 영역은 실행 중인 담화이며 발화행위에 종속된 하나의 의미 집체로서 이해되는 담화이다. **접합**의 세계가 주관하는 영역은 발화된 담화, 완결된 담화이며 객관화된 담화이다. **현존**, 그리고 현존의 관여 영역, 실행 중인 담화는 기호 작용의 기동적이고 지속적인 국면들의 관할이다. 그러나 **접합**과 접합의 관여 영역, 발화된 담화는 동일한 기호 작용의 종결상, 종결 국면에 속한다.

현존의 순간(위치의 장의 관여성을 확립하는 순간)은 공동-현존 ─ 출발점과 목표점의 공동-현존, 그들의 존재 리듬의 동기화와 조절, 그들 상호 간에 작용하는 강도의 효과의 변동 ─ 의 변조 속에서 가치들이 생성되는 순간이다. **접합**의 순간(서술 장면의 관여성을 확립하는 순간)은 가치들이 사물에 정박하는 순간이며 이 가치들이 순환의 대상이 되는 순간이다.

이 구분은 견유주의 철학 담론에서 특별한 중요성을 갖는다. 견유주의자는 욕구 충족에 필요한 수단의 현존에는 민감하지만, 이 수단이 가치 대상이 되지 않도록 주의한다. 견유주의자는 대상과 연접도 이접도 하지 않는다. 왜냐하면 그는 대상에 통사적 위상이 부여되는 것을 허락하지 않기 때문이다. 이를 위한 가장 확실한 수단은 가공이나 관례가 동반되지 않는 순간적인 만족이다: 저장하지 않고(익히지 않고) 소비되는 음식, 유혹의 관례를 치르지 않고 오직 순간적으로만 '소비되는' 섹스 파트너. 구체적 사례로서 순간적인 의식불명은 견유주의자가 자신의 필요를 현재적으로 충족시키는 한편, 모든 가치론적인 작업을 금지하는 수단이다.

코케는 이 문제와 관련하여 두 유형의 기호학을 구분하기를 제안한다: 서사적 변형과 프로그래밍된 행위소로 특징지어지는 접합의 기호학은 **객관의 기호학**sémiotique objectale이라 불렀다. 반면, 위치의 장과 프로그래밍되었거나 그렇지 않은 발화 심급을 특징으로 하는 현존의 기호학은 **주관의 기호학**sémiotique subjectale이라고 불렀다.

에릭 란도프스키 또한 또 다른 방식으로 접합의 기호학(인지적이고 경제적인 경향의)과 현존의 기호학(감성적이고 미학적인 경향의)을 구분하기를 제안한 바 있다.

하지만 이 두 기호학을 구분하는 것만으로는 충분하지 않다. 의미의 두 체제로서 이것들을 어떻게 분절해야 하는가의 문제가 남아 있다.

코케는, 테니에르에게서 차용한 용어(1차, 2차, 3차 행위소)를 바탕으로, 담화 심급의 중심에서 두 유형의 **1차 행위소**, 즉 **비주체**non-sujet와 **주체**를 구분하기를 제안한다. 코케는 비주체와 주체를 **대상**(2차 행위소)과 직면하여 파악하고 경우에 따라 **발신자**(3차 행위소)를 추가할 수 있다고 주장한다.

비주체는 단지 서술만 할 수 있을 뿐이다. 그는 몇 개의 부과된 프로그램과 예정된 행정을 따르기만 한다는 점에서 주도권을 갖고 있지 않다. 그러나 그는 하나의 신체이다. 담화의 장 내에 위치를 점유하는 신체로서 그는 감정과 정념의 근거지이다.

주체는 서술할 수 있는 동시에 단언할 수 있다. 그는 판단 능력이 있으며 덕분에 지각, 인지, 평가의 상위 기능을 담당한다. 그는 언제든지 그의 행정을 숙고하고 결정하고 생성할 수 있으므로, 그가 주도권을 행사할 가능성은 늘 열려 있다.

발신자는 주체와 비주체가 참조하거나 또는 참조하지 않는 제3자이다. 주체와 비주체가 **자율적**이냐 **타율적**이냐에 따라 그들은 발신자를 참조하거나 또는 참조하지 않을 수 있다.

이 다양한 행위소들은 위치 행위소 부류에 속하는 것으로, 변형 행위소 부류에는 속하지 않는다. 이들은 담화의 **발화 심급**들이며, 이야기의 서사적 행위소들이 아니기 때문이다. 비주체와 주체의 차이 중 하나는 **주도권**이다. 이것은 우리가 **플로팅**과 연결시켜 생각해야 할 문제이다. 또 다른 차이는 '이야기'와 '플로팅'의 구분에 있다. 이는 비주체를 사행의 **상들의 노예**esclave des aspects로 만들고 주체를 **시간의 주인 행위소**로 만드는 구분으로, 먼저 '이야기'의 초시간적 서사 구조가 한편에 있고, '플로팅'에 내재한 시간성이 다른 한편에 있음을 구분하는 것이다.

우리가 제안하고자 하는 관점에서, 비주체는 지향의 원점 행위소가 되며, 주체는 포착의 원점 행위소가 된다. 지향은 감성적이고 강도적이며 정념적인 데 반해, 포착은 지각적이고 외연적이며 인지적이기 때문이다. 하지만 또 다른 관점에서, 제3자 발신자가 부재한 상태에서, 주체의 판단 능력은 제어 행위소 역할의 훌륭한 후보가 될 것이다.

코케가 제안한 유형론이 뱅베니스트의 언어학적 전통 속에서 주로 언어 담론을 이해하기 위해 고안되었다면, 우리는 원점, 목표점, 제어라는 용어를 유지하고자 한다. 이 용어들이 지각적인 차원에 더 적합한 용어라는 점 외에도, 일반 기호학의 전망 속에서 더 유용할 것이기 때문이다.

마지막으로 덧붙이자면, 코케의 행위소 이론은 주로 행위소적인 정체성의 또 다른 차원인 양태화modalisation를 탐구하는데, 곧 다루겠지만 이 주제를 통해 우리는 흥미로운 사실들을 발견할 수 있다.

객관의 기호학과 주관의 기호학의 분할이 새로운 관여 영역 ─ 위치의 장과 현존의 장 ─ 을 드러내 준 것은 사실이지만, 그렇다 하더라도 이 분할을 계속 유지하지는 않을 것이다. 우리는 이 두 관여 영역을 담화의 기호학이라는 하나의 기호학 내에서 연결시키고자 한다. 담화 심급을 위치의 장에 제한할 수도 없고, 발화된 담화를 서술 장면에 제한할 수도 없기 때문이다.

만약 담화 심급을 위치의 장과 현존에 제한한다면, 우리는 담화로부터 현상학적인 토대와 기본적인 지향적 형태 외에 그 어떤 것도 파악할 수 없을 것이다. 이는 담화의 다른 차원, 즉 가치들의 체계를 위한 교환의 장소, 가치를 수용하는 구조로서의 담화를 잃어버리는 결과를 초래한다.

만약 발화된 담화를 서술 장면에 제한한다면, 우리는 담화로부터 서사적이고 형식적인 차원, 가치론적인 토대 외에는 어떤 것도 파악할 수 없다. 이는 실행 중인 담화의 차원, 가치가 생성되는 조건들을 놓치는 결과를 초래한다. 담화 개념은 70~80년대에 가장 큰 이론적, 방법론적 발전을 가능하게 해 주었는데, 이는 관여 영역을 철저히 제한하여 모든 '주관적' 효과를 배제함으로써 가능했다: 순수한 발화체의 형식하에 담화를 '객관화'함으로써, 담화의 형식적 분절이 가능했던 것이다. 이제 담화는 실행 중인 담화의 관점을 도입한 새로운 개념을 통해 보완되어야 할 때가 되었다.

담화의 위치적 장의 빛에 모든 것을 비추는 방법과 모든 것을 서사적 행위소 구조에 소환하는 방법 중에서, 우리는 각각이 그 관여 영역을 유지하는 한편, 발화실천의 개념을 도입하여 둘을 연결시키는 방법을 택했다. 뒤에서 이 개념은 다시 자세히 다루겠지만, 발화실천은 기호-서사 구조 —— **서술 장면**이 지배하는 —— 와 담화 심급 ——**위치**의 장이 지배하는 —— 사이를 연결해 주는 장소로서 정의될 수 있다. 더 나아가 **발화실천**은 우리가 앞에서 **기호 작용** 또는 **실행 중인 세미오시스**semiosis en acte라고 부른 것의 다른 이름이기도 하다. 이로써 두 관여성 영역이 각각 이 **실천** 또는 이 작용의 특수한 **국면**에 달려 있음은 분명해졌다.

3. 양태

3.1. 술어로서의 양태

3.1.1. 양태 술어

양태(사)는 다른 술어를 서술하는 술어를 말한다. 즉 양태(사)는 다른 술어들의 위상을 변화시키는 술어이다. 더 나아가 양태는 서술 장면 내에서 행위소들과 행위소들의 기본 술어 사이의 매개자 역할을 담당한다.

이런 방식으로, 양태사 'vouloir'는 한 주체 행위소를 한 술어, 예컨대 춤추다danser와 같은 술어와 연결시킨다. 이 관계가 구체적으로 실현될 때, 양태 술어의 행위소는 양태화된 술어의 행위소와 중첩되어 혼동을 일으키거나(그는 춤추고 싶어 한다Il veut danser) 또는 분리되어 나타날 수도 있다(그는 네가 춤추기를 원한다Il veut que tu danses). 또한 양태화된 술어의 대상만 언급되는 경우도 있을 수 있다(나는 이 집을 원한다Je veux cette maison). 하지만 그 특수한 실현이 어떤 다양성을 보이든지 간에, 내재적인 구조는 언제나 동일하다.

언어학적인 관점에서, 양태의 표현은 아주 다양한 방식으로 나타난다. 동사(알다savoir), 우언법(할 수 있다être capable de), 명사구(~할 능력la capacité à…, ~할 필연성la nécessité de…) 등을 통해 양태화할 수 있다. 의미론적으로 미세한 차이들은 끝없이 발생할 수 있고, 이것은 양태화된 표현들이 그들 사이에서 조합될 때 더욱 심해진다. 예컨대, 다음 발화체에서,

그는 춤을 배우고 싶어 한다.

Il voudrait bien apprendre à danser.

이 문장의 술어 'danser'(춤추다)는 동사 'apprendre'(배우다)에 의해 양태화되어 있다. 'apprendre'는 'savoir'(알다) 유형의 지식 양태 동사다. 이 인지적 양태화는 그 자체로 또 다른 양태 동사 'vouloir'(원하다)에 의해 양태화되어 있다. 이 의지 양태는 그 자체로 두 차례 양태화된다. 첫 번째로 조건법 '-rait' 동사 형태로 양태화되는데 이것은 논쟁적 강도를 완화시키는 양태화 장치에 해당하며 발화적 거리와 개연성의 가치를 부여한다. 두 번째로는 부사 'bien'(잘)에 의해 양태화된다. 부사 'bien'은 양보의 가치론적인 정향을 갖는다. 분석의 세부 내용으로 들어가지 않더라도 여기서 우리는 아주 흔한 발화체를 놓고도 양태화가 기본 술어의 제어 수위를 얼마나 배가시키는가를 알 수 있다. 양태화는 이와 같이 점진성gradients, 긴장성tensions, 그리고 가역적인 극성polarités réversibles을 부여한다.

이러한 속성은 정념적 효과를 설명하는 데에 있어서도 매우 중요한 의미를 갖지만, 좀 더 보편적인 차원에서도 우리가 곧 '양태적 상상력'imaginaire modal이라고 부를 이것을 설명하는 데에도 중요하다. 술어의 양태적 한정은 회귀적récursive이고 이 회귀성은 주요 사행의 실현을 한없이 미룰 수 있다.

바로 이 때문에 담화적 관점에서 기호학은 제한된 수의 양태 술어만을 취한다. 이 양태 술어들은 편의상 양태 동사들에 의해 지시된 것들이지만, 이에 상응하는 언어학적 표현들과 혼동해서는 안 된다. 이들은 각각 의지vouloir, 의무devoir, 지식savoir, 능력pouvoir, 믿음croire이다.

양태의 유형에 관해서는 뒤에서 다시 살펴볼 것이다. 여기서는 **양태**와 **양태화**의 구분을 명확히 하는 것이 필요하다.

양태화는 양태보다 더 일반적인 성격을 갖는다. 언어학에서 양태화는 담화 심급의 주관적 행위를 표시하는 모든 것, '실행 중인 담화'에 관한 것임을 가리키는 모든 것을 뜻한다. 여기에는 감정 표현, 가치론적 평가, 논쟁적 정향과 그 효과가 포함되는데, 결과적으로 담화의 가치 체계를 구성하는 것도 포함한다. 만약 담화 전체가 발화행위를 표출하는 것이라고 주장하는 게니나스카의 관점을 취하면, 양태화의 한계는 거의 없는 것이나 다름없다.

그러나 **양태**의 개념은 좀 더 특수한 성격을 갖는다. 양태(사)는 또 다른 술어를 서술하는 술어임을 상기시켜 보자. 더 정확히 말하면, 양태는 담화 심급의 관점에서 주요 술어가 실현되는 조건을 발화하는 술어이다. 환언하면, 양태는 특징적으로 제어 행위소로부터 생겨나는 반면, 양태화는 일반적으로 발화행위의 표출로부터 생겨난다. 위치 행위소로서의 이 제어 행위소는 담화 심급에 속하며, 발화행위activité énonciative에 해당하지만, 발화행위의 무수한 양상들 중 하나를 대표할 뿐이다.

개념의 적용 영역을 제한하는 이 조항 덕분에 우리는 양태를 담화의 전체적인 암시적 발화와 혼동하지 않고 특수한 방식으로 다룰 수 있는 것이다.

3.1.2. 사행에 의해 전제되는 조건으로서의 양태

이러한 양태 술어의 특수한 성격을 이해하기 위한 방법으로, 그들이 변화시키는 술어들과 대면시켜 볼 수 있을 것이다.

진실의 가치와 관련하여, 양태화된 술어가 참이 아니라 하더라도 양태 술어는 참이다. 그가 **춤을 춘다**Il danse가 참이 아니라는 사실은 **그가 춤을 추고 싶어 한다**Il veut danser가 참인 사실을 방해하지 못한다. 그러나 만약 그가 **춤을 추고 싶어 한다**가 거짓이라면, 그가 **춤을 춘다**가 참이기 위해서 또는 실현 가능한 것이기 위해서는 다른 추가적인 조건들(예를 들어 어떤 의무와 같은)이 더해져야 한다. **양태**가 거짓인 경우, 그가 **춤을 춘다**도 거짓이거나 아니면 양보적인 진실의 형태로 다음과 같이 말할 수는 있다:

춤을 추고 싶지 않지만, 그래도 그는 춤을 춘다.
Bien qu'il ne veuille pas danser, il danse quand même.

(왜냐하면 그는 『자디그』[1]에 등장하는 도둑 장관처럼 거기서 춤을 춰야 하기 때문에.)

진실 가치를 둘러싼 이와 같은 비대칭은 전제présupposition 관계의 전형적인 특징이다. 양태 술어는 양태화된 술어에 의해 전제되어 있다고 말할 수 있는데, 언어학에서 전제의 위상은 담화 기호학에 핵심적이라고 할 수 있는 하나의 속성을 함의한다: 전제된 내용은 그것이 명시적으로 표현되어 있지 않더라도 참인데, 이를 위한 조건은 전제하는 항이 표현되어 있기만 하다면 충분하다. 만약 그가 **춤을 춘다**가 참이라면 그것이 전제하는 양태들은 적어도 부분적으로는 참이어

---

1 프랑스 계몽주의의 대표적 작가 볼테르(필명)가 쓴 콩트.

야 한다. 이 말은 양태들이 모두 표현되어 있지 않더라도 분석 과정에서 vouloir 또는 savoir와 같은 양태의 암묵적 존재에 관해 물음을 제기할 수 있다는 것을 의미한다.

이는 양태의 **발화적** 위상을 이해하는 데에 있어서 매우 중요한 지점이다. 양태는 발화적 관점에 속하는 문제인데, 이는 무엇보다 제어 행위소가 담화 심급의 역할 중 하나이기 때문에 그렇다. 또한, 양태와 함께 우리가 어떤 사행이 상이한 여러 시점에서 **지향**되거나 상이한 여러 관여성 원칙하에 **포착**될 수 있기 때문에 그렇다. **지향과 포착**을 다양한 형태로 변화시키는 것은 담화 심급의 역할이다. 그리고 이것이 바로 양태 술어를 위치 행위소인 제어 행위소에 배당하려고 하는 우리의 주장을 뒷받침해 준다.

그러나 좀 더 일반적인 차원에서 양태는 전제의 자격을 갖는 암시implicite의 영역에 속한다. 암시는 메타 언어적 존재를 제외하면 담화-발화체의 관여 영역에서 그 어떤 확인 가능한 존재를 갖지 못한다. 추론에 의해, 우리는 행하기 위해서만 선언할 수 있고 따라서 우선 행할 바에 관한 지식, 의미, 의무 등을 갖춰야 한다. 우리가 담화에서 어떤 **행위**를 본다면 추론에 의해 그 행위가 전제하는 **지식, 의지, 의무**를 재구성할 수 있다.

그러나 실행 중인 담화의 관점에서 담화의 암시는 '공유 지식'savoir partagé, 발화의 파트너들이 공통적으로 소유한 지식들(백과사전적인)에 해당하는 문제이다. 그러므로 **공유 지식**으로서의 암시는 발화실천 속에 함의될 것이고, 파헤쳐지고 추출되고 소환되며 문제화될 것이다. 발화행위의 파트너들은 언제라도 그들 사이의 공감대를 강화하거나, 시험하거나, 전환시키기 위해서 암시를 활용할 수 있다.

표현되었든 그렇지 않든 양태는 술어가 담화 내에서 실현되기 위한, 참이기 위한 하나의 조건이다. 전제되는 조건으로서의 이 같은 위상 때문에 기호학은 양태 술어에 다른 술어와는 구분되는 위상을 부여한다: 양태는 행위소의 변형 행위를 위한 필수적이거나 임의로운 조건이다.

하지만 행위의 실현 조건으로서 양태는, 앞서 말했듯이 사행 전반에 관여하거나 또는 **서술 장면** 전반에 관여한다. 결과적으로, 양태는 엄밀한 의미에서 술어에 관여하는 동시에 그 술어의 행위소들에 관여한다. 양태가 그의 실현에 앞서 존재 양식 중 하나를 가리킨다는 의미에서 이는 당연히 술어에 관여한다(이 때문에 **실현 조건**이라고 불리는 속성을 부여받는다). 하지만 양태의 의미론적인 내용은 행위소 자체가 지닌 하나의 속성, 그의 행위 실현에 필수적인 하나의 속성으로 간주될 수 있다는 점에서 양태는 행위소들에도 역시 관여한다.

표준 서사 도식에서, 예컨대, 양태는 **역량 획득**이라고 명명되는 단계(프로프 이론에서는 **자격 시련**épreuves qualifiantes에 해당한다)에서 획득된다. 양태는 무엇인가를 변형시킨다는 점에서 진정한 서사적 술어라고 할 수 있다: 역량은 획득되고, 보완되며, 또는 소실되는 등의 변화를 겪는다. 하지만 양태가 변형시키는 대상은 행위소들의 지향적 힘뿐이다. 다시 말해서, 변형 행위소로서의 정체성의 일부분을 변화시키는 것이며, 서사적 상황을 직접적으로 변화시키는 것은 아니다.

따라서 전제 조건으로서 간주되는 양태는 **힘의 논리**, 담화-발화체의 변형 논리에 속한다.

3.1.3. 사행의 존재 양식으로서의 양태

양태적 형태로 우리가 그 조건들을 표현하는 사행은 실현된 것으로 간주되지 않는 사행이다. 양태적 조건의 측면에서 사행을 파악하고자 하는 것은 곧 사행의 완결이 후경l'arrière-plan에서만 이루어질 뿐이고 그 양태적 조건은 전경에 있다고 보는 관점을 채택한다는 뜻이다. 따라서 양태는 담화 내에서 사행의 **존재 양식**을 변화시킨다고 말할 수 있을 것이다. 또한 양태는 담화 심급과 관련하여 사행의 현존의 정도를 변화시킨다고도 말할 수 있을 것이다. 양태는 전경을 차지하고 주의를 모으며 가장 강한 담화 현존을 누린다. 사행의 수행은 후경에서 이루어지며, 주의를 집중시키지 못하고, 담화 내에서 사행의 현존은 미약하다.

존재 양식과 관련하여, 양태 술어는 행위의 실현을 유보한다. 양태가 있음으로 해서 우리는 사행의 단순한 실현과는 다른 관점에서 사행에 접근하기 때문이다. 따라서 양태는 양태가 변화시키는 술어에 현실화된 양태와는 다른 양식을 부여한다. 다음 일련의 사행을 검토해 보자:

(1) 그가 춤을 춘다Il danse (2) 그는 춤출 줄 안다Il sait danser (3) 그는 춤추고 싶다Il veut savoir danser

(1)에서 danser는 실현되어 있다. (2)에서는 savoir가 실현되어 있고, danser의 실현은 유보된다. 마지막으로, (3)에서는 vouloir만 실현되어 있고, savoir와 danser의 실현은 유보된다. 사행의 새로운 존재 양식과 현실화된 양태 사이의 거리는 양태의 수와 유형에 따라 달라

진다고 생각할 수 있을 것이다. (3)에서처럼 양태적 조건의 수를 증가 시킬수록, 후경에서 진행되는 사행의 실현은 점점 더 미루어진다는 것은 분명하다.

담화상의 존재를 하나의 점진적 추이로서 고려해 보자. 점진적 추이의 두 극은 **현실화**된 극과 **잠재화**된 극일 것이다. 한편으로는, Il danse가 일어났고, 담화상에 '존재'한다. 다른 한편으로는, Il danse 가 일어나지 않았고, 담화상에 '부재'하다. 이 두 극 사이에서 여러 다양한 양태 술어가 모든 중간 단계들이 나타날 수 있도록 한다. 이 중간 단계들에 대해서는 양태의 유형론을 제안하는 장에서 다시 자세히 보도록 하겠다.

사행의 담화적 현존의 차이를 논하고 다양한 존재 양식의 점진적 추이를 파악하기 위해서는 사행이 담화 심급의 위치의 장 속에 **위치**한다고 상정해야 하며, 사행이 관찰자에 의해 **지각**되며 발화 주체가 사행과 관찰자 사이의 거리(이것이 시간적 거리일 수도 있고 공간적 거리일 수도 있으나, 둘 중 어떤 거리인지는 중요하지 않다)를 판단할 수 있다고 상정하는 것이 필요하다. 이렇게 상정할 수 없다면 **존재 양식**의 개념은 순전히 추상적이고 형식적인 개념으로 남을 뿐이다.

위치의 장에서, 우리가 중심으로부터 멀수록, 현존은 이 중심에 비해 약화된다. 반대로 중심에 가까울수록, 현존은 강화된다.

양태에 관해서, 사행을 서술하는 양태적 조건의 수가 증가할수록, 사행은 참조 중심으로부터 멀리 위치한다. 마찬가지로, 이 조건들이 불확실할수록, 절충되어 있을수록, 사행은 현존의 장의 깊이에서 멀어진다.

따라서 양태적 현존의 두 차원을 구분할 필요가 있다: 수와 강도.

양태의 수는 참조 중심으로부터 비례적으로 멀어진다. 양태의 수는 실현화 양식과의 거리를 확대시키기 때문이다. 강도는 수행을 기대하는 강도를 말한다. 조건이 불확실할수록, 조건은 절충되고 기대는 약해진다. 그러면 사행은 장의 깊이에서, 담화 심급과의 거리에서 더욱 멀어진다.

사행의 존재 양식은 발화적 위치와의 관계에서 그 수준이 결정된다. 이것은 위치의 장과 참조 중심 그리고 참조 중심과의 거리에 관한 문제이다. 양태화된 사행의 존재 양식은 다른 논리 속에 편입되는데, 이는 **위치 논리**, 담화 심급에 고유한 위치적 논리를 말한다. 양태를 사행의 한 조건으로 이해할 때, 양태는 **힘**의 논리의 관할이다. 그러나 양태를 사행의 존재 양식으로 이해한다면, 이제 양태는 **위치**의 논리에 종속된다.

한편에는 이야기의 서사적 구조(변형과 힘의 논리)가 있고 다른 한편에는 플로팅과 담화 심급(지각의 장과 위치의 논리)이 있을 때, 양태는 이 둘 사이의 인터페이스(경계면)에 위치한다. 따라서 양태 이론이 이 두 차원에서 나란히 발전해 온 것은 전혀 놀랍지 않다: 한편으로, 서사 기호학(그레마스의 제안으로 시작된)에서 발전했고 다른 한편으로, 담화 기호학(코케의 이론)에서 발전했다. 이제 우리는 다른 무엇보다 양태 이론을 토대로 정립된 정념의 기호학이 왜 서사 기호학과 담화 기호학 사이 중간 지대에 위치하는지를 잘 이해할 수 있으며 어떤 면에서는 둘의 종합 이론을 제안하는 것임을 알 수 있다.

3.1.4. 양태 유형론

앞서 살펴본 내용을 종합하면 양태 유형론을 제안해 볼 수 있다. 여기서 양태 유형론은 양태의 이중 유형에 근거하는데, 하나는 **전제되는 조건**(서사적 측면)으로서의 위상이며 다른 하나는 사행의 **존재 양식**(담화적 측면)으로서의 위상이다. 이 이중 위상에 맞추어, 양태는 두 기본 변수를 바탕으로 정의된다: (1) 사행의 조건으로서, 힘의 논리의 측면에서, 양태가 관여하는 행위소들이 첫 번째 변수이며, (2) 위치의 논리의 측면에서, 양태가 사행에 부과하는 존재 양식이 두 번째 변수이다.

힘의 논리에 따르면, 두 가지 상황이 출현한다: 양태는 주체와 대상의 관계를 변화시키거나, 또는 주체와 제3자 행위소의 관계를 변화시킨다. 의지와 지식은 주체와 대상의 관계를 변화시킨다. 이 관계는 또한 프랑스어에서 "무언가의 존재를 믿다"croire à quelque chose의 형태로 표현되는 믿음의 형식, 우리가 앞으로 편의상 믿음이라고 부를 이것에 의해서도 변화될 수 있다. **의무**와 **능력**은 주체와 제3자 간의 관계를 변화시킨다. 여기서 제3자는 발신자일 수도 있고(의무의 경우) 반주체일 수도 있다(능력의 경우). 주체와 제3자 행위소 사이의 관계는 프랑스어에서 "누군가를 신뢰하다"croire (en) quelqu'un의 형태로 표현되는 믿음의 다양한 형태에 의해서도 변화될 수 있다. 이 croire는 앞서 언급한 첫 번째 croire와 구분하기 위해 앞으로 **신뢰**adhérer라고 부르겠다.

위치 논리는 다양한 존재 양식을 정의하는데, 이 위치 논리에 따르면, 네 가지 상황이 출현하며, 이는 오늘날 잘 알려진 네 종류의 존재 양식에 상응한다. 현존의 정도에 따라 (1) 첫째, **잠재화** 양식이 있는데, 이는 의지와 의무를 특징짓는다. (2) 둘째, **가능화** 양식은 믿음의 두 종류의 변종을 특징짓는다. (3) 셋째, **현동화** 양식은 지식과 능력을 특징짓는다. (4) 마지막으로 넷째, **현실화 양식**은 엄밀한 의미에서 양태 중 하나라고 볼 수 없다. 여기서는 양태적 거리를 보유하지 않는 **행위**와 **상태**의 발화체가 나타나기 때문이다.

양태의 유형론은 크게 두 가지 유형의 속성으로부터 추론되는데, 그 내용은 다음과 같다:

	잠재화 양식	가능화 양식	현동화 양식
	동기	믿음	역량
주체/대상	의지	믿음	지식
주체/제3자	의무	신뢰	능력

3.2. 정념적 상상으로서의 양태화

담화의 양태 술어 집체는 이제 그들이 의미와 위상을 변화시키는 서사적 술어들과의 관계에서 부분적으로는 독립된 차원으로서 나타난다.

이 상대적인 자율성은 많은 관찰된 사실들 중에서 여기서 별도로 상기시킬 가치가 있는 두 가지 관찰에 의해 보장된다: (1) 우선, 전제 조건으로서의 양태는 사행의 실현과는 독립적인 것으로 이해해야 한다. 더 나아가, 담화의 양태적 차원 전반은 사행으로부터 재구성될 수 있는데, 이 사행에서 양태는 표현될 수도 있고 아닐 수도 있다. 또한, 사행의 존재 양식으로서의 양태는 발화의 통제하에 있고, 따라서 양태가 변화시키는 술어들의 통제에서는 벗어난다. 반대로, 양태는 이 술어들에 담화 심급의 위치를 부과하며, 그들에게 담화적 정향을 적용한다.

이 상대적인 자율성은 또한 양태 연구에서 괄목할 만한 발전을 가져다주었다. 양태적 발화체 덕분에 우리는 유효한 이야기가 부재한 상황에서도 행위소 구조와 서사 구조에 접근할 수 있었기 때문이다. 예컨대, 건축 기호학에서 문 또는 창문의 기호학적 가치를 특징짓기 위해서, 주체의 여정과 이러한 개폐의 실제적 사용 사례를 수집하거나 분석할 필요가 없어졌다. 그저 그들의 양태적 위상을 발견하기만 하면 충분하다(볼 수 있다/ 볼 수 없다, 가로지를 수 있다/가로지를 수 없다 등).

담화의 양태적 차원은 이제 의미의 큰 부분을 보장할 수 있는 차원이 되었다. 여기서 말하는 의미는 실행 중인 담화의 의미 못지않게 발화된 담화의 의미도 포함한다. 사행의 실현과 독립적인 것으로 간주되는 이 의미, 서사적 차원에서 **실제로** 벌어진 일과는 독립적인 것으로 간주되는 이 의미는 담화에서 **특수한 상상적 장**을 열어 준다고 말할 수 있다. 이는 담화 심급이 늘 중심을 차지하는 상상적 장이다. 그러나 이 장은 엄밀한 의미에서 말하는 서사적 차원과는 다른 규칙을 따른다. 내가 "나는 춤추고 싶다"Je veux danser라고 발화할 때, 나는 내가 춤을 추는 장면들을 꿈꾸기 시작한다. 내가 실제로 무엇을 하든 상관없이, 상상 속에서 춤을 추는 장면을 연출하기에는 단 하나의 양태로 충분한 것이다.

3.2.1. 행위소의 정체성 구축으로서의 양태화

어떤 행위소의 의미론적 정체성은 어떤 술어와의 관계에서 그가 차지하는 자리에 의해 결정된다. 그러나 이 정체성은 반복적으로 등장할 때에만 전체 담화의 수준에서 보장될 수 있다. 앞서 살펴보았듯이, 양태는 바로 이러한 반복을 보장하기에 적당한 장치가 되며, 명시적으로 표현되지 않을 때조차 귀납적 추론이 가능하다는 점에서 양태는 행위소의 정체성을 구축하는 최상의 장치가 된다. 결과적으로 양태는 명시적으로 표출된 횟수보다 실제로는 더 빈번하게 표현되어 있는 셈이다. 더 나아가, 양태는 실현된 사행이 없을 때에도 표현될 수 있다. 따라서, 양태는 일반적으로 사행 자체보다 더 빈번하게 나타난다. 이러한 속성으로 인해 우리가 행위소의 정체성을 구축할 때 양태에 의존하는 것이다.

더 형식적인 표현으로 말하자면, 만약 양태화된 술어가 행위소의 **행위** ──**수행**── 를 기술한다면 양태 술어는 행위소의 **상태** ──**역량**── 를 기술한다고 말할 수 있다. 담화의 양태적 차원은 이제 양태의 축적, 조합 또는 변형에 의해 행위소들이 점진적으로 자신의 정체성을 구축하는 바로 그 차원이라고 이해할 수 있다. 예컨대, 한 가지 위업을 달성하고자 필요한 모든 역량을 획득하려고 애쓰는 행위소가 있다고 상상해 보자. 그는 기술을 축적하고 정보를 저장하며 훈련을 하고 단련을 하는 등 여러 가지 노력을 한다. 이 모든 노력 끝에 결국 그의 정체성이 바뀌고, 발전한 자신을 발견하며, 해야 할 마땅한 바를 했다고 스스로 판단한다: 그는 더 이상 애초에 기대했던 위업을 달성하려고 애쓰지 않는다. 양태적 정체성의 구축은 이렇게 가치 대상의 탐색보다 우선하게 된다. 더 기술적으로 표현하자면, 양태적 가치는 묘사적 가치를 대체한다고 볼 수 있다.

행위소의 양태적 정체성은 그것을 정의하는 **양태의 수**로 설명될 수 있다. 또한, 그 정체성이 수용하는 양태 **조합의 성격**에 의해 결정되기도 한다. 따라서 우선 양태의 수를 파악하는 것이 필요하고, 양태의 수에 따라 가능한 조합을 따져 보아야 한다.

(1) 양태화 제로 행위소(actant M^0)는 사건 속에서 즉각적으로 실현되는 행위소, 즉 위치를 점유하는 신체를 뜻한다. 그는 단지 그의 현존의 장을 가로지르는 감성적이고 정념적인 긴장에 반응할 뿐이다. 프루스트가 『스완네 집 쪽으로』의 초반부에서 무언가에 처음 눈을 뜨는 경험을 묘사할 때, 그는 우선 양태화 제로 행위소 M^0의 점진적인 위치 점유를 묘사하고 나서, 그다음에서야 양태 획득을 이야기하기 시작한다. 양태화 제로 행위소는 형성 중인 담화의 장에서 현상학적 심급의 위상을 갖는다고 볼 수 있다.

(2) 1차 양태화 행위소(actant M^1)는 행하기 위해서는, 즉 pouvoir faire(능력) 또는 존재하기 위해서는, 즉 pouvoir être(가능성)를 위해서는 적어도 하나의 양태를 부여받아야만 한다. 『파르마의 수도원』에서 파브리스가 워털루 전투 중에 길을 잃었을 때, 그는 그 장소에 온 목적(전투에 임하기 위해 또는 나폴레옹을 사로잡기 위해)을 순간적으로 망각하고 만다. 더 이상 어떤 기준점도 갖지 못한 채 단지 다치지 않고 살아남기 위해 주변 상황에 반사적으로 반응하게 된다: 의지도, 의무도, 지식도 없이, 오직 **능력** 양태만 있다고 볼 수 있다.

1차 양태화 행위소는 꼭두각시 인형 또는 기계와 같다. 그는 마치 단 하나의 임무를 수행하기 위해 효율적으로 프로그래밍된 존재라는 점에서, 좀 더 양태화된 다른 행위소들에 필연적으로 의존적일 수 밖에 없다.

(3) 2차 양태화 행위소(actant M^2)는 **능력** 양태를 다른 양태와 조합시킨다. 예컨대, '충동적으로' 행동하는 것은, 양태적 정체성의 관점에서, **능력** 양태와 **의지** 양태의 통제하에 행동하는 것을 말한다(여기서 우리는 행위에 관한 인지적 숙고나 계획, 또는 외부의 명령을 볼 수 없다). 하지만 정념의 개입이 없이 '질서 정연하게' 행동하는 데에는 **능력**과 **지식**의 양태만 있으면 충분하다. 마지막으로, '노예' 또는 누군가의 통제하에 행동하거나 쉽게 타자의 영향을 받는 사람의 정체성은 꼭두각시의 **능력**에 **의무**를 연결시킨다.

이는 표준 서사 도식에 참여하기 위해 필요한 최소한의 양태 조합이다: **능력** + **의지**, 또는 **능력** + **지식**, 또는 **능력** + **의무**.

양태화 제로, 1차 양태화, 2차 양태화 행위소들은, 코케에 의하면 **비주체**에 해당한다: 양태 기술이 편의상 채택되는 총칭적 명칭보다 더 정확하며 직접적으로 조작 가능한 것은 분명하다. 그러나 비주체에 해당하는 양태 조합이 여기서 우리가 제안한 것보다 더 제한적이라는 사실을 명시한다.

(4) 3차 양태화 행위소(M^3)는 거의 완전한 정체성을 가졌다고 간주할 수 있는 유일한 모델이다. 왜냐하면 이 수준의 양태화에서 행위소는 거의 모든 유형의 양태를 조합할 수 있기 때문이다: 예컨대, 자율적 행위소의 경우에는 **능력** 양태에 **지식**과 **의지** 양태가 더해질 것이고, 타율적 행위소의 경우에는 **능력** 양태에 **지식**과 **의무** 양태가 더해질 것이다. 그리고 두 경우 모두 **지식** 대신 **믿음**이 출현할 수 있다.

『우유 나르는 여인과 우유병』*La laitière et le pot au lait*에서 페레트Perrette

는 3차 양태화된 유형에 해당한다. 하지만 이 인물은 중간에 정체성의 변화를 겪는다. 여인은 머리에 우유병을 이고 도심으로 가는데, 여인은 **타율적 3차 양태화** 행위소의 양태적 장치와 함께 행정을 수행한다: 여인은 할 수 있고(**능력**), 할 줄 알며(**지식**), 해야 한다(**의무**). 하지만 상상력의 도움을 빌려 보면, 여인은 정체성의 변화를 겪으며, **자율적 3차 양태화** 행위소로서의 고민을 하게 된다: 여인은 여전히 할 수 있고(**능력**), 그녀의 임박한 재물을 믿기 시작한다(**믿음**). 그리고 여인은 투기 장사를 하고자 한다(**의지**). 최종 사건을 통해 그녀는 한순간에 첫 번째 정체성으로 되돌려지는데, 이때 **능력** 양태는 감소한다.

(5) 행위소가 네 가지 양태에 의해 정의될 때(actant M^4), 조합의 수는 증가하지만, 분명히 정체성의 새로운 차원이 나타난다. 가능한 조합 가운데, 몇몇은 필연적으로 **지식**과 **믿음**, 나머지 양태들, **의지**와 **의무** 사이에 모순을 발생시키기 때문이다. 양태들은 반복적이고 모순적으로 나타날 수 있다. 우리는 알거나 또는 믿는다. 이 둘은 동시에 있을 수 없다. 마찬가지로, 우리는 원하거나 또는 의무를 갖는다. 이 둘도 동시에 있을 수 없다.

두 경우에 모두 겹치는 양태들 사이에 위계를 정해야 한다. 위계를 정하면, 우리는 주체가 그의 행정 또는 그의 행위를 어떻게 **수임하는가**assumer 이해할 수 있다. 이 과정에서 나타나는 새로운 차원은 수임의 차원이다. 우리는 알 뿐만 아니라 **믿을** 수도 있다: 이는 분명 우리가 아는 것을 개인적으로 **수임하는** 것을 뜻한다. 마찬가지로, 무엇인가를 **해야** 할 뿐만 아니라 그것을 **원할** 수도 있다: 이는 우리가 해야 하는 바를 개인적으로 **수임함**을 뜻한다. 이 차원은 3차 양태화 행위소의 정체성에서 출현할 수도 있고, 양태들 사이의 부분적인 겹침이 없어도 출현할 수 있다. 문맥이 믿음 양태와 의지 양태가 수임의 가치를 갖는가를 결정해 준다면 얼마든지 가능하다.

기억해 둘 내용 1: 코케는 수임 양태를 기술하면서 이러한 속성을 해석한다. 코케에게 이것은 대문자로 시작하는 메타-의지이며, 그는 메타-의지를 모든 양태들을 우선하는 것으로 보았다. 또한 그는 메타-의지를 주체 행위소의 고유한 특징으로 보았다. 우리는 수임 양태의 위상을 믿음 양태에 부여하기를 제안한다. 만약 우리가 담화 심급의 활동을 위치의 장에만 제한한다면, 의지 양태로 족할 것이다. 의지 양태만 있다면 담화 심급이 에고로서 자기를 단언할 수 있기 때문이다. 그러나 만약 이 담화 심급이 담화의 가치 체계를 구축하고 통제하는 심급이기도 하다면, 가치 체계를 수임하기 위해서는 믿음 양태가 필수적이다.

기억해 둘 내용 2: 여기서 가능한 양태 조합들은 이론적으로 가능한 숫자보다 적을 수밖에 없다. 여기에는 두 가지 이유가 있다.

먼저, 한 자연언어의 음절들이 그 언어의 음소들의 가능한 조합의 수보다 적은 것처럼, 양태적 조합 역시 문화적으로 결정되어 있고 제한되어 있다. 이와 관련하여 우리는 오늘날의 서구 문화를 기준으로 — 얼마나 많은 부분에서 이러한가! — 사고하였음을 밝히는 바이다. 예컨대, 우리는 구조물의 기반에 능력 양태를 놓았는데, 이는 능력이 1차 양태화 행위소(M^1)의 특징이기 때문이다. 그러나 1차 양태화 행위소(M^1)의 양태가 의지여야만 하는 문화도 얼마든지 상상할 수 있다. 하나의 흔적으로서, "이 나무는 쓰러지고 싶어 한다"Cet arbre veut tomber라는 표현은 오대호 아프리카를 비롯한 몇몇 지역에서 대중적으로 쓰이는 표현이다. 이렇듯 기본 1차 양태가 다를 경우, 담화 장치 일반은 근본적으로 바뀌게 될 것이다.

더 나아가, 우리가 실행 중인 **행위**의 관점, 좀 더 일반적으로 감성의 관점을 떠나는 순간 양태 조합의 가능성은 새롭게 열린다: 곧 살펴보겠지만, 행위소는 하나의 **의지** 양태와 하나의 **의무** 양태만으로 충분히 정의될 수 있다. 하지만 이렇게 단순한 양태적 장치만으로는 행위의 단계로 들어설 준비가 되어 있다고 보기는 힘들다. 이 행위소는 단지 정념적 상태만 경험할 수 있을 뿐이다.

3.2.2. 양태적 가치

우리는 주체의 양태적 정체성이 주체의 고유한 탐색, 즉 **정체성 탐색**의 쟁점이 될 수 있음을 주장한 바 있다. 특별히 주체가 자기 정체성을 **수임할** 힘이 있을 때(M^3 또는 M^4)는 더욱 그러하다. 양태들은 이 주체들에게 가치 대상과는 별개로 자신을 위해서 꼭 찾아야만 하는 매우 귀중한 자산일 수 있다. 성장소설roman d'apprentissage의 전형적인 형태, 특별히 17세기 피카레스크 소설[2]에서 자주 나타나는 형태는 그 대표적인 사례가 된다. '성장'apprentissage이라는 용어는 혼동을 줄 수 있다. 왜냐하면 **성장한다**apprendre는 말은 **지식** 양태를 획득한다는 뜻이기 때문이다. 그러나 실제로 주인공의 탐색에서 행위소는 **지식**이나 **행위 지식**만을 지향하는 것은 아니다. 그는 자기의 사명, 동기를 발견하

---

2 '피카레스크'는 스페인어로 '악당'을 뜻하는 '피카로'에서 유래한 말로, 피카레스크 소설은 16세기부터 17세기 초반까지 스페인에서 유행한 문학 양식의 하나이다. '악한소설' 또는 '건달 소설'이라고도 한다. 주인공은 주로 건달이며, 불우한 환경에서 자라 의지할 곳 없이 떠돌며 사는데, 이 과정에서 많은 경험을 하고 마지막에는 뉘우침 또는 결혼 등으로 끝이 난다.

고 그에게 부과된 의무들 사이에 위계를 정하며 그의 역량을 파악한다. 요컨대, 그는 자기의 자기 됨을 수임하는 것, 통제하는 것 그리고 전환시키는 것을 배운다.

이러한 정체성 탐색을 위해서, 양태는 그 위상과 용법을 교체할 필요가 있다: 양태는 이제 더 이상 전제 조건이 아니라, 세계 앞에, 삶의 여정 앞에서 역할과 태도를 결정하는 가치들이다. 그리고 행위소는 이 전환의 징표이며 징표는 속이지 않는다: 양태는, 순수하게 서사적 위상 안에서처럼 범주적인 방식으로 기능하는 대신, 점진적인 방식으로 기능한다.

예컨대, 반역자révolté는 그의 의무보다는 그의 의지에 더 큰 힘을 부여하는 사람이다. 반대로, 체념자résigné는, 어떤 의지도 갖지 않은 사람이 아니라, 반대되는 위계를 채택했을 뿐이다. 그의 의지가 그의 의무에 복종한다는 말이다. 두 사례는 다음의 사실을 분명하게 보여준다:

(1) 양태적 차이는 여기서 좀 더du plus이거나 좀 덜du moins인 차원에 있으며, 이는 양태들 사이에 위계질서를 부여한다.
(2) 이 양태적 위계와 양태적 점진성은 역할(반역자 또는 체념자와 같은)을 구성한다.

그러나 양태적 점진성은 수량뿐 아니라 강도와도 관계할 수 있다: 따라서, 모든 가치들의 체계가 그렇듯이, 양태적 가치들도 지각의 발랑스들의 통제하에서만 나타난다는 사실을 기억해야 한다.('제II장 의미의 기본 구조', '4. 긴장 구조' 참조) 다시 말해서 강도의 발랑스들과 수량의 발랑스들의 통제하에서만 양태적 가치들이 나타난다.

　지식인homme de science의 경우를 예로 들어 보자: 지식인이 그가 속한 공동체에서 고유한 정체성으로 인식되지 않는 한, 그의 지식은 진실(사실에 부합하는가의 여부, 규범에 맞는 학문적 절차를 준수하는가의 여부 등)의 관점에서만 평가될 것이다. 그러나 예컨대 이것이 '진짜' 학자인지 아닌지 또는 '진짜' 연구자인지 아닌지를 결정하는 문제라면, 동일한 지식에 대한 평가는, 문화에 따라, 영역에 따라, 상이한 기준을 따르는데, 그 지식의 범위를 고려하거나 또는 전문화의 정도를 고려할 것이다. 르네상스식 학자 ──그 유명한 장 픽 드 라 미란돌을 상기해 보자 ──는 모든 것을(**수량**의 축), 가장 깊이 있게(**강도**의 축) 알고 있는 사람으로 상정된다. 하지만 고전주의 시대가 되자마자, 정직한 사람이, 오늘날에는 교양 있는 사람 ──『르몽드』를 읽는 사람! ──이 지식인으로서의 정체성을 갖게 되었고, 이들은 모든 것에 관해 조금은 아는 사람, 다시 말해서 **어떤 것에도 몰두하지 않고**, 전문가가 되려는 노력 없이, 넓고 얕은 지식을 가진 사람으로 상정된다. 반대로, 전문가와 석학은 좁은 분야의 지식을 최대한으로 심화시키기 위해서 수량(외연)의 측면을 포기해야 한다.

　각각의 경우에, **지식의 가치**는 강도와 외연의 어떤 관계로부터 발생한다. 각각의 지식인 유형은 주어진 문화권에서 **역할** 또는 **태도**로서, 식별 가능한 정체성에 상응하게 된다. 이와 다른 양태들에 대해서도 동일한 관찰이 가능하다: 우유부단한 사람le velléitaire은 그의 의지를 어디에 고정시켜야 할지 모르고 수많은 대상들에 분산시키는데, 매번 아주 약한 의지력만을 발휘한다. 광신도le fanatique는 반대로 단 하나의 대상 안에 그의 최대 강도의 믿음을 집중시킨다. 또 이와 반대로, 귀가 얇은 사람le crédule은 모든 것을 믿되, 매우 약한 강도로 믿는다.

지금까지 우리는 힘의 논리를 살펴보았다: 이러한 관점에서 양태적 가치는 성공적인 변형을 목표로 하는 양태적 힘의 평가를 토대로 구축된다. 하지만 위치 논리에 따르면, 개인 또는 집단적 발화 주체는 수용 가능한 균형이 무엇인지, 버려야 할 것은 무엇인지를 결정할 것이다: 앞서 살펴본 예를 통해 우리는 도덕적 판단이 양태적 정체성의 평가에 넌지시 암시되어 있음을 알 수 있다. 예컨대, **귀가 얇은 사람**(확장적 외연과 약한 강도)을 비난하는 사람은 한 가지를 맹신하는 **광신도**(제한적 외연과 강한 강도)를 비난하는 사람의 입장과 완전히 반대의 입장을 취하고 있음을 알 수 있다. 따라서, 원칙적으로 우리는 특정 언어에서 취한 명칭 자체가 혼동을 초래할 수 있는 문제를 식별할 필요가 있다. 다시 말해서, (1) 한편으로는, 양태적 가치 형성이 있다. 이는 **힘의 논리**에 따라 강도와 외연 사이의 다양한 균형을 확립하고 각 행위소의 정체성을 규정하는, 즉 어떤 의미에서 개인적 '숫자'를 붙이는 것과 같은 것이다. (2) 다른 한편으로는, 윤리적 평가가 있다. 이는 **위치 논리**에 따라, 체계상에서 위치를 점유하고, 참조 문화로부터 비롯된 판단을 양태적 가치에 적용하는 것을 말한다.

3.2.3. 정념에 적용되는 양태

양태가 양태적 가치로 전환되는 순간부터, 앞서 보았듯이 양태는 지각적이고 감성적인 조정에 기초한다: 감각하는 신체는 양태적 강도와 외연을 '감각한다'. 관찰자는 여기서 하나의 **역할들** 또는 **태도들**, 즉 행위소의 과도기적인 정체성을 식별한다. 이 양태적 **역할들** 또는 태도들은, 적어도 잠재적으로는, 정념적 **역할들** 또는 **태도들**이기도 하다. 왜냐하면 이 **역할들** 또는 **태도들**은 감정, 감수성과 긴밀한 연관성을 가지고 있기 때문이다. 이러한 주장을 뒷받침하는 데에 사용된 모든 사례들은 어느 정도 정념적인 차원을 내포한다: 귀가 **얇은 사람**, 광신도, 우유부단한 사람, 석학 들은 모두 그 감정적 표출 행동을 부분적으로 예상할 수 있다. 이 감정적 표출은 그 양태적 정의로부터 예측 가능하기 때문이다. 각각에 고유하며 전형적인 감정들이 부여된다: 경솔한 신봉, 걱정스러운 열광, 불안한 망설임, 또는 결코 충족되지 않는 호기심.

이와 같이, 정념적 효과는 양태적 강도와 외연 사이의 어떤 관계에서 나타나는 것으로 보기보다는, 그 관계의 긴장성을 변화시키는 **움직임** 속에 나타난다고 보는 것이 더 타당할 것이다. 예컨대, 석학의 역할은 그를 항상 더 전문적이고 더 깊이 있는 지식 쪽으로 나아가게 만드는 움직임과 긴장 속에 그가 포착될 때에만 정념적 역할로서 취급될 것이다. 광신도의 경우도 마찬가지이다. 그가 항상 더 강하고 더 좁은 믿음을 향해 나아갈수록 그의 정념적인 성격은 더욱 예민하게 나타난다. 역할은 그가 생성의 움직임 속에서 포착될 때에만 정념적인 것이 될 수 있다.

담화 기호학사의 관점에서, 양태 이론은 정념 기호학을 향해 나아가는 첫걸음이었다: 정념적 효과는, 서사성으로부터 나온 양태적 구성요소 덕분에, 분석 가능한 것이 되었다. 각각의 정념 효과는, 서사적 관점에서는, 하나의 양태 조합으로 환원될 수 있었다. 그래서 이 정념적 효과들은 단순히 행위소들의 서사 행정의 부대 현상, 부대 징후로서 간주되었다. 하지만 감정의 영역에 대한 이러한 접근은 담화-발화체의 한계, 변형 논리의 한계 안에서 머무르는 것이나 다름 없었다. 사실 담화의 감성적 차원은 담화 심급 안에서 위치를 점유하는 신체, 현존, 지각과 분리해서 생각할 수 없음은 자명하다. 감정은 감정을 경험하는 신체, 감정이 변화시키는 신체를 요구하기 때문이다.

현재 우리가 제안하고자 하는 이론은 두 관점을 하나로 통합한다: 단지 양태만을 고려하는 관점 —— 우리가 곧 넘어서기를 제안하겠지만 —— 에서조차도 정념적 효과는 두 영역에 모두 개입한다. 양태는, 앞서 설명했듯이, 힘의 논리(변형 논리, 서술적 장면의 논리, 담화-발화체의 논리)와 위치 논리(현존의 논리, 실행 중인 담화의 논리)의 통합을 보장한다. 양태들은 힘의 논리에 관해서는 전제 조건이 되는 동시에, 위치 논리에 관해서는 존재 양식이 되기 때문이다.

행위소의 정념적 정체성은 양태적 가치들에 기초하며, 따라서 정념적 정체성은 그 정의에 따라 이 두 관여 영역 사이의 상호작용이 일어나는 핵심 장소 중 하나이다. 이와 같이, 발화 행위소들을 발화체의 행위소들과 동일시하는 것, 또 그 반대의 시도는 이 정념적 역할들과 태도들의 매개에 의해 이루어질 것이다. 예컨대, 우리는 독자에게 이야기 속 행위자들이 겪는 모험들을 공유할 것을 요구하거나 담화상에서 서사적 변형에 속하는 모든 것을 공유할 것을 요구할 수는 없다. 그러나 적어도 독자가 행위소들과 공통적으로 공유하는 무엇인가가 있다는 사실에 의지할 수는 있다. 그것은 바로 강도와 외연을 결합시키는 하나의 신체, 하나의 위치, 지각 작용들이며, 그 결과로 이들은 현존의 깊이의 정도에 의해 텍스트에서 표출될 수 있는 것이다.

발화 행위소들과 발화체 행위소들을 **동일시하는** 현상의 심급은 이러하다. 만약 이것이 담화에 의해 독자를 **사로잡고자** 하는 행위가 아니라면 말이다. 독서를 위해서 독자는 의미를 구성해야 한다. 의미를 구성하기 위해서 독자는 담화의 장과 관련하여 위치를 점유해야 하고, 한 시점을 채택해야 하며, 특정 지각 활동을 전개해야 한다. 독자는 이미, 적어도 부분적으로는 담화 행위소들의 양태적이고 정념적인 정체성을 공유한다.

제V장 행위, 정념, 인지

개요

인간이 지각하고 경험하는 세계와의 관계 속에서 어떤 위치를 점유할 수 있는 것은 언어능력 덕분이다. 언어능력은 우리에게 **담화 현존**을 허락하며, 이를 통해 세계를 재현할 수 있다. 언어능력은 사후적으로 나타날 수 있는데, 이는 마치 기호 체계들을 어느 정도 숙달된 상태에서 사용하는 것과 같다. 이 기호 체계들은 특정 담화에 고유한 것이 될 수도 있고 좀 더 보편적으로 사용될 경우 어느 정도 관습적이고 규범적인 성격을 띠게 될 것이다. 그러나 우리가 실행 중인 **세미오시스**의 관점을 채택하면 언어가 의미작용을 위해 우리의 경험을 구성하는 그 순간에 우리는 기호 체계의 형성과 그 용례화를 넘어서 있게 된다. 담화 구성을 위해 경험을 구성하는 것은 무엇보다 그 경험 속에서 하나의 **합리성** —하나의 방향, 질서, 지향적 형태, 더 나아가 하나의 구조— 을 발견(반추)하는 작업이다.

 이 장은 우리가 경험을 담화로 구성할 때 필요한 주요 **합리성들**,

행위, 정념, 인지를 다룰 것이다. 이 합리성들은 각각 언어활동의 세 가지 차원을 구성한다.

1. 행위

행위(화용적 차원)는 행위만의 고유한 논리를 갖는데, 이는 바로 변형의 논리를 말한다. 변형의 논리는 본질적으로 목적의 성격에 의해 특징지어진다: 행위의 의미는 사후적으로만 결정될 수 있고, 여러 전제를 결산한 결과를 통해서만 설명될 수 있다. 행위의 결과는 행위를 생산한 실행을 전제하는 동시에, 행위 자체가 그것을 가능케 한 수단과 역량을 전제한다.

행위의 고유한 합리성은 **프로그램화**의 합리성이다: 담화의 움직임 속에서 행위는 특정 **프로그램**에 순응하는 것처럼 나타나는데, 이때 프로그램은 하나의 목표, 쟁점, 역할, 행정을 갖춘 것을 말한다. **프로그램화** 개념은 예고를 뜻하지 않는다. 왜냐하면 프로그램이 행위에 선행한다 하더라도 그 프로그램이 실행시키는 합리성은 늘 사후적이기 때문이다. 그것이 **목표를** 가졌다면 이는 모든 자질이 승인된 목표로부터 확립되기 때문이다.

2. 정념

정념(정념적 차원)은 긴장적 논리를 따르는데 이것은 현존의 논리이면서 동시에 현존이 감각하는 신체에 가하는 긴장의 논리이다. 따라서 담화 내에서 나타나는 대부분의 정념 효과는 강도와 외연의 변화의 관점에서 포착될 수 있다. 하지만 정념 분석은 엄밀하게 지각적이고 긴장적인 요소 외에 다른 많은 요소들을 포함한다: 상, 양태, 리듬

이 대표적인 예가 될 수 있다.

정념 행정은 높은 수준으로 고착되어 있을 때에만 하나의 프로그램을 따른다. 하지만 감성적 경험은 그 감성이 발현되는 순간에만 담화에 의해 포착될 수 있고, 사후적으로는 포착되지 않는다. 따라서 정념적 담화는 행위와는 완전히 다른 논리의 지배를 받는데, 그것은 바로 뜻하지 않은 출현advenir의 논리, 감정 돌입의 논리, 즉 감정적 긴장의 **생성**의 논리이다.

따라서 정념 세계에 고유한 합리성은 **사건**évènement의 합리성이다. 사건은 목표를 가지고 계획된 일이 아니다. 사건은 발생하고, 그 사건에 직면한 사람, 그 사건을 당한 사람, 그 사건의 수혜를 입은 사람에게 영향을 미친다.

3. 인지

인지(인지적 차원)는 두 가지 의미로 이해될 수 있다. 우선, 일반적이고 포괄적인 의미에서 인지는 오늘날 자주 언어능력 일체를 가리킨다. 즉 여기서 우리가 이야기하고 있는 세 가지 차원을 모두 포함할 수 있다는 말이다. 현재 인지적 연구가 이룬 발전과 성과에 의해 초래된 이러한 용법은 사실 거의 조작적이지 못하다. 담화상의 모든 것이 인지적이라면 그 상이한 관여성 영역과 상이한 합리성을 구분해야 한다.

좀 더 특수한 의미에서 인지는 담화 내에서 지식 역량의 조작을 가리킬 수 있다. 그러면 언어활동은 그 언어가 우리에게 전달하는 지식, 세계에 관한 지식, 우리 자신에 관한 지식, 그 언어활동이 가능케 하는 세계에 관한 지식의 관점에서 이해될 수 있다. 이러한 관점에서 담화는 가지적인 의미 일체로 간주되며, 단순히 정보가 순환되는 장소로서만 여겨지지는 않을 것이다. 이 경우에 담화는 특수한 논리에 따르는데 그것은 인식 논리, 경험 세계의 다양한 **포착들**(추론inférences에 의한 포착, 인상에 의한 포착)의 양태와 관계하는 논리를 말한다.

이 포착들 각각은 특수한 하나의 합리성에 상응한다(추론적 합리성, 감각적 합리성 등등). 그러나 크게 보면 인지적 합리성은 **깨달음**appréhension과 **발견**découverte의 합리성이다. 이는 세계의 현존과 자기 자신의 현존의 깨달음과 발견, 진실의 발견, 기존 지식들 사이에 출현할 수 있는 관계의 발견 등을 말한다.

합리성과 담화 차원을 통한 이러한 접근 방식은 의미의 경험적 정의에 부합한다. 의미의 경험적 정의란 의미의 생성 또는 변형의 과정에서만 포착될 수 있는 의미를 말한다. 여기서 살펴본 세 차원은 각각 변화를 이해하는 특수한 방식이라고 볼 수 있다.

담화의 세 가지 거시 논리는 따라서 생성의 세 가지 형태로서 나타난다. (1) **변형** ── 행위 프로그램을 따르는 변형, (2) **사건** ── 담화 심급의 위치에 정의적으로 영향을 미치는 사건, (3) **깨달음과 발견** ── 지식의 근원으로서 이해되는 변화의 깨달음과 발견.

여기에서 주의해야 할 점은, 이 세 가지 거시 논리가 각각 따로 출현하거나 기능할 수 없다는 사실이다. 이들은 동일한 언어능력에 대한 세 가지 관점들인데, 이는 말 그대로 관점일 뿐이며 세 가지 상이한 '현실'이 아니라는 사실을 기억해야 한다.

만약 우리가 **논증**argumentation을 예로 들어 생각해 본다면, 논증은 세 번째 유형의 합리성인 인지에만 관계한다고 생각할 수 있을 것이다. 왜냐하면 논증은 지식을 조작하는 활동이기 때문이다. 하지만 우리는 논증하는 것이 어떤 행위를 하기 위한 목적으로, 정념들(두 번째 유형의 합리성)을 조작하는 활동이기도 하다는 것을 알고 있다. 다시 말해서, 논증의 목적은 타자의 변화를 유도하는 것이거나 타자와 공유하는 상황의 변화(첫 번째 유형의 합리성)를 유도하는 것이다. 그렇다 하더라도 구체적인 담화는 어느 정도 행위, 정념 또는 인지가 세상에 부여하는 의미 중 어느 하나에 더 무게를 두고 있다. 그렇기 때문에 장르가 구분되거나 또는 삶의 의미를 고민하는 철학적 태도가 결정되는 것이다.

이 세 유형의 합리성 —기획, 사건, 발견—사이의 상호작용으로 복잡하지만 일관성 있는 하나의 의미 집체가 구성된다. 그리고 이 의미 집체는 동일한 담화 실천에 의해 제어된다. 이렇게 해서 담화는 목적이 분명한 의미 행정을 실행하는 동시에 정념과 정념적 긴장을 실행할 수 있는 것이다. 담화는 고착화된 프로그램을 재생산할 수도 있지만 그만큼 새로운 세계를 창안할 수도 있다.

행위, 정념, 인지, 이 세 개념은 담화 통사에서 세 개의 주요한 차원으로 간주된다. 이는 담화성의 상이하면서도 상호 보완적인 세 체제이면서 식별 가능한 세 합리성이다.

하지만 우리는 종종 (여기에서조차도) 담화의 '수사학적인 차원' 또는 '미학적 차원'을 이야기한다. 이 '차원'은 무엇이고 또 저 '차원'은 무엇인가? 우리가 '수사학적인 차원'을 이야기할 때 이 '차원'은 약한 의미에서 사용된 것으로, 이 표현을 통해서는 담화의 특수한 한정들의 일관된 집체를 상기시키는 것뿐임을 이해해야 할 것이다.

이와는 반대로, 우리가 '화용적 차원'(행위 기호학), '정념적 차원'(정념 기호학), '인지적 차원'(인지 기호학)을 이야기할 때 이 '차원'은 강한 의미를 취하며, '2차원 또는 3차원 공간'이라는 표현에서 사용되고 있는 단어와 동일한 용법을 갖는다. 이러한 의미에서, 모든 기호학적 대상은 **3차원**(행위, 정념, 인지)의 대상이라고 볼 수 있다. 퍼스가 모든 기호학적 대상은 1차, 2차, 3차로 포착될 수 있다고 말한 바 있는데, 이는 아마도 우리와 같은 이유에서 나온 발언일 것이다. 여기서 우리는 퍼스가 말한 3차, 즉 인지적 차원에 도달한 모델을 제공하고자 한다.

문제의 세 차원은 따라서 어떤 기호학적 대상의 통사를 구성하는 세 가지 방식일 뿐이다.

여기서 우리는 '어떤 기호학적 대상의 통사를 구성하다'가 무엇을 의미하는가를 알아보아야 한다. 가장 조작적일 때가 자주 있는 가장 간단한 답을 위해 우리는 앞서 언급한 바 있는 **이질성의 통합**을 참조해 보자. 이질성은 전-통사적인 소여이고, 담화가 시퀀스로 분할되기 이전, 기본 도식들이 뚜렷해지기 이전의 기호학적 상태를 말한다. 이질성은 또한 발화에 행사되는 하나의 압력이며 이 압력은 식별 가능하고 의미를 담을 수 있는(생성 중인 의미이든 해석 중인 의미이든) 어떤 조직을 목표로 한다. 이질성은 결국 현존이 강도와 외연으로 분절되기 이전에, '지각된' 상황들의 한 가지 속성이다.

담화의 세 **차원**은 각각 이질성의 통합을 보장하는 하나의 특수한 방식에 상응한다. 우리는 이질적 상태를 해결하는 상이한 형식들을 **담화 체제**régimes discursifs라고 부를 것이다.

화용적 차원은 이런 의미에서 담화 체제 중 하나인 **행위**의 체제를 제공한다. 리쾨르의 3부작 『시간과 이야기』를 읽은 사람이라면 이 첫 번째 체제에 놀라지 않을 것이다. 왜냐하면 이것은 3부작 중 1부의 첫 장이 다루는 주제이기도 하기 때문이다(리쾨르에게 『미메시스 I』은 첫 번째 시간적 통합이며 이것은 행위의 의미론이 탄생된 배경이 된다).

그러나 기질적(또는 정념적) 차원은 또 다른 체제인 **정념**의 체제를 제공한다. 정념의 체제는 현존, 세상 또는 타자와의 공동-현존, 또는 그 자체로서의 현존의 다양한 변조들을 둘러싸고 지각된 것들의 총체를 재구성한다. 여러 장르 또는 다양한 유형의 담화를 대조해 보면 정념적 배치들이 자주 신화적 조작의 전환, 특히 이질적인 영역 사이의 **매개** 작용으로 말미암은 것임을 알 수 있다.

마지막으로 인지적 차원은 —— 이것을 굳이 부연할 필요가 있을까? —— 또 하나의 이질성의 통합을 제안한다. 이것은 세 번째 담화 체제로서, 주로 비교와 대조를 통해 이루어지며, 인지 체제를 작동시키는 포착의 상이한 유형들은 우선 그 정의상 **관계 형성**의 상이한 양태들이다. 관계 형성은 형상들이 지시 대상과 맺는 관계 형성, 형상들끼리 맺는 관계 형성, 형상들이 주체의 내적 상태와 맺는 관계 형성으로 나누어 볼 수 있다.

1. 행위

행위 체제는 상태의 불연속적인 변형을 기반으로 한다. 한 행위는 **최초 상황**과 **최종 상황**이라고 부르는 두 상황을 이어 주는 역할을 한다. 상황은 늘 행위의 순서를 따라 역전된다. 행위 이전에 야망이 있는 한 사람이 있고 그는 무명이며 가난하다. 행위 이후에 그는 부유하며 (아마도) 명예로운 위치에 있다. 행위의 모든 속성들은 이 관계로부터 파생된다.

1.1. 전제에 의한 재구성

하나의 변형을 파악하기 위해서는 최종 상황을 최초 상황에 대면시켜야 한다. 여기서 최초 상황은 우리가 그것을 최종 상황과 비교할 때에만 의미를 갖는다. 만약 최초 상황을 소개함에 있어서 상황이 너무 복잡하거나 차이를 발견할 수 없을 때에는 최종 상황에서 그 운명이 역전된 내용을 밝혀낼 수 없다. 또한 최초 상황이 명시적으로 소개된다 하더라도, 예컨대 어떤 **결핍**défaut이 뚜렷이 드러나더라도 이것이 관여적인 내용에 해당하는 것인지를 보장해 주는 것은 아무것도 없다. 이와 관련하여 수많은 이야기들이 기만적이다. 영웅들, 물질적 부를 얻고자 떠난 영웅들이 지혜를 발견한다. 또 공포를 극복하고자 떠난 영웅들이 물질적 부를 얻고 공주와 결혼한다. 최초 상황은 행위자들의 동기를 설명해 줄 수 있지만, 그들의 동기는 행위의 논리와는 다른 많은 논리들을 따라 변화한다. 행위자는 어떤 대상이 필요하다고 믿는다. 그러나 그의 **정념** 또는 실수에 의해 행위자는 전혀 다른 품행을 가질 수 있는데, 이 품행은 진정한 의미의 행위를 초래하지 않을 수 있다. 행위에 필요한 관여적 내용의 정체는 따라서 최종 상황으로부터만 밝혀질 수 있다. 즉 최종 상황을 최초 상황에 대면시키는 작업을 통해서만 행위의 의미를 알 수 있다.

예컨대 서사 도식은 행위의 흐름을 거꾸로 읽는 과정이다. 최종 상황, 즉 **승인**sanction ── 인정, 보상 또는 처벌 ── 으로부터 우리는 어떤 사건, 사물이 상벌을 초래하였는지 추론한다. 이것은 행위의 **결과**를 따지는 일에 다름 아니다. 이 결과로부터 우리는 **수행** 자체에 의해 시작될 무엇을 재구성할 수 있다. 그리고 **수행**으로부터, 그 이전에 갖추어야 하는 조건들, 즉 행위자가 획득해야만 하는 **역량**을 계산할 수 있다. 이와 같이 행위의 의도는 역방향으로만 파악될 수 있다.

그 역도 참이다. 모든 역행적 기능은 담화가 고유한 변형의 논리를 세우고자 한다는 사실과 좀 더 보편적으로는 행위의 논리를 세우고자 한다는 사실을 보여 준다. 예컨대, 만약 추리소설의 결말이 전개 부분에서 우리가 세울 수 있었던 모든 가설을 뒤집는다면 이는 역행적 독서를 통해 그 결말이 이전의 모든 인상과 추론을 중립화시키고 이 모든 것을 대체하는 하나의 불연속적인 변형 논리를 구축함을 뜻한다는 것을 알 수 있다. 우리의 지식, 서술적 정보에의 접근성, 추론, 인상 들은, 인지적으로 합당하다 할지라도, 행위 논리와 서술자의 논리에 의해 오류가 있는 것으로 간주된다. 행위 논리, 서술자의 논리는 은폐와 폭로의 논리이면서 동시에 범죄자의 논리, 이야기가 감추고 있는 서사적 프로그램화의 논리이기도 하다.

이질성 통합 문제에 관해서는, 앞서 우리는 이것이 각 논리 유형을 정의하는 근거가 된다고 밝힌 바 있는데, 행위의 기호학은 서사 진행의 **종결**과 **역진적 독서**로부터 동시에 그 논리를 부여받는다. 부연하면, 주요 서사 행정과 주변 서사 행정의 구성적 이질성은, 그것들이 현시하는 시간적 형식들과 마찬가지로, 구성요소들이 전제 관계에 의해 계산되고 추론될 수 있는 일반적 총체로서 다루어진다.

행위 의미론의 주요 구성요소들은, 리쾨르가 『시간과 이야기』 1부에서 상기하듯이(동작주, 수혜자, 목표, 수단, 상황, 도움, 적대 행위, 협조, 갈등 등), 달리 구축되지 못한다. 변형의 전체적 사행은 종결된 상태여야 하고, 이 종결된 상태로부터 행위소 및 다른 필요한 부분들이 추론되고 식별될 수 있다.

행위 체제가 제안하는 동질성은 결국 연쇄적으로 얽힌 부분들로 이루어진 하나의 총체이다. 이 부분들은 모두 동일한 위상을 가지지만(동일한 장르에 속한다) 그 내용은 다르다. 또한 그 연쇄적으로 얽혀 있는 관계는 순행 행정과 역행 행정에서 동일한 의미를 갖지 않는다. 순행하는 행정에서 연쇄적으로 얽힌 요소들 사이의 관계는 우연적이며 자의적인 반면(선택의 원리), 역행하는 행정에서 이들의 관계는 필연적이다(전제의 원리).

이러한 처리 방식은 분포주의 문법의 원리 또는 분포주의의 전통을 따라 최근에 출현한 변형 생성 문법의 방식이다.

정념 행정의 경우에 있어서도 마찬가지이다. 정념 행정은 그것이 초래하는 변형의 관점에서 이해되는 순간부터 전술한 행위 논리와 유사해진다. 정념이 **행한다**, 이 말은 곧 정념이 정념 그 자체와는 다른 어떤 논리로 나아간다는 말이다. 세네카가 『분노에 대하여』에서 분노를 비판하는 내용은 이를 잘 보여 주는 예다. 분노하는 사람은 어떤 사건에 의해 동요된 것이다. 그러나 이러한 반응은 그 사람이 화를 내기 위해 스스로를 화난 사람으로 **기획했다**는 사실로부터 발생한다. 이 추론은 완전히 회고적이다. 분노는 감정의 동요를 전제하고, 동요는 무엇을 기대했으나 거절되었다는 사실을 전제한다. 기대는 또한 그 자체로 어떤 믿음을 전제한다. 분노한 사람은 타인에게 또는 이 세상에 무언가 기대할 만한 좋은 것이 있다고 믿는 사람이며 그것이 착각이었음을 깨닫게 되는 사람이다.

세네카의 추론은 정념 논리를 따르지 않으며, 거의 의식적으로 그것을 무시한다. 그는 최초 상황(낙관적이고 평화로운 믿음)을 최종 상황(공격적인 폭발)과 연결시키는 방식으로, 분노가 어떤 면에서 회고적으로 왜곡된 낙관주의를 드러낸다는 사실을 보여 준다. 반대로 효율적이며 잘 조절된 복수는 온건한 시각, 다시 말해서 그 어떤 긍정적인 기대를 하지 않는 비관적인 믿음을 전제한다.

이러한 관점에서 분노는 더 이상 정념 논리, 사건의 논리에 따라 처리되지 않는다. 왜냐하면 여기서 제기되는 문제는 행위 목표, 심지어 그 행위 목표의 최적화이기 때문이다. 그렇다면 행위가 성공적으로 수행되기 위해서 필요한 이상적인 초기 조건은 무엇일까? 전략은 **사건 자체를 불가능하게** 만드는 데에 그 목적이 있다. 행위 프로그램화에 이미 포함된 것 이외에는 그 무엇도 갑작스럽게 일어날 수 없다.

1.2. 행위 프로그램화

행위의 의미를 **사후적으로**밖에는 이해할 수 없다고 해서 이것이 행위소가 그의 행위를 제어할 수 없다는 것을 뜻하는 것은 아니다. 그렇지 않다면 모든 행위는 이야기가 전개되는 내내 우연적이고 비가지적인 것으로 나타날 것이다. 사실 행위소는 행위를 프로그래밍할 수 있고 이는 다음 세 가지 방식으로 이루어진다: (1) 행위소는 그가 얻고자 하는 상황으로부터 역으로 행정을 계산함으로써 그의 행위를 계획한다. (2) 행위소는 정형화된 표준 도식을 사용하여 행위를 계획한다. (3) 행위소는 전략을 실행에 옮김으로써 행위를 계획한다. 그러나 방식 (1)에서부터 방식 (3)으로 갈수록 행위소는 점차 행위로부터 멀어지며 사건에 더욱 민감해진다. 환언하면, 기대되는 결과로부터 치밀하게 계획된 역진적 프로그램화에서 출발하여 행위소는 담화 심급에 의해 결정되는 위치로부터 미래 전망적인 프로그램화를 채택하게 되는 것이다. 정형화된 표준 도식은 이미 존재하는 실천과 기억에 호소한다. 전략의 효율성에 관해서는 **즉각적으로** 일어나는 사건에 반응하는 행위소의 능력에 따라 그 효율성이 결정된다.

　행위소가 행위의 체제에서 멀어질수록 행위의 체제가 요구하는 일련의 조건들(회고적이며 닫힌 독서)을 만족시키기 어려워진다. 따라서 전략은 **미래**를 전망하는 **열린** 행정으로 기운다. 하지만 이러한 전략적 투사 내에 존재하는 추론 방식은 여전히 회고적일 수 있다.

행위소는 인지적인 차원에 접근할 수 있기 때문에 전제에 의한 재구성은 행위소가 접근할 수 있는 대상이다. 행위소는 행위의 회고적인 합리성을 발견하고 그것을 경험의 한 형태로서 인지하면서 그것을 행위 기획에 적용할 것이며 이를 통해 모든 이야기 진행을 전제에 의해 재구성할 것이기 때문이다. 예컨대 우리는 상업영화에서 은행 강도들이 범죄를 준비하면서 은행털이에 필요한 최대 시간을 먼저 계산하고 행위의 시간 분할을 역진적으로 계획하는 장면을 흔히 봐왔다. 새롭게 발견할 것도, 새롭게 창조할 것도 없다(특정 관점에서): 모든 것은 이미 주어진 시간과 상황들에 의해 가상적으로 계획되어 있다.

다른 많은 유형의 담화 또는 서사 상황 속에서 프로그램화는 역진적 재구성으로도, 일련의 규범으로도 나타나지 않는 경우도 있다. 계획은 행위소에 의해 새롭게 시도될 수 있어야 한다. 이런 경우에만 프로그램의 계산들은 전략적인 것이 될 수 있다. 예컨대 은행 강도가 범죄 기획을 실행에 옮길 때 한편으로는 경찰과 보안 시스템의 대항 프로그램이 개입하며 다른 한편으로는 흔히 **예측 불가능**하다고 말하는 우연적 상황이 벌어진다. 이 경우에 행위소는 그의 주목적을 달성하게 해 주는 (1) 역진적 프로그램과 표준적 반응을 가능케 하는 (2) 정형화된 도식을 적절히 조합할 수 있어야 한다. 적 또는 '돌발 상황'에 대한 그의 재현으로부터 이루어진 (3) 전략적 계산도 조합할 수 있어야 한다. 그러나 행위의 재현은 명백히 시뮬라크르(담화 내에 존재하는 2차 표상)의 차원에 속한다. 따라서 이 행정은 담화의 인지적 차원에서 진행된다.

조리법, 사용법 또는 조립식 제품에 들어 있는 설명서와 같은 기술적인 담화는 이 회고적 논리가 반영된 훌륭한 기술 방식을 제공한다. 이들은 **프로그램화**된 담화들이며 일련의 **지침**의 형식으로 소개된다.

이 지침들은 전부 최종적으로 획득하고자 하는 결과에 의해 주문된다: 요리의 경우, 조리법을 완성하는 것은 우선 (1) 요리를 분석하여 밝혀낸 재료들의 목록을 만드는 것이며 (2) 조리가 완결된 상황(식탁 위에 음식이 놓이는 순간)으로부터 거꾸로 추적하여 조리 과정을 단계별로 구분하는 것이다: 장식, 위치, 익은 정도, 재료 준비… 또한 (3) 이 여러 단계들을 시간 속에 배치해야 하는데, 이때 각 조리 과정의 지속 시간과 순서를 고려해야 한다. 지침의 담화가 처음 단계로부터 마지막 단계로 향하는 순서(우리가 하는 **발견**의 순서)로 쓰여 있다 하더라도 이는 어디까지나 기대되는 결과로부터 계산된 회고적 **프로그램화**를 따르는 담화이다.

반대로 행위가 기획 단계에 있을 때 또는 지침의 담화가 생성되는 순간 프로그램화는 계산이나 예측에만 의존할 수는 없다. 도식적인 틀이 필요하다. 결과적으로 전제 또는 시뮬라크르의 투사에 의한 재구성은 일정 수의 전형을 따르게 된다. 다시 말해서 행위의 표준 도식을 활용한다는 뜻이다: 기본 프로그램 (또는 '서사 프로그램'), 목적(결과), 쟁점(가치 대상), 파트너(다른 행위소들), 의무적으로 거쳐야 하는 매개의 국면(역량 획득, 양태 술어) 등. 이 경우에 프로그램화는 지침의 '메타-담화'를 사용하는데, 여기서 메타-담화란 우리가 속한 문화가 인정하며 프로그램화의 훌륭한 형식을 정의하는 담화를 말한다.

1.2.1. 서사 프로그램

행위 발화체의 기본 단위는 서사 프로그램이다.

기억해 둘 내용: '서사의'라는 형용사는 여기서 '변형에 해당하는' 기술적이고 일반적인 의미로 이해해야 한다.

기본 프로그램은 상태 발화체로 구성되어 있다. 다시 말해서 행위소의 두 유형, 주체와 대상 사이의 기본 상호작용으로 구성되어 있다. 주체(S)와 대상(O)은 **연접**($S \cap O$) 또는 **이접**($S \cup O$)이라고 부르는 술어에 의해서 결합된다. 따라서 서사 프로그램은 하나의 기본 발화체를 다른 발화체로 변형시키는 과정(최초 상황 → 최종 상황)이다. 예를 들어,

$(S \cap O) \to (S \cup O)$ ── 이것은 '이접'의 프로그램이며 ──

$(S \cup O) \to (S \cap O)$ ── 이것은 '연접'의 프로그램이다 ──.

전통적으로 사용되는 공식 ──'기술'일 뿐이며 분석은 아니다 ── 은 연접 프로그램의 경우 다음과 같다:

$$Ft\,[\,S1 \to (S2 \cap O)\,]$$

이 공식은 행위의 상징 체계(Ft 또는 'faire transformateur'), 조작자(S1), 수혜자(S2), 쟁점 또는 가치 대상(O), 목표, 즉 최종 상태 발화체(S∩O)만을 나타낸다. 대괄호 […]는 변형을 상징화한 것이며 소괄호 (…)는 기본 발화체를 상징화한 것이다.

행위의 프로그램화(기본 프로그램, 조작자, 목적, 쟁점, 실행, 수혜자…)는 단지 부분적으로만 서사 프로그램 공식으로부터 유도되며 이 서사 프로그램이 대항 프로그램과 충돌하고 하위 프로그램들의 전략과 충돌함으로써 전체적인 프로그램화가 이루어진다.

1.2.2. 프로그램과 대항 프로그램

여기서 기억해야 할 것은 다음과 같다. 변형의 관점을 취할 때 우리는 힘의 논리 안에 자리 잡고 있는 것이며 특히 하나의 프로그램이 어떤 발화체를 다른 발화체로 변형시키고자 한다면 이 프로그램은 어느 정도 안정된 상태로 간주되었던 최초 발화체의 **저항**을 만나게 될 것이다. 이것은 물질의 저항이며 최초 상황의 복합성 자체의 저항이다. 또는 다른 주체의 행위에 직접적으로 가해지는 저항인 경우도 빈번하다. **단단함, 복잡함** 또는 **적대감**, 이 형상들은 모두 대항 프로그램의 관점을 나타낸다.

변형의 공식을 전부 펼쳐 놓으면 대항 프로그램은 더욱 명확하게 나타난다:

$$Ft\,[\,S1 \rightarrow (S \cup O) \rightarrow (S3 \cap O)\,]$$

S1, S2와 **S3**은 모두 구별되는 행위소들이다. 이들의 등가 관계는

모두 가능하다:

S1=S2(조작자는 대상과 분리되어 있고 대상을 다른 누군가에게 양도
한다),

S1=S3(조작자는 누군가에게서 대상을 빼앗는다),

S2=S3(조작자는 대상의 결핍을 겪는 누군가에게 대상을 양도한다),

S1=S2=S3(조작자는 대상의 결핍을 겪다가 대상을 스스로에게 부여
한다).

하지만 상황의 구체적인 해석이 어떤가에 상관없이 상황은, 적
어도 가상적으로는, 어떤 대항 프로그램의 흔적을 안고 있다. 이 대항
프로그램은 S2에 기대고 있는데, S2는 우리가 S3에 유리하도록, 상황
을 변형시키면서 함께 변형되는 행위소이다.

조립 설명서를 예로 들어 보자. 조립해야 하는 대상의 부재는 조
립을 어렵게 만드는 주요 요인이다. 발화체(S2∪O)는 변형되어
야 할 발화체만이 아니다. 맞서야 할 대항 프로그램의 흔적이기
도 하다. 조립 설명서는 사물을 해체시킬 수 있도록 해 주며, 이것
이 곧 조립 프로세스의 기본 조건이기도 하다. 사물은 하나의 완
전체로서 고안되었지만, '조립 제품'으로 판매될 목적으로 해체
되어 있다. 대항 프로그램은 부분 부분으로 분해된 사물의 재구
성이다. 조작자가 이 사물의 궁극적인 형태를 상상하지 못하는
시간 동안 대항 프로그램이 부과된다.

이 사례는 '대항 프로그램'의 개념이 반-주체anti-sujet가 주체에 맞서는 경우로만 국한되는 것이 아님을 분명하게 보여 준다. 여기서 우리는 반-주체가 '대상화'된 것과 그가 대상 자체의 형태 내에 기록되어 있음을 받아들일 때에만 반-주체를 이야기할 수 있다. 하지만 그는 언제라도 조립자의 코멘트 안에서 자율성을 되찾을 수 있다. 해체된 대상의 저항은 예컨대 기획자 또는 생산자에게로 향할 수 있다.

따라서 갈등은 행위 논리 안에 내재되어 있다. 만약 상태를 변형시키기 위해서 조작자가 필요하다면 그 정의상 상태는 변형에 저항한다. 반대로 불안정한 상태들은 조작자 없이도 상태의 진전을 경험할 수 있다. 그러나 곧 보겠지만 이들의 진전은 행위 논리에 관여하지 않는다.

전략은 대항 프로그램을 해체시키는 프로그램화의 차원으로 정의될 것이다. 행위의 프로그램화에 관한 관찰들은 다수의 결과들로 이어지지만, 우리는 여기서 전략과 관련하여 상적 전략과 시뮬라크르의 전략, 이 두 가지만 이야기하기로 하자.

1.2.3. 상적 전략: 프로그램과 하위 프로그램

조리법이 다음과 같이 쓰여진다면 크게 의아해하는 사람은 없을 것이다.

소고기를 작은 조각으로 썰어 밀가루를 입힌 다음 조각 썰기 한 양파, 포도주,

식용유, 조각 썰기 한 당근과 함께 압력솥에 넣어 익히세요.

대항 프로그램을 해체시키기 위해 우리가 적용할 수 있는 첫 번째 규칙은 행위를 분할하는 것, 즉 지배하기 위해 나누는 것이다. 프로그램을 여러 하위 프로그램들로 분할하는 것은 대항 프로그램의 저항을 분할하는 일이다. 만약 저항이 상황의 복합성에 기인한다면, 하위 프로그램은 가장 단순한 부분에서 먼저 실행되어야 할 것이다. 만약 저항이 적대감에 기인한다면, 하위 프로그램은 부차적인 상aspect secondaire에 적용되거나 그렇지 않더라도 주요 쟁점으로부터는 거리를 두어야 할 것이다. 예컨대 소고기 당근 스튜와 같은 음식은 각 작용들의 질서 있는 배치로부터만 느낄 수 있는 일련의 감각(맛, 냄새, 점도)을 자극한다. 다시 말해서 조리법이 효율적이려면 조리 과정을 단계별로 분해해야 하고 각 과정을 순서대로 배치해야 한다. 양파를 고기보다 먼저 구울 것, 당근을 넣기 전에 고기를 먼저 데칠 것 등. 여기서 우리는 적절한 분할을 해야만 그 단계들의 순서를 정할 수 있는데, 적절한 분할은 대상의 전체적인, 안정적인 재현으로부터만 가능하다. 따라서 프로그램화 작업에는 도달해야 할 목적의 '도상적인' 표상이 있게 마련이다.

럭비 경기에서 혼자 60미터를 달린 끝에 골을 시도하는 포워드 선수의 고독한 행위는 확실히 아름답다. 그러나 이 행위는 대항 프로그램의 일시적인 부재를 전제한다. 다시 말해서 적의 방어가 순간적으로 해체된 상태를 전제한다. 일반적으로 이러한 부재를 믿을 수 없는 선수는 덜 극적인 일련의 행위들을 축적하면서 경기에 임한다. 즉 이 행위들은 발차기, 접촉, 고정, 개방, 패스 등 하위 프로그램들로 구성된다.

프로그램을 여러 하위 프로그램으로 분할하는 작업은 강도, 위엄, 반짝이는 행위를 보여 주지는 못할 것이다. 대신 계산, 다채롭고 질서 정연한 무수한 행위들의 양을 효율적으로 부각시킨다. 따라서 사건의 반짝임과 행위 프로그램화를 대비시키는 긴장적인 구조에서 프로그램의 분할은 지배적인 외연의 편에 설 것이다.

어떤 면에서 행위를 하위 프로그램으로 분할하는 작업은 위에서 언급한 대상의 분해에 대한 일종의 반응이다. 대상의 분해는 대상에 어떤 '저항적인' 형태를 부여하며, 이 저항은 행위를 분할하는 조립 설명서에 의해 상쇄된다. 행위의 분해는 행위에 복합성을 부여하지만 이 예측 불가능성 역시 적의 행위를 방해한다. 가능한 유일한 대처는 유효한 조합을 아는 지식뿐이다.

하위 프로그램으로 분할하는 작업은 여러 추가적인 규칙들을 따른다. 전제된 조건들의 규칙, 대상의 형태론적 규칙, 프로그램이 채택해야 하는 시공간적 형식의 규칙, 마지막으로 대항 프로그램의 구성 자체의 규칙.

전제된 조건의 요청으로 하위 프로그램들은 행위에 필요한 양태들을 획득하도록 해 준다.('제IV장 행위소' 참조) 예컨대, 어떤 가구를 조립하기 위해서는 조작자는 적어도 일자 드라이버와 십자드라이버의 차이 또는 나사와 나사못의 차이, 수직 기둥과 수평 받침대의 차이 등을 알고 있어야 한다. 따라서 이러한 양태 획득 프로그램들은 조작자의 역량을 만들어 낸다.

대상의 형태론적 특징이 요구하는 바에 따라 하위 프로그램들은 각 부분들로 분할되는 구조, 적어도 최초 상황에서 출현한 형태 그대로와 결합한다. 그 대표적인 예가 조리법이다. 예컨대 우리가 마요네즈를 만들고자 한다면 최종 산물에서 달걀, 식용유, 식초가 구분되지 않는 것이 좋다. 그러나 하위 프로그램들은 달걀을 푸는 것, 식용유와 식초를 넣는 것을 포함할 것이다. 이 부분적 과정들은 또한 위계적이며, 하위 프로그램들은 시간(전/후)과 공간(앞/뒤 등) 속에 이 위계를 투사하는 방식으로 위계를 재생산한다.

시공간적 형식이 요구하는 바에 따라 하위 프로그램들은 대상의 부분들의 위계적 구조와 결합한다. 하지만 시공간적 프로그램화는 또한 각 하위 프로그램의 상대적 지속 시간도 고려해야 한다. 만약 채 썬 양파와 조각 썰기 된 고기가 달궈진 기름 속에서 노릇하게 익은 순간 당근이 조각 썰기 되어 있지 않다면 소고기 당근 스튜 요리의 성공은 심각하게 위협받을 것이다. 이는 매 순간 대항 프로그램이 그의 시공간적 프로그램화를 작동시키면서 전략을 바꿔 놓을 수 있음을 의미한다. 만약 당근이 제시간에 준비되어 있지 않으면 양파와 고기는 몇 분 안에 타 버릴 것이다.

대항 프로그램 자체가 요구하는 바에 따라 조작자는 예측을 할 수 있어야 한다. 분위기를 좀 바꿔서 셀린의 소설 『밤 끝으로의 여행』의 주인공 바르다뮈의 전략을 상기해 보자. 그는 불가역적이고 회복 불가능한, 끈질기게 이어지는 한 가지 대항 프로그램과 마주한다. 이는 다름 아닌, 마주하는 모든 상황의 쇠퇴에 의해 초래되는 물질의 해체, 인간관계의 악화, 일부의 죽음이 그것이다. 이 대항 프로그램을 해체하기 위해 그가 주도할 수 있는 유일한 자발적 행위는 도주이다. 이 또한 제시간에 떠나지 않으면 안 된다. 바르다뮈는 경험을 통해 깨달은 몇 가지 징후 덕분에 이 대항 프로그램을 예측한다. 유사한 사람들의 공격성, 사물의 상태의 냄새(실제적이거나 은유적인), 확산되고 있는 질병 덕분에 주인공은 회복 불가능한 이 쇠퇴가 효과를 발휘할 순간을 예측할 수 있다. 그 대표적인 예는 아프리카 대륙에서 일어난 상점 에피소드에서 잘 나타난다. 모든 전조를 제시간에 간파한 주인공은 큰 석조 건물에 불을 지르고 그가 다녀간 모든 흔적을 말끔히 제거한 후 달아난다.

이러한 유형의 전략은 순서에 따라 시공간 속에 배치된 사행의 분할에 근거하며 이러한 전략의 성격은 **상적이다**aspectuelle. 언어학에서 말하는 상과 같이, 이 전략은 행위의 사행을 하나의 전체로서가 아니라 위계질서가 잡힌 시공간적 구조로서 취급한다.

1.2.4. 전략과 시뮬라크르

그의 프로그램을 대항 프로그램에 적응시키기 위해서 조작자는 매 순간 그 자신 또한 포함되어 있는 국면에 적합한 방식으로 대항 프로그램의 표상을 사용할 수 있어야 한다. 여기서 우리가 '표상'이라고 부르는 이것은 이미 한 담화의 형식을 취한다. 표상은 그가 점유한 하나의 위치를 가리키고 가치들의 체계를 담지하며 서사 프로그램들에 근거한다. 또한 표상은 공간 속에, 시간 속에 펼쳐지며 이 표상 속에서 겨냥된 행위소는 하나의 양태적 정체성을 갖추고 있다. 따라서 이는 잠재적 담화이며 다른 행위소와 얽혀 있기도 하지만, 이 담화는 첫 번째 행위소의 위치로부터 포착된다. 이 잠재적 담화는 첫 번째 행위소가 이 담화에 반응하는 그 반응 속에 나타나는 바 그대로 초기 목적의 표상에 제한되어 있는 경우가 가장 많다.

논증적 담화에서 이러한 시뮬라크르의 구축은 수사적 표현의 형식하에 그 목록이 작성되었다. 예를 들어 반론 예상 논법anté-occupation은 정확히 반-주체의 전략의 표상에 해당한다. 왜냐하면 이 것은 상대편의 반론을 예측하여 그의 논거를 모방하는 수사법이며 이는 상대편의 반론을 제거하기 위해 예상되는 반론을 사전에 반박하는 것이기 때문이다.

전략들은 상호작용을 통해 수립되므로 각자는 자신의 시뮬라크르와 타자의 시뮬라크르를 동시에 구축하는데, 이때 각 전략은 타자가 사용할 것으로 예상되는 시뮬라크르에 따라 그에 상응하는 메커니즘을 도입한다. 시뮬라크르의 삽입 메커니즘과 시뮬라크르의 연쇄 메커니즘이 있다. 따라서 우리는 첫 번째 수준, 두 번째 수준, …번째 수준의 시뮬라크르(계열체적인 관점에서)와 첫 번째 열, 두 번째 열, …번째 열의 시뮬라크르(통합체적인 관점에서)를 갖게 될 것이다.

전략은 타자의 행정을 예측하는 능력을 요할 뿐 아니라 기억력과 메타-기호학적인 능력 또한 요한다. 기억력은 시뮬라크르의 모든 조합을 동원할 수 있는 표상을 간직하는 데에 유용하다. 또한 메타-기호학적인 능력은 시뮬라크르들을 일종의 가능한 시나리오들처럼 구성하는 데에 유용하다.

럭비 경기로 돌아와서 고독한 포워드 선수(A팀)의 이야기를 이어가 보자. 이 선수는 B팀의 수비수들이 경기장의 반대편 영역에 포진해 있다는 사실을 이용했다. 반대팀, B팀의 관점에서 A팀의 프로그램은 경기의 본 국면에서는 쟁점이 반대편 진영에 기울어져 있다는 정보를 주는 재현의 대상이 된 것이다. B팀 선수들의 포진이 속임수인 경우를 상상해 보자. 이러한 계략은 A팀의 포워드 선수가 공을 가로챈 순간 이것이 오프사이드로 간주될 수 있도록, 즉 B팀의 첫 수비수의 위치를 넘어선 위치가 될 수 있도록, 적의 골대를 바라보는 방향에서 충분한 거리를 두고 실현된다. B팀은 포워드 쪽 공격의 대항 프로그램을 예상하여 그 프로그램을 사전에 해체시켰다. 포워드 공격은 심판에 의해 승인되기 때문이다.

이처럼 각 팀이 상대 팀의 프로그램에 관해 구축하는 예상 프로그램은 하나의 시뮬라크르이다. 다시 말해서 이는 대항 전략 기획에 적합한 단순화된 대응책이다. 좀 더 일반적인 차원에서 말하면 행위소는 대항 프로그램(그의 최종 발화체)의 시뮬라크르를 갖기 마련인데, 이 시뮬라크르는 대항 프로그램이 지향하는 목표의 도식적이고 잠재적인 이미지의 형태로 나타난다.

그러나 시뮬라크르의 역할은 여기서 더 나아간다. 조립 설명서는 대상의 형태 논리를 준수하는 대상의 시뮬라크르를 제공해야 한다. 운동선수는 반대편 선수들을 이용하여 그의 고유한 시뮬라크르를 구성할 수 있는데, 이 시뮬라크르는 속임수가 될 것이다. 대표적인 예를 A팀 포워드 선수를 오프사이드로 유인하기 위해 기획된 B팀의 선수 배치에서 찾아볼 수 있다.

결국 프로그램과 대항 프로그램에 의존적인 행위소들 사이의 소통은 온전히 시뮬라크르에 의해 이루어진다. 이는 많은 사실을 함의하나 그중 하나로 각자의 **프로그램화**는 늘 반대편의 프로그램화를 변질시키고 조작하기 위해 고안된다는 사실을 뜻한다. 따라서 이 지점에서 하나의 인지적 차원이 출현하는데, 이 인지적 차원에서 실현된 프로그램화(내재적인 프로그램화가 아니다)는 전략적인 소통의 수단이 된다.

하지만 만약 프로그래밍된 행위소가 프로그램화에 관한 '알게 하기'faire savoir를 동반하며 이것이 적을 속이기 위한 것이라면 이는 행위의 논리가 모든 순간 이중적으로 중첩될 수 있음을 의미한다. 이 경우에 행위의 논리는 두 개의 의미화 층위로 구성되어 이질적인 것으로 나타난다. 화용적 층위와 인지적 층위가 그것이다. 옐름슬레우의 용어로 환언하면 서사 행정은 두 기호 관계로 분할될 수 있다. 기호-대상(화용적 차원)과 메타-기호(인지적 차원). 그리고 행위의 연출은 행위의 전개와 그 행위 내적 모델의 게시라는 두 측면을 보여 줄 것이다.

하부 층위라고 말할 수 있는 전략에서 시뮬라크르는 최종적 결과를 미리 예상한 내용과 관계한다. 때로 이것은 매개적인 단계일 수 있다. 예컨대 조립 설명서, 사진, 그림, 도식 등은 부분들의 코드와 함께 단계별 코드를 포함한다.

상부 층위의 전략에서 행위는 또 다른 하나의 차원, 우리가 **설득적**인 차원이라고 부를 수 있는 그 차원과 중첩된다. 이 차원에서 우리는 프로그램과 대항 프로그램들의 상호 시뮬라크르를 제안하고 해석한다. 이런 면에서 우리는 체스 게임의 교묘한 성격을 이해할 수 있다.

그러나 우리는 동시에 복잡한 전략은 그에 상응하는 값을 치른다는 사실 또한 알고 있다. 즉 복잡한 전략은 하나의 행위 논리를 벗어나 정념 효과, 가치론적 효과를 가지며 메타-기호적 사건들과 만난다.

담화의 수사적인 차원 또한 이러한 상부 층위의 전략을 활용한다. 한 예로 반어적 찬사astéisme를 상기해 보자. 이 단어의 메시지는 부정적인 정향을 지니고 있지만 해석자에 의해 긍정적인 의미로 이해되는 논증적 수사법 중 하나이다. 예컨대 누군가의 선물을 나무라면서 실제적으로는 감사의 마음을 전하는 표현이 이러한 수사에 해당한다. 따라서 화자가 자기 자신에게 제안하는 시뮬라크르는 선물을 기대하지 않았던 누군가 또는 아주 소소한 선물만을 기대했던 누군가를 재현하는 시뮬라크르이다. 결과적으로 상대 화자는 삽입과 전제에 의해 관대하게, 이유 없이, 대가 없이 선물을 주는 사람의 시뮬라크르로 자신을 이해하게 된다. 이 전략은 증여가 기대 이상이라고 하는 불균형적인 교환의 관점에서 새롭게 해석되도록 한다.

전체적으로 이 전략은 이러한 형태의 예의가 보여 주는 상징적인 대항-증여를 통해 증여의 의미를 재구성하고자 하며 모든 의무와 상호작용성의 조항을 사후적으로 지우는 방식으로 증여자의 관대함을 확증하는 한편 그 관대함이 초래하는 즐거움과 놀라움을 표현한다. 이와 같이 전략적 수사는 가치론적인 이동을 수반하며 관련 행위소들의 양태적 정체성에 변화를 불러올 뿐만 아니라 몇몇 정념적 효과를 초래한다.

지금 막 짚은 내용은 한 번 더 강조되어 마땅하다. 왜냐하면 여기서 행위와는 다른 차원이 자리 잡기 때문이다. 바로 정념적이고 감성적인 역할이 출현한다. 설득은 행위뿐 아니라 인지와 정념에 기초한다. 그리고 이것이 시뮬라크르의 교환에 기초한 전략이 행위의 의미를 변화시킬 수 있는 이유이다. 우리는 더 이상 최종 변형의 논리 속에서만 머무르지 않는다.

2. 정념

정념 체제는 수량과의 관계 속에서(행위소적 수량이든 시공간적 수량이든 상관없이) 의미론적 강도가 보이는 연속적인 변조에 기초한다. 정념은 확실히 행위처럼 모든 것을 변형시킨다. 그러나 정념을 이끄는 논리는 **긴장적 변조의 논리이다** ── **강도와 외연에 고유한 긴장들의 변조** ──. 따라서 담화 도식과 관련하여 행위가 표준 서사 도식을 따르는 반면 정념은 긴장 도식을 따른다.

담화 체제로서 행위가 접합의 프로그램들을 종합했다면 정념은 현존의 다양한 긴장적 힘들을 종합하고 연결시키며 그들의 관계를 강화시킨다. 이와 관련하여 정념의 기호학은 서사 기호학에 고유한 이질성들을 해결하려는 필요에 의해 출현했다. 서사 기호학에서 접합의 발화체들과 그 변형 외에 강도적이고 수량적인, 전체적으로 감성적인 역량의 양태들이 설명할 수 없는 '과잉'으로서 출현했기 때문이다. 예컨대 완료된 프로그램의 실현을 뛰어넘는 양태들(의지, 능력또는 의무), 행위소를 프로그램 초반부와 동일한 긴장 상태로 유지시키는 양태들은 기능적이고 텍스트적인 다른 층위를 탐색하게 만드는 이질적인 '과잉'을 구성한다. 이는 행위의 전개 속에 투사된 표면적인 쟁점과는 거의 반대의 것을 뜻하는 리듬을 말하며 그들의 정체성 외에는 그 무엇도 지향하지 않기 때문에 행위의 전개를 '망각하는' 행위소들을 말한다.

리쾨르를 참조할 수 있다면 서사적 플로팅은 시간적 통합을 보장하기에 충분하다. 그러나 철학자들이 시간을 사유하는 담화들(리쾨르의 참고문헌을 구성하는)을 자세히 살펴보면 정념은 행위보다 더 큰 중요성을 갖는다. '시간 체제들'은 무엇보다 '정념 체제들'이거나 감성적이다. 그리고 이들은 지각하는 신체를 함의한다. 예컨대 성 오귀스탱이 말한 **추억, 주의, 기대** 또는 에드문트 후설이 말한 **과거 파지**rétention, **미래 예지**protention 또는 마르틴 하이데거가 말한 **염려**souci와 **걱정**préoccupation은 모두 그러한 시간 체제들과 관련되어 있다.

정념의 담화화는 행위의 담화화와 마찬가지로 담화적 통합의 한 형태이지만 주로 현존, 강도, 외연의 범주들과 관계한다.

2.1. 정념적 강도와 외연

정념은 담화상에서 두 관형détermination의 효과라고 볼 수 있다. 한편으로 양태적 관형들이 있고('제IV장 행위소', '3. 양태' 참조), 다른 한편으로 긴장적 관형들이 있다. 이 두 관형 사이의 관계는 언어학의 익숙한 개념인 음소phonème와 억양intonation이 맺고 있는 관계에 빗대어 이해해 볼 수 있다. 음소는 추상적인 소리 연쇄체의 **구성소들**constituants로서 불연속적인 관형들인 데 반해 억양은 어조accent와 변조modulation로 이루어진 긴장적 반주accompagnement tensif이다. 이는 구성소 연쇄체에 동반되는 일종의 반주 현상으로서 우리는 이들을 지수exposants라고 부를 수 있을 것이다. 양태적 관형들은 **구성소들**로 나타날 것이며 긴장적 관형들은 **지수들**로 나타날 것이다.

구성소와 지수의 구분은 위계적이지 않다. 분포주의의 몇몇 통사들(앞서 상기한)은 구성소만을 고려한다. 그러나 브뢴달의 문법과 같은 다른 문법들은 지수들, 즉 문장이 관리해야 하는 에너지와 리듬을 강조한다. 지수는 어떤 면에서 실행 중인 의미의 가장 깊은 층위와 관계한다. 이 깊은 층위는 정동, 고통, 지각의 문제를 다루는데 지수는 바로 이러한 요소들과 관계한다.

정념 체제는 행위 체제와 동일한 유형의 **구성소**와 양태를 갖지만 별도로 정념 체제만의 고유한 **지수들**, 감정의 강도와 외연을 갖는다. 그레마스가 정의한 바에 따르면 감응적 긴장성tensivité-phorique의 변조(지수)는 존재의 양태화 형식(구성소)하에 불연속적인 방식으로 재분절된다. 구성소들은 지수들이 결정하는 가치를 지향한다.

음소에 관한 연구에서 음절에 관한 연구로 이동하면서 음운론 분야의 관여성 원리는 달라진다. 우리는 치환commutation 원리에 의거해 불연속적인 단위인 음소를 정의할 수 있다. 그리고 조합 원리에 의거해 관여적 '자질들'을 기술할 수 있다(예컨대 유성/무성, 순음/치음 등). 그러나 음절은 긴장적 현상(폐쇄occlusion, 파열explosion, 개방ouverture, 봉합fermeture 등)을 고려하지 않고는 정의될 수 없는 개념이다. 여기서 긴장적 현상은 여러 가지 기능을 갖는데 그중에서도 특징적으로 분절 에너지의 변조를 관리하는 기능을 한다. 우리가 좀 더 일반적인 표현 층위의 억양과 음조에 관해 알아보고자 한다면 긴장적 현상의 중요성은 더욱 커진다.

언어학자들은 이 차이를 고정시킬 것을 제안했다. 이에 따라 '분절체적 요인', '초분절체적 요인' 등을 이야기하곤 했는데 여기서 '분절체'는 그 명칭이 가리키는 바와 같이 담화 연쇄체의 분할로 얻어진 불연속적인 단위를 뜻한다. 그러나 우리가 보기에 가장 명료한 접근은 옐름슬레우에게서 찾아볼 수 있다. 그는 모든 통사 조직을 두 차원 — **구성소**(예컨대 음소와 명사(구) 등)와 **지수**(예컨대 억양의 성질과 유형, 강도와 길이의 변화 등) — 으로 구분한다. 이러한 구분의 장점은 이것이 표현 층위뿐 아니라 내용 층위에도 관련된다는 사실에 있다. 내용 층위에도 일련의 '지수'가 있고 이는 우리가 표현 층위에서 이미 이해한 바 있는 지수와 동등한 자격을 갖는다.

2.1.1. 강도

음운론에서 강도를 말할 때 우리는 이것이 무엇을 드러내는지 잘 안다. 강도는 비음운적인 실질을 살리는데 이 실질은 분절 에너지와 동일한 것일 수도 있고 음성적인 강도와 동일한 것일 수도 있다. 하지만 담화의 감정적인 강도를 이야기할 때 이 강도는 무엇을 말하는가?

언어학적인 표현에서 강도는 평가하는 순간에 나타나는 하나의 변수이며 발화적 양태화에 참여하는 변수이다. 이런 의미에서 강도는 발화 주체의 평가와 관계한다. 예를 들어 강도가 부정적으로 평가되는 사건과 관련하여 출현한다면 이는 하나의 **말썽**으로 귀결되거나 **참사**로 귀결될 것이다. 이 불쾌한 사건에 부여된 강도 — 폭발음éclat — 의 수준에 따라 이 둘 중 하나가 채택될 것이다. 따라서 강도는 이차적 수준에서만 발화의 양태화에 개입한다. 왜냐하면 가치론적인 평가가 일차적인 것이기 때문이다. 더 정확하게는 이 사례에서 강도는 불쾌dysphorie의 강도이다.

    따라서 감정적인 강도는 가치론axiologie과 별도로 이야기될 수 없다. 이는 **감응**phorie 자체의 속성으로서 정의될 수도 있을 만큼 감응과 불가분의 관계에 있다. 한편으로 **감응**은 어느 정도 강도적이며 다른 한편으로 이것은 가치론적인 판단(이것은 가치의 정의이기도 하다)에 의해 **불쾌**와 **쾌**euphorie로 양극화된다. 정념적 효과는 결국 감정과 가치, 이 두 자질의 조합에 다름 아니다. 일반적으로 강도의 언어 표현과 감정의 언어 표현을 구분하는 것은 매우 어렵다. 사람들은 이러저러한 품행을 두고 규범에 비추어 **받아들여질 수 없다**고 말하겠지만 그 품행이 초래하는 정념적 효과(분노, 노여움 등)에 비추어서는 **파렴치하다**고 말할 것이다. 강도의 획득에는 정념적 발현이 동반된다. 마찬가지로 **검소함**과 **인색함** 사이에서 강도의 상승은 한 정념에서 관습적으로 굳어진 품행의 변화를 예고한다. 이는 **받아들여질 수 없는**과 **검소함**이 아무런 정념적 효과를 발산하지 않음을 뜻하는 것은 아니다. 여기서 감정적 강도는 단지 자연언어가 변별적인 방식으로 정의할 수 있기에 필요한 문턱에 이르지 못했음을 뜻할 뿐이다. 이 경우에도 감정적 강도는 잠재적인 상태에 있으며 곧 일어날지도 모르는 감정 분출을 위해 대기 중인 것으로 보아야 할 것이다.

    만약 우리가 한 담화 내에서 강도의 변조 일반을 고려한다면 우리는 담화의 내용 층위의 **강도 프로필**profil de l'intensité을 이야기할 수 있을 것이다. 강도 프로필은 담화의 전반적인 정념 차원의 성격을 보여줄 것이다. 하지만 이 현상과 관련하여 우리는 언어 담화에만 한정 지어서는 안 된다는 원칙을 세웠다. 이후로 시각 담화 또는 몸짓 담화에서 강도의 표지들은 더 이상 발화의 언어적 양태화를 검토하는 작업을 통해 파악되어서는 안 된다. 우리가 제안한 첫 번째 정의로 돌아가 시야를 넓혀 보자. 만약 감정적 강도가 가치의 현동화 과정에서 출현하는 강도라면 모든 지각적 대비와 연결되어 있으면서 담화적 가치의 현동화에 참여하는 모든 강도는 정념의 차원에서 다루어질 수 있을 것이다. 사실 이 제안은 직접적으로 이질성의 통합 원리에 기인한다. 첫 번째 조작은 강도의 대비를 정리하는 작업이 될 텐데, 여기서 강도의 대비는 첫 번째 관계망을 형성할 것이다.

이러한 강도에 관해서 억양 강도에 관한 질문과 동일한 질문을 제기하게 된 것은 다음의 물음 때문이다. 정념적 강도와 관련하여 담화 외적 상관 요소는 무엇인가? 어떤 실질이 변화를 일으키는가? 답은 우선 우리가 제안한 세미오시스(기호 작용) 자체의 정의에 들어 있다. 담화의 정념적 강도는 현상학적 상관 요소로서 자기 수용성을 갖는다. 여기서 자기 수용성이란 세미오시스의 두 층위('제I장 기호에서 담화로' 참조) 사이에서 매개 기능을 하는 자기 신체의 감각을 말한다. 그러나 자기 신체의 심리적인 상관 요소 또한 무시할 수 없다. 이는 충동pulsion, 성적 충동libido, 정신 에너지의 모든 형태들과 관련된다.

이 강도의 담화 외적 성질이 어떻든 간에 이는 기호적 강도와 적어도 하나의 공통점을 갖는다. 그것은 바로 정념적 강도가 자기 신체와 관계한다는 점이다. 정념적 강도는 신체가 기호 작용을 고정시키기 위해 자리 잡는 그 순간에 신체가 순응해야 하는 긴장들의 자질 중 하나이다.

표현 층위와의 유비 관계에서 우리는 이 강도적 지수가 정념 통사의 구성소들에 끼칠 수 있는 효과가 무엇인지 물을 수 있을 것이다. 예컨대 다음과 같은 문장에서,

꽃병을 엎은 것은 바로 잔느이다.
C'est Jeanne qui a renversé le vase.

음조 억양accent prosodique이 잔느에게 있고 강도는 강조 구문présentatif에 의한 추출extraction 장치를 보완하는 효과를 가져다준다. 이는 본래 문장과 분리된 명사구로 주의의 흐름을 유도하고 정보를 재구성하기 위한 것이다. 그러나 다음 문장에서는,

폴은 어제 집에 왔다.
Paul est venu hier à la maison.

단지 (폴, 왔다, 어제 또는 집에 부여될) 강도의 세기만이 우리에게 이 정보가 어느 동위소에 관한 것인지를 말해 줄 수 있다. 다시 말해서 다른 어떤 발화체와 감정적 대비 관계에 들어가는지를 말해 줄 수 있을 것이다. 예컨대 만약 'hier'(어제)가 채택되어 강도의 세기를 갖게 된다면 hier의 앞 또는 뒤에서 이 순간을 특별한 순간으로 만들어주는(조응 또는 대비에 의해) 표지를 찾아야 할 것이다.

    따라서 강도의 세기는 주의의 흐름을 유도하는 기능만 갖는 것
이 아니라 통사적 구성소들을 재구성하고 일부를 추출하여 의미론적
층위에서 이들을 언어의 연쇄를 지휘하는 구성소로 만드는 기능을
한다.

    이제 내용 층위에서 정념적 강도의 예, 충동성의 예를 보자. 충동
적인 사람은 숙고하기 전에 그를 지배하는 어떤 움직임에 이끌려 즉
각적으로 격렬하게 반응한다. 이는 그의 양태적 정체성이 오직 의지
와 능력만으로 조합된 이중 양태 유형(M^2)에 해당함을 의미한다. 그
러나 어떤 사람을 두고 충동적이라고 묘사할 때, 이는 또 다른 양태
유형, 앞의 두 양태와 함께 지식과 의무 양태를 포함하는 삼중 또는 사
중 양태(M^3, M^4)의 정체성을 참조의 지평horizon de référence으로 삼는
것이기도 하다. 사실 충동성은 추가분이면서 동시에 부족분이다. 강
도와 청량함의 추가분이면서 숙고의 부족분이라는 말이다. 삼중, 사
중 양태 유형의 정체성에서 이중 양태 정체성으로의 이동은 오직 강
도의 변화로만 설명된다. 의지 양태에 집중해 보자. 강도는 정체성을
구성하는 다른 자질들을 중성화하는데 충동적인 사람이 그의 충동적
의지가 직면하도록 만드는 장애물 앞에서 무력감을 느낄 정도로 그러
하다. 정념적 정체성의 구성소로서의 양태와 관련하여 우리는 강도
의 세기가 의지 양태를 행위소의 정체성 전부를 결정하는 구성소로
만든다고 볼 수 있을 것이다.

2.1.2. 외연의 수량

감정에 관한 우리의 일상적인 표상들은 흔히 감정을 강도, 무절제한
에너지와 관련하여 생각하도록 만든다. 그래서 자주 감정이 지닌 외

연의 수량적 측면을 보지 못하게 만든다. 그러나 가장 흔하게 사용되는 표현에서 우리는 외연의 흔적을 발견한다. 예컨대 우리는 격렬한 감정을 느끼며 진정하기 위해 애쓰는 어떤 사람을 두고 그가 '정신을 가다듬는다'rassemble ses esprits고 말할 수 있다. 그렇다면 감정은 그의 정신을 '흐트러뜨린' 것일까? 이 관용적 표현은 **정신**의 고전적 의미에 기초하는데 이는 고전주의 시대 프랑스어에서 생성적이고 개방적인 의미 집체에 속하는 표현이었다. 이 의미 집체에 포함된 다른 표현으로는 '정신줄을 **잡다**'retenir ses esprits, '정신을 **되찾다**'reprendre ses esprits 등이 있다. 이러한 용법에 따르면 감정적 삶은 어느 정도 단단하게 연결된 구성소들을 분리시키는 작용을 하는 듯하다.

완전히 다른 관점에서 '인색함'과 '자린고비 노릇'은 강도의 차이를 나타내지 않는다. 이들은 지향되는 대상의 가치에서 차이를 보인다. 더 정확하게 말하면 대상 사물의 크기와 수량에서 차이를 보인다. 마찬가지로 '자부심'fierté과 '자존심'susceptibilité, '신경과민으로 보일 정도의 자존심'을 구분시켜 주는 것은 정념적 반응의 강도가 아니다. 여기서 문제 되는 것은 원인의 심각성, 수량, 외연이다. 자부심은 중요한 계기를 통해서만 표현된다. 그러나 자존심은 아주 사소한 문제들을 포함하여 모든 계기에 작용한다.

따라서 수량은 정념적 프로세스 일반과 관련되어 있다. 더 정확하게 말하면 대상 —— 대상의 수량이 문제일 때 —— 만큼이나 주체 —— 이것이 주체에게 정신을 가다듬고 정신을 되찾는 문제일 때 —— 와도 관련되어 있다는 말이다. 수량은 또한 시공간 차원의 전개와도 관계한다. 예컨대 **강박**obsession의 고유성은 빈번한 상황에서 같은 역할 또는 같은 감정적 태도를 부과하는 것에 있다. 여기서 우리는 결코 다른 역할에 자리를 내주지 않는 시간적 포화를 획득한다. 이 경우는 간접적으로 외연에 따른 유형별 정념의 목록을 건드린다. **정동**은 순간적이며, **정념**은 지속적이다. **기질**과 **성향**은 영구적이다.

따라서 수량의 정념 지수는 주체, 대상, 정념 행정의 시공간적 전개에 모두 영향을 미친다. 그러나 정념 지수는 아주 상이한 형태를 취할 수 있다. 예컨대 시공간적 전개의 경우, 수량은 외연의 규모(거리, 지속 시간) 또는 횟수에만 관계한다. 규모와 수의 조합은 또한 정념적 리듬, 반복의 리듬을 형성할 수도 있다.

대상 행위소의 경우, 규모는 관련 요소이기도 하고 이는 또한 대상의 가치를 고정시키고 때에 따라 규범에 종속시키기 위해 작용하기도 한다. 예컨대 '자린고비 노릇'이나 '자존심'의 경우처럼 말이다. 하지만 이는 또한 정념이 대상의 일부만을 취하고 나머지를 가리기 위해 대상을 여러 부분들로 '분할'하는 경우들이다. 예컨대 사랑이 '맹목적'aveugle이라면 이는 주체가 더 이상 대상을 보지 못하기 때문이 아니다. 반대로 주체가 대상의 어떤 측면만 주목하며 나머지 다른 측면을 못 보기 때문에 일어나는 감정, 다시 말해서 그의 모든 관심이 선별된 '부분들'에 집중되어 있기 때문에 일어나는 감정이다. 마찬가지로 '측은지심'compassion은 타자를 긍정적 측면과 부정적 측면의 두 측면으로 나눈다. 진정한 측은지심은 두 측면 모두를 향해 작용한다. 왜냐하면 이 감정은 타자를 자신과 유사한 사람으로 대하기 때문이다. 루소의 표현을 빌리면 타자를 '동일자'égal로 간주하는 태도이다. 그러나 '동정심'과 '연민'은 부정적 측면에만 작용한다. 이것이 용어 사전에 "동정과 연민에는 일종의 경멸이 들어 있다"고 쓰여 있는 이유이다.

마지막으로 주체의 경우, 문제가 되는 것은 주체의 정체성 자체이다. 각 정체성은 여러 역할과 태도로 구성되며 각 역할과 태도는 또한 여러 구성소, 즉 여러 양태로 구성된다. 이 집체의 일관성은 파악하기 어려울 수도 있다. 역할의 구성소들과 역할 자체는 상호 모순되거나 완전히 독립적일 수 있다. 『스완의 사랑』에서 스완은 사랑과 질투를 동시에 느끼기 시작하면서 이중적인 자신을 경험한다. 그 사랑이 식을 때까지 자기 안에 또 다른 사람이 자리를 잡고 그를 따라다닌다.

　　시공간적 배치의 이질성, 대상의 형태론적 이질성, 주체의 정체적 이질성은 모두 담화가 정념 시퀀스를 통해 해결하고자 하는 문제들이다. 정념 시퀀스는 긴장 속에서 균형의 변화를 배치한다.

　　이와 같이 분노의 모티브는 신화적 담화에서 말하는 정념이 아니다. 신화적 담화에서 분노는 그 자체로 순수한 강도로서 표상되기 때문이다. 이 분노는 그 어떤 수량적이고 외연적인 구성도 중재하지 않는다. 인도 신화에 나오는 쿠루 신Courroux은 우리를 비-존재와 카오스로부터 구원해 줄 능력이 있는 신이다. 그러나 일상적인 담화나 문학 텍스트에서 분노는 정념이 된다. 왜냐하면 이 분노는 모순되는 두 차원을 상호 연대적으로 관리하기 때문이다. 한편에는 주체가 마치 자신의 '전부'인 듯이 표현하는 감정 분출의 강도가 있고 다른 한편에는 전복시켜야 할 규모들(지속 시간과 수량)의 외연이 있다.

　　신화적 담화에 고유한 매개의 형상 ── 존재être와 현존existence 사이의 ── 은 매개가 갈등을 초래하는 문화적 맥락에서는 정념이 된다. 왜냐하면 인간적 분노 표출의 잠재적 다양성과 횟수는 분출의 힘을 소거할 때에만 작동될 수 있기 때문이다. 따라서 문제가 되는 것은 횟수이다.

『코뿔소』에서 이오네스코는 우리에게 행위소의 이중적 분열의 또 다른 사례를 보여 준다. 극의 초반부에 베랑제는 그의 파트너 장에게 이렇게 고백한다.

나는 피곤하다, 여러 해 전부터 줄곧 피곤하다. 내 몸의 무게를 감당하기가 힘들다… (…)

매 순간 내 몸의 무게가 느껴진다, 마치 납덩어리라도 되는 것처럼, 마치 다른 사람을 등에 업은 것처럼. 내 자신에게 익숙해지지가 않는다. 내가 나인지도 잘 모르겠다. 그런데 술을 조금 들이켜는 순간 이 짐스러운 느낌은 사라지고 나를 발견한다. 나는 비로소 내가 된다.(1장, 43쪽)

Je suis fatigué, depuis des années fatigué. J'ai du mal à porter le poids de mon propre corps… (…)

Je sens à chaque instant mon corps, comme s'il était de plomb, ou comme si je portais un autre homme sur le dos. Je ne me suis pas habitué à moi-même. Je ne sais pas si je suis moi. Dès que je bois un peu, le fardeau disparaît, et je me reconnais, je deviens moi.

여기서 우리는 즉시 정체성에 관한 물음이 분열의 측면에서 제기된다는 것을 알 수 있다. 이는 하나의 유일한 위치를 수임할 힘이 없는 무력감과 함께 발생하는 분열이다. 주체는 마치 타자의 신체인 듯 그의 **신체를 느낀다**sent son corps. 하나의 **자아**로, 하나의 담화 심급으로 통일되기 위해서는 방책을 찾아야 한다. 자기와의 관계는 발화적 위치 점유의 한 조건이 되는 동시에 정체성 자각의 조건이 된다. 해결책은 술에 취하는 것이다. 이는 그다지 모범적인 방법은 아니지만 자기의 부분들을 하나로 모아 주는 '끈'의 정념적이며 신체적인 성격을 이의 없이 보여 준다.

정체성의 양태적 구성소들은 또한 장이 출현하는 동일한 장면에서도 상기된다. 이 경우에는 완전히 부정적인 분위기로 연출된다. 베랑제는 이를 **원하지도 않고**ne veut pas(장이 말하다시피 의지가 결여되어 있다), 그럴 **의무도 없으며**ne doit pas(장이 책망하는 바에 따르면 그는 그의 의무를 이행하지 않는다), **알지도 못한다**ne sait pas. 하지만 그는 무대 위에 한 마리 코뿔소가 나타나자 이런저런 가설을 세운다. "나는 무엇을 알고 있는가?"Que sais-je?, "아마도 이것은 … 이었을 것이다"Peut-être était-il, "아마도 그는…"Peut-être s'est-il, "아마도 그는 …을 가졌을 거야"Peut-être a-t-il 등의 가설이 이어진다. 그에게 의미를 갖는 유일한 양태적 정체성은 인식론적 유형의 정체성이다. 이는 불확실하고 부조리한 믿음이며 코뿔소가 그의 곁에 현존한다는 믿음이다. 이는 하나의 양태만을 지닌 행위소(M^1)에 해당하며 자신의 정체성을 지각하는 것이 배타적으로 자기 수용적이기만 한 어떤 행위소를 정의하는 데에 적합한 내용이다. 베랑제의 경우 유일하게 경험할 수 있는 정념(그는 **공포**, **불안**, **피곤**을 이야기한다)은 자신의 분열된 신체를 믿는 믿음에 기인한다.

어떤 면으로는 모든 발화가 직면해야 하는 '자아'Moi(참조의 심급)와 '자기'Soi(담화상에서 생성 중인 심급)의 변증법은 여기서 문제적인 지점이 된다. 이는 행위소의 동질성을 손상시키는데 이는 하나 또는 여러 정념의 표출을 통해서만 해결될 수 있다.

이러한 관점에서 정념은 주체의 내적 일관성(또는 불일치) 원칙으로 간주될 수 있다. 정념은 분열시키거나 움직이게 만든다. 정념은 하나의 역할을 선택하면서 다른 모든 역할들을 중지시킨다. 정념은 단 하나의 역할 주위로 다른 역할들을 결집시킨다. 결과적으로 정념은 자기를 구성하는 부분들 사이의 관계를 지배한다. 만약 어떤 행위소의 전반적인 정체성이 그의 모든 일시적 정체성들의 합계가 아니라면 ── 전체는 부분들의 합이 아니다 ──, 정념은 전체의 정합성을 보장하는 어느 정도 효과적인 '끈'일 수 있을까? 만약 이 총체가 긴 시간을 두고 영구적인 것으로 나타난다면 이 전체는 **성격** 또는 **기질**이라 불릴 것이다.

2.1.3. 강도와 외연의 연합

정념적 용어 문제로 돌아와, 프랑스어에서 정념과 유사한 의미를 갖는 표현들로는 **정동, 정념, 기질, 감정**이 있다. 이 표현들은 특정 지속 시간에 의해 정의되는 동시에 특정 강도에 의해 정의된다. 정동으로부터 감정까지 시간적 외연이 확장되고 조절됨에 따라 강도의 수준은 낮아진다.

우리는 강박에 관해서도 상기한 바 있다. 강박의 경우 반복은 강도의 하락을 유발하지 않으며 오히려 그 반대의 효과를 지닌다. 강박의 지속 기간조차도 증상의 심각성, 감정적 효력의 표지가 된다.

이는 정념적 외연이 강도와의 상관관계에서만 평가될 수 있으며 강도도 외연과의 상관관계에서만 평가될 수 있음을 뜻한다. 예컨대 '충동적인 사람'이 '에너지가 충만한 상태'énergique 또는 '의지적인 상태'volontaire가 되기에 무엇이 부족할까? 이는 **의지**와는 별개로 작용하는 **능력**의 문제임은 틀림없는 사실이다. 하지만 무엇보다 시간 속에서 **의지**vouloir를 발현할 수 있는 능력, 행위 프로그램의 배치가 요구하는 수준보다 더 오랫동안 **욕망**vouloir을 유지할 능력이 문제가 되며 **행위 능력과 행위 지식**의 정립이 문제가 된다. 충동적인 사람은 외연적 차원에서 효율성을 포기하고 그 대신 높은 강도의 즉각적인 반짝임을 선택한다.

이렇게 해서 우리는 담화의 **긴장 도식**으로 돌아왔다. 모든 시나리오에서 긴장 도식은 강도의 수준과 외연의 수준을 결합시킨다. 이것이 정념 논리의 고유성이다. 두 가지 변수를 조합하여 긴장 관계가 발생하도록 하는 것. 만약 우리가 강도와 외연이 지각의 기초적인 속성들을 표현한다는 사실을 상기한다면 우리는 정념 논리가 담화상에서 지각적 변수들과 지각적 현존의 변수들을 조합하는 것이라고 말할 수 있을 것이다.

현존의 문제는 언제나 현상의 기저에 감춰져 있다. 정념 논리는 단순한 변형의 발화체들을 **현존의 효과**로 바꾸는 것이라고까지 생각할 수 있다. 이런 방식으로 주체, 대상, 연접, 이접 들은 감성적인 언어로 번역되는데, 이는 **지각적 현존**의 긴장적 공간에서 일어나는 **연동**에 의해 가능해진다. 감성적 언어로 번역되는 작업은 또한 정념을 **출현**시키기 위한 것이다. 예컨대 이접은 그것이 어떤 **현존의 감정**으로 변형될 때에만 결핍처럼 경험된다. 주체는 대상을 지향하지만 ─ 강도는 높다 ─ 포착하지는 않는다 ─ 외연은 거의 없다 ─ .

이와 같은 지적은 좀 더 일반적으로 말하자면 다음과 같이 요약될 수 있다. 정념의 관점에서 하나의 사행은 그 결과의 관점에서 고려되지 않고 현존의 무게의 관점에서 고려된다. 이는 더 이상 '변형'이 아니라 '사건'이다.

2.2. 담화의 정념적 차원의 형상

2.2.1. 정념 어휘

거의 모든 자연언어에서 정념은 기호소의 형식으로 표현된다. 대부분은 명사형(ex. 거만orgueil)이고 일부는 형용사형(ex. 쩨쩨한mesquin), 부사형(ex. 거만하게fièrement), 동사형(ex. 불안하게 만들다inquiéter)이다. 이들은 모두 기호이며 기호는 그 정의상 용례에 기인한다. 자연언어의 다른 모든 단어들처럼 정념 어휘들도 각각 고유한 역사와 문화를 담고 있다. 우리의 기획은 기호를 다루는 것이 아니라 담화 기호학을 다루는 것이므로 정념 어휘의 표현 층위를 넘어설 필요가 있다. 담화상에서 정념 어휘들에 한해 정념의 문제를 다룬다는 것은 마치 텍스트에서 행위 동사에 한해 행위의 문제를 다루려는 것이나 다름없다. 정념 효과의 역사적이고 문화적인 이러한 '화석화'fossilisation는 그 자체로 흥미로운 현상이지만 이는 제한적인 현상이며 정념 효과를 산출하는 담화의 보편적인 능력에 의존하고 있다. 담화의 이러한 능력은 언어기호라는 간접적인 수단을 통해서만 파악될 수 있고 여기서 언어기호들은 고정적이고 특수한 담화의 산물일 뿐이다.

우리는 2.1.1.에서 받아들여질 수 없는inacceptable과 파렴치한scandaleux 또는 검소한économe과 인색한avare을 구분하는 것과 관련하여 프랑스어 체계가 강도의 일정한 문턱 너머에서만 정념을 인정한다는 사실을 지적한 바 있다. 이는 이미 문화적이고 역사적인 한정이 가해진 결과에 다름 아니며 다른 언어권, 특히 동양의 언어에서 '무미건조한'fades이나 '담담한'neutres과 같이 약한 강도의 감정을 표현하는 어휘가 큰 비중을 차지하고 있는 것과 비교되는 현상이다.

더 나아가 담화의 감정적인 차원은 대부분의 자연언어에서 도덕적인 평가에 종속되어 있기 때문에 매우 엄격한 방식으로 문화적 기준에 예민하게 반응한다. 인도-유럽어에서는 특히 모든 것이 마치 사전에 선과 악으로 분류가 될 수 있는 감정 상태만이 정념 어휘가 될 수 있는 것처럼 나타난다.

예컨대 고대 그리스어에서 zêlô라는 동사와 그 파생어인 zêlôsis가 우리가 오늘날 경쟁심émulation, 열정zèle, 시기심envie, 질투jalousie로 칭하는 바의 모든 어휘군을 포함하는 의미를 갖는다는 사실은 잘 알려져 있다. 하나의 단일한 개념이 오늘날 우리에게는 여러 상이한 정념으로 분할되는 무엇을 통칭하는 것이다. 이렇게 여러 정념으로 구분하게 된 이유는 즉각적으로 알 수 있다. 이들은 크게 두 부류로 나뉘는데 이는 도덕적 평가의 압력이 절대적으로 작용한 결과이다. 한편에는 경쟁심과 열정이, 다른 한편에는 시기심과 질투가 자리 잡게 된 것이다. 이 배치를 좀 더 주의 깊게 검토해 보면 고대 그리스 문화는 주체와 대상 간의 애착 관계(S/O)와 두 주체 간의 경쟁 관계(S1/S2)가 얽혀 있는 상태를 수용했다는 사실을 알 수 있다. 반면 현대 프랑스 문화는 이 의미 집체 안에서 (1) 단 하나의 관계에만 기초한 정념을 미덕으로, (2) 두 관계가 얽힌 정념은 부도덕한 것으로 구분한다. 한편으로 두 주체 간의 관계에 기초한 **경쟁심**과 주체와 대상 간의 관계에 기초한 **열정**이 있고, 다른 한편으로 주체와 대상 그리고 제2의 주체에 의해 형성되는 고통스러운 삼각구도에서 출현하는 **시기심**과 **질투**가 있다.

이 예에서 확실하게 알 수 있는 것은 감정적 분할에 도덕적 분할이 부과되며 도덕적 층위에서 변별 자질이 나타나는 모든 영역에서 정념 구분이 이루어진다는 사실이다. 반대로 도덕이 구분하지 않는 영역에서 정념 분할은 자유로운 상태에 있거나 확정적이지 못한 상태에 있다. 따라서 도덕적 차원은 정념을 분류하는 작업에 착수하도록 하는 수단이며 이러한 작업을 통해 벗겨야 하는 가면이다.

철학자들이 제안하는 정념 이론을 좀 더 면밀히 검토해 보면 일반적으로 정념의 이런저런 철학 이론에서 '(고대 로마) 세습 귀족 계급의'patricien 또는 '(고대 로마) 평민 계급의'plébéien, '엘리트 귀족 계급의'aristocratique 또는 '부르주아 계급의'bourgeois 배경을 어렵지 않게 찾아볼 수 있다. 디오게네스, 아리스토텔레스, 스피노자, 니체는 각자 고유한 정념의 이데올로기를 정립하고 그들이 수임하는 문화에 고유한 분할을 체계화한다.

그러나 이 철학 체계들로 인해 기호학자는 난관에 부딪힌다. 그들은 대부분 그들의 의지와는 상관없이 정념 어휘들에 기초함으로써 불연속적인 유형의 부적절한 의미론을 탐구한다. 다시 말해서 정념의 철학 이론들은 거의 예외 없이 정념의 '메타-

의미소'méta-sémème, 기원적 **정념** 상태를 탐구하는데 이것을 출발점으로 삼아 모든 정념적 체계가 도출된다. 이는 자질들의 부속물을 통해 점진적인 세련 과정 덕분에 가능하다. 저자들에 따르면 이 기원적 정념은 **욕망**désir과 **분노**colère인데 플라톤이 사용한 이 표현은 토마스 아퀴나스에 와서는 **화를 잘 내는**irascible과 **물욕이 많은**concupiscible으로 표현되었고 아리스토텔레스에 와서는 **무력감**apathie과 분노로, 좀 더 최근 저자인 데카르트에 와서는 **경외감**admiration으로 표현된다. 정념에 관한 철학 이론들은 장르로부터 정념을 유형화하기를 거부하면서도 늘 어느 정도는 '포르피리오스의 나무'arbre de Porphyre[1]의 형태를 갖는다. 우리가 보기에 '포르피리오스의 나무'는 정념 이론에 적합하지 않다.

정념의 연속적이고 긴장적인 속성이 유일한 어려움은 아니다. 우리가 아는 한 어떤 문화도 담화가 표현하는 정념의 '포르피리오스의 나무'를 정립한 적이 없다는 것도 큰 어려움 중 하나이다. 정념은 포유류나 조류와 같이 같은 조상에 의해 종과 속으로 분류될 수 있는 것이 아니다! **격분**fureur의 사례를 보자. 격분이 나타나는 담화에 따라서 이는 '광기'folie나 '분노'의 한 유형으로 분류될 수 있다(세네카의 『성난 헤라클레스』*L'Hercule Furieux*). 신의 질투와 소유욕의 한 유형일 수도 있고(에우리피데스의 『페드르』) 또는 창조주의 열정으로 분류될 수도 있다(디드로의 『라모의 조카』). 만약 이 담화들 중 하나의 분석으로부터 종과 속을 정하려

---

1 신플라톤주의 철학자 포르피리오스가 제안한 트리 형태의 지식 체계 도식.

면 매우 지혜로워야만 할 것이다!

담화의 시퀀스처럼 취급되는 각 정념 배치는 의미론적인 '포도송이' 형태를 가지며 이 포도송이의 각 가지는 또한 다른 정념들로 파생될 수 있는 가능성이 있다. 주어진 문화권 내에서 전체는 매우 복잡한 관계 다발로 이루어진 **관계망**을 형성한다.

많은 경우에 각 담화는 전형적이고 어휘화된 정념에 이들을 거의 인지 불가능하게 만드는 속성들을 부과한다. 만약 우리가 엘뤼아르의 『고통의 수도』에서 근심이 무엇을 뜻하는지에 관심을 갖는다면 이 어휘소는 다음의 조건하에서만 출현한다. 이는 닫힌 공간 속에 갇혀 있는 어떤 행위자의 영혼의 상태이다. 그는 밖에서 다른 행위자가 지나가는 깃을 본다. 다른 행위자는 결코 첫 번째 행위자의 공간을 가로지르지 않고 지나쳐 갈 뿐이다. 이것이 **근심**이라는 단어의 어휘적 의미를 취소하지는 않지만 엘뤼아르의 글을 해석하는 작업에서 그 쓰임은 매우 빈약해질 것이라는 점은 인정해야 한다!

행위 또는 인지가 그렇듯이 정념도 담화 통사의 한 차원이며 따라서 각 정념적 효과는 그의 맥락이 되는 해당 통사에 연결되어 있다. 따라서 변조의 장champ des variations은 넓게 열려 있다. **관대함**은 문맥에 따라 마키아벨리식 관대함에 속할 수도 있고 순진무구한 관대함에 속할 수도 있다. 만약 우리가 정념의 유형론을 정립해야 한다면 ― 그럴 필요는 없다고 생각하는데 ― 이 유형론은 '가족 유사성'의 형태를 띨 것이다.('제I장 기호에서 담화로', '2.3.4. 범주화 스타일' 참조) 그 어떤 전반적인 위계도 통사적이고 문맥적인 변조에 저항하지 못하며 **선험적으로** 전체를 포괄한다고 간주되는 각 정념은 포괄된 전체로서 문맥 속에 출현할 수 있다. 이는 해결해야 할 문제이며 정념은 복합적이고 불안정한 현상이다. 초기에 간단한 듯이 보일 수 있는 어휘론적인 접근은 담화적 기능에 관심을 갖는 즉시 불필요한 난해함을 초래하는 원인이 된다.

이는 정념들의 이름이 담화에서 아무런 효과를 갖지 못한다는 말은 아니다. 예컨대, 『파르마의 수도원』에서 모스카 백작은 산세베리나와 파브리스 사이에서 **사랑**이라는 단어가 표현되었는지 궁금해하며 걱정한다. 정념의 이름은 하나의 프로그램을 갖는다. 정념의 역할들과 단계들 전체를 압축할 수 있는 능력에 의해 이름은 행위소들이 마음대로 지어낼 수 없는 코드화된 용법을 표상한다. 이 용법은 정념이 상기되는 즉시 하나의 감정적인 행정을 따라 재개될 수 있다. 정념적 상호작용의 주요 난점 중 하나는 바로 신체적이거나 또는 언어적인 표현을 포함하는 완결된 행정 외에는 한 사람의 정념이 다른 사람에게는 판독 불가능한 것이 된다는 사실에 있다. 따라서 정념의 이름은 망각했던 도식을 재활성화하는 대리인의 표지를 제공한다. 정념을 느끼는 것만으로는 충분하지 않다. 우리는 느끼는 정념을 가지적으로 파악해야 한다!

2.2.2. 실행 중인 담화에서 정념의 문제

만약 우리가 정념의 어휘소들, 즉 정념의 기호들을 부분적으로 버린다면 담화의 **정념적 의미 효과**를 생성하는 통사적 형식과 도식을 찾아야 한다. 이 형식들은 (다행히도) 식별 가능한 코드 속에 고정되어 있다. 그리고 그 전체는 우리가 정념 **논리**rationalité de la passion라고 부른 그것을 구성한다. 바로 이것이 누군가가 정념을 느낄 때 그 정념이 무엇인지 이해하도록 해 준다.

실행 중인 담화의 관점에서 정념은 감성(지향, 강도)과 지성(포착, 외연, 수량)을 결합시킨다. 담화의 정념적 효과를 식별하게 해 주는 코드는 바로 이 두 유형에 동시에 기초하지만 좀 더 지배적인 힘은 한편에 쏠려 있다. 감성의 영역에서 이는 신체적이고 형상적인 코드이며 지성의 영역에서 이는 양태적인 코드이며 시점, 리듬 효과와 밀접한 관련을 맺고 있다.

원점 행위소 문제로 돌아와 위치 점유에 관해 살펴보자. 위치 점유는 하나의 자기 신체를 전제한다. 또한 위치 점유는 현존의 장을 마련하는데, 이는 그 수준을 평가할 수 있는 깊이를 동반한다. 이 두 요소들을 통해 위치를 **점유하는 신체**와 현존의 장의 깊이는 차례대로 정념의 **신체적**somatiques 코드와 **시점**perspectifs 코드에 상응한다.

또한 현존의 장에 나타나거나 사라지는 형상들의 흐름은 현존의 장을 횡단한다. 이 흐름은 형상들을 배치시키는데 그 나타남, 사라짐, 왜곡은 하나의 리듬, 박자를 과거 파지적으로en rétention 또는 미래 예지적으로en protention 따른다. 이 두 자질들은 차례대로 **형상적**figuratifs 코드와 **리듬 효과**rythmiques의 코드에 상응한다.

마지막으로 지향과 포착에 의해 운영되는 장의 전체, 강도적 흐름과 외연적 흐름이 횡단하는 장의 전체는 일련의 현존 양식의 점진적인 수준을 나타낼 수 있다. 이 마지막 자질이 정념적 효과의 **양태적 코드**codes modaux를 낳는다.

a_양태적 코드
우리는 앞서 양태의 정념적 기능을 소개한 바 있다.('제IV장 행위소',

'3.2. 정념적 상상으로서의 양태') 여기서는 이 기능의 두 가지 주요한 내용을 상기해 보자. (1) 정념적 효과를 생성하기 위해서 양태는 양태적 강도와 외연의 긴장성에 순응하는 양태적 가치로서 취급되어야 한다. (2) 하나의 정념적 역할을 구성하기 위해서 양태는 양태들 사이에서 적어도 둘 이상이 연결되어야 한다. 각 정념의 강도와 외연 사이의 전반적인 상관관계는 정념적 효과의 기원이다.

이 마지막 조항은 특별히 우리가 직관적으로 정념적 '전염'conta-gion이라고 알고 있고 언어학자들과 언어철학자들이 흔히 **감정이입**empathie이라고 부르는 현상에서 매우 큰 중요성을 갖는다. 신체의 접촉과 동기화와 현존의 장의 분할을 고려해야 할 논쟁의 세부적인 내용으로는 들어가지 않겠다. 여기서는 다만 양태의 역할만을 강조하고자 한다.

정념적 '전염'은 동일시identification가 아니다. 상호작용에서 정념적 표현은 다른 정념을 유발하고 이 다른 정념의 표현도 또 다른 정념을 유발한다. 매 단계에서 각 행위소는 전 단계에 대한 반응으로서 자신의 고유한 정념적 정체성을 구성한다. 하지만 한 행위소의 고통은 다른 행위소의 측은지심을 불러일으킬 수 있는 만큼 분노를 초래할 수도 있다. 한 행위소의 기쁨은 다른 행위소의 즐거움만큼이나 시기심을 유발할 수도 있다…. 또한 한 행위소의 고통이 다른 행위소의 측은지심을 유발할 때 이 측은지심은 첫 번째 행위소의 고통과 동일한 고통이 아니다. 루소는 『고독한 산책자의 몽상』의 여섯 번째 산책에서 타자의 고통에 대해 우리가 느끼는 측은지심 안에 내재해 있는 **쾌락**에 관해 기술하고 있다. 슈테판 츠바이크는 『연민』에서 루소와는 다른 관점에서 타자가 고통을 겪는 광경에 대한 보상으로 측은지심이 유발하는 일종의 **안도감**soulagement을 밝힌다.

행위소들 사이에서 순환하는 것은 정념적이거나 양태적인 정체성이 아니다. 그것은 어떤 감정적 원리라고 말할 수 있을 것이다. 한 정념은 다른 정념을 유발하고 각 정념은 그것을 느끼는 행위소의 양태적 정체성에 따라 결정된다. 그리고 이 감정적 원리는 파트너의 정체성 사이에서 표현되는 **연대**에 의해 드러나는 동시에 이 정체성들의 영구적이고 상호작용적인 **재배치**reconfiguration에 의해 드러난다. 연대는 다양한 요인에 의해 이루어지지만 전체적으로 어떤 감각하는 신체가 다른 유사한 신체를 인지하는 과정, 적어도 그들의 공통적인 감각에 기초한다. 재배치는 상호작용의 정념적 효과의 예측을 금한다.

밝혀야 할 '미스터리'는 감정이입의 미스터리이다. 긴장적 양태는 응답의 초반부를 제공한다. 한 행위소의 각 양태는 다른 행위소의 양태와 하나의 강도 또는 하나의 외연을 통해 상관관계를 맺고 있다. "네가 원하는 게 많을수록 내가 할 수 있는 것은 적다"라는 상호작용에서 있을 수 있는 억제의 전형을 보여 주는 이 양태적 문장구조는 다음 문장과 동일하다: "내가 원하는 게 많을수록 내가 할 수 있는 것은 적다." 두 번째 문장은 그러나 고독한 억제를 기술한다. 차이는 양태적 역할의 분배에 있다. 첫 번째 문장에서 두 양태적 역할은 상이한 두 행위소에 의해 수임된다. 그러나 두 번째 문장에서 두 역할은 동일한 행위자에 의해 수임되고 있다. 그럼에도 불구하고 정념적 효과는 동일하다. 따라서 정념적 '전염'은 양태적 강도와 외연이 긴밀한 상관관계에 있는 집단 행위소의 현상임을 이해해야 한다. 첫 번째 예에서 행위자가 둘이라 할지라도 그들이 역할을 배분하여 맡은 억제는 하나뿐이다.

감정이입 또는 전염은 조작적 기호학의 관점에서 이렇게 요약될 수 있다. 이는 긴장적 연대이다. 더 이상 개인들의 자질이 아닌 '행위소적 집단'의 양태적 자질들 사이의 유효한 교착이다. 여기서 감정 표현은 이러저러한 순간에 개인화하는 효과를 유발하며 또 다른 순간에 '전염' 효과와 정념적 흐름의 순환 효과를 유발한다.

b_리듬 효과의 코드

모파상의 단편소설 『두려움에 대하여』에는 정신적 외상을 남긴 두 가지 경험을 이야기하는 인물이 등장한다. 첫 번째 경험은 사막 한가운데에서 펼쳐진다. 일사병에 걸린 한 동료가 쓰러져 죽는다. 동료가 고통스러워하는 동안 사막 어딘가에서 북을 두드리는 소리가 들린다. 어디서 들려오는지 알 수 없는 이 북소리는 한결같은 리듬으로 계속 울린다. 주인공들은 이 북소리에 신경이 곤두서며 억제할 수 없는 공포를 느낀다.

리듬은 지향성의 최소 형태 중 하나로서 정의될 수 있다. 출현과 소멸이 하나의 질서, 규칙적인 빈도를 따라 이어지는 것을 보면서 우리는 이것이 어떤 지향적 행위의 효과, 이런 식의 리듬을 구성한 프로그램의 효과일 수 있음을 알 수 있다. 리듬은 콘트라스트의 지각을 기획하고 조절하며 부과한다(『두려움에 대하여』에서는 소음과 침묵 사이의 대비). 다시 말해서 기본적인 가치들을 조율한다. 리듬이 있는 곳에는, 적어도 가상적으로, 의미/감각이 있다.

하지만 정념적 효과의 관점에서 리듬은 자기 신체에 의해 감각되는 긴장 프로필이다. 자기 수용적 지각을 지체시키는 느려지는 리듬, 자기 수용적 지각을 동요시키는 빠른 리듬 또는 자기 수용적 지각을 갑작스럽게 일으키는 싱커페이션 리듬…. 모파상의 단편소설에서

'사막의 북소리'라고 불리는 소음이 존재한다는 것을 아는 것은 아무 소용이 없다. 이 소리를 듣고 소리의 현존을 느껴야 하며 그 소리가 자기 신체에 끼치는 효과를 지각해야 한다.

리듬 효과의 코드는 상당히 중요한 정념적인 효율성을 갖는다. 왜냐하면 게니나스카가 보여 준 바와 같이 이들은 전형적으로 '인상적'이기 때문이다. 식별 가능한 기술적 원인은 없지만 이 리듬이 즉각적으로 상기시키는 것은 신체의 맥박이다. 환언하면 이러한 조건에서 리듬에 의미를 부여하는 것은 자신의 고유한 육체를 마치 낯선 형태처럼 소외시키는 것이다. 이로부터 감각하는 육체가 동기화할 흔적이 출현한다. 이 포획은 확실히 정념적이다. 왜냐하면 여기에는 '내부 수용적' 내용을 위해서는 자리도 마련되어 있지 않기 때문이다.

c_신체적 코드

정념 행정의 여러 단계 중 하나인 정동은 하나 또는 그 이상의 신체적 표현을 내포한다. 피부색, 얼굴 표정, 몸짓, 떨림 등. 이들은 특정 맥락 속에서 느끼는 바를 자신이 또는 타자가 알도록 하는 수단들이다. 이 같은 신체적 표현이 없다면 행위소는 그를 동요시키는 정념을 경험할 수 없다. 행위소는 그가 사랑을 느끼고 있음을, 분노하고 있음을, 두려워하고 있음을 알 수는 있지만 이는 사랑을 경험하는 것, 분노를 경험하는 것, 두려움을 경험하는 것은 아니다.

따라서 정념적 표출에는 역설적으로 '메타-기호학'이 있다. 하지만 이 메타-기호학적인 측면은, 전략(전술한 대로)에서 그러하듯이, 담화 체제의 이질성에 기인한다. 정념적 표출에서 우리는 하나의 문화적 코드를 엿볼 수 있는데 이 문화적 코드는 더 이상 정념을 경험하는 자의 것이 아니다. 또한 정념적 표출은 인지적 차원에 속하는 일종의 정보 전달faire-savoir이다.

잘 알려진 동화의 여러 버전 중 하나로 『두려움을 배우러 떠난 사람』*L'homme qui partit apprendre la peur*은 그림 형제의 작품이다. 정념과 관련하여 이 동화는 특별한 통찰력을 보여 준다. 두려움을 느껴 본 적이 없는 한 청년이 두려움을 경험하기 위해 길을 떠난다. 하지만 그는 매우 고통스러운 상황들을 직면하여 아무런 두려움을 느끼지 않고 아주 위험한 인물, 비열한 인물들을 맞닥뜨리면서도 조금도 겁내지 않는다. 결국 그는 마녀, 유령, 불한당들을 모두 물리친다. 게다가 그의 용감한 행적에 대한 보상으로 공주와 결혼을 하게 된다. 공주는 이 청년이 경험해 보고자 하는 감정을 느끼도록 하기 위해 어느 날 밤 청년의 침대에 작은 물고기들이 들어 있는 어항을 엎는다. 그 순간 청년은 벌벌 떨며 무서워한다! 물론 익살스럽고 가벼운 전개를 의도하는 동화의 가설을 잊어서는 안 될 것이다. 그러나 동화가 웃음을 유발하는 것처럼 보이더라도 이 내용은 명확히 주인공에게 결핍되어 있는 기질을 가리키고 있다. 청년은 구체적인 신체적 자극을 느끼지 못하는 한 두려움을 경험할 수 없었다. 신부가 계획한 일을 겪고 난 후부터 모든 희망이 가능해진다.

신체적 표현의 '코드화된' 성격은 용례에 기인한다. 신체적 표현의 주 기능은 경험되는 정념이 자신 또는 타자로 하여금 인식 가능하도록 만드는 것이기 때문에 모든 신체적 표현은 관찰자에 의해 '승인' 된다. 동일시identification를 동반하거나 또는 동반하지 않는 이 승인은 상호주관적 실천을 공고히 한다. 또한 이 승인은 정념적 코드화의 능력에 따라 어떤 표현은 채택하고 어떤 표현은 탈락시킨다. 이와 같이 정념의 신체적 코드들은 용례와 실천을 통해 해당 문화에 고유한 상징적이고 진정성 있는 코드가 된다. 따라서 유럽과 아시아에서 사람들은 분노나 사랑을 동일한 방식으로 표현하지 않는다.

감정의 신체적 표현은 리듬 효과에 기초한 인상에 의해 외부 세계와의 관계에서 자리 잡은 대화를 보완한다. 왜냐하면 신체적 표현은 내적인 리듬과 움직임의 흔적을 외부 세계로 되돌려주기 때문이다. 외부의 리듬으로부터 발생한 이 첫 번째 흔적은 감각하는 육체에 관여한다. 내적인 움직임으로부터 발생한 두 번째 흔적은 자기 신체의 표면과 형태에 영향을 준다.

d_시점 코드

자기 신체의 매개를 통한 담화 심급의 위치 점유는 담화의 지각화의 **필요 불가결한** 조건 중 하나이다. 이 위치 점유는 정념적 효과에서 시점화로 번역된다. 서사적 발화체(변형)는 담화 심급의 위치를 차지하는 행위소의 시야 내에 위치하며 이 시점은 어떤 면에서 소위 발화체라 불리는 것을 주관화한다. **경쟁심**에서 **대항 의식**으로 넘어가 거의 **시기심**에 이를 때 우리는 단순한 서사적, 행위소적 상황으로부터 정념으로 넘어간다. 하지만 이를 위해서는 경쟁자들 중 한 명의 관점을 채택해야만 한다. 정향성이 없는 행위소 배치로부터 한 행위소의 관점을 취하는 배치로 이동하는 것이다. 이때 이 행위소는 자신을 위해서 배치의 정념적 효과를 경험한다.

위치 점유가 없는 담화는 있을 수 없다. 따라서 하나의 서사적 상황이 정향성 없이 발화될 때 위치 점유는 그 상황 자체에 외부적이다. **대항 의식**이나 **시기심** 대신 **경쟁심**을 이야기하는 것은 상황 내부에서 위치를 점유하기를 거부하는 것과 다름없다.

시점화의 결과 문제에 관해서는 '행위소' 장('제IV장 행위소', '2.1. 담화적 변형과 담화적 정향')에서 충분히 소개했기 때문에 여기서 더 논의하지는 않겠다. 단지 표면적으로는 평범한 언어 현상인 것 같지만 알고 보면 정념적 효과와 관계가 있는 현상과 관련하여 시점화의 문제가 제기된다는 사실을 짚어 두자. 단순 과거passé simple와 반과거imparfait 사이의 선택 또는 정관사(담화 심급이 위치를 점유하지 않고 개념을 하나의 총체처럼 다룰 때)와 부정관사(담화 심급이 위치를 점유하며 개념을 시점화할 때) 사이의 선택들이 그 예가 될 수 있다. 사실 이는 **연동**(발화체에 투사되어 있는 위치)과 **탈연동**(암시적 위치) 사이의 대체에 관한 문제이다.

기욤에 따르면 프랑스어에서 단순 과거(passé simple 또는 passé défini)와 반과거imparfait는 사행의 **비분할 시각**vision non sécante과 **분할 시각**vision sécante처럼 대립한다. 사행의 비분할 시각은 특정 관점을 취하지 않고 거리를 둔 상태에서 사행을 하나의 총체로서 파악하며 두 경계 사이에 완전히 포함된다. 반대로 분할 시각은 관찰자를 사행의 한가운데에 투사하며 여기에 하나의 관점, 전방과 후방을 부여한다. 이런 방식으로는 사행의 최초 경계와 최후 경계가 접근 불가능한 채 남아 있다.

우리는 여기서 위치 점유를 거부하는 담화 심급과 서사 발화체 내부에 위치를 점유하는 심급 사이에 존재하는 대체 관계를 본다. 위치 점유의 이 같은 차이는 시점의 차이를 유발하며 시점의 차이는 또한 정념적 차이를 함의한다. 단순 과거는 그것이 정념을 외부적 사건으로 환원하지 않는 이상 정념이나 영혼의 상태를 표현하는 데에 적합하지 않다. 반면 반과거는 정념 표현에 매우 적합하다. 더 정확하게 말하면 반과거는 정념의 '경험'을 적절히 표현하지만 단순 과거는 그렇지 않다.

이 분석은 단순 과거 시제를 이야기에 적합한 시제로 고려한 바르트와 몇몇 학자들의 직관에 부응한다. 이야기는 사건들을 관통하는 하나의 논리에 순응하며 이야기는 '혼자 이야기한다'. 이러한 이해는 단순 과거가 소위 '행위 논리'에 적합한 반면 반과거는 '정념 논리'에 더욱 부합한다는 사실로부터 초래된다.

마찬가지로 고대 그리스어에는 도시를 지칭하는 명사 polis 와 astu가 있다. 두 용어 중 하나를 선택할 때 우리는 외적인 위치 점유와 내적인 위치 점유 가운데 하나를 선택해야 한다. 『일리아드』에서 사용된 두 용어의 의미론적 가치를 다룬 한 연구[2]는 polis 가 한계를 지각하는 중립적인 관찰자에 의해 외부의 총체로서 포착되는 객관적인 도시를 가리키는 단어임을 보여 주었다. 경우에 따라 polis는 직접적으로 성곽 자체를 가리키기도 한다. 반면 astu 는 위치를 점유한 관찰자 또는 도시에 특별한 가치를 부여하는

---

2 [원주] M. Casevitz, E. Lévy and M. Woronoff, "Astu et Polis, essai de bilan", *Lalies*, n° 7, Paris: Presses de l'École Normale Supérieure, 1989, pp. 279~285.

관찰자에 의해 내적으로 지각된 도시를 가리킨다. 이 관찰자는 정신적으로 특정 상태에 위치해 있으면서 더 이상 영역의 한계를 지각할 수 없다. 저자는 다음과 같이 설명한다: "우리는 작품『호메로스』에서 이미 파악할 수 있었듯이 'astu'가 감정적인 가치를 가지고 있었음을 설명하고 있는 것이다." 담화화된 상황이나 형상 속에 관점을 부여하는 내적인 위치 점유는 감정성의 직접적인 원천이다. 예컨대 적에게 도시가 침략의 대상이고 그들이 추구하는 가치를 담보한 장소라면 적은 astu라는 용어를 사용해야 함을 알 수 있다!

e_형상적 코드

정념 효과의 형상적 코드는 해당 정념의 **전형적인 무대**로 정의될 수 있을 것이다. **전형적인 무대**는 그 사용이 빈번해짐에 따라 '되풀이되는 주제'leitmotiv가 될 수 있다. 질투하는 사람의 배제 장면(문 저편에 선 네로 황제, 커튼 뒤로 가려진 오델로, 햇빛이 비치는 창 앞에 선 스완)은 가장 유명한 사례들 중 하나이다. 좀 더 보편적으로 말하자면 정념은 이러한 전형적인 무대로부터 추출된 형상들에 의해 표현되며 곧 이 형상들을 비유적 전용으로 사용한다. 스완에게서 발견하는 사랑의 환유 코드는 이와 같다(벵퇴유[3]의 소나타, 카틀레야 화초). 또는 잃어버린 낙원에 대한 노스탤지어와 관련된 보들레르의 공감각적인 코

---

3 벵퇴유Vinteuil는 프루스트의 소설『잃어버린 시간을 찾아서』에 나오는 가상의 음악 작품.

드들도 이와 같은 방식으로 이해할 수 있다.

담화의 형상들 속에 감정을 기입하는 것은 정념 논리의 열쇠 중 하나이다. 정념에 사로잡힌 행위소는 가치들에 직면해 있기는 하지만 일시적으로 그가 따르고 있는 정념 논리 안에서 그는 하나의 개념적 관점에서 가치들을 깨달을 수 없다. 가치들은 그에게 하나의 형상적 세계 속에 가라앉아 있는 상태로 나타난다. 이것이 그에게 이런저런 감각(감정)을 불러일으킨다. 이 감각(감정)들은 쾌락과 고통의 원천이며 가치론적 인상의 초기 형태이다. 이와 같이 형상적 코드는 정념 행위소에 적용되는 가치론적인 예감pressentiments axiologiques의 코드이다.

정신분석학이 '페티시즘'fétichisme이라고 규정한 그것이 동일한 성격으로 설명될 것이다. 가치론적이고 감정적인 관점이 특히 강조되어 나타나는 하나의 장면은 재편성되고 분할되며, 감정적인 강도의 강조점이 이 장면의 한 '분절체'에서 다른 분절체로 이동한다. 이어서 이 강조점은 추출되고 마치 '제유법' 표현처럼 이것은 장면 전체의 가치를 갖는다. 또한 '환칭' 표현처럼 이것은 이 장면의 모든 가능성을 대표하는 표본이 된다. 여인의 몸에 새겨진 문신은 이와 같은 기능을 가질 수 있다. 아주 미세한 신체의 한 부분이 의미론적인 변환과 이동에 의해 전체를 대표하는 무엇으로 세워진다.

무엇이 원인이고 무엇이 결과인지는 알 수 없으나 정념이 복잡한 방식으로 자연적 요소들의 상상력과 연결되어 있음을 이해해야 한다. 물, 불, 광물, 공기 그리고 바람은 소크라테스 이전 시대부터 줄곧 정념의 질적 외형을 구성하는 본질적인 요소들이다. 사랑amour, 분노colère, 잔인성cruauté, 무감각insensibilité, 근심 또는 불안agitation은 이러한 자연 요소들 속에서 기록 장치를 발견한다 —— 이는 은유적 기술보다 나을 것이다 ——. 정념의 인류학적 접근이 형상적 접근인 것은 이 때문이다. 레비스트로스가 연구한 신화들 속에서 질투나 거만은 심리적이거나 양태적인 실체가 아니라 조류, 포유동물 또는 물질적 요소들이다.

3. 인지

세 담화 체제(행위, 정념, 인지)는 각각 어떤 한 세계의 의미작용을 지향하고 구축하는 세 가지 방식이다. 전반적으로 이들 담화 체제는 늘 **변화**의 의미를 뜻한다. 이는 처음부터 우리가 의미는 그 생성 과정 속에서만 파악될 수 있음을 주장해 온 맥락 속에서 이해될 수 있다. 행위 체제는 세계의 변형을 다루는 프로그램화를 통해 의미/감각을 지향한다. 정념 체제는 현존의 장에 영향을 미치는 사건들을 육체적으로 경험하는 과정을 통해 의미/감각을 지향한다. 마지막으로 인지 체제는 발견의 원리를 기반으로 지식을 구축하는 과정을 통해 의미/감각을 지향한다. 각각의 체제는 고유한 변화와 생성의 개념을 갖는다. 행위 체제의 경우, 변화는 이야기의 종결과 결과로부터만 파악이 가능하다. 정념 체제의 경우, 변화는 행위소의 현존 가운데 돌발적으로 발생하는 충격, 감정과 같은 것으로 **현존 속에서만**in praesentia 파악이 가능하다. 인지 체제의 경우, 변화는 두 형상, 두 상황의 비교, 즉 기존 지식에 새로운 지식을 추가하는 발견을 평가할 수 있게 해 주는 비교를 통해서만 파악이 가능하다.

따라서 담화 기호학의 관점에서 인지 체제는 재현들에 관한 계산의 체제라고 할 수 있다. 한 행위소가 재현을 제공할 때 이는 어떤 의미에서 시뮬라크르를 제공한다고 말할 수 있다. 이 재현 속에서 다른 행위소는 조작, 특히 비교의 조작을 행할 수 있다. 첫 번째 행위소는 **정보원**informateur이라 불리고 두 번째 행위소는 **관찰자**라 불린다. 이들 사이에서 순환하는 표상들은 **지식의 대상**objets de savoir 또는 **인지적 대상들**objets cognitifs이다. 담화 내용 전체 ── 서사 발화체, 형상, 행위소와 행위자, 행위와 정념 등 ── 는 그러한 정보 처리의 대상이 될 수 있다. 그러나 담화 내용의 가치는 늘 다른 내용들과의 대조에 의해 결정되며 이 대조를 통해 우리는 이 과정에서 발생하는 인지적 변화를 알아볼 수 있다.

이질성의 통합이라는 관점에서 어떤 한 인지적 행위소가 실행할 수 있는 최소 조작은 결과적으로 **관계 형성**이다. 이어서 그는 이 관계의 자질들의 차이를 구별할 것이다. 유비 또는 대조, 대칭성symétrie 또는 비대칭성asymétrie, 타동성transitivité 또는 자동성intransitivité, 접속connexité 또는 분리dissociation 등이 관계 자질들의 예가 될 수 있다.

이렇게 '관계 형성'으로부터 시작된 인지적 정보 처리는 관찰자로 하여금 새로운 표상 ── 새로운 지식의 대상 ── 을 구성하도록 허락하면서 더 복잡한 조작이 된다. **발견의 논리**logique de la découverte는 이러한 방식으로 그 형식을 구축한다.

인지적 종합은 나머지 다른 두 방식과는 구분이 되는데, (i) 우선 인지적 종합이 이질적인 집체들 속에 삽입하는 관계의 유형에 의해 (ii) 그리고 인지적 종합이 부과하는 관여성 층위 변화에 의해 구분된다.

관계들에 관해서는 우리가 이미 행위는 계산 가능한 시퀀스를 생산하기 위해 종결과 회고를 통해 작동한다는 사실을 보았고, 정념은 현존의 감각적인 긴장들을 통해 작용한다는 사실을 보았다. 이와 관련하여 인지는 직접적이지 않은 방식으로 전체적인 형태의 차원에서 작동하지만 부분들 사이의 지엽적인 관계 맺기를 통해 기능한다.

관여성 수준에 관해서는, 정념적 차원처럼 실천적인 차원도 그 고유한 이질성을 해결할 목적으로 메타-기호학적인 차원을 출현시킬 수 있다는 사실을 보았다. 이 유일한 층위 변화는 인지적 차원으로의 이행을 알리는 신호이다. 전략의 측면에서 메타-기호학의 출현은 일종의 '정보 전달'로 번역된다. 마찬가지로 정념의 측면에서 그 자체로 메타-기호학으로의 이행이 되는 감정 표출의 코드화 역시 일종의 '정보 전달'에 상응한다. 우리의 가설은 다음과 같다: 인지적 차원은 다른 두 차원의 규칙과 형식들이 포착되는 차원이며 이는 한 '대상-기호학'sémiotique-objet(행위 또는 정념)에서 '메타-기호학'으로의 이행 덕분에 가능한 일이다.

인지적 차원의 이러한 속성은 결과적으로 왜 차원의 수가 세 차원에 제한되어 있는지를 설명해 준다. 모든 다른 층위 변화, 모든 다른 메타-기호학은 그것이 인지적 차원에 적용된다 할지라도 인지 외에 그 어떤 것도 생산하지 못할 것이다.

이제 우리는 미리 구분해 두어야 할 몇 가지를 살펴보아야 할 것이다. 그 첫 번째는 '지식'과 '믿음'의 구분이다.

3.1. 지식과 믿음

우리는 여기서 지식과 믿음을 구분하는 문제에 관해 깊이 있는 논의를 다시 개진하지는 않을 것이다. 한편으로 이 구분은 담화의 의미 논리를 넘어선 많은 이론을 개입시키는 문제이고 또 다른 한편으로 이는 행위 논리와 정념 논리를 인지 논리 안으로 끌어들일 가능성을 뜻한다. 예컨대 연대를 바탕으로 한 신뢰감은 믿음 내에 포함된 한 정념적 차원을 함의한다. 또한 신용을 바탕으로 한 기대의 최소 형식은 행위의 프로그램화가 부과하는 조건이기도 하다: 나는 내가 기획하는 프로그램이 애초에 목적했던 바를 가져다줄 것을 기대한다.

그러나 인지 논리, 즉 발견의 논리의 관점에서라면 우리는 가장 적은 노력으로 '지식'과 '믿음'의 구분을 시도해 볼 수 있다. 이 구분은 인지적 대상들의 관계 형성과 가치 부여 양식의 문제를 알아보는 일에 다름 아니다. 만약 인지적 대상이 다른 인지적 대상들과 관계를 맺을 때 오직 그 기여도와 차이를 평가하기 위한 목적만을 갖는다면, 그 지식connaissance의 가치는 매우 단순한 앎/지식의 가치에 지나지 않는다. 만약 인지적 대상이 여러 주체들(관찰자를 포함하여), 여러 대상들과 동시에 관계를 맺는다면, 이 만남은 인지적 대상들뿐 아니라 **믿음 세계**와 관계하며 따라서 이는 **믿음**의 문제가 될 것이다. 이 경우에 제기되는 문제는 관찰자에 의한 인지적 대상의 가정이다. 만약 대상이 그의 고유한 믿음 세계에 통합된다면 이는 직접적인 가정이 될 것이고 대상이 그가 신뢰하는 다른 행위소들에 의해 가정되는 세계들에 통합된다면 이는 간접적인 가정이 될 것이다.

좀 더 간단하게 살펴보자. 지식 가치는 담화 심급의 위치 점유와 상관없이 인지적 대상들 간의 관계에만 기초하는 반면 **믿음** 가치는 두 인지적 대상들 사이에 위치를 점유하는 담화 심급을 고려하는 삼원적 관계에 기초한다. 둘 사이의 구분은 자주 불분명한데 그 이유는 지식과 지식 네트워킹의 영속적인 과정에서 담화 심급이 결코 위치를 점유하지 않는다는 사실을 입증하기는 매우 어렵기 때문이다. 아마도 관여성의 두 층위를 구분한다거나 인지적 대상들의 보충적인 가치 부여의 두 양식을 구분한다고 말하는 것이 더 신중할 것이다.

하지만 마찬가지로 관여적인 이 구분 역시 실행에 옮기기에는 애매하다. 양태들이 어떻게 **양태적 가치들**이 되는가를 상기해 보자. 강도와 외연의 점진적인 변화에 관한 양태적 내용의 투사가 있고 이어서 어떤 한계의 형식하에 이 변화들을 방해하는 압력이 있다. 이 양태들이 주체의 정체성을 정의할 때 지식과 믿음의 구분은 특별히 유용하다.

최대 강도와 최소 외연의 영역에서만 인지적 대상들을 지향하는 어떤 주체의 사례를 살펴보자. 만약 이것이 **지식**에 관한 것이라면 우리는 어떤 **석학**을 만나게 될 것이다. 그러나 이것이 **믿음**에 관한 것이라면 **광신도**의 문제가 된다. 석학은 그가 인지적 대상들과 맺는 관계 내에서만 정의된다. 석학 대상들에 부과하는 분류 계수는 그가 이 대상들과의 관계에서 채택하는 위치와는 아무런 관련이 없다. 그는 오직 더 잘 알기 위해서만 배제한다. 반대로 광신도는 그의 제약 조건 내에 다른 가정 세계들과 맺는 관계를 포함하며 따라서 그 가정 세계들을 수임하는 이들과의 관계를 포함한다. 이에 따라 분류 계수는 인지적 대상들만큼 동일하게 인지 주체에도 적용된다. 이 과정에서 우리는 인지적 대상들에 대한 가치판단이 주체에 대한 가치판단을 유인한다는 것을 알 수 있다.

반대로 만약 우리가 약한 강도로 가능한 한 많은 인지 대상들을 지향하는 인지 주체를 고려한다면 지식의 경우 주체는 교양인cultivé일 것이고 믿음의 경우 주체는 팔랑귀crédule일 것이다. 여기서도 역시 두 행위소의 양태적 정체성에 관한 평가의 차이는 쟁점의 이동을 알려 준다. 교양인은 그가 채택하는 지식과의 관계에서 어떤 개인적인 입장을 정하지 않는 가정의 심급으로서 아무도 교양인의 지식의 피상성 앞에 불쾌감을 갖지 않는다. 그러나 팔랑귀는 믿음 체제하에 그가 자신의 입장을 표명해야 함에도 불구하고 그의 입장은 규명될 수 없는 성질을 갖기 때문에 그의 이미지는 부정적으로 각인되어 있다. 팔랑귀의 위치는 이 대상에서 저 대상으로, 믿음 세계들의 경계를 흐리면서 끊임없이 이동한다. 게다가 팔랑귀는 믿음직스럽지 못하다. 왜냐하면 그의 불안정한 위치는 식별이 불가능하고 따라서 우리는 그의 위치를 신뢰할 수 없기 때문이다. 환언하면 우리는 무언가 새로운 인지 대상들을 인준하는 데에 그의 믿음 세계를 활용할 수 없다.

3.2. 포착과 합리성

게니나스카는『문학적 언어』에서 미학 담화의 특수성을 설명해 주는 일련의 구분을 제안한다. 하지만 이 구분은 그 자체로 인지 논리의 관점에서 대상을 기술하는 데에도 적용할 수 있을 정도로 보편성을 갖는다. 담화에서 실행되는 의미화 양식은 일관성을 구축하도록 하는 독서의 일반 원칙처럼 정의되기 때문이다.

일반적으로 합리성은 세계의 가지성(지적 이해의 가능성intelligibili-té)을 담보하는 모든 방식 또는 현상적 다수성을 단일성으로 귀속시키는 발화체들로 이해된다.(59쪽)

정의는 엄격한 환원(단일성으로 귀속시키는)에 기초한다. 그러나 정의는 모든 지식에 내재하는 환원만을 상기한다. 그 목적이 **단일성**이 아니라 할지라도 정의의 원리는 현상적 다양성을 단일성으로 환원하는 원리에 다름 아니며 환원은 언제나 범주, 도식, 유형 등을 생산한다. 다른 관점에서 말하면 정의는 세계와 발화체들의 지적 이해의 가능성과 관계한다는 점에서, 그리고 여기서 행위와 정념이 인지와 경쟁한다는 점에서 인지의 관점보다 보편적이다. 정의는 우리가 여기서 '이질성의 통합'이라고 칭한 것의 총체를 요청한다.

게니나스카의 이론은 좀 더 정밀하게 살펴볼 가치가 있다. 왜냐하면 그가 제안한 **논리**는 그 자체로 무엇보다 **포착**을 탐구하기 때문이다. 포착은 **이해의 양식**, 즉 의미화에서 나타나는 발견의 인지적 양태들이다. 게니나스카가 상술하듯이 "현실은 어떤 한 이해 양식의 효과 또는 포착의 효과에 지나지 않는다"la réalité n'est jamais que l'effet d'un mode d'appréhension ou de saisie.(201쪽) 현실은 이런 혹은 저런 포착하에서만 이해될 수 있다. 이것은 더 이상 행위를 통해서 변화나 이질성을 기획하는 일도 아니고 정념을 통해 이질성을 경험하는 것도 아니다. 다만 이질성을 이해하고 가지적인 것으로 발견하는 문제일 뿐이다.

'포착'에 대한 우리의 정의를 재고찰할 기회가 왔다. 우리가 정의한 '포착'은 외연과 수량의 차원에서 발생한다는 점에서 강도의 차원에서 발생하는 **지향**과 대비된다. 또한 '포착'은 지성적이고 인지적인 차원에 있는 반면 '지향'은 감성적이고 감정적인 차원에 있다. 따라서 **포착**은 우리의 이론에서 인지적인 종합의 기초적 실행이다. 포착들을 구분하는 것은 그것이 유인하는 관계들 속에서 가능하며 그것이 현동화하는 인지적 국면 속에서 가능하다.

게니나스카는 미학 담화의 관점에서 다음 세 유형의 포착을 구분한다.

> (1) **몰적** 포착saisie molaire은 한편으로 형상 또는 개념들 사이의, 다른 한편으로 그 지시 대상의 일방적인 의존dépendance unilatérale 관계를 정립한다.
> (2) **의미론적** 포착saisie sémantique은 담화의 내부에 도식적이고 범주적인 등가성들과 연대를 정립한다.
> (3) **인상적** 포착saisie impressive은 지각들 사이의 관계를 맺도록 하며 리듬 효과에 기초한, 긴장적이고 신체감각적인 배치를 정립한다.

몰적인 포착이 일방적인 의존성들에 관한 것이라면 의미론적인 포착은 다수의 연대들(적어도 둘 이상이 관여하는 상관관계들)에 관한 것이며 인상적인 포착은 전체론적인holistique 의존성에 가깝다. 인상은 리듬 또는 다른 모든 감성적인 표현을 포착함에 있어 이것들을 마치 하나의 집단 또는 계열로 포착한다. 다시 말해서 이미 분석된 것이 아니라 분석 가능한 전체의 잠재적 형식으로서 포착한다는 말이다.

인상적 포착이 게니나스카의 사유에서는 비전형적이고 제한적으로 나타나지만 우리에게는 인지적 포착saisie cognitive을 담당하는 한 역동적인 장치의 열쇠와 같다.

발견의 관점에서, 인지적 대상에 대한 가치 부여의 관점에서, 쟁점은 담화의 인지적 혁신과 변화의 능력에 있다. '이해할' 무엇 또는 '발견할' 무엇이 있기 위해서는 무엇보다 담화가 그의 고유한 기호 세계를 생성하고 혁신해야 하지 않겠는가. **몰적인 포착**은 본질적으로 지시적référentiel이고 추론적inférentiel이다. 몰적인 포착은 정보를 제공하는 관계들을 연결하는 것처럼 보이지만 실제로는 어떤 새로운 정보도 생성하지 않는 닫힌 체계 내에서만 그러하다. 추론이 그러하듯 지시 관계도 이미 확정되거나 **공유된** 지식과의 관계에서 유효성을 확인해야 하는 지식의 적합성 또는 부적합성을 확인하기만 할 뿐이다. **의미론적인 포착**은 자주 은유의 효과를 통하거나 상상력 ——이미지를 생산할 수 있는 능력 ——의 통제하에서 직접적으로 담화적 혁신에 접근하도록 해 준다. 그리고 이는 그와 같이 생산된 인지 대상들이 **비교 불가능**할수록, 이 인지 대상들이 그 가치를 믿는 발화 주체의 수임 외에는 어떤 보증도 할 수 없을수록 더욱 그렇다.

우리가 제안하는 가설은 다음과 같다: **인상적** 포착은 변화의 동력이며 지시와 추론의 작용들을 위태롭게 하는 포착이다. 또한 '인상적' 포착은 **의미론적인** 포착에 길을 내어 준다.

이 주제와 관련하여 우리의 가설을 뒷받침해 줄 수 있는 몇몇 선구자들이 있다.

첫째, 후설은 그가 예견한 쇠퇴가 현실로 나타나는 것을 보면서 모든 지식의 감각적인 기저로, 모든 과학적 실천의 소위 **근원적**hylétique 층위로 돌아가야 함을 주장했다. 지식은 우리에게 현실과 부합한다고 추정되는 범주와 법의 형식으로 주어진다. 이 범주와 법은 이렇게 추정된 '현실'에 관한 추론을 가능케 한다. 그러나 후설에게 이 범주들과 법들은 '물자체'choses mêmes로서의 존재를 감추며 특히 '물자체들'이 우리 앞에 현시되는 방식을 은폐한다. 따라서 후설은 근본적인 비-지식non-savoir으로 돌아가야 하며 '물자체'와 그의 감성적인 효과에 접근하기 위해서 지식을 포기해야 한다고 말한다.

둘째, 프루스트가 인상파 화가 엘스티르에 관해 이야기할 때 그는 예술가가 그림을 그리기 위해서는 그의 모든 지성을 버려야 한다는 사실을 강조한다. 예술가는 풍경의 형상들 사이에 비밀스러운 등가성을 발견하고 재구축하기 위해서 대상과 공간, 세상의 색과 빛에 관해 알고 있는 모든 것을 버려야 한다. 마찬가지로 그 그림을 제대로 감상하기 위해서 감상자 역시 그가 세상의 형상들에 관해 알고 있는 모든 것을 버려야 한다. 그래야만 그는 착시에 의해서 다시 한 번 경이를 경험할 수 있다. 착시들은 그에게 더 이상 환영처럼 나타나지 않으며 사물이 스스로를 이해하는 방식처럼 나타난다.

그중에서도 회화 또는 문학 텍스트와 같은 예술 작품은 인지적인 담화discours cognitif로 취급되어야 한다. 왜냐하면 예술 작품은 경험을 구성하고 경험에 의미를 부여하며 그 과정에서 지식을 추출하는 담화이기 때문이다. 또한 예술 작품은 고유한 방식으로 세계에 대한, 우리가 점유하는 이 위치에 대한 우리의 지식을 확장시킨다. 그러나 문제는 무엇이 채택될 만한 가치가 있는 지식인가를 판단하는 데에 있다. 어떤 지식이 발화 주체에 의해 수입될 만한 가치가 있을까? 프루스트의 작품 세계에서 이 구분은 명확하다. 한편에는 사물들의 관습적인 지각이 있다. 이는 우리가 가진 '형상적 백과사전'에, 더 나아가 자연언어의 어휘 목록에 이미 고정되어 있는 그대로 지각되는 사물들을 말한다. 다른 한편에는 **폭넓은** 은유가 있다. 이는 등가성들의 놀이이며 그림이나 텍스트가 다른 의미 세계로 옮겨 놓는 이미지들의 순환이다. 이 둘 사이에는 온갖 종류의 구성 작업이 벌어지는데 이 작업은 사물들의 추론적이고 관습적인 지각을 무효화함으로써 미학적인 경험의 기원이 되는 '태생적인' 감수성을 재활성화시키는 데에 그 목적이 있다.

엘스티르의 경우, 바다에 대한 관습적이고 '학자적인' 그의 시각은 흔한 동위소들의 안정성이 유지되도록 한다. 배는 물 위에, 집은 대지 위에, 어부들은 바다에, 산책자들은 산책로나 모래사장이나 바위틈 사이에 있다. 이러한 시각은 지시적이며 **몰적인** 포착에 기인한다. 반면 미학적인 시각은 등가성 체계에 의해 구성되며 엘스티르의 천재성이 발휘될 수 있도록 기여한 프루스트의 **폭넓은** 은유에 의해서 구성된다. 이 시각은 **의미론적인** 포착에 기인한다. **인상적인** 포착의 경우에는 둘 사이에서 일어나는 전이를 담당하는데 관습적인 시각을 유보시키고 미학적인 시각을 준비시킨다. '인상적인' 포착은 즉각적인 인상에 자신을 맡기는 것을 뜻한다. 이는 알지 못하고 보는 것, 지붕 위에서 돛대를 보고 동굴 속에서 어부를 보며 물 위를 걷는 산책자를 보는 시각이다.

인상적인 포착은 세계와의 감각적인 관계가 직접적으로 표출되도록 한다. 인상적인 포착은 순수하게 지각적인 질과 양, 아무런 분석 없이 전체적으로 지각되는 질과 양의 매개를 통해 형태와 가치에 접근한다. 리듬은 형태의 가능성potentialité을 예고하여 결국 앞으로 발견될 의미를 신호한다는 점에서 지각적인 배치의 예 중 하나가 될 수 있다. 마찬가지로 어떤 텍스트의 서체, 조형 작품에서 빛이나 물질의 다양한 상태들도 지각적인 배치의 예들이 된다. 우리는 자주 분석의 첫걸음이 단위들을 구분하기 위한 텍스트 분할이라고 상상한다. 이것이 바람직한 첫 단계임은 확실하다. 그러나 여기서 우리는 이러한 분할이 의미론적 분석을 결정하는 조형적 리듬, 대비 또는 형식들의 지각에 의해 유도될 수 있다는 사실을 간과한다.

요컨대 우리는 인상적인 포착을 추론적인 포착에 대한 문제 제기로 이해하고자 한다. 여기서 추론적인 포착은 의미론적인 포착을 용이하게 하는 하나의 준비와 같은 것이다.

우리는 본 선구자들의 목록에 뱅베니스트를 포함시킬 수도 있었을 것이다. 그는 의미의 **기호학적인 양식**mode sémiotique과 **의미론적인 양식**mode sémantique을 구분함으로써 자연언어의 기호 체계 안에 고정된 관습적인 의미와 살아 움직이는 의미, 즉 실행 중인 의미('제I장 기호에서 담화로' 참조)를 대비시킬 수 있었다. 추론적인 포착saisie inférentielle(뱅베니스트가 정의한 **기호학적인 양식**)은 담화 심급의 위치 점유를 강제하지 않는다. 추론적인 포착은 모든 담화 심급으로부터 독립적으로 이루어진다. 반면 의미론적인 추론(뱅베니스트가 정의한 **의미론적인 양식**)은 발화를 수임하고 위치를 점유하는 하나의 심급이 없이는 고안될 수 없다.

그러나 뱅베니스트에게 이 문제는 두 개의 인식론적인 관점일 뿐이었다. 다시 말해서 동일한 의미 현상들에 접근하는 두 가지 보완적인 방식일 뿐이었다. 지금 우리에게 이것은 인지 논리 안에서 세계를 이해하는 두 가지 방식을 구분하는 문제이다. 포착의 두 유형이 담화들에 공존하기 때문에 우리는 한 포착에서 다른 포착으로 넘어가도록 하는 통사를 이해해야 하는 것이다. 이러한 맥락에서 '인상적' 포착에 매개적 역할이 부여된다. 이것을 도식으로 나타내면 다음과 같다.

몰적 포착 → 인상적 포착 → 의미론적 포착

　　'몰'적 포착과 '의미론적' 포착은 '포착'의 범주 중 반대 관계에 있는 두 항으로 이해할 수 있다. 담화는 이 두 극 사이에서 오가는데 한 극은 일방향적인 의존에 기초하며 의미의 완전체가 형성되지 못하도록 만들고, 다른 한 극은 다수의 상관관계들에 기초하며 하나의 완전체를 구성한다. 여기서 '인상적' 포착은 하나의 모순 항이다. 이는 지시와 추론의 행위를 '유보'시키고 관습적인 지각을 문제 삼는다. 더 나아가 총체성을 부여하는 '전체론적'이고 모호한 접근을 통해 '의미론적'인 포착을 준비한다. 이어서 '인상적'인 포착이 부여한 위치로부터 등가성과 연대를 구축해야 하고 '의미론적'인 포착 덕분에 가능해진 이 총체성을 수임해야 한다.

　　연역적인 방법이 권위를 회복하는 것은 바로 이 지점이다. 앞선 논의는 반대 관계와 모순 관계에 의해 구성될 포착 범주의 큰 틀을 제시하기 때문이다. 따라서 이와 같은 구조를 갖는 범주의 구성 원리는 다른 가능한 위치, 즉 의미론적 포착의 모순 항의 위치의 자리를 규정한다. 이 동일한 구성 원리는 동시에 다음과 같은 또 하나의 행로를 제안한다.

의미론적 포착 → X 포착 → 몰 포착

　　여기서 포착 'X'는 '의미론적' 포착의 모순 항이 될 것이다.

첫 번째 행로는 확실히 미학적 담화의 특징을 보여 준다. 하지만 만약 우리가 이 특수한 관점을 버리고 모든 담화적 가능성들을 고려한다면 두 번째 행로를 배제할 수 없다. 여기서 제기되는 마지막 물음은 다음과 같다. 포착 'X'는 무엇인가? '의미론적' 포착의 모순 항은 무엇인가?

포착의 이 네 번째 유형은 담화의 혁신적 등가성들을 유보시키고 발화 주체가 형상을 수임하는 힘을 약화시키며 새로운 지시, 새로운 추론을 위한 영역, 즉 기호학적 형식의 규약화를 위한 영역을 준비하는 기능을 담당할 것이다. 생생한 담화가 제안하는, 자유롭기는 하지만 강하게 수임되는 상관관계들로부터 이 포착은 고정된 형식들, 사용usage과 마모usure의 산물들을 생산할 것이다. 담화의 '탈의미론화'désémantisation를 이끄는 첫 번째 제스처는 전체와의 관계들을 거부하는 행위이다. 하나의 형식은 그것을 의미하게 만들고 동기를 부여하는 유기적인 전체와의 연결이 끊어질 때에만 '응고'figé되고 탈의미론화désémantisé될 수 있다. 따라서 포착 'X'는 등가성들과 연대의 외연을 좁히고 지엽적이고 일방적인 의존의 출현을 준비한다. 이러한 속성은 '하위 모순 항'subcontraire의 위상, 즉 모순 항, '인상적' 포착의 반대 항에 적합할 것이다. 만약 '인상적' 포착이 전체론적이고 모호하다면 그 반대 항은 지엽적이고 정확한 성격을 가질 것이다.

비유적 전용(풍차의 **날개**l'aile d'un palais 참조)을 비롯한 많은 관용어구들의 예는 위에서 설명한 포착 범주의 구성을 보여 준다. 하나의 은유는 그것을 고안한 담화로부터 떨어져 나오는 동시에 관용적 표현으로 굳어진다. 이때 우리는 내용teneur과 운반 수단의 구분을 망각한다. 그리고 곧 더 이상 등가 관계를 지각하지 못한다. 왜냐하면 우리는 두 내용 사이의 경합을 더 이상 지각하지 못하기 때문이다. 해당 표현은 발화 주체에 의해 수임되기를 요구하지도 않고 그의 위치 또는 그의 지각으로부터 상상되기를 요구하지도 않는다. 이 표현은 홀로, 자율적 방식으로 기능한다. 이는 순수하게 규약적이고 지시적인 사용을 위해 준비된 표현이 된다. 날개는 직접적으로 건물의 한 부분을 가리킨다. 피에르 퐁타니에가 말했듯이 이것은 비(非)전의⁴적인 은유figure non-trope(은유적이지 않은 은유)에 해당한다.

따라서 이 포착 'X'는 직관적으로 잘 알려진 것이다. 표준 서사 도식에서 행위의 도식들, 상투적인 서사 프로그램, 상투적인 이미지들을 고정시키고 화석화하고 변형시키는 것은 모두 이 포착 'X'이다. 이것이 지시적이고 추론적인 포착으로 회귀시킨다는 점, 모든 담화 심급 — 미학적이든 아니든 — 이 가치 수임과 위치 점유를 통해 저항하려고 하는 이 회귀를 유도한다는 점에서 우리는 이것을 **역진적인 포착**으로 명명하려는 유혹을 느낄 수 있을 것이다.

하지만 앞서 후설과 프루스트에 관해 언급했던 바의 연장선상에서 우리는 다른 명칭을 채택하고자 한다. 세계를 보는 신화적이고 주술적인 관점에서 지시적이고 실증주의적인 관점으로 이동하는 움직임은 이 두 저자들에 의해 명확하게 지칭된 바 있다. 후설은 이것을 '기술적'인 움직임이라고 불렀다. 이 '기술적'인 움직임 속에서 하나의 과학은 그것이 구성하는 지식의 '상태 의미'sens d'être를 망각하며 의미가 비어 있는 하나의 기술로 변형된다. 프루스트는 이것을 '학

---

4 전의trope는 어구가 본래의 뜻과 달리 쓰이는 기법, 즉 은유, 환유, 제유 따위의 수사적 기법을 뜻한다.

자적' 앎, 또는 적어도 스스로는 학자적이라고 믿는 자의 앎이라고 불렀다. 이는 은유를 일종의 착시로 환원하며 경험되고 수입되어야 할 무엇을 설명하려고 하는 지식을 말한다. 이는 또한 보충 또는 장식적 염려에 의해 은유를 단순한 명칭 프로세스로 환원하는 지식이다. 이러한 지식은 수사를 단순한 학자적 기술로 만들며 결국 생생한 담화를 구성하는 비유적 표현이나 이미지에서 단지 방법적 기술, 솜씨, 기교만을 인정할 뿐이다. 결국 기술만 남는다. 세계의 구성을 '문제 삼는'problématiser '의미론적' 포착에 비하면 '기술적'인 포착은 **최소화된** 설명 ── 적어도 이것이 진부한 설명이 아니라면 ── 안으로 도피한다.

따라서 네 번째 유형의 포착은 **기술적인 포착**이라 명명되며 이는 오로지 지엽적이고 고립된, 탈신화화하는 설명만을 위해서 인지적 대상을 이해한다.

이로써 두 번째 행로가 완성되었다.

의미론적 포착 → 기술적 포착 → 몰 포착

기호 사각형의 형태를 취하는 포착의 유형론을 완성하면 다음과 같다.

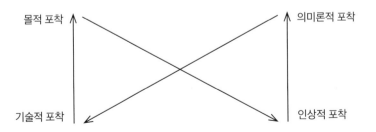

도식상에 화살표로 표시된, 가능한 모든 행로들 중에서 우리는 특별히 두 행로에 주목하고자 한다.

(i)의 행로: 기술적 → 목적 → 인상적 → 의미론적

(ii)의 행로: 인상적 → 의미론적 → 기술적 → 목적

이 반대 방향의 두 행로는 모두 지표에 관한 '이해'로부터 출발하는데(차례대로, 절차un procédé의 지수와 신체적 효과un effet somatique의 지수), 이는 하나의 규칙에 도달하기 위한 것이다. 환언하면 이는 분석된 담화의 **지적 이해의 가능성 모델**에 관한 메타-지식에 이르기 위한 것이다(차례대로, 추론적이고 외재적인 지적 이해의 가능성 모델과 상징-신화적이고 내재적인 지적 이해의 가능성 모델).

이 두 극단 사이에서 두 행로는 나란히 특수한 역할을 담당하는 두 위치를 횡단한다.

(a) 행로의 두 번째 위치(위치 2)는 지수의 이해를 확인하고 고정시킨다. 이 행로는 지수의 이해에 동일시의 상관성을 부여하며 이렇게 도입된 등가 관계에 힘입어 **지수를 도상으로 변형시킨다**. 외적인 지시 관계에 의한 기술적 포착의 결과를 고정시키고 도상화하는 것이 목적 포착인 경우도 있고 또 내적인 지시 관계에 의해 인상적 포착의 결과를 고정시키고 도상화하는 것이 의미론적 포착인 경우도 있다.

(b) 위치 3은 위치 2를 모순 부정하는 두 행로의 결과로 출현한다. 위치 3은 다른 유형의 이해에 근거하여 첫 번째 기본 지수를 다른 지수로 대체한다. 하지만 위치 2와의 관계에서 위치 3은 '모순' 관계라는 점에서 비판적인 이해에 불과하며 이는 이미 메

타-기호학의 위상을 갖는다. 기술적인 이해는 의미론적 포착에 대한 비판처럼 기능한다. 이것은 몰적 포착에 대해서 인상적 포착이 담당하는 기능이기도 하다.

따라서 몰적 포착과 의미론적 포착이 가운데에 있는지, 행로들의 끝에 있는지에 따라 두 포착은 상이한 의미를 취한다. 첫 번째 경우가 지수의 이해에 대한 도상적인 안정화라면, 두 번째 경우는 **메타-기호학적인 모델**을 부여한다.

만약 우리가 추론을 끝까지 밀고 나간다면 다음의 결론에 이르게 될 것이다. 반대되는 두 행로 각각의 위치 2에서 몰적 포착과 의미론적 포착은 **도상적 안정화의 두 가지 형식**, 등가 관계의 두 유형을 제안하는데, 하나는 **외적이고 지시적인** 형식이며 다른 하나는 **내적이고 수사학적인** 형식이다. 반대되는 두 행로의 마지막 위치, 즉 위치 4에서 몰적 포착과 의미론적 포착은 **메타-기호학 모델링의 두 가지 형식**을 제안하는데, 하나는 **외적이고 추론적인** 형식이며 다른 하나는 **내적이고 상징적인, 신화적인** 형식이다.

우리는 이제 인지 논리들rationalités cognitives이 제안하는 인지적 **가치**valeurs cognitives 유형을 명시하는 한편 각각의 경우에 상응하는 인지 논리들이 무엇이 될지 상상할 수 있다. 포착의 첫 번째 두 유형을 통해서 그리고 게니나스카의 이론에 힘입어, 우리는 인적 가치들을 크게 두 부류로 구분하였다. 지시적이고 정보적인 가치들(몰적 포착)이 있고 미학적이고 상징적인, 때로는 신화적이기도 한 가치들(의미론적 포착)이 있다. **인상적 포착이 내포하는 가치들**은 감각적인 성격,

좀 더 구체적으로는 **쾌락적**이기까지 한 성격을 띤다. 여기서 의미/감각은 이런저런 인상이나 지각이 가져다주는 쾌감 또는 불쾌감으로부터 생성된다. 마지막으로 **기술적**인 포착이 내포하는 가치로는 **기술적**이고 **과학만능주의적**scientiste인 가치를 꼽을 수 있다.

결과적으로 인지 작용은 크게 네 가지 합리성 유형에 기초한다. 이 합리성들은 또한 인지적 대상들의 발견을 평가하는 네 가지 상이한 방식에 토대를 둔다.

4. 교차와 삽입

구체적인 담화들은 결코 단 하나의 차원에만 기초하는 법이 없다. 다만 우리는 지배적인 체제 또는 지배적인 인지적 포착들에 근거하여 담화 유형을 구분할 수 있을 뿐이며 예외적이거나 주변적인 체제 또는 포착에 근거해서는 안 될 것이다. 따라서 우리는 담화 논리의 세 가지 유형(행위, 정념, 인지) 사이에서 일어나는 교차와 삽입을 이해할 필요가 있다.

예컨대 하나의 기획된 변형의 전개는 고유한 조건들을 부과하는 어떤 사건, '우발적 상황'에 의해 중지되거나 우회될 수 있다. 담화는 담화 심급 위치의 단순한 변화에 의해서도 한 차원에서 다른 차원으로 이행할 수 있다. 만약 심급이 진행 중인 사행으로부터 분리된다면 정념 체제는 유보되며 거리감이 있는 체제, 즉 인지 체제에 자리를 내어 주거나 회고적인 논리, 즉 행위 논리에 자리를 내어 준다. 이 심급의 위치는 자기 신체에 의해 점유되며 한 논리에서 다른 논리로 이행

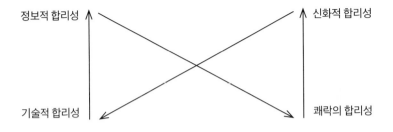

정보적 합리성 ↑   ↑ 신화적 합리성

기술적 합리성 ↓   ↓ 쾌락의 합리성

하는 과정에서 기능이 달라지더라도 자기 신체는 세 논리 모두에 공통적이고 영속적인 닻(버팀대)을 제공한다는 사실을 기억해야 한다. 왜냐하면 자기 신체는 인지적 계산의 참조 중심이 될 수도 있고 감정의 동요, 침입의 본좌일 수도 있으며 단순히 어떤 행위의 도구일 수도 있다. 그러나 이 상이한 역할들을 담당하고 그 사이에서 전환을 실행하는 것은 늘 동일한 자기 수용적 심급의 역할이다.

4.1. 삽입

세 담화 체제는 서로가 서로를 규정하는 관계에 있으며 쉽게 식별 가능한 시퀀스들을 형성한다. 그 시퀀스 조합은 그 국면의 수에 제한을 가하지 않는 이상 무궁무진하다. 그 가능한 조합 가운데 여기서는 삽입 유형만을 볼 텐데, '삽입'은 다음과 같은 모델 형식으로 나타난다: [체제 A1 – 체제 B – 체제 A2]. '삽입' 유형은 왜 이러한 모델의 형식 외에 달리 나타나지 않을까? 그것은 이 유형의 조합이 가장 풍부한 정보를 전달하기 때문이다. 이는 한 체제의 효과, 즉 체제 B가 다른 체제에 미치는 효과를 가늠하도록 해 준다. 이 과정에서 필연적으로 체제 A1과 체제 A2는 두 하위 유형으로 분리되어 A1은 보다 상위에, A2는 하위에 위치한 체제로서 나타나게 된다.

표준 서사 도식의 예를 보자. 행위 체제는 두 개의 인지 체제로 둘러싸이는데 하나는 '조작'(인지 1)이며 다른 하나는 '승인'(인지 2)이다. 이를 도식으로 나타내면 다음과 같다:

[인지 1 – 행위 – 인지 2]

따라서 확실히 두 행위소 사이의 인지적 관계들을 변화시키는 것은 그 둘을 매개하는 행위 국면이다. 첫 번째 인지 국면에서 '주체'를 설득하려고 애쓰는 행위소는 '발신자'인 반면 두 번째 인지 국면에서 가장 적절한 순간에 자신의 행위를 드러내면서 그 행위가 최초 계약에 부합한다고 '발신자'를 설득하는 행위소는 '주체'이다.

그러나 반대로 서사 주체가 복잡한 프로그램화와 전략 내부에 시뮬라크르를 구성해야 할 때 행위가 실행되는 두 국면 사이에 삽입되는 것은 인지 체제다. 두 행위 중 두 번째는 전략의 수정, 보완으로 인해 첫 번째와 같지 않을 것이다. 이를 도식으로 나타내면 다음과 같다:

[행위 1 – 인지 – 행위 2]

마찬가지로 정념 체제도 두 인지 국면 사이에 삽입될 수 있다. 특히 지식이 믿음으로 전환될 때 이는 거의 지식이 초월적 보증자에 대한 신뢰에 의해서만 수임되는 경우와 같다. 이를 도식으로 나타내면 다음과 같다:

[인지 1 - 정념 - 인지 2]

만약 인지 체제가 어떤 정념적 시퀀스를 변화시켰다면 이것은 예를 들어 믿음 세계를 굴절시키기 위한 것이거나 감정과 거리를 두기 위한 것일 수 있다. 이를 도식으로 나타내면 다음과 같다:

[정념 1 - 인지 - 정념 2]

이는 거의 모든 모럴리스트들이 애용하는 삽입 유형이다. 예컨 대 세네카는 『분노에 대하여』에서 상승하는 분노의 효력을 멈추게 하고 인지력이 그의 일을 할 수 있도록 시간을 주라고 제안한다. 만약 분노의 동기에 관한 인지적 분석이 끝나면 이는 틀림없이 분노의 폭발보다는 복수 또는 정의에 대한 욕망을 낳을 것이다.

다른 한편 행위 체제는 단순히 어떤 행동의 실행 이상이 될 정도로 정념에 의해 달리 규정될 수 있다. 주지하다시피 하나의 행동은 고유한 감정들을 발생시키거나 적어도 초기 정념의 성격을 변화시킨다. 이를 도식으로 나타내면 다음과 같다:

[정념 1 - 행위 - 정념 2]

마지막으로 한 정념 국면은 행위 시퀀스 한가운데에 삽입될 수 있다. 여기서 정념 국면은 행위에 순간적인 동력을 제공한다. 주체의 정체성을 구성하는 이러저러한 양태의 강도 수준을 높이면서 정념은 중단된 사행을 재개시키고 장애물을 극복하도록 도와준다. 정념은

또한 행위의 흐름을 결정적으로 굴절시킨다. 이를 도식으로 나타내면 다음과 같다:

[행위 1 – 정념 – 행위 2]

지금까지 살펴본 내용은 물론 개괄적 가치만을 갖는다. 이런 종류의 삽입에 대한 구체적인 탐구는 다음의 두 원칙에 따라야 한다: (1) 체제의 변화가 있을 때마다 전체 담화 세계는 그 변화에 의해 영향을 받는다: 담화 심급의 위치, 자기 신체의 역할, 행위소들의 양태화 수준(M^0, M^1, M^2 등), 시간, 공간, 생성의 의미 등. (2) 삽입 자체는 구성요소들을 명시적으로 보여 준다: 나타나 있는 두 체제, 삽입된 것뿐 아니라 삽입한 것도 그들이 자리 잡고 있는 그 시퀀스에 의해 명시적으로 나타난다. 예를 들어 정념 국면은 정념이 두 인지 국면 사이에 삽입되어 있을 때 믿음과 신뢰로 나타난다. 그러나 정념이 행위 시퀀스에 삽입되어 있을 때는 행동의 조절 메커니즘으로 작용한다.

4.2. 감성과 지성

4.2.1. 네 가지 수준의 분절

세 체제 사이에서 일어나는 이 같은 엮임들에서 가장 중요한 문제는 감성과 지성의 분절 문제이다. 이는 행위, 정념, 인지 체제의 상호 침투의 문제보다 훨씬 더 일반적인 차원의 물음을 제기한다. 이는 감성적 경험으로부터 비롯되는 의미의 출현과 관련된 물음이며 이 전환은 실행 중인 담화에서 끊임없이 벌어지는 현상이다. 우리는 이 문제에 네 관점에서 접근해 볼 수 있다: (1) 기호 작용의 관점 (2) 가치 형성의 관점 (3) 담화 도식의 관점 (4) 감각 양태의 관점.

첫 번째 관점은 제I장('기호에서 담화로')에서 이미 논의되었다. 기호 작용은 표현 층위와 내용 층위 간의 한 형식적인 관계가 아니다. 기호 작용은 자기 신체의 위치 설정의 결과 일어나는 작용으로, 여기서 자기 신체는 내부 수용적 영역과 외부 수용적 영역을 결정한다. 또한 내부 수용적 영역과 외부 수용적 영역 중 한 영역이 다른 영역에 끼어드는 작용의 결과로 일어나는 것이 기호 작용이다. 감성 ── 자기 수용성proprioception ── 은 이런 식으로 표현 층위와 내용 층위에 공통된 영역이 되는 것이다.

두 번째 관점은 제II장('의미의 기본 구조')에서 논의된 바 있다. 긴장 구조는 통제의 외부 공간을 구성하는 지각적이고 점진적인 발랑스들로부터 출발하여, 상관관계의 내부 공간에 담화적 가치의 생성 모델로서 나타난다. 따라서 점진적이고 긴장적이며 지각적인 유형의 통제 발랑스는 내부 공간의 다양한 위치들(또는 **가치들**)을 결정한다는 점을 고려할 때 긴장 구조는 감성과 지성을 관계 짓는다.

세 번째 관점은 담화의 긴장 도식의 형태로 제III장('담화')에서 다루어졌다. 긴장 도식들은 강도(감성, 감정, 느낌)와 외연(지각, 인지, 수량) 사이의 균형 변동들을 보여 주는 통사적 모델들이다. 따라서 여기서 제기되는 물음은 담화의 어느 지점에서 감정의 발랑스와 인지의 발랑스들이 어떻게 결합되거나 대립되는지, 어떻게 연합하거나 대결하는지를 밝히는 것이다.

감각적 양태와 관련된 마지막 관점은 본 저서에서 아직까지 명시적으로 다루어진 적이 없는 유일한 관점이다. 이 관점은 그 자체로 방

대한 연구 프로그램으로, 여기서는 **냄새**의 사례에 한정하여 몇 가지 요소들만 간략히 살펴볼 것이다. 전환이 담화상에서 구체적으로 어떻게 일어나는가를 검토하지 않는 한, 의미작용은 지각에 의존한다는 사실과 지성이 감성과 분리될 수 없다는 사실을 단언하는 것은 논점 선취의 오류일 뿐이며 하나의 철학적 입장일 뿐이다. 현재 우리에게는 이 문제를 검토할 수 있는 수단이 있다: 긴장 구조, 현존의 기호학, 인상적 포착은 우리로 하여금 방법론적인 측면에서 이러한 유형의 기호학적 '도래'avènement에 접근할 수 있도록 해 준다. 그러나 또한 우리는 여기에서 우리가 무엇을 발견하고자 하는가를 생각해야 한다. 이와 관련하여 우리의 물음은 **감각 양태의 기호학적 특수성에 관한 물음**이 될 것이다. 이것은 좀 더 구체적인 다음 네 가지 물음으로 다루어질 수 있을 것이다.

(1) 가치는 다양한 감각 양태들로부터 어떤 방식으로 출현하는가? 묘사적 가치? 양태적 가치? 상적 가치? 또 어떤 가치들로 출현할 수 있는가?

(2) 의미는 그 '되기'의 과정에서만 포착될 수 있다고 할 때(그레마스는 그 변형의 과정이라고 말했다), 각각의 감각 양태들로부터 유발된 서사적 체제들과 행위소적 장치들은 무엇인가?

(3) 이 서사적 체제들과 행위소적 장치들 각각에 연결된 형상들은 무엇인가? 시간의 형식들인가? 공간의 형식들인가?

(4) 감성적 경험은 어느 정도 수준까지 담화 구조를 규정하는가? 이것은 감각 능력esthésie에 관한 물음이며, 담화적 도식주의 전체와의 관계에 관한 물음이다.

우리는 **냄새의 세계**에 관해 위의 각 물음에 차례로 대답하고자 한다. 그러나 하나의 감각 양태를 선택하는 것은 충분하지 않을 것이다. 이 감각 양태가 구체적인 담화 내에서 실현된 예가 필요하지 않겠는가? 따라서 우리는 셀린의 『밤 끝으로의 여행』을 참조하고자 한다.

4.2.2. 냄새의 기호학

a_후각적 가치

냄새의 범주화는 **대체로 경쟁 관계의 두 원리**에 따라 진행된다. 냄새는 그 **기원**(꽃, 동물, 물질 등)에 따라 분류되거나 아니면 냄새가 퍼지는 국면들 중 한 국면에서 포착되는 **사행**에 따라 분류된다. 전자의 경우에 범주화는 **행위소적** 구조에 기반한다. 왜냐하면 이 경우에 분류의 원칙으로 사용되는 것은 **기원** 행위소이기 때문이다. 반면 후자의 경우에 범주화는 **상적인** 구조에 기반한다. 왜냐하면 사행의 국면들은 그의 상aspectualité을 결정하기 때문이다. 지금부터 우리가 좀 더 상세히 살펴보고자 하는 것은 바로 이 후자의 경우이다.

곰팡내, 썩은 내, 싱그러운 냄새, 자릿내: 모든 냄새는 아직 규정되지 않은 어떤 사행 중 뚜렷하게 구분되는 한 가지 국면에 따라 분류된다.

주지하다시피 냄새는 가치론적인 측면에서 깨끗함pureté/더러움impureté을 의미하며, 여기에서 파생된 신성함sainteté/죄성péché을 뜻한다. **깨끗함**은 본래 배제 원리에 따른 선별tri 사행의 결과를 뜻한다. **더러움**은 의당 그 반대 사행, 즉 한데 모임participation과 뒤섞임confusion의 원리에 근거한 혼합의 결과를 뜻한다. 요컨대 냄새는 그 재료들의 수가 가치에 반비례하는 상관관계에 따라 감각 내용을 나누고 분류한다. 긍정적인 영역은 선별과 배제의 편에 위치하는 반면 부정적인 영역은 이질성과 혼합의 편에 위치한다. 따라서 냄새에 의한 가치 부여가 함축하는 어떤 사행이 있고 이 사행은 **물적 상태의 양적, 질적 구조**와 관련이 있다. 거칠게 요약하자면, 통일성과 동질성은 좋은 냄새를 풍기고 다중성과 이질성은 나쁜 냄새를 풍기는 것이다.

이 책의 핵심적인 내용, 즉 **이질성의 통합**에 해당하는 다양한 형식으로서의 의미를 연구하는 작업과 관련하여, 냄새는 사안의 한 예를 제공한다. 냄새의 변화와 대비는 여기서 명시적으로 구상적이고 물질적인 이질성과 그 해결의 여러 국면과 관련된다.

여기서 이질화와 동질화 과정에서 나타나는 범주들의 의미론적인 내용이 무엇인지 분명히 해 둘 필요가 있다. 상적 범주화의 발화체들 중 가장 큰 비중을 차지하는 것은 **살아 있는 것**le vivant이다. 따라서 냄새를 범주화할 때 여러 국면에서 포착되는 것은 삶에서 죽음으로 이끄는 사행이 될 것이다. 이것은 당연히 작은 시퀀스들로 재분류된다. 예를 들어, 하루 또는 계절을 생각해 보라. 그러나 여기서 등장하는 모든 범주는 늘 살아 있는 것과 관계하는 사행의 하위 시퀀스들이다.

어떤 면에서 살아 있는 것은 상술한 과정들과 관련을 맺을까? 답은 냄새 자체의 범주화에 있다. '썩은 것'이나 '곰팡이'는 복합적인 상태를 가리키며 유기적인 물질의 **탈-일체**désunion 국면에 상응한다. 반대로 '신선한 것'은 동질적이고 통일적인 상태를 가리키며 이는 사행이 시작되기 이전 국면에 상응한다.

따라서 문제가 되는 사행은 **지향성**orienté을 갖고 있는 것을 알 수 있다. 어떤 긴장이 이 사행을 목표하는 방향으로 이끌며, 이 목표는 점차 유기적인 물체의 탈-일체를 유도한다. 통일성unité에서 다중성pluralité으로의 이행, 좋은 냄새에서 나쁜 냄새로의 이행은 전체적으로 삶에서 죽음으로의 이행으로 이해할 수 있으며 이는 살아 있는 것의 기동적 국면phase inchoative에서 종결적 국면phase terminative으로의 이행으로 환언될 수 있다.

만약 냄새를 일종의 언어처럼 고려할 수 있다면 이 언어를 구성하는 가치들은 우리에게 **유기물의 내적 생성**에 관해 이야기한다고 볼 수 있다.

셀린의 작품에서, 냄새의 속성은 좀 더 일반적인 것으로 나타나는 동시에 좀 더 날것cru으로 표현된다. 좀 더 일반적인 것으로 나타나는 이유는 셀린이 문제의 핵심, 즉 냄새의 기원으로 가면서 그 작용 자체를 다루기 때문이다:

존재가, 나라들이 그리고 사물들이 그 끝을 맞이하는 것은 냄새에 의해서다. 모든 모험들은 코에 의해 사라진다.(233쪽)

매우 자주 한 가지 표현을 은유적으로 사용하는 것은 기호학적으로 통상적인 사용보다 더 '진실vrai을 말한다'. 은유가 그 표현에 부여하는 총칭적 가치를 취하면서 냄새는 모든 '끝'을 가리키는 표현이 되는 것이다.

셀린의 판본은 또한 더 '날것이다'. 왜냐하면 그는 위협적인 해체를 직접적으로 상기시키기 때문이다.

어려운 일이다. 왜냐하면 우리는 제대로 썩지 못한, 미지근한 창자 덩어리들일 뿐이며 감정 때문에 곤란을 겪는 동물일 뿐이기 때문이다. 사랑하는 감정은 아무것도 아니다. 그것은 함께하기를 고집하는 힘겨운 싸움이다. 쓰레기는 계속 존재하려고 애쓰지 않으며 발전하기를 꾀하지는 더더욱 않는다. 이 지점에서 우리는 똥보다 더 불행하다. 우리의 상태를 유지하기 위해 버티는 이 노력은 믿을 수 없이 끔찍한 고문이 된다.

확실히, 우리는 우리의 냄새보다 더 신성한 것이라고는 아무것도 경배하지 않는다. 우리의 불행은 그 숱한 세월 동안 어떻게든지 장으로, 피에르로, 가스통으로 살아야 한다는 사실로부터 비롯된다. 우리의 이 몸, 흔하디흔하며 쉬지 않고 움직이는 분자들로 왜곡된 이 몸은 존재하려고 몸부림치는 내장처럼 끈질기게 버틴다.(427쪽)

움직임 없이 지속되는 것은 해체되는 것이며 분해되는 것이다. 살아 있는 것의 냄새, 그것은 우선 '함께하기를 고집하는 것'의 냄새다. 이것은 자기와 동일한 상태로, '일관성 있는'cohérent 상태로 머물기 위한 이 노력이 발산하는 냄새인 동시에 또한 부분들의 분해와 균열의 냄새이기도 하다. 셀린은 이 냄새에 두 개의 암시적인 술어를 부여한다: 버티다retenir('함께하기를 고집하는 것'의 냄새에)와 흐뜨리다disperser(동일성이 깨지는 냄새에). 살아 있는 것의 불행은 결국 어떤 생성 안에 함축되어 있는 것이다. 결과적으로 냄새는 생성 중인 동일성의 한 속성이며 반대로 작용하는 힘 및 대치하는 힘과 같은 것이다.

앞에서 우리가 사용한 용어들을 상기하면, 우리가 좋아하는 냄새는 우리의 **통일성**을 증거하는 냄새다. 우리를 물러나게 만드는 냄새는 우리의 **탈-일체**를 나타내는 냄새다. 초기 가설을 확인한 지금 우리는 **후각적인 가치들**valeurs olfactives의 위상을 분명히 할 필요가 있다. 이 가치들을 담당하는 동위성이 어떻든지 간에(윤리적이든, 미학적 이든, 생명 유지에 관한 것이든), 쟁점이 되는 가치들은 언제나 의미 론적인 층위에서 **수량적인**quantitatif 유형 또는 **부분론적인**méréologique 유형으로 나타나며 통사적인 층위에서 **상적인** 유형으로 나타난다.

그러나 셀린의 텍스트는 초기에 예상하지 못한 다른 변수를 도입한다. 그 변수란 다름 아닌 **동일성**이다. 동일성은 보편화될 수 있는 것일까? 이에 대한 우리의 대답은 '그렇다'이다.

실제로 냄새는 그 냄새의 정체를 밝혀 주는 그 기원과 연결되어 있다. 장미 향, 휘발유 냄새, 장의 냄새, 가스통의 냄새, 가죽 냄새 등 대부분의 냄새가 그렇다. 하지만 이것은 분류의 원칙과 관련된 것이지 범주화와 관련된 것이 아니라는 것은 주지의 사실이다. 이 동일성의 양식은 냄새를 그 기원으로 환원하는 것 이상의 무엇을 주지 못한다. 이것은 자연 세계의 형상들 사이의 지시 관계일 뿐이며 그 이상의 의미를 갖지 못한다.

기원으로의 환원을 통한 동일시는 완전히 정확하지는 않다. 왜냐하면 인지적인 덕목을 갖는 냄새 동일성의 유형이 존재하기 때문이다. 그것은 분류 항목들을 한정하는 유형이며 무엇보다 주제적이거나 구상적인 역할에 의해 규정되는 그룹들의 정체를 말해 줄 수 있다. 과거에 사람들은 가난한 사람들의 냄새, 간음을 범한 여자들의 냄새 등에 대해 이야기했었다(19세기 교회의 후각은 이러한 냄새를 감지했다!). 일반적으로 구상적인 특징에 의거한 냄새 분류는 전혀 특이할 만한 것이 없지만 이 경우에는 구상적인 특징(가난한, 간음하는)이 하나의 역할로 환원되면서 냄새의 분류는 좀 더 특수한 것으로 나타난다. 여기서 냄새는 사회적이거나 주제적인 역할의 감각적인 표현이 된다. 게다가 냄새에 의한 분류 프로세스는 독보적인 것들 중 하나인데 왜냐하면 이 프로세스는 그 기원이 매우 다양한 냄새들을 하나로 통합하기 때문이다. 셀린의 『밤 끝으로의 여행』 중 한 대목을 검토해 보자.

> 아침부터 그의 방 주위로 고소인들과 잡다한disparate 군중, 색색깔의 옷을 걸치고 왁자지껄 소란을 떨어 대는 증인들이 몰려들어 북새통을 이루었다. 이 무리에는 특별한 안건이 없는 구경꾼들도 섞여 있었는데, 모두 지독한 마늘 냄새, 상한 버터 냄새, 사프란 향과 뒤섞인 땀 냄새를 풍겼다.(199쪽)

여기에는 다양한 행위자들로 이루어진 하나의 집단 행위소의 구성이 나타난다. 이 행위자들은 각기 다른 역할들을 가지고 있으며 그들 전체는 시각적으로도 **잡다한** 인상을 준다. 그럼에도 불구하고 이들은 하나의 집단 행위소를 구성하는데 그것은 바로 냄새 때문이다. 개별적인 냄새가 어떻든지 간에 한 무리로 모인 그들은 모두 하나의 참석자 집단에 속한다.

냄새는 일반화하고 동질화하는 힘을 가지고 있다. 냄새로 하여금 탈-일체 또는 사물의 종결fin des choses과 같이 추상적인 현상의 표현이 될 수 있는 자격을 부여하는 것은 바로 이 일반화하는 힘이다. 예컨대 셀린은 **위험과 일탈의 냄새**에 대해 이야기한 바 있다.

> 모든 재난, 위험에 충실한 냄새, 세상의 모든 일탈로부터 떨어져 나온

냄새, 연기처럼 뿌연 가루의 냄새…(227쪽)

일반화 프로세스의 끝에는 늘 죽음, 탈-일체, 끝이 있다.

셀린의 작품에서 냄새에 의한 동일시는 결국 후각적인 가치들의 수량적, 부분적, 상적 속성을 확인해 줄 뿐이다.

b_후각적인 이야기

흥미롭게도 자연언어에 나타나는 냄새 관련 어휘 목록은 냄새의 행위소 구조와 서사 구조를 파악할 수 있도록 해 준다: 향arôme, 향기bouquet, 향기fragrance(옛 문어), 냄새fumet, 향parfum, 향기senteur(문어), 화독내empyreume(유기물질이 타면서 나는 냄새), 악취fétidité, 악취puanteur, 상한 냄새relent, 곰팡내remugle(옛 문어), 악취effluve, 악취exhalaison. 이 어휘들에 대한 상세한 어휘-의미론적 분석은 독자에게 맡겨 두고 우리는 곧장 분석의 결과를 보도록 하겠다.

냄새 어휘 목록은 우리가 제IV장('1. 행위자와 행위소')에서 제안한 세 개의 위치 행위소를 취한다. 그것은 각각 원점 행위소, 목표점 행위소, 제어 행위소다.

원점 행위소는 냄새의 기원이 액체(향기bouquet)인지, 자연 식물 또는 화학물질(향arôme)인지, 유기물질(화독내empyreume)인지에 따라 결정된다. 목표점 행위소는 구토(악취fétidité), 구역질(상한 냄새relent)의 경우처럼 신체적으로 관련되어 있거나, 쾌적한 향(향parfum)부터 고약한 냄새(악취fétidité)까지 감정적인 관점과 관련되어 있다.

마지막으로, 제어 행위소는 다음의 영역들을 상기시킨다: 익히는 과정(냄새fumet), 불(화독내empyreume), 습기(곰팡내remugle), 곰팡이(곰팡내remugle), 변질(악취effluve). 어휘의 정의가 휘발성을 상기시킬 때

이는 제어 행위소로서의 공기air를 함의한다. 우리는 **불**, **물**, **공기**와 같은 물질적 요소들을 행위자들로 구분하고 그 작용들(익힘, 소멸, 변질, 증발 등) 또한 구분할 수 있을 것이다.

사행 자체는 세 단계로 구분된다: (1) 제어 행위소의 행위에 의한 물질적 변형 (2) 발산 (3) 침투. 냄새 관련 어휘 목록에서 몇몇 단어는 직접적으로 '발산'을 가리킨다. 반면, '침투'의 경우 이것은 점진적으로 진행되는 작용이며 목표점 행위소가 깊이가 있고 구멍이 뚫린 공간이라는 점을 가정한다. **침투하는** 냄새란 표적이 되는 신체의 가장 내밀한 깊이까지 다다르는 냄새를 뜻한다.

여기서 제안된 통사는 살아 있는 신체들 간의 대화처럼 나타난다. 원점 행위소가 화학적일 때조차도 이 행위소는 비유적인 유기적 신체의 시뮬라크르에 의해 발산된 자연적인 악취의 양태로 인식된다. 한편으로 제어 행위소의 작용하에 생성 중인 유기물질이 있고 다른 한편으로 냄새를 수용해야만 하고 그 냄새의 정체를 파악해야 하는 구멍 뚫린 신체가 있다. 그리고 이 신체는 단지 그에게 다가가는 '메시지'를 받아들이거나 거부할 수만 있다.

셀린은 발화 심급에 의해 이렇게 점유되는 자리의 공격성을 표현하기 위해 이 통사를 활용하곤 한다. 이런 의미에서 냄새는 주체를 겨냥하는 일반화된 공격의 다양한 판본 중 하나일 뿐이다. 예를 들어, '지속'이라는 제어 행위소의 작용은 이러하다.

> 우리가 한 장소에 오래 머무르면 머무를수록 사물과 사람들은 흐트러지고 부패하며 당신에게 노골적으로 냄새를 풍기기 시작한다.(349쪽)

종말과 분해의 냄새는 불가피한 것일 뿐만 아니라 지향적이기까지 하다. 이 냄새는 주체의 자리를 겨냥한다.

『밤 끝으로의 여행』은 제어 행위소로서 '시간'을 선택한다. 모든 프로세스가 완결되기 위해서는 기다리기만 하면 된다. 하지만 여기서 또 하나의 행위소가 소환된다. 그것은 바로 **공기**다.

'공기'는 물질과 동일한 조작의 대상이 된다: 집중 또는 분산. 하지만 그 효과는 반대로 나타난다. 집중된 공기(밀폐된)는 불쾌한 냄새를 유발한다. 반면, 개방되어 분산된 공기는 쾌적한 냄새를 유발한다. 따라서 지각의 관점에서는 '공기'와 '냄새'가 상관관계에 있다는 사실을 전제해야 할 것이다: 공기는 지각의 외연을 조절하고 냄새는 지각의 강도를 조절하기 때문이다. 적어도 다음 예에서는 확실히 그렇다.

여름도 강한 냄새를 풍긴다. 마당에는 더 이상 공기라고는 없었고 냄새만 진동할 뿐이었다.(340쪽)

만약 공기에 의해 조절되는 이 외연의 공간적 성질을 고려한다면, 이는 하나의 유사-상징주의 체계가 기획되는 것으로 보아도 지나치지 않을 것이다.

문이 닫히자마자 그 장소에 갇힌 한 사람에게서 냄새가 나기 시작한다. 그가 짊어지고 온 모든 것 또한 냄새를 풍기기 시작한다. 그의 육체와 영혼은 그 자리에서 변질된다. 그는 썩는다. 만약 인간들이 냄새를 풍긴다면 우리로서는 잘된 일이다. 그들을 내쫓고 추방하고 내보

여야만 했기 때문이다.(451쪽)

닫힌 공간이 집중된 공기를 뜻한다면 열린 공간은 분산된 공기를 뜻한다. 한편에는 죽음의 냄새가 있고 다른 한편에는 생명의 냄새가 있다. 이 제어 행위소는 물질적 배치의 조합에 직접적으로 작용한다. 밀폐된 공간은 형상들의 집중과 이질적인 물질들의 집중을 유도하는 반면 분산된 공기는 흩어지도록 하면서 형상의 선별과 동질성을 유도한다.

c_후각적인 시간과 공간

시간과 공간은 제어 행위소의 형상적 아바타이며 냄새 사행의 형식에 직접적으로 개입된다. 우리는 이제 시간과 공간의 형상적 특성 중 몇 가지를 살펴보고자 한다. 이 특성들은 후각적 현존의 특성에 기초하는데, 왜냐하면 시간과 공간의 형식은 여기서 냄새의 현존의 장의 형식에 다름 아니기 때문이다. 후각적 현존의 가장 큰 특징은 원점 행위소로부터 스스로를 분리시킬 수 있는 능력에 있다. 그 결과 시공간적 거리의 효과를 유예시킬 수 있는 것이다.

공간의 경우, 지배적인 형식은 원점 행위소의 연속적이고 집중적인 피복들enveloppes의 형식이다. 냄새는 냄새나는 육체의 피복들 중 하나이다. 셀린의 작품에서 이것은 도시의 주변부로 나타난다. 도시는 후각적 피복에 의해 분별된다. 방리외의 냄새는 한 예가 될 수 있다.

지하철 주변으로, 금방이라도 바스라져 버릴 것 같은 방리외의 마지막 보루 근처에는 전쟁의 냄새가 돌았다. 반쯤 불타 버린 소도시에서 나는 악취, 덜 익은 고기 냄새와도 같은 그것은 소득 없이 끝난 혁명의 냄새였으며 파산한 가게에서 나는 악취였다.(306쪽)

그러니까 이 피복은 종말의 냄새가 삼켜 버린 도시, 모든 것이 죽어 가는 장소, 실패와 죽음의 현존을 고스란히 간직하고 있는 장소를 가리킨다.

시간에 관해서 살펴보자. 냄새는 담화의 지각의 장을 침범하기 위해 과거로부터 흘러오거나 미래로부터 거슬러 올라온다. 이것은 상한 냄새의 형상이자 **후각적 잔류**rémanence olfactive이며 또는 냄새에 의한 예견이기도 하다. 셀린의 작품에서 냄새는 모든 추억의 일반적 형상이 된다. 뮈진에 관해서 그의 친구들 중 한 명이 한 말을 인용해 보자.

그에게서는 확실히 역한 냄새가 났어요. 그의 모든 과거가 풍기는 냄새.(104쪽)

불쾌한 냄새를 풍기는 것은 과거 그 자체가 아니라 냄새-기억의 형식으로 지금 여기에 나타나는 현존, 주체에 부과되는 현존, 주체의 지각의 장을 점유하는 그 현존이다. 미래로부터 거슬러 오는 냄새는 단 하나의 전망을 제공하는데, 그것은 죽음의 전망이다. 따라서 곧 일어날 사건을 암시하는 것은 죽음의 냄새다.

우리가 무언가 좋은 것을 위해 떠나기 전에 세상은 이미 우리를 떠난다. 거기, 우리 옆에는 늘 죽음도 있다, 냄새나는 죽음. 블롯 게임[5]보다도 못한 흥미진진함으로.(574쪽)

셀린은 여기서 냄새의 현존 양식을 포착한다: 강박적이고 침략적이며 끈질길 뿐 아니라 시간과 변화에 대해 무분별하다. 이것은 강도의 측면에서 작용하는 현존이지만 가능한 모든 외연을 차지한다. 주체의 과거 파지와 미래 지향에 전혀 기대지 않는 현존. 이것이 냄새는 그의 현존을 **부과한다고**imposer 말할 때 이해하는 바다. 이 설명은 행위소 장치에 이미 포함되어 있다. 냄새와 나란히 지각하는 신체는 현존의 장의 참조 중심으로서 하나의 표적(목표점 행위소)에 지나지 않는다. 지각하는 신체는 더 이상 어떤 지향의 출발점이 아니다. 지각하는 신체는 **포착되고 가라앉으며**immergé **침투당한다**pénétré.

원점 행위소 냄새는 살아 있는 것들의 상호주관성의 관점에서 타자의 냄새가 되고 냄새의 경험은 참조 중심의 침략을 당하는 경험과 다르지 않다. 타자(비–인간)의 장이 부과되고 타자의 장은 그의 고유한 참조 중심을 부과하며 우리를 우리의 장으로부터 내쫓는다. 이 사안에서 끔찍한 것은 유쾌하거나 불쾌한 냄새의 성질도 아니라 냄새의 침략적 힘, 즉 우리를 참조 중심의 위치에서 물러서게 만드는 힘이다. 마담 에로트는 이런 사람이다.

> 실체가 분명하며 말이 많은 사람, 기절할 만큼 향기가 진한 사람.(99쪽)

우리는 여기서 연속적으로 이어지는 피복들이 점차 발전하는 모

---

5 카드놀이.

양새를 볼 수 있다. 침략적인 신체, 침략적인 말들, 이 모든 것보다 훨씬 침략적인 향기. 기절은 그녀의 현존에 의해 참조 중심의 자리에서 쫓겨난 타자의 신체가 보이는 반응이다.

d_담화의 후각적이고 논리적인 감각

냄새의 세계, 특별히 셀린의 작품에 나타나는 냄새의 세계는 예외적인 감각 능력이 담화에 그 전개 원리와 체계 원리를 부여하는 방식을 잘 보여 준다. 우리는 처음부터 냄새의 명칭과 범주화의 이중적 방향을 주장했다. 한편으로 냄새의 기원에 의한 동일시가 있고 다른 한편으로 상에 의한 동일시, 사행의 특정 국면의 매개로 이루어지는 동일시가 있다. 첫 번째 방향은 사회적, 주제적 '역할들'의 냄새와 함께 유지된다. 두 번째 방향은 사행의 끝을 향해 진행되는 냄새의 지향성, 삶과 죽음의 가치들이 투사되는 방식을 따른다. 여기서 **살아 있는 것**은 관계된 모든 사행들의 집합에 잠재된 동위소다.

첫 번째 유형은 냄새에 지시적이고 인습적인 표지의 위상을 부여한다. 냄새는 그 기원을 지시한다. 냄새를 담지한 개인은 지시에 의해 그가 속한 그룹에 종속된다. 식물 기원이든 동물 기원이든 인간 기원이든 직업이나 역할 기원이든 상관없이 이 첫 번째 유형은 전체적으로 게니나스카가 **목적 포착**이라고 부른 것과 정보 차원의 인지적 합리성과 관계한다.

두 번째 유형은 한 담화 도식 내에서 생성 중인 어떤 자리를 냄새에 부여하고 이 냄새를 담화의 큰 가치들의 체계와 관계 짓는다. 여기서 냄새는 담화 심급으로 하여금 위치를 점유하도록 한다(주지하다시피 이것은 냄새에 의해 이 위치로부터 누군가가 내몰리는 대가를 치러야 한다). 냄새는 또한 담화 심급으로 하여금 사행의 방향을 정하도록 하는데 이것은 유비 추론적이고 은유적인 거대한 체계의 편에서 냄새가 일반화하는 힘을 맘껏 발휘하는 가운데 이루어진다. 이 두 번째 유형은 **의미론적 포착**과 관계하며 신화적 차원의 인지적 합리성과 관계한다.

셀린의 작품에서 우리는 두 번째 유형 내에서 쉬지 않고 일어나는 첫 번째 유형의 계속되는 변형을 본다. 결국 모든 특수한 냄새들은 모든 사물들의 종말의 냄새를 뜻하고 말기 때문이다.

하지만 우리는 지각의 구성적 역할을 더 잘 이해하기 위해 **감각 능력**의 문제를 한 번 더 논해야 할 것 같다. 우리는 감각 능력을 사물들이 스스로를 보이는 양식, 기존의 코드화된 방식과 달리 사물들이 우리에게 스스로를 드러내는 독특한 방식으로 정의하려고 한다.

『밤 끝으로의 여행』에 나타나는 냄새의 일반화하는 능력은 무차별화une indifférenciation에 기여하는 동시에 발견에도 기여한다. 살아 있는 사물들의 각기 다른 외양 뒤에는 피할 수 없는 공통의 운명이 숨어 있다. 그 운명이란 해체와 죽음을 향한 질주다. 따라서 두 번째 유형의 냄새는 첫 번째 유형의 냄새가 은폐하려고 애쓰는 것을 드러낸다. 냄새와 관련된 모든 경험에서 우리는 후각적 **외양**apparence olfactive과 후각적 **현상**apparaître olfactif 사이의 간극을 볼 수 있다. 후각적 외양은 지시적이며 특수하고 정보를 제공하는 반면 후각적 현상, 즉 감각 능력은 모든 사물들의 생성의 의미를 표현한다.

외양은 관습에 의해 어느 정도 고정된 이미지(사회계층의 냄새 등)를 갖는다. 그러나 모든 경우에 외양은 의학, 영양학, 위생학, 사회학 또는 심리학 분야의 기존 지식에 의해 표준화된다. **현상**, 즉 생성 중인 냄새의 현상은 어떤 측면에서든 전혀 표준화되어 있지 않다. 반대로 현상은 우리에게 생성 중인 냄새에 관해 알려 준다. 이것은 우리를 종말로('밤 끝'으로) 이끄는 움직임이다. 따라서 관습에 따른 지각과 생생한 감각 능력은 긴장 관계에 들어가며 이 긴장은 담화의 모든 도식화를 가능케 하는 원동력이 될 것이다.

현상은 여기서 몰적 포착의 실행을 유예시키는 **인상적 포착**에 상응하는 동시에 인상을 펼쳐 놓는 **의미론적 포착**에도 상응한다. 두 유형의 지각 사이에 처음부터 존재했던 긴장은 특별히 시사적이다. 외양은 현동적actuelle인 데 반해 현상은 잠재적이기 때문이다. 전자는 포착되는 대상이며 후자는 주체를 포착한다. 이 긴장성은 해결을 요구하는데, 긴장/해결이라는 한 쌍의 기능은 셀린의 작품에서 다양한 서사 도식화와 담화 도식화로 나타난다.

'쇠퇴' 도식의 예를 보자. 『밤 끝으로의 여행』의 모든 상황은 동일한 생성을 경험한다. 이 상황들은 처음부터 몰락의 싹을 품고 있지만 이 잠재적인 쇠퇴는 그래도 실현되어야 한다. 사물들은 부서지고, 관계는 악화되며, 죽음이 세상을 위협하는 이 상황에서 주체가 할 수 있는 유일한 선택은 도주하는 것뿐이다.

또 다른 예로 형태가 **불분명한 증식**pullulement informe의 형상을 보자. 시작을 위해 모든 물질, 모든 형상들은 식별 가능한, 고정된 정체성을 가지고 등장한다. 그러나 이것들은 잠재적인 상태에서 스스로의 해체 원리 또한 품고 있다. 그래서 바위는 **무른 진흙**이 되고 대도시는 거대한 **부야베스**[6]가 된다.

---

6 부야베스bouillabaisse는 지중해식 생선 스튜.

이것은 현동적인 **외양**과 잠재적인 **현상** 사이의 초기 긴장성이 담화상에 나타나는 모든 생성들의 모델이라는 사실을 가리킨다. 왜냐하면 긴장은 그 **미완결성**을 규정하기 때문이다. 담화의 지향성은 바로 이 미완결성에 기초하여 형성된다. 결론적으로 우리는 다음 사실을 인증하는 데에 도달한다. (1) **외양**은 추론적인 포착에 의해 결정된다. (2) **현상**은 인상적 포착, 의미론적 포착에 의해 결정된다. (3) **감각 능력**은 인상적 포착 중 결정적인 순간이며 이 인상적 포착에 의해 지각 세계는 우리에게 달리 나타난다. 인지적 차원을 조직하는 **인지적 포착**은 따라서 지각과 감각 시점을 변수로 하여 **외양, 감각 능력, 현상** 사이의 상관관계를 다룬다.

이런 맥락에서 감각적, 구상적 요소들을 도식화하는 작업은 다른 모든 요소들의 도식, 특별히 행위소적 구조와 서사 구조의 도식화를 제공한다.

제VI장 발화

개요

이 마지막 장은 결론을 대신하는 장이다. 지금까지의 내용에서 논의의 대상 영역은 '발화실천' 개념을 거쳐 점차 문화 전체로 확장되고 있다. 그러나 이것은 발화의 보편화 덕분에 확장된 것이 아니다. 반대로 현재 통용되고 있는 **발화**의 정의보다 더 특수한 정의로 인한 결과이다.

1. 요약

결론에 즈음하여, '발화'에 고유한 영역을 파악하기 전에 지금까지 주로 채택해 온 관점들을 요약할 필요가 있다. 이 장에서는 세미오시스에서 '자기 수용성'이 담당하는 역할, 현존의 장, 그리고 담화를 지배하는 여러 가지 논리 구조들을 차례로 살펴보기로 한다.

2. 용어 사용의 문제

'발화' 이론의 특수성을 파악하기 위해서는 먼저 매우 자주 혼동되곤 하는 세 개의 영역을 명확하게 구분할 필요가 있다: '커뮤니케이션' 이론, '주체성'subjectivité 이론, 그리고 '화행' 이론이 그것이다.

'발화'는 언어활동과 관련하여 커뮤니케이션 이론과는 상이한 관점을 취하며 사람에게 미치는 효과나 주체성에 관한 문제와는 독립적인 분야인 것으로 보인다. 따라서 '발화'는 이중의 메타 담론적 술어로서 정의될 수 있다: 존재 술어prédication existentielle 그리고 화행 개념과 구분되는 '수임' 행위가 그것이다.

3. 발화실천

'발화'를 좀 더 역동적이고 변증법적인 관점에서 재고하는 것은 발화를 하나의 실천으로서 다루려는 시도에 다름 아니다. 여기서 실천이란 담화상에 나타나는 발화체의 현존 양식들을 운영할 수 있는 실천을 말하는데 이것은 발화에 고유한 이중의 메타 담론적 술어를 통해 가능해지는 실천이다. 발화실천에서 실행 중인 담화와 여기에 내재하는 체계는 통시적 차원과 공시적 차원의 구분을 초월하여 지속적으로 상호작용을 한다. 발화실천 덕분에 담화는 체계의 잠재성을 현동화할 수 있고 굳어 버린 형식들을 재전유하여 사용함으로써 가능화할 수 있다. 또한 그 안에서 완전히 새로운 형식을 만들어 낼 수도 있다.

4. 실천의 다양한 조작들

존재 양식의 통사는 발화실천 조작의 모델들을 제공한다. 발화체는 다양한 수준의 존재 양식들을 횡단하며 상승 행정과 하강 행정을 오가는 경로를 따르는 한편 담화 심급은 다양한 '존재감'들의 본부가 된다. 상이한 현존들은 담화 심급에 상이한 '존재감'을 부여한다.

이 통사는 두 개의 큰 차원에서 움직이는데 하나는 발화체들의 '수임' 차원이며 이 차원은 크고 작은 강도를 취한다. 다른 하나는 언어 주체들의 공동체에서 나타나는 발화체 '인식'의 차원이며 이 차원은 좁거나 넓은 외연을 취한다. 더 나아가 하나의 통사가 두 발화체와 동시에 관계할 때 이는 통사가 공존 양태와 긴장성을 조작한다는 말이며 이때 통사는 담화의 수사적인 효과를 야기하게 된다.

5. 기호계

기호계sémiosphère는, 우리가 제안하는 방식으로 이해하면, 발화실천의 실행의 장을 위한 하나의 모델을 제공한다. 이 실행의 장은 문화에 준하는 외연을 가지며 이 장에서 관찰되는 움직임들은 번역과 출간 작업만큼이나 광범위한 영역에서 나타난다.

1. 요약

지금까지의 논의에서 우리가 채택한 관점과 입장들을 종합해 보면 발화 개념을 일반화하는 한 가지 방식에 도달할 수 있다. 이 사실은 전체를 요약하는 이 장에서 쉽게 확인할 수 있으며 우리는 이 과정에서 점진적으로 '발화'라는 개념의 고유한 영역을 재정의하고자 한다.

1.1. 자기 수용적 심급

세미오시스는, 그것을 구성하는 행위의 관점에서 포착될 때, 하나의 자기 수용적 심급의 위치 점유로부터 재정의되는 것을 보았다. 여기서 자기 수용적 심급은 몇몇 양태적 조건들이 갖추어진다면 '발화하는 심급'instance énonçante이 된다.

　　언어의 두 층위를 결합시키는 이 행위와 문자 그대로의 발화 행위를 등가 관계에 두고 싶은 유혹은 크다. 이어지는 내용에서 우리는 왜 그리고 어떻게 이 유혹에 저항해야 하는가를 보여 줄 것이다. 작업에 앞서 미리 밝혀 둘 수 있는 사실로, 일반적으로 기호 행위는 무엇보다 자기 수용적 감수성과 관계된 것이며 이러한 관점에서 두 개의 기초적인 작용, 이른바 **지향**과 **포착**은 우선 지각 작용이라는 사실이다. 지향과 포착은 두 작용을 화시話示하고 한정하며 측정하고 평가하는 어떤 발화에 의해 수임되기 이전에 먼저 지각 작용으로 존재하는 것이다.

1.2. 현존의 장

실행 중인 담화의 관점을 채택하는 것은, 또 다른 분석 층위에서는, '기호가 존재'하는 방식들을 정의하고 분류하는 작업보다는 오히려 우리가 어떻게 '기호를 만들' 수 있는가에 대한 연구를 뜻한다. 그렇기 때문에 담화 기호학의 첫 번째 분석 단위는 언어활동의 실행의 장이 된다. 그러나 그 외에도 우리는 여러 유형의 장을 살펴보았다. 언뜻 보기에 지각적 현존의 장, 담화의 긴장적 장, 발화의 실행의 장은 공통 외연을 갖는 것으로 간주되곤 한다. 그리고 이들의 다양한 정의들은 세 개의 상이한 관점에서 단순히 관여 영역의 차이로부터 발생하는 것으로 간주되곤 한다.

그러나 우리는 발화의 실행의 장(발화실천의 장)이 현존의 장과 긴장 공간의 속성들을 채택한다 해도 이 두 장보다 대체로 그 범위가 훨씬 넓다는 사실을 설명하고자 한다. 그러니까 담화의 장이 담화 심급의 다양한 위치 점유에 의해 형성되는 모든 현존의 장을 수렴한다고 할 때 발화실천의 실행의 장은 그보다 더 나아가 발화실천이 소환하는 모든 다양한 발화들의 담화의 장을 아우른다.

또한 발화는 그 발화가 담화상에서 불러들이는 크기들의 존재 양식을 조작한다. 이러한 방식으로 발화는 이들 각자의 현존의 정도를 조작하면서 이들을 담화적 깊이profondeur discursive 속에 위치시킨다. 이 담화적 깊이는 계열 축으로도(선별이 아니라 공존이 있으므로), 통합 축으로도(연속이나 조합이 아니라 중첩이 있으므로) 이해되어서는 안 된다. 그러나 만약 발화가 이 담화 크기들의 강도와 외연 또는 수량을 조작한다면, 이것은 일반적인 강도와 외연의 문제가 아니다. 여기서 문제가 되는 강도는 발화의 수임 능력이 취하는 강도이며 외연도 발화의 구상적 전개와 운동이 가진 힘의 외연을 말한다.

계열체적인 관점에서 발화 영역은 일반적인 현존의 영역보다 특수한 것으로 나타난다. 왜냐하면 이 경우에 발화는 강도와 외연의 특수한 변이들만 조작하기 때문이다. 반면, 통합체적인 관점에서는 발화 영역이 현존의 장들과 긴장 공간들을 아우른다. 이 경우에는 말 그대로 발화실천이 이 장들이 서로 소통하도록 해 주기 때문이다.

1.3. 담화 체제

담화는 담화의 방향성을 결정하는 한 심급의 통제하에 있는데 이 때문에 담화의 세 가지 체제 또한 발화에 종속되어 있는 것처럼 보인다: 1) 행위, 이것이 전략적인 프로그램화가 될 때, 또 이 행위가 각종 시뮬라크르의 생산에 의존할 때. 2) 정념, 현존의 장에서 사건의 발생이 우위를 차지할 때. 3) 인지, 참조 심급을 둘러싼 담화 세계에 대한 지식을 체계화하는 각종 다양한 포착들이 있을 때.

그러나 우리가 채택한 '담화 체제'라는 표현에서 알 수 있듯이 이 상이한 담화의 차원들이 일련의 규칙을 따르고 있을 때 발화는 이 규칙들을 지배하는 어떤 힘도 갖지 못한다. 담화 구성에 관한 이러한 규칙과 원리들은 각각의 특수한 발화에 적용되는 한편 일반적인 발화실천에 적용된다. 담화 심급은 행위의 프로그램화 원리와 관련하여 위치를 점유할 수 있고, 사건의 정념적 효과와 관련하여 위치를 점유할 수 있으며, 또는 인지적 포착과 관련하여 위치를 점유한다. 그러나 담화 심급은 그가 각각의 위치를 점유할 때 그 결과를 통제하지 못한다. 이 결과들은 담화의 세 가지 차원에 고유한 체제에 의해서만 도출될 뿐이다.

2. 용어 사용의 문제

최근 언어학의 역사를 보면 두 개의 큰 경향 사이에서 궁금증을 불러일으키는 한 가지 현상이 있다. 한편으로는, 유럽 전통을 이어받은 학자들, 특히 뱅베니스트 이론을 계승한 학자들은 언어학에 나타나는 발화적 요소의 필연성을 옹호한다. 그러나 이들은 자주 발화의 형식적 도구의 발전을 탐구하는 데에서 그친다. 다시 말해서, 이들은 **발화된 발화**énonciation énoncé의 형식을 탐구한다(발화체에 나타난 행위자와 발화행위의 공간과 시간). 이러한 탐구는 점점 복잡해지는 발화 심급 유형론에 이르게 된다(화자, 관찰자, 행위자, 독자 모델 등).

다른 한편으로, 영미권 언어학의 계승자들, 특히 논리주의와 인지주의를 따르는 이들은 발화 개념을 무시하지는 않아도 적당히 넘어갈 수 있다고 생각한다: 이들에게 발화의 문제는 '커뮤니케이션 상황'의 형식으로 제기되는 커뮤니케이션의 문제에 가려져 있거나 화행의 문제와 자주 혼동되는 화용적 요소 안에 가려져 있다. 신기하게도 이 상반된 두 흐름은 종종 화합하여 '발화'를 부차적인 현상으로 만들면서, 담화의 지시적 기능, 의미론적 기능, 통사론적 기능이 작동할 수 없는 장소로 만들곤 한다: 이때 발화는 비정형적이거나 또는 불가사의한 개입으로 나타난다.

상이한 이론적 주장들 사이에서 벌어지는 토론은 생산적인 경우가 많지만 여기서는 상이한 입장들의 변증법적 발전을 가로막는 두 가지 난제에 봉착하게 된다. 첫 번째는 발화의 문제가 언제나 기초 이론에 추가된 어떤 것으로, 이론 그 자체보다는 이론의 사후적 처리로, 잘못 돋아난 혹처럼 등장한다는 사실에 있다: 한편에는 발화 언어학이 존재하고 다른 한편에는 화용론이 존재하는 현실은 이로써 설명된다. 우리가 보기에 이 어려움을 해결하는 가장 간단한 방법은, 앞서 제안한 바와 같이, '실행 중인 세미오시스'와 실행 중인 담화의 관점을 채택하는 것이다. 이는 코케(『의미의 탐구』)와 게니나스카(『문학적 언어』)가 각자의 방식으로 취한 해결책이기도 하다. 오스발트 뒤크로 또한 같은 맥락에서 이 논쟁을 랑그의 문제로 재설정하여 이른바 '통합적 화용론'pragmatique intégrée의 방향에서 접근하는 방식을 시도한 바 있다. 다만 뒤크로의 경우에는 발화행위보다 다성성polyphonie과 논쟁 이론에 더 큰 중요성을 부여했다.

두 번째 어려움은 발화 개념과 발화와 자주 연결되는 다음 세 개의 개념들, 즉 의사소통, 주체성, 화행 사이에서 발생하는 매우 빈번한 혼동에 있다. 이 과도하게 중첩되어 사용되는 개념들이 발화에 관한 논쟁을 어렵게 만드는 것이다.

2.1. 발화 이론과 의사소통 이론

의사소통 이론은 한 집단의 구성원들 또는 특수한 상호작용에 참여하는 참여자들 사이에서 이루어지는 메시지 순환에 관심을 기울인다. 따라서 이 이론은 언어활동을 하나의 맥락에 고정시키며 언어활동 자체를 기표로 보지 않는 총체적 상황에 위치시킨다. 그렇기 때문에 여기서 언어활동은 하나의 언어un langage로 간주되지 않고 언어 외적인 조건으로서만 고려될 뿐이다. 이 언어 외적인(그리고 기호 외적인) 상황은 사회학적이고 제도적이거나 심리적인 성격을 띠고 있으며 이 상황은 담화와 그것이 포함하는 발화체들의 의미를 결정할 뿐만 아니라 특별히 발화의 의미를 결정한다. 상황은 발화의 의미를 결정하지만 이는 발화를 설명해 내지도, 발화들 사이의 관계를 파악하지도 못한다.

우리는 앞서, '제III장 담화'에서, 담화 활동 자체가 가진 한계들을 재정의하는 작업, '문맥'을 하나의 언어로서 고찰하는 태도가 '문맥' 개념 자체를 쓸모없는 것으로 만든다는 사실을 이야기했다. 란도프스키가 『반성적 사회』에서 제안한 것처럼 '의사소통 상황'이 그 자체로 하나의 언어처럼 간주된다면 우리는 다양한 성격의 언어들을 다소 일관성 있는 방식으로 뒤섞으며 말 그대로 종합적 담화를 파악해야 할 것이다. 따라서 담화 기호학의 관점은 의미들의 연결 체계로서 제시되는 의사소통 이론의 관점을 수용하지 않는다.

의사소통의 화용론적 관점에서 가장 유용한 방법론적 도구(협력 원리, 규약implicatures 이론, 대화술dialogisme, 다성성)들은 담화들의 '공동-발화'co-énonciation로, 여러 대화자들이 의미 구축을 위해 어떻게 협력하는가에 관한 내용으로 가장 자주 끝을 맺는다. 이러한 이론들은 맥락이 있는 메시지의 순환으로 그 의미가 축소된 의사소통 개념을 무효화하고 있다.

그러나 발화의 관점을 채택하면 사회심리학적인 유형의 기호 외적인 맥락에서 이루어지는 메시지의 전달은 더 이상 쟁점이 되지 않는다. 모든 것은 담화 심급의 위치를 기준으로 정리가 되며 따라서 담화 심급의 위치를 구성하고 규정하는 작업이 중요해진다. 뿐만 아니라 담화 심급의 위치를 수용하고, 채택하며, 거부하거나 이동시키는 등의 작업 역시 필요해진다. 이것은 발화자에게도 발화 대상자에게도 더 이상 메시지를 전달하는 문제가 아니라 의미를 구축하기 위한 목적으로 담화의 장에서 **자리를 잡는** 문제에 해당한다.

2.2. 발화와 주체성

뱅베니스트 언어학 이후로 발화의 문제는 주체성의 효과와 연결된다. 대부분의 의식 속에서 기능하는 추론은 다음과 같이 요약될 수 있을 것이다: 만약 발화라는 것이 있다면 이는 주체가 있다는 말과 다르지 않다. 만약 여기서 말하는 발화가 발화체에 모사된 재현을 가리킨다면 우리는 주체에 의해 발화된 시뮬라크르를 탐구해야 할 것이다. 만약 여기서 말하는 발화가 발화체에 의해 가정된 채로 남는다면 이는 '함축적 발화 주체'sujet d'énonciation implicite를 파악해야 한다는 말이 된다. 이 추론은 발화의 문제와 관련하여 라틴어 성서의 중심에서 발견되는데 그렇다고 이러한 추론이 반-직관적 분석들로 이어지는 것은 아니다. 예컨대 인식의 양태화에 관한 분석은 담화 심급의 위치와 발화체 사이에 중요한 거리를 마련하면서 인식 양태를 '주관적인' 것으로 자리매김하기에 이르지만 그러나 '주관적인 것'으로 간주된 것은 사실 반대로 상기 양태화의 부재이며 담화 심급의 해당 발화체에로의 즉각적인 접착이었다.

주체성 개념은 우리가 생성의 관점을 취하느냐, 해석의 관점을 취하느냐에 따라 완전히 동일한 의미를 가지지는 않는다. 생성의 관점에서는, '주체'는 발화체로부터 취하는 자기 위치의 양태들을 펼쳐 보여 주면서 스스로를 표현한다. 반면 해석의 관점에서는, '주체'는 그의 행위와 자기 위치의 특수성을 표현하지 않는 만큼 더욱 주체로서의 효과를 가지고 현전한다. 왜냐하면 발화 청자는 이 경우에 더 이상 자기 고유의 위치를 협상할 수 있는 수단을 가질 수 없기 때문이다.

양태화에서 활성화되는 것은 주체성이 아니라 하나의 발화행위이다. 일종의 메타–기호적인 유형의 열개déhiscence[1] 덕분에 담화는 반성적으로 스스로를 고찰하며 발화체 생산을 지배하는 조건과 조작들을 재현해 낸다. 조금 뒤에서 살펴볼 내용이지만 주체성은 심급이 이 반성성을 수임하는 방식으로 연구해야 하며 반성성 그 자체로 탐구해서는 안 된다.

뱅베니스트는 상술한 동일시에 대해서 부분적으로 책임이 있긴 하지만 그는 간접적인 방식으로만 영향을 미쳤다. 그가 발화 조작자opérateur énonciatif를 이야기할 때 일반적으로 그는 '담화 심급'이라는 표현을 사용한다. 그러나 인칭 체계에 관한 그의 저술을 보면 그는 '주관적 인칭'Ego과 '비–주관적 인칭'non-Ego 사이의 대립을 제기하고 있다. 이런 방식의 기술은 자주 논란이 되기는 하지만 그럼에도 불구하고 표준적인 것이 되었다. 이 기술은 두 개의 주목할 만한 개념 이동을 가리킨다. 담화 심급에서 인칭 범주로의 이동이 그 첫 번째 이동이며 인칭에서 주체성으로의 이동이 그 두 번째다. 담화 심급은 인칭을 아우르는 개념이며 인칭은 주체성을 아우르는 개념이다. 우리가

---

1 (꽃가루주머니, 꽃의) 열개로 과실이 익으면 껍질이 저절로 터짐.

여기서 심도 있게 검토하고자 하는 것이 바로 이 개념적 이동들이다.

첫 번째 이동(담화 심급 → 인칭 범주)은 보편화할 수 있는 것이 아니다. 크리스티앙 메츠는 인칭 범주를 영화적 발화에 적용하는 것은 그 개념의 역량 이상의 문제를 제기한다는 것을 보여 주었다. 그래서 그는 **비인칭 발화**énonciation impersonnelle(영화 사이트)를 주장했다. 발화실천에 관한 고찰 또한 발화의 비인칭적 개념으로 이어진다. 실천은 그 정의상 여러 발화 행위소들의 작업이며 여러 단체들, 여러 공동체들, 더 나아가 여러 문화권들이 참여하여 수행하는 작업이다. 따라서 실천은 '트랜스 인칭적인'transpersonnel 것으로 이해되어야 하고 이상적으로라면 적어도 '다중 인칭적인'pluri-personnel 것으로 이해되어야 한다. 따라서 인칭 범주가 담화의 부분들과 연결되는 언어에서는 인칭 범주를 대명사와 동사의 형태론적 기술에 제한하는 것이 현명한 결정일 것이다.

인칭 범주 개념의 도입을 금하는 데에는 또 다른 이유가 있다. 발화는 보편적 차원에서 기능하는 개념인 데 반해 인칭은 문화적 구성물이기 때문이다. **자기중심적인** 발화는 인도−유럽어족 계열 언어들에서 전형적으로 나타난다. 인도−유럽어족 언어에서 에고는 에고를 말하는 자이며 술어부에서 에고로서의 자기를 수임하는 자를 가리킨다. 그러나 아시아 지역 언어들에서, 특히 일본어에서 우리가 에고라고 칭하는 자리는 타자의 자리로부터 정해지는, 부차적인 자리이며 여기서 타자의 자리 또한 사회적이고 상징적인 위계질서 속에서 정해진 그의 위상에 의해 결정된다. 이 경우에 발화의 지시 대상은 더 이상 자기적 중심이 아니라 사회계층이며 사회계층은 엄격한 의미에서 인칭 범주와는 아무런 관련이 없다.

멀리 갈 것도 없이 우리는 지시의 중심이 에고와의 탈연동을 통해서가 아니라 반대로 비인칭적 세계와의 연동에 의해 획득된 너Tu라는 사실이 잘 나타나 있는 시 텍스트들을 다수 찾을 수 있다. 너에 대한 나Je의 초월성transcendance은 담화상에서 구현된 현상이 전혀 아니다. 사실 이 모든 것은 인칭 범주의 구성적 관계들이 구현되는 방식에 달려 있다. 예컨대 아폴리네르의 작품에서 너는 나로부터의 투사이기도 하고 그II로부터의 투사이기도 하다.

뱅베니스트는 "'에고'를 말하는 그가 '에고'이다"'Ego' qui dit 'ego'(『일반언어학의 여러 문제 I』, 260쪽)라고 말한다. 코케는 뱅베니스트의 이 말을 차용하고 수정한다:

　"[…] **에고**라고 말하는 그가 **에고**이며(이것은 언어 행위다) **에고**라고 불리는(사람들이 그를 두고 말하는바) 그가 **에고**이다(이것은 논리-의미론적 행위다)."(『담화와 주체 I』, 15쪽) 코케의 이 선언은 인도-유럽어 문화의 가장 유명한 발화적 실천소praxème énonciatif 가운데 하나이다(이 선언이 고정관념이 되기까지 이론적 해설의 기여가 있었다). 뱅베니스트는 인칭 개념이 몇몇 언어에서 주관적 자기-지칭auto-désignation 원리에 따르지 않는다는 사실에 주목했다. 이것은 인칭 개념에서 그 특수성을 소거하기 위한 것인데 뱅베니스트가 이 사실에 주목할 수 있었던 것은 오늘날 놀라울 정도로 특별해 보이는 논증 덕분이었다:

　인칭 표현이 없는 언어는 존재하지 않는다. 몇몇 특수한 상황에서 이 '대명사'들이 결연히 제거되는 일은 일어날 수 있다. 예의 규범에 따라 직접적인 인칭적 지시어들을 대체하기 위해 특수한 형식이나 완곡한 표현을 쓰도록 하는 대부분의 극동 아시아 사회가 이 경우에 해당한다. 그러나 이 용법들은 회피된 형식들의 가치를 강조하는 결과를 가져올 뿐이다. 사회계층에 의해 강요된 대체어들에 사회문화적 가치를 부여하는 것은 다름 아닌 이 대명사들의 함축적 존재이기 때문이다.(261쪽)

인도-유럽어권과 비교할 때 극동 아시아권 언어에서 인칭 체계를 '회피'évitement와 '대체'substitution의 '용법'들로 규정하는 것은 그리 부자연스러운 일이 아니다. 그리고 이 체계가 뱅베니스트가 제안한 담화allocution 개념을 무효한 것으로 만들수록 이는 더욱 자연스러운 현상이 된다. 뱅베니스트에 따르면, 나는 언제나 너에 비해 초월적이다. 왜냐하면 나는 우선 자기-지시에 의해 제시되며 이로써 나의 대화자allocutaire가 고정되도록 하기 때문이다. 하지만 극동 아시아권 언어에서 담화 심급은 먼저 타자를 고정시키고 이 타자와 관련하여 사후적으로만 담화 심급이 한정된다. 그렇다면 여기에서 과연 무엇이 담화 심급의 '초월성'이 될 수 있을까?

일본어에 관한 몇몇 고찰에서 우리는 뱅베니스트의 주장이 어떤 점에서 우회적인가를 알 수 있다. 우선 담화의 구성요소들로서 대명사의 위상에 관한 연구가 있었다. 이 연구는 일본어에서 '명사' 또는 대명사처럼 사용되는 지시적 입자들을 다루고 있다. **와타구시**wa-takuši(나)는 사전적 의미와 다른 (좀 더 고전적인)

의미를 가진다: '공적이며 보편 이익과 관련된 것'에 대립되는 '사적이고 개인적이며 친밀하고 비밀스러운 것'. 일인칭 와wa의 재귀적 형식은 또한 '자기'(영어의 'self')를 가리키고 이 두 개의 표현들은 이기성égoisme, 편중성partialité 또는 자의성arbitraire과 어떤 관계를 맺고 있다.(Hagenauer, *Morphologie du japonais moderne*, 125쪽)

결론적으로 일본어의 인칭대명사들은 화시적déictique이기보다 서술적descriptif이다. 일본어 대명사들은 말을 하는 화자를 직접적으로 지시하지 않고 사회계층과 계층구조 내의 구성원들 사이에 존재하는 상대적인 위치를 지시한다. 이에 관해 전문가의 말을 직접 인용해 보자.

윗사람은 가장 멀고 동시에 가장 높은 위치를 점유한 사람으로 간주되었다, ── 아랫사람은 그가 화자로 개입할 때마다 매번 [화자 자신으로부터] 가장 가까운 위치를 점유한 것으로 여겨졌다.(Hagenauer, 119쪽)

샤를 아게노이어는 그의 논문에서 me.ši ta라는 표현(문자적으로 '아래 눈'을 뜻하는 말)과 me.ué라는 표현('위 눈')을 상기하는데, 이들은 순서대로 각각 열등한 것(윗사람의 눈높이보다 아래에 있는 사람)과 우등한 것(아랫사람의 눈높이보다 위에 있는 사람)을 가리키는 표현들이다. 여기서 인칭의 장은 중심을 향하는 구조가 아니라 계층화되어 있는 구조를 취한다. 다시 말해서 인칭의 장은 깊이가 있는 장으로서 이 깊이에서 가장 낮은 자리를 차지하는 것은 발화자이다. 예의 규범에 따라 발화자는 어떤 방식으로도 지시의 '중심'을 구성하고자 하지 않는다. 뒤에서 다시 논하겠지만 이 내용을 뒷받침해 주는 사실로서 열등한 것과 우등한 것을 대립시키는 시각적 비유는 '줄발점-복표점' 효과를 유예하는데, 이는 사회계층 구조 내에서 위계적 분할선을 대신하여 단지 시선만을 파악하기 위한 데에 그 목적이 있다.

앞에서도 보았듯이 일인칭은 사적인 영역에 해당하지만 주관성을 가지지 않으며, '자기'에 해당하지만 '자아'에는 해당하지 않는다. 대화 상대자의 위치가 지정되면서 그 위치를 중심으로 담화 심급의 중심이 결정되는 대신 일본 문화 고유의 일인칭은 반대로 내향repli의 장소로서 사회적 장, 공공의 장의 변두리에 위치한다. 사적인 것은 공적인 것에 대립함으로써만 성립하지만 일인칭 단어의 여러 용법들(내밀성, 이기성, 편파성, 자의성)은 '사적인 것'의 특수성이 외부 규칙들이 더 이상 기능하지 못하는 어떤 권역을 정한다는 사실을 보여 준다. 이러한 관점에서 만약 탈연동이 있다면 그것은 인도-유럽어족에서 관찰되는 것과 대칭적일 것이다. 따라서 나와 비-나non-Je의 구분으로 시작하는 대신에 그와 비-그non-il('자기')를 먼저 구분한다.

일인칭 대명사 와타구시는 일본어에도 당연히 존재하기 때문에, 프랑스어에서 '내 경우에는', '내 의견으로는', '나는'으로 번역되는 말을 찾으려면 양보적이거나 제한적인 방식으로만 일인칭 대명사를 사용하는 것이 적절하다. 즉 사회규범이 더 이상 작동하지 않는 이 '내밀한 권역'을 제한하기 위해서 말이다. 일본어는 이 양보concessif 대명사를 통하지 않고서는 인칭을 표현할 수 없다. 일인칭 대명사 wa의 한정 조사는 특별히 일인칭을 주제화하기 위해, 이 인칭을 향하는 방향으로 술어를 전환시키기 위해 사용된다는 사실도 앞서 살펴보았다. 따라서 "Watasi smisii wa"(나는 외롭다)라는 문장은 "외로운 사람은 바로 나다"와 같이 이해되어야 한다.

순전히 서술적인 해결책, 곧 여기서 인칭과 주제화가 "뒤섞여 있다"고 말하는 그 해결책은 충분하지 않다. 왜냐하면 주제화는 일인칭의 논쟁적이고 가치론적인 정향을 변경시키기 때문이다. 주제화는 특히 일인칭을 기원적이거나 초월적인 것으로 상정하는 것을 금한다.

따라서 일본어의 기본 술어화는 "에고를 말하는 그가 에고이다"라는 가정을 대체하지 못하고, 그렇기 때문에 일본어 화자는 좀 더 넓은 범위의 사회적 장으로부터의 후퇴나 양보를 통해서만 주관적 인칭에 도달할 수 있다.

일본어의 인칭 체계는 다음 두 가지 원칙을 따른다: (1) 준-인칭대명사들이 '자기'의 영역을 기술하는데, 공공의 영역과 관련하여 제한과 배제의 제스처를 통해 이것을 기술한다. (2) 일본어의 준-인칭대명사들은 비교적 안정적인 위계 구조에서 위치의 분배를 허락한다. 이 위계 구조에서 발화자는 지시의 중심이 되지 않으면서 자기의 자리를 점유해야 한다. 따라서 다수 언어학자들이 인정한 모델이기도 한 뱅베니스트의 모델은 문화 기호학의 관점에서 고려할 수 있는 많은 모델 가운데 하나로서 이해되어야 할 것이다.

두 번째 이동('인칭'에서 '주관성'으로의 이동)은 첫 번째 이동보다 더욱 문제적이다. 왜냐하면 두 번째 이동은 발화에서 행위소의 성격을 변화시키는 하나의 행위소 범주를 제시한다. '주관성' 개념은 여러 변형 행위소들(주체/대상/발신자/수신자) 사이의 구분으로 환원되는 반면 담화 심급의 행위소적 구조는 **위치** 행위소적 성격만을 지닌다. 우리가 채택한 분석 관점에 따르면, 위치 행위소적 성격으로는 다음 일련의 요소들만을 밝힐 수 있을 뿐이다: '장'과 관련하여, **중심**, **지평**, **깊이**를 분석하거나 '위치'와 관련하여, **원점 행위소**, **목표점 행위소**, **제어 행위소**를 분석한다. 또는 메츠의 이론에 등장하는 **초점**foyer, **처소**site를 분석할 수도 있다.

주관성 개념의 도입(만약 이것이 심리학이나 철학에서 은밀한 영감을 받은 것이 아니라면)과 내면 심리에 대한 믿음은 발화된 담화의 변형 구조상에 담화 심급의 위치 구조를 포개어 놓는 결과를 초래한다.

이렇게 주체가 변형 행위소로 취급되면서 발화는 서사적 변형과 같은 하나의 변형으로 처리된다. 이 변형은 쟁점, 가치 대상, 내용 전도inversion de contenu 등을 포함한다. 이러한 관점을 취하는 것은 나름의 설득력이 있으나 '실행 중인 담화'의 관점과는 다르다. 이것은 그 종결 상태로부터 파악된, 이미 실현된, 완료된 담화의 관점으로 볼 수 있다. 주관성 개념을 취하면서 우리는 관여 영역을 바꾸게 되며, 발화를 회고적으로 파악된 담화에 기록된, 발화된 발화와 동일한 자격으로 고려하게 되는 것이다.

앞서 우리는 코케의 이론을 적용할 때 어떻게 특정 담화의 위치 행위소(M^0:비양태화된 행위소)로부터 주체 행위소(M^3 또는 M^4: 3중 또는 4중으로 양태화된 행위소)로 넘어갈 수 있는가를 살펴보았다.

따라서 주관성의 문제와 상호주관성의 문제는 (1) 인칭의 문제와는 독립적으로 다루어져야 한다. 인칭의 문제는 발화의 장에 관한 문화적 도식화로 환원된다는 것을 기억할 필요가 있다. 또한 (2) 주관성의 문제는 행위소들의 양태적 정체성의 점진적인 구축의 틀에서 다루어져야 하며 발화의 대용품으로서 간주되어서는 안 된다. 주관성의 주제는 특히 담화 심급의 위치 점유의 문제와 구분되어야 하는데 이는 매우 세련된 방식의 검토를 필요로 한다. 담화 심급의 위치 점유는 인칭과 주체의 효과들과는 독립적으로 발생하는 현상이다.

발화, 인칭 그리고 주관성 개념이 잘 구분될 때 담화 심급의 동일시(누가 이야기하는가? 누가 보는가? 누가 듣는가? 등)는, 학습의 차원에서는 필요할 수 있지만, 결국 담화 의미화의 관점에서 관여적이지 않은 것으로 나타나며 실행 중인 발화의 관점에서 유효하지 않은 것으로 나타난다. 텍스트와 이미지에 관한 교수법적인 관점에서 누가 이야기하는지, 누가 보는지를 이해하는 것이 유용한 것은 사실이다. 이는 어떤 등장인물이 어떤 행동을 수행했으며 어떤 등장인물의 상황이 변화되었는가를 알아야 할 필요가 있는 것과 정확히 동일한 유용성을 가진다. 여기서는 우리가 행위의 연속성과 일관성의 수준에 있다. 그러나 이것은 실행 중에 있는 행위를 이해하는 데에는 아무런 이점을 가지지 못한다. 인간 행위소와 주관성에 해당하는 행위자들의 정체를 밝히고자 하는 동시에 발화가 전체 담화의 조직 장소이자 형상들의 생성을 책임지는 심급이면서 좀 더 일반적으로는 특정 합리성과 가치론을 따르는 의미 집체를 만드는 행위들을 책임지는 심급이라는 사실을 망각하게 되기 때문이다.

발화작용과 그 성격, 발화의 내용과 그것을 결정하는 가치론의 문제는 우리가 보기에 다른 측면에서 관여적인 것이다. 구체적으로 한 예를 들자면, 하나의 시점에 관한 분석과 관련하여 이 시점이 특정 등장인물의 것인지, 이상적인 저자의 것인지, 추상적인 관찰자의 것인지, 어느 행위 주체의 것인지를 알아보는 작업은 발화체들로 엮어진 조직에서 발화실천의 수준을 가늠하는 것과는 다른 의의를 갖는다. 여기서 발화 행위소들과 발화체 행위소들 사이의 동일시, 발화적 위치들과 서사적 힘들 사이의 동일시는 후자들이 전자들에 의해 수입되는 방식을 파악하도록 해 준다.

그러나 시점이 상의 축적에 의해, 부분적이거나 전체적인 합산sommation에 의해, 표본추출echantillonnage 또는 선회rotation에 의해, 이외에도 어떤 다른 현상에 의해 고착되었는가를 알아보는 것은 내용 형식을 판단하는 데에 필요한 결정적 정보를 제공한다. 이 내용 형식은 또한 우리에게 시점 선택을 주관하는 세계 개념에 대한 정보도 제공한다. 이 정보들 덕분에 우리는 어떤 인지적 가치의 이름으로 시점이 기능하는가를 결정할 수 있게 된다. 만약 시점이 축적이나 합산에 의해 고착된다면 시점은 **완성도**exhaustivité를 추구할 것이다. 반면 시점이 표본추출과 선별selection에 의해 고착된다면 시점은 **대표성**을 겨냥할 것이다. 나머지도 마찬가지다. 이질성의 통합이라는 관점에서 매번 이것은 총체성과 일관성을 새롭게 개념화하는 일을 요구한다. 결과적으로 이것은 세계가 **의미를 만들고**le monde fait sens 기호를 통해 우리에게 그 **의미를 드러내는**fait signe 방식(우리가 그 의미를 가지고 기호를 만드는 방식이기도 한)에 대한 새로운 재현을 요구한다.

발화 심급의 유형론은 한때 전성기를 누렸고 오늘날 이 문제는 충분히 밝혀진 것으로 간주된다. 우리는 이러한 입장을 따르는 데에 신중을 기할 필요가 있다. 왜냐하면 한편으로는 이 입장이 발화, 인칭, 주관성 사이의 혼동을 전제하기 때문이고 다른 한편으로는 이 입장이 과도한 학술 용어를 생산할 위험을 내포하기 때문이다. 만약 어떤 새로운 작용이 밝혀질 때마다 매번 그 새로운 심급에 전문용어를 부여한다면 이는 이미 장황한 목록에 또 하나의 심급명을 추가하도록 할 뿐이다. 용어의 범람은 우리의 인식이 한 발자국 나아가는 데에 별 도움을 주지 못한다. 용어의 범람은 때로 필요악이기도 해서 용어의 생산 그 자체에 목적을 두는 것은 합리적이지 못하다.

2.3. 발화와 화행

존 랭쇼 오스틴과 같은 언어철학자들이 '진술적'descriptif 발화체 —— 예를 들어 사건의 기술과 같은 —— 와 '수행적'performatif 발화체 —— 사건을 기획하는 약속 또는 명령과 같은 —— 를 구분하며 언어철학의 이론적 진전을 이끌었을 때 그들은 언어 이론이 그전까지 언제나 '진술적 발화체'만을 연구해 왔고 '수행적 발화체'에 대해서는 관심을 갖지 않은 것처럼 주장했다. 그러나 소피스트들과 논쟁했던 플라톤과 『수사학』을 집필한 아리스토텔레스와 같은 고대 철학자들은 이미 언어가 단지 세계를 기술하는 목적으로만 존재하는 것이 아니라 세상을 변화시키고 사물과 타자에 대한 행위를 수반하는 수단이기도 하다는 사실을 간파했었다는 것은 잘 알려진 사실이다.

상술한 바의 언어의 '수행적' 차원은 망각되었던 시기가 분명 있었지만 이는 정보 통신 기술자들에 의해 일시적으로 일어난 일에 불과하다. 정보 통신 기술자들은 모든 언어 현상을 메시지와 정보의 '순환'으로만 파악하려 했고 논리학자들은 언어의 지시적 기능만을 고민했다.

오늘날 '정보 플래닝'의 개념과 방법들은 정보 수신자의 명시적인 표상과 그 역량, 그가 기대하는 바를 간과할 수 없으며 수신자로 하여금 수행하도록 하는 일련의 행위 또는 기획된 정보의 매개를 통해 최적화하고자 하는 행위의 문제를 간과할 수 없다. 참여자들이 서로 간에 가하는 행위, 주고받는 영향이 없는 인간 커뮤니케이션은 상상할 수 없는 것과 마찬가지로 발화 참여자들이 사물의 상태에 가하는 행위와 그 효과를 고려하지 않는다면 발화와 담화를 이론적으로 파악할 수 없다.

요컨대 조종manipulation과 행동action은 긴밀하게 연결되어 있다.

그렇다면 발화와 행위, 발화와 조작은 어떻게 다른 것인가? 행위 이론, 정념 이론 그리고 인지 이론을 참조하고자 하는 우리에게 발화 이론은 무엇을 제공하는가? 발화에 고유한 영역으로 남는 것은 무엇인가?

그것이 프로그램화 행위의 형식이든, 정념적 조작 또는 포착 행위의 형식이든 인지적 표상의 형식이든 간에 담화 체제는 일반적으로 언어 행위 일반을 기술하기에 충분한 설명력을 지니고 있다. 담화 체제로 설명되지 않는 것이 하나 있다면 그것은 **술어화**prédication이다. 서사 주체는 다른 서사 주체를 유혹할 수 있고 그에게 영향을 끼칠 수 있으며 설득할 수도 있고 명령을 할 수도 있다. 그러나 서사 주체는 우리가 그에게 말할 기회를 일부러 주지 않는 한 그가 실행하는 유혹, 영향, 설득 또는 명령을 술어화할 수는 없다. 만약 말할 기회를 부여받아 술어화한다면 그것은 발화를 대표하는 행위délégation d'énonciation가 될 것이다.

술어화는 발화가 책임지는 고유한 임무이며 따라서 이 전유물은 언어 행위 일체 중에서 발화행위의 특수성을 조명한다.

우선, 발화는 발화체를 **단언한다**asserter: 무언가가 그 경우다, 무언가가 일어난다, 무언가가 현전한다. **단언**assertion, 이것은 발화행위로서 바로 이 발화행위를 통해 발화체의 내용은 **현전하게 된다**advient à la présence. 이 발화행위를 통해 발화체의 내용은 담화의 현존의 장에 있는 것으로 밝혀진다. 환언하면, 단언은 행위다. 이 행위를 통해 담화 심급은 '존재하게 하며'fait être '현재에 존재하도록 한다'. 이러한 맥락에서 우리는 메를로퐁티의 표현을 차용하여 발화를 다음과 같이 재정의한 것이다.('제III장 담화', '2. 담화 심급' 참조) "발화하는 것, 그것은 언어를 사용하여 무언가를 현존하게 하는 것이다."Enoncer, c'est se rendre présent quelque chose à l'aide du langage.

두 번째로, 발화는 단언을 **수임한다**: 무언가가 발화하는 그에게 현존한다, 무언가가 그와 관련하여 발생하는데, 이때 발화하는 그가 참조의 거점이 되는 현존의 장에서 무언가가 발생하는 것이다. 다시 말하면 무언가가 담화 심급의 위치를 기준으로 발생하며 이 위치에 영향을 미치거나 그 위치를 공고히 하는 것을 방해한다.

이러한 이유로 발화는 다음에 소개하는 두 개의 상보적인 전망 속에서 고려될 수 있다.

(1) **단언**: 존재 술어화를 담당하는 단언은 발화체들의 현존과 관련되어 있으며 담화의 현존의 장을 변화시킨다. 이를 고려할 때 우리는 쉽게 발화행위가 그 자체로 이 장에 발화체를 위치시키는 행위이며 이

발화체에 존재 양식, 다른 말로 현존의 정도를 부여하는 행위라는 것을 알 수 있다. 이 현존의 강도와 외연의 변조를 통해 존재 술어화는 어떤 발화체는 실현된 것으로, 어떤 발화체는 잠재된 것으로, 또 다른 발화체는 가능화된 것으로… 취급할 것이다.

(2) 수임assomption: 수임은 자기-지시적이다. 단언을 실행하고 발화체를 책임지며 이렇게 자리 잡은 현존에 적응하기 위해서 담화 심급은 발화체들을 담화 심급 자신에게로, 그의 참조점으로, 신체상에 그가 일으키는 효과로 되돌려야 한다. 이 수임 행위를 통해 담화 심급은 해당 장에서 발생하는 움직임 속에서 그가 점유하는 위치를 나타낸다.

그러나 바로 이러한 이유로 **수임 술어화**prédication assomptive는, 단언 **술어화**prédication assertive를 보완하는, 현존의 또 다른 절합이다. 이것은 타자에 대한 현존이며 새롭게 발생하는 무언가에 대한 담화 심급의 현존이다. 해당 장에 출현하는 무언가, 담화 심급 자신은 아닌 무언가에 대한 현존이라는 말이다. 따라서 현존은 강도로 표현된다 —— 이것은 화용론자들이 **발화 내적 힘**이라고 부르는 것으로, 술어화에 참여하는 힘이다 —— . 현존은 또한 외연으로 표현된다 —— 이것은 수임하는 힘의 범위로서 이 힘의 범위는 예를 들면 언어 담화에 나타난 통사적인 해체dislocation syntaxique, '주제화'thématisation 또는 '강조법'emphase을 드러낸다 —— .

술어화의 두 층위는 공통적으로 하나의 동일한 속성을 갖는데 그것은 바로 **메타 담화적 행위들**actes métadiscursifs이라는 것이다. 발화는 언어 행위 자체로 정의되지는 않지만 언어 행위를 드러내는 언어의 성질로 이해할 수 있다. 한 예로 실존적 술어화의 경우를 검토해 보자. 실존적 술어화를 지시와 혼동해서는 안 된다. 발화체는 비-언어적 현실을 지시하는 것으로 간주될 수 있다. "이것은 나무다"C'est un arbre라는 발화체는 자연 세계에 속한 한 그루의 나무를 지시하는 것으로 이해될 수 있다. 그러나 발화는 담화의 장에서 동일한 형상의 현존을 단언하며 이때 **언어적 존재**être de langage의 자격으로 단언한다. "이것은 나무다"라는 발화체는 발화에 고유한 메타 담화적 층위에서 "여기서 거론된 나무는 언어적 존재로서 담화의 장에 나타난다"는 것을 의미한다.

마찬가지로, 수임 술어화는 담화 심급의 현존을 지시한다. 하지만 이는 언어적 존재로서의 현존을 지시하는 것으로 일시적으로 담화 심급과 일치할 수 있는 현실 세계의 존재와는 별개의 것이라고 볼 수 있다.

메츠는 발화의 언어학적 형태론으로부터 파생된 이론을 넘어서야 할 필요성을 느끼고 『비인칭 발화』, 『영화의 장소』에서 발화를 하나의 '메타 언어'métalangage로 정의한다. 『기호학: 언어 이론 이성 사전 1』을 쓴 그레마스, 조셉 쿠르테스와 동일한 입장이다. 그레마스와 쿠르테스는 위 저서에서 발화의 진술적, 비과학적 메타 언어와 기호학 이론의 과학적 메타 언어를 구분한다. 발화는 하나의 '진술적' 메타 언어이다. 왜냐하면 발화체를 서술하면서 발화는 자기 고유의 활동을 드러내고 그 활동을 코드화하며 감지할 수 있고 관찰 가능한 하나의 사건으로 만들기 때문이다. 발화는 담화가 자기의 고유한 장에서 일어나는 행위와 사건을 선언하는 장소에 다름 아니다.

마지막으로, 발화와 언어 행위의 구분은 필요하긴 하지만 쉬운 일은 아니다. 왜냐하면 이 구분은 많은 사람들의 직관을 거스르는 듯이 보이기 때문이다. 우리가 인정하는 발화의 메타-담화적 위상을 고려하면 우리는 적어도 왜 발화를 언어 행위와 혼동해서는 안 되는가를 이해할 수 있다. 더 나아가 이 문제는 담화가 **화시 구조**structure déictique 또는 **양태적 요소**를 어떻게 수용할 수 있는가를 설명하는 데에 꼭 필요한 내용을 포함한다: 전자의 지시 구조는 수임 술어화의 특징적인 자기 지시에서 비롯된 결과이며 후자의 양태적 요소는 담화에 소환된 발화체들에 존재 양식을 부여한 결과로서, 존재 술어화에 나타나는 특징적인 현상이다. 자기 지시autoréférence는 화시적 참조référence déictique 자체의 원리를 따르는데, 이는 담화 심급이 지시적 관계를 맺으면서 자기 고유의 위치를 상기시키기 때문이다. 여기서 존재 양식들은 양태화의 중심에 있다. 상이한 양태들이 직접적인 방식으로 네 개의 주요 존재 양식들로부터 도출되기 때문이다.('제IV 장 행위소' 참조)

3. 발화실천

지금까지 살펴본 내용을 통해 우리는 오늘날 **발화실천**이라는 표현이 뜻하는 바가 무엇인가를 정확하게 정의할 수 있게 되었다. 80년대 후반, 기호학 분야에서 그레마스에 의해 처음 이론화되었고, 『정념의 기호학』에서 재정의되었으며, 이어서 베르트랑에 의해 발전된 이 개념, '발화실천'은 일반적인 기호학적 실천과는 다르다. '의미화'signifier 가 하나의 행위라면 '담화화'discourir는 일련의 행위들의 집체이자 작용들이 얽히고설켜 만들어진 덩어리다. 이 담화화에서 발화는 현존에 관계된 것, 발화체의 현존 또는 담화 심급의 현존에 관계된 것만을 직접적으로 담당한다.

발화실천은 그러니까 담화의 장에서 발화체들과 기호학적인 형식들의 출현, 소멸과 관련된 것이거나 발화체와 그것을 책임지는 심급의 만남으로 구성되는 사건과 관련된 것이다. 모든 다른 작용들, 모든 다른 행위들은 순서대로 행위, 정념, 인지의 세 체제를 따라 작동하며, 발화에 고유한 메타-담화적 차원에는 접근할 수 없다. 발화 개념을 각자가 이해하는 대로 자유롭게 이해하는 것은 막을 수 없지만 이것을 세미오시스 개념과 혼동할 위험, 또는 **실행 중인 담화**라는 좀 더 보편적인 개념의 불필요한 유사어 정도로 오해할 위험에 대해서는 경계할 필요가 있다.

발화실천은 담화의 장에서 담화체들의 현존을 관리한다. 발화실천은 담화를 구성하는 발화체들을 담화에 소환하거나 끌고 온다. 발화실천은 발화체들을 다소간 수임하며 이들에게 특정 강도와 특정 외연을 부여한다. 발화실천은 용례, 고정관념이나 고정된 구조에 의해 도식화된 형식들을 회수하여 그 자체로 재생산하거나 변형시켜서 새로운 의미를 갖도록 만든다. 발화실천은 혁신의 반짝임과 함께 고정된 형식을 새롭게 소개하는데, 타협의 여지 없이 이들을 고유한 형식으로 수임하거나 좀 더 확장된 용법으로 나아가도록 만든다.

발화를 이중 술어화(실존적 술어화와 수임 술어화)로 정의하는 것은 발화체와 담화 심급의 공동-현존을 의미한다. 그리고 이것은 담화상의 현존을 주관하는 것이 발화실천임을 주장하는 것과 같다. 또 우리가 정의한 바의 발화는 하나의 실천인데, 이 실천의 실질은 본질적으로 현존의 두 차원, 강도와 외연으로 구성되어 있음을 말해 준다. 발화실천 개념은 그러니까 이제부터 설명할 몇 가지 사실을 함의한다.

(1) 발화실천은 담화의 일차적 기원이 아니다. 발화실천은 담화적 활동(랑그 체계, 담화의 다양한 장르와 유형들, 한 문화에 고유한 형식들의 목록 또는 백과사전)과는 다른 무언가를 전제한다. 발화실천은 한 공동체가 기억 속에 축적해 놓은 과거의 실천들, 용례의 역사를 상정한다.

그레마스의 연구로 출범한 기호학은 '의미 생성 행로'의 형식에 함축된 체계의 각 요소들을 필연적인 것으로 이해하는데, 이 의미 생성 행로는 여러 층위로 이루어져 있고 층위들은 한 층위가 다른 층위를 전제하는 방식으로 서로 전제 관계에 놓여 있다. 서사 구조는 연접의 발화체들을 전제하는데 연접의 발화체들 또한 의미의 기본 구조를 전제한다. 하지만 이 의미 생성 행로는 발화적 역량의 이상화된 시뮬라크르에 불과하다. 이 모델은 발화하는 순간에 담화 심급이 사용하는 가상의 구조를 만들도록 해 준다. 그러나 담화의 세밀한 분석에서 이 모델은 담화 행위의 기술을 위해 필요한 참조의 형식적인 틀로서 사용된다. 왜냐하면 이 모델은 발화가 어떻게 작동하는가를 말해 주지 못하고 다만 발화가 어디에 개입하며, 이 개입은 무엇으로 시작되는가를 부분적으로 보여 줄 뿐이기 때문이다. 의미 생성 행로는 어떤 면에서 체계의 요소들, 용법의 결과물들의 '축적 양식'의 시뮬라크르이며 그 체계의 작동을 보여 주는 것은 아니다.

(2) 체계도 역시 담화의 기원으로 이해될 수 없다. 뱅베니스트는 발화를 정의하기 위해서 '랑그의 개인적 사용'이라는 표현을 사용했지만

이것은 만족스럽지 못한 정의였다. 왜냐하면 이러한 정의는, 체계(랑그)는 뒤집어 보면 용법들이 도식화된 결과라는 사실 그리고 결과적으로 그것은 실천의 축적이라는 사실을 감추기 때문이다.

요컨대, 발화의 기능을 이해하기 위해서는 축적의 결과물로서의 체계를 탐사하는 것으로 발화를 이해하는 것으로는 충분하지 않으며 발화는 이 체계를 리모델링하고 생성 중인 과정으로 돌리는 데에 기여한다는 것을 인정해야 한다. 이러한 이해는 당연히 우리가 지금 엄격하게 개인적인 차원의 개념을 초월하고 있음을 전제한다. 우리가 개인적 발화와 집단적 발화를 구분하지 않을 때에만 그리고 둘 다 생성 중에 있는 어떤 동일한 집체의 부분으로서 고려할 때에만, 담화가 체계의 생성에 기여할 수 있기 때문이다.

(3) 따라서 발화실천의 관점은 **상호작용적**이다. 위상학적인 면에서 발화실천은 도식화의 공간 속에서 발화가 변형시키거나 지지하는 형식들을 추출한다. 시간적인 면에서 발화는 공시적 차원과 통시적 차원의 대립을 초월한다. 발화는 주어진 공시적 상태와 지나간 또는 다가올 모든 공시적 상태들 사이의 연결고리를 유지하기 때문이다. 만약 발화실천의 법칙이 존재한다면 이 법칙들은 무-시간적a-chronique이기보다는 **범-시간적**pan-chronique일 것이다(체계는 그 정의상 무-시간적이며 실천은 범-시간적이다).

현존의 측면에서 —— 공간적인 동시에 시간적인 ——, 발화실천은 담화를 구성하는 발화체들의 존재 양식을 주관한다. 발화실천은 **잠재적**인 단계에서 발화체들을 포착하고(한 체계에 속한 개체들entités로서), 그것들을 **현동화**하며(언어적 존재와 담화로서), 그것들을 현실화하고(표현으로서), 그것들을 **가능화**한다(사용의 결과물로서). 실천은 존재 양식들의 변조를 주관하는데, 이 존재 양식들은 체계와 담화 사이의 관계에 직접적으로 영향을 미친다. 체계는 그 정의상 잠재적인데 비해 담화는 현실화를 겨냥하고 있기 때문이다.

따라서 발화실천에 대한 탐구는 두 방향으로 진행되어야 한다:

(1) 유형을 생산하는 조작들을 검토하는 것이 그 첫 번째 방향이다. 이 조작은 유형을 재활성화하거나 재고하는데 이 과정에서 형식의 혁신을 가져오고 그 형식을 도식화하게 된다.

발화실천은 존재 양식들을 조작하는 가운데 한편으로는 생성과 퇴적의 변증법적 논리 속에 포섭되고 다른 한편으로는 다양한 담화들(장소, 형상, 비유, 논증)의 수사적 차원을 형성시키는 데에 복무한다.

(2) 실천이 실행되는 장을 정의하는 것은 본 탐구의 두 번째 방향이 된다.

발화실천은 담화의 장이라고 할 수 있는 어떤 하나의 장에서 실행된다. 잠정적으로 이 장을 하나의 시-공간 영역으로 정의해 보자. 이 경우 의미작용이 '출현하고', '진행되며', '완성되는' 흐름에 따라 기호 작용의 여러 상적 국면phases aspectuelles을 구분하는 것이 가능해진다. 이 세 국면은 굴절déclinaison의 방법으로서 사용되며 그 굴절 방법에 따라 발화실천의 장은 세 개의 상이한 형태를 갖게 된다.

(a) 출현의 국면에서 지각의 장은 감각적이고 감성적인 강도, 지각의 범위와 수량에 의해 분절된다. 담화의 장에서 이루어지는 이 첫 분절들은 **발랑스**(강도적이고 외연적인)들이다. 엄밀히 말해서 이것은 **현존의 장**에 다름 아니다.

(b) 두 번째 국면은 문자 그대로 실행 중인 담화의 두 번째 국면이며, 담화 형식들이 갖추어지는 과정의 두 번째 국면이기도 하다. 이 두 번째 국면에서 담화의 장은 하나의 도식 또는 여러 담화 도식들의 조합으로 나타난다. 왜냐하면 겉으로 드러나지 않는 현상학적 방법론들이 도식화되는 것은 담화의 장이 갖는 바로 이 두 번째 형태 안에서 가능하기 때문이다. 그리고 기호 자체의 양상들이 결과적으로 펼쳐지는 것 역시 바로 이 두 번째 형태 안에서 가능해진다. 다시 말해서 **가치들**이 드러나는 것도 담화의 장의 이 두 번째 아바타 안에서 가능해진다. 우리는 이 장을 **도식들의 장**champ schématique이라고 부르기로 한다.

(c) 마지막 국면은 이미 발화되고 완성된 담화가 나타나는 국면이며 여기서 담화의 장은 차이들의 네트워크, 상이한 범주들이 구분되는 이산화된 공간이 된다. 우리는 이 장을 **차이들의 장**champ différentiel이라고 부르기로 한다.

이와 같이 담화의 장은 **현존의 장, 도식들의 장, 차이들의 장**이라는 세 개의 국면으로 변주된다.

그러나 우리는 담화의 장을 넘어서는 시-공간적 영역을 또한 상상할 필요가 있다. 담화와 체계에 공통적으로 적용되는 영역이면서 특수한 발화에서는 특수한 현존의 장으로 환원되지만 모든 가능한 현존의 장의 총합과 혼동되지 않는 영역을 상상할 필요가 있다는 말이다. 담화는 그것이 포함하는 모든 발화체들의 총합으로 간주될 수 없다는 사실 이상으로 실천은 그 실천과 관련된 모든 담화의 총합으로 정의될 수 없다는 것 또한 사실이다. 왜냐하면 실천의 영역은 개별 담화들의 영역만이 아니라 문화적 기억이 축적된 영역이며 기호적 도식들의 영역이기 때문이다.

이와 관련하여 로트만의 **기호계** 모델은 우리가 말하는 영역과 근접한 좋은 예를 보여 순다. 한 문화 안에서 삭동하는 기호 경험의 엉역으로서 말이다.

4. 실천의 다양한 조작들

4.1. 존재론적 긴장

동일한 담화 내에 상이한 자격을 갖는 크기들이 공존하기 위해서는 그 요소들이 상이한 존재 양식들을 가져야 할 필요가 있다: 담화상의 공동-현존은 단순히 공통의 출현으로 환원되지는 않는다. 존재 양태들, 곧 잠재화, 현동화, 가능화, 현실화는 공동-현존을 담화적 두께로 전환시킨다고 볼 수 있다. 존재 양식들은 양태적 분절들을 담화의 장에 투사하기 때문이다. 만약 우리가 이 장을 여러 지평들이 자리 잡고 있는 하나의 공간으로 이해한다면, 네 개의 존재 양식들은 아래 도식과 같이 배치될 것이다.

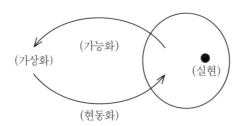

의미를 생산하는 행위는 우선 **잠재적인 것**(담화의 장 밖에 위치한)이 **현동화된 양태**(경계에 위치한)의 매개를 지나 **현실화된 것**(담화의 장 중앙에 위치한)과 맺고 있는 긴장 관계로 나타난다. 또한, 여기에서 또 다른 긴장성이 출현하는데 그것은 현실화된 양태로부터 **가능화된 양태**(전자의 이동과 반대 방향으로 경계를 통과한다)를 거쳐 잠재화된 양태로 이동하는 가운데 나타나는 긴장적 힘이다. 중요한 사실은, 실행 중인 담화의 관점에서 우리가 **도식들의 장**으로 정의한 장, 문자 그대로 담화의 장을 가리키는 그 장의 관점에서는 엄밀한 의미에서 **잠재적인 것**으로 돌아올 수 없다는 것이다. 도식들의 장을 나온다는 것은 여전히 이 장과 관련하여 정의되는 한 위치를 채택한다는 것을 뜻하며 이것은 체계의 잠재적인 구조들로 돌아오는 것이 아니기 때문이다. 따라서 한 방향에서 우리는 **잠재적인 것**으로부터 출발하지만 반대 방향으로 돌아올 때는 잠재화된 양태mode virtualisé에 도달할 뿐이다.

이 다양한 존재 양태들은 각각 무엇에 상응하는가? 잠재화된 양태는 본래 겉으로 드러나지 않는 한 체계를 구성하는 구조물들이 취하는 양태를 말한다. 즉 의미가 생산되는 순간에 발휘되는 형식적인 역량의 존재 양태를 가리킨다. **현동화된 양태**는 담화상에서 출현하는 형태들의 양태이며 그 형태들이 담화상에서 출현할 수 있도록 하는 조건들을 가리킨다. 예컨대 그림 속에 나타나는 색의 현동화는 이웃하는 색깔들과의 공존 속에서 색의 대비로 발생하는 긴장들을 포함하고 있다. **현실화된 양태**는 발화가 담화 형태들로 하여금 하나의 물리적 현실을 만나게 할 때 그것을 가능케 하는 양태를 가리킨다. 여기서 말하는 현실은 표현 면에서는 물리적 현실을 뜻하고 내용 면에서는 자연적이고 감각적인 세계를 뜻한다.

반대되는 움직임은 담화 행위의 수사적 차원에 고유한 운동이다: 어떤 대상이 담화의 장소(다양한 소환을 가능케 하는 유형, 주제 또는 소재)로서 인정되고 일반화될 수 있을 때 우리는 그것을 가능화된 것이라고 말한다. 잠재화된 양태(엄밀히 말해서 우리는 잠재화된 양태로 결코 돌아올 수 없다. 왜냐하면 우리는 계속 실행 중인 담화 내에 있기 때문이다)는 담화 형상들이 기능하는 데에 필요한 배경으로서 존재한다: 기호 행위는 하나의 형상을 현실화하는 것이며 다른 형상을 가상적인 단계로 되돌려 보내는 것과 다르지 않다. 다시 말해서 기호 행위는 이 둘을 상호작용 속에 둠으로써 발화체를 해석할 때 해석자가 한 형상과 다른 형상 사이를 왕복하도록 한다.

실천의 조작들은 두 가지 상이한 관점에서 이해될 수 있다: 대상의 생성devenir de l'objet의 관점 ── 여기서 말하는 대상은 하나의 발화체, 기표적 행위의 산물을 뜻한다 ── 또는 주체 생성devenir des sujets의 관점 ── 여기서 말하는 주체들은 기호적 상호작용의 당사자들을 뜻한다 ── .

4.2. 기호 대상들의 존재론적 생성

대상의 생성은 실천 행위에 의해 관리되며 이때 실천 행위들은 대상의 존재 양태와 관련된 조작들로 간주된다. 가상화된 양태에서 현실화된 양태 사이의 긴장을 조절하는 첫 번째 행로는 담화의 표층으로 '올라가기' 때문에 상승이라고 부른다. 이 행로의 목표는 담화 지시의 중심, 곧 현실화하는 심급에 도달하는 것이다. 현실화된 양태와 가상화된 양태 사이의 긴장을 조절하는 두 번째 행로는 그것이 심층의 체계로 돌아간다는 의미에서 하강(또는 쇠퇴)이라고 부른다. 이 운동은 살아 있는 형태들을 고정된 유형으로 굳어지게 만들며 이른바 실천소praxème로 고정시킨다. 결과적으로 이렇게 유형화된 생산물들은 발화 주체들의 역량을 키우는 데에 기여한다.

상승 행로는 기표 형식들을 가시적으로 만들기 위해 소환하는데 이것은 두 가지 상이한 행위로 분석될 수 있다:

1_ 잠재화된 양식 → 현동화된 양식[V → A]은 하나의 형태를 출현émergence시키는 운동이다. 이것은 혁신 국면이라고 불린다.

2_ 현동화된 양식 → 현실화된 양식[A → R]은 하나의 형태를 등장apparition시키는 운동이다. 이때 형태는 하나의 표현을 부여받고 그 형태를 참조 가능한 것으로 만들어 줄 현실의 위상을 부여받는다.

하강 행로는 기표 형태들을 암시적인 것으로 만들며 기억 속에 유형화된 것으로 저장시킨 후 잊히게 만들고 삭제한다. 하강 행로 역시 두 가지 국면으로 구분된다:

3_ 현실화된 양식 → 가능화된 양식 [R → P]은 살아 있던 형태, 혁신되었던 형태가 쇠퇴déclin해 가는 조건이 된다. 이 운동의 결과로 해당 형태는 관용적인 것으로 고정되면서 차후에 소환될 가능성이 있는 실천소로 굳어진다.

4_ 가능화된 양식 → 가상화된 양식 [P → V]은 형태의 소멸disparition을 가리킨다. 여기서 해당 형태는 완전히 잠재적인 구조 속에 용해되며 기표적 실천의 기저로 감춰진다.

담화 표현의 변화가 일어나고 각종 표현들이 체계와 상호작용하는 일이 일어나는 차원은 담화의 수사적 차원이다. 담화의 수사적 관점에서 우리는 적어도 두 개 이상의 발화체들을 동시에 조작하는 일에 관해 이해해야 한다. 이 경우에 실천은 적어도 두 개 이상의 대상들을 동시에 다루게 되며 각각은 상이한 존재 양식을 갖게 될 것이다. 기호 행위는 하나의 형태를 격상시키기 위해 다른 형태를 끌어내린다. 이때 경쟁 관계에 있는 두 존재 양식들은 변화를 겪을 수밖에 없다.

따라서 실천은 적어도 하나의 상승 운동과 하나의 하강 운동으로 이루어진다. 여기서 우리는 기호적 사태의 유형론을 가늠해 볼 수 있다:

1_[A → R] & [P → V]: 한 형태의 소멸과 상관관계에 있는 다른 형태의 **등장**은 **기호적 혁명**révolution sémiotique을 발생시킨다. 우리가 익히 아는 치환은 이러한 혁명의 예가 될 수 있다. 이미지와 관련하여서는 그 유명한 비트겐슈타인의 '오리 토끼'canard lapin가 적당한 예가 된다. 여기에서 토끼의 등장은 오리의 소멸을 초래하고 그 역으로도 마찬가지이기 때문이다.

2_[V → A] & [R → P]: 한 형태의 **쇠퇴**와 상관관계에 있는 다른 형태의 **출현**은 **기호적 왜곡**distorsion sémiotique으로 보아야 한다. 생생한 비유는 그것이 언어적이든 시각적이든 여기에 해당한다. 왜냐하면 참신한 비유는 현동화된 형태(인식된 내용)와 가능화된 형태(개념적으로 재구성된 내용)를 경쟁시키기 때문이다.

3_[V → A] & [P → V]: 한 형태의 **소멸**과 연계된 다른 형태의 **출현**은 **기호적 개정**remaniement sémiotique으로 볼 수 있다. 이것은 문화의 원시적 요소들과 체계 사이의 관계에 영향을 미친다. 예컨대 한 상투어구 내의 잠재적인 조합을 새롭게 조작하려는 모든 시도는 기호

적 개정에 상응한다. 예를 들어, '기진맥진해 있다'être sur les dents라는 표현을 실제 곡예의 한 형태로 연출한다면 이것이 바로 기호적 개정이 될 것이다.

4_ [A → R] & [R → P]: 한 형태의 **쇠퇴**와 연계된 다른 형태의 **등장**은 **기호적 파동**fluctuation sémiotique으로 볼 수 있다. 특히 은유로 만난 두 동위소가 차례로 표층에 나타날 때 이것은 기호적 파동으로 보아야 한다. 그들의 교차적 등장은 구상화하는 동위소가 현동화와 현실화 사이를 왕복하며 구상화된 동위소는 가능화와 현실화 사이를 왕복한다는 사실을 보여 준다. '그림 속의 그림'이라는 표현은 평범한 예가 될 것이다. 삽입된 이미지에 주의를 기울일 때 새로운 이미지를 받아들인 기존 이미지는 우리의 시야에서 사라지며 가능화된 상태로 머물게 된다.

지금까지 살펴본 내용을 요약해 보자. 발화적 실천은 상승 운동과 하강 운동의 조합으로 간주될 수 있는데, 이것은 대상의 생성의 관점에서 포착되고 네 개의 상이한 전략을 취할 수 있다. 네 개의 전략은 경쟁 관계에 있는 네 개의 **긴장적 변형**transformations tensives으로도 정의된다. 이것은 대략적으로 다음과 같은 네트워크로 나타내 볼 수 있다.

쇠퇴 상승	출현	등장
약화	왜곡	파동
소멸	개정	혁명

4.3. 담화 심급의 존재론적 생성

존재 양식들과 존재론적 긴장들은 한 담화 심급의 장에서만 출현한다. 이때 이 담화 심급의 장의 기반이 되는 것은 감각적이고 지각적인 심급의 현존의 장이다. 그리고 한 담화 심급의 장은 다른 여러 심급들과의 관계 속에 존재한다. 따라서 담화 심급의 장은 언제나 누군가에게는 존재 양식이 되고 어딘가 공간 속에 위치한다. 발화의 현존의 수준에 대해서는 우리가 다음의 사실을 주목할 필요가 있다. 이 **현존**은 심급들에, 심급들을 위한 현존을 가리키며 심급들은 감각적이고 감성적인 신체들로서 갖가지 감정을 경험하며 다양한 **존재의 느낌**sentiment d'existence을 경험한다.

도식들의 장은 현존의 효과를 제어하고 통제하는데, 이 장이 갖는 주요한 두 차원은 우리에게 매우 귀한 발견을 가져다준다. 두 차원이란 **수임**受任**의 강도**intensité de l'assomption**와 승인**承認**의 외연**étendue de la reconnaissance이다. 발화체들에 대한 담화 심급의 현존은 두 방향에서 고려할 수 있다: 첫 번째는 강도의 차원을 고려해야 하는데 왜냐하면 현존은 힘의 논리를 따르기 때문이다. 두 번째는 외연의 차원을 고려해야 하는데 왜냐하면 현존은 위치의 논리를 따르기 때문이다.

수임의 강도는 주체와 그의 생산을 연결시켜 주는 끈의 강도를 가리킨다. 이 '끈'lien은 주체가 그 생산 활동 가운데 인정을 받으면 받을수록 더 강하다는 측면에서 매우 **감성적인 것**empathique이다. 이와 관련하여 수임은 담화 내에서 존재론적인 긴장들에 필수 불가결한 차원이 아닐 수 없음을 기억해야 한다. 예를 들어, 수임이 강하거나 약함에 따라 한 요소가 분명하게 제시된 것인지, 아니면 살짝 언급되고 만

것인지, 그 요소를 문자 그대로 파악해야 하는지, 아니면 다른 의도를 생각해야 하는지를 알 수 있다. 반어법의 경우에는 수임의 강도가 특히 더 중요하게 작용한다.

승인의 외연은 발화의 행위소들의 숫자와 관련된 기표 형태들의 분포와 관계가 있다. 한 형태의 반복은 객관적으로 기호 대상들 자체의 수량으로 간주되어서는 안 되고 사건들occurrences의 수량으로 간주되어야 한다. 다시 말해서, 그 대상을 연출하는 발화의 반복은 담화 심급에 의한 수임의 수량과 빈도수로서 고려되어야 한다는 말이다. 그러니까 문제는 대상들의 수량이 아니라 현존의 심급들의 개별적이거나 집단적인 구조로 넘어간다는 말이다.

좀 더 보편적인 관점에서 상기해야 할 사실은 실천이 통시적인 면과 공시적인 면에서 다양한 존재 양태들의 전체적인 조절을 담당하고 있다는 사실이다. 이 조절은 최근의 인지주의 의미론에서만큼이나 전통적인 언어학에서도 상호 주체적인 조건, 반복itération과 유형화typification의 조건을 포함하고 있다. 특히 뱅베니스트에게 상호 주체적인 조건은 핵심적인 문제여서 만약 대화자가 승인으로서 그것을 지지하지 않는다면 형태의 반복은 아무것도 아닌 것이다.

상호 주체성이 허락하는 의도된 공감이 없이는 한 형태의 반복적 사용은 무의미한 반복일 뿐이다. 규준의 형성과 소멸은 바로 이러한 원리를 따른다. 규준을 발전시키고자 하는 주체 화자들은 청자를 찾지 못하면 그 목적에 도달할 수 없다. 그들의 실천을 진정한 언어활동으로 만들어 주는 기대 지평을 마련하지 못한다면 주체는 그 어떤 규준도 발전시킬 수 없다. 언어활동을 혁신하거나 고정시키는 것, 새로운 담화의 생산을 표준 형태로 변경시키는 것은 모두 문화와 공동체의 중심에서 이루어지는 사회적 소통과 기호 대상들의 순환이다.

사용의 빈도는 상호 주체적인 승인에 의해 뒷받침된다. 전형의 지각적인 '두드러짐'saillance은 충분한 수의 주체들이 동의하고 있는가에 달려 있다. 이 경우 수임의 강도와 승인의 외연은 같은 방향으로 진화하며 서로를 강화시킨다. 이때 우리는 강도와 외연 사이의 **정비례적 상관관계**를 논할 수 있을 것이다. 이 정비례적 상관관계는 한 형태의 **교환가치**valeur d'échange를 보장한다.

반면 한 형태가 반복되면서 내용의 의미를 잃어버리고 그 가치가 소실되는 일도 전자 못지않게 빈번히 발생한다. 어떤 비유가 '관용어구화'lexicalise될 때('한잔하다' 참조) 그것은 문자 그대로 비유로서의 가치를 잃어버린다. 마찬가지로 이미지에서도 깊이의 효과를 발생시키는 반-상징적인 체계들(작은 : 큰 :: 먼 : 가까운 참조)은 더 이상 문자 그대로의 의미로는 지각되지 않는다.

담화적 '인플레이션'은 이 경우에 **사용가치**valeur d'usage를 떨어뜨린다. 반대로 혁신의 국면에서 한 혁신적 형태가 출현할 때 그것은 거의 확산되지 못하지만 강한 수임의 힘을 가지고 반짝이며 때 묻지 않은 순수한 **사용가치**를 가지게 된다. 강도와 외연이 서로 반대 방향으로 나아가기 때문에 이 두 경우는 **반비례적 상관관계**에 놓이게 된다.

이러한 사실들을 고려할 때 우리는 이제 담화 심급들의 생성의 관점에서 기호 실천의 조작 유형론을 제안해 볼 수 있다. 이 유형론은 담화 심급이 그가 조작하는 발화체와 관련하여 취하는 태도를 유형화한다. 현존의 기초적인 두 차원, **수임의 강도**와 승인의 **외연**이 교차할 때 이것은 여러 유형의 위치를 만들어 내기 때문이다:

(1) 정비례적인 상관관계는 **교환가치**에 대한 두 조작을 규정한다: **강화** amplification와 **약화**atténuation. 강화는 한 형태를 실사용의 장에 정착시키는데 이때 수임 능력이 승인의 외연에 의해 강화된다. **강화**는 한 형태를 사회 전체적으로 **사용**하도록 유도하는 행로를 가리킨다. 약화는 반대의 행로를 가리킨다. 이 행로에서 발화는 한 형태를 '더 이상 믿지 않고' 그것을 더 이상 수임하지 않는다. 그 형태는 점차 사용의 장에서 밀려난다. 약화의 행로는 **생생한 사용**을 낙후되도록 만든다.

(2) 반비례적인 상관관계는 **사용가치**에 대한 두 조작을 규정한다: **합산**sommation과 **진열**. 명령은 하나의 형태를 매우 큰 수임의 힘으로 강요한다. 그러나 승인의 외연은 매우 좁은 상황이다. 따라서 명령의 행로는 한 형태를 보급에서 **재활성화**로 유도한다. 이와 반대로 **진열**은 수임 능력을 약화시켜서 사용을 보편화한다. **진열**은 혁신적인 형태의 **형성**으로부터 그 참신함이 **마모**되는 방향으로 이동하는 행로다.

네 유형을 표로 나타내면 다음과 같다:

	강한 수임	약한 수임
확장된 승인	확대	전개
제한된 승인	명령	약화

5. 기호계

여기서 로트만의 기호계 이론의 전체를 소개할 수는 없기 때문에 우리는 그 기본 원리만을 활용하고자 하는 목적에서 필요한 내용만 보기로 하겠다. 기호계는 한 문화권의 주체들이 의미작용을 경험하는 영역을 가리키는 말이다. 로트만에 따르면 기호계 내의 기호 경험은 담화의 생산보다 앞선 것이다. 왜냐하면 기호 경험은 담화 생산의 조건이 되기 때문이다. 기호계는 무엇보다 하나의 문화가 스스로를 정의하고 위치시킬 수 있도록 하는 영역이며 이것은 다른 문화들과 대화하기 위한 것이다. 기호계는 또한 그 변증법적 기능이 기호-문화적인 다양성들을 해결하고 조절해 주는 주요한 임무를 수행하는 영역이기도 하다.

로트만은 담화의 장이 가지는 자질들과 동일한 자질들을 선취한다: (i) 기호계는 우리(문화, 조화, 내부)의 중심에 자리 잡고 있으며 그들(야만성, 타자성, 카오스, 외부)을 배제시키고 경계들로 그 가장자리가 식별된다. (ii) 중심과 주변 사이에서, 내부와 외부 사이에서 끊임없는 중첩과 변이가 일어난다. 이러한 관점에서 장을 점유하고 있는 이질성은 이중적이다. 한편으로는 범주적인 이질성이 있고 다른 한편으로는 존재론적인 이질성이 있다. 전자는 장의 통일과 일관성을 도모하지만 후자는 각 개체에 상이한 존재 양태를 부여하면서 하나의 거대한 일관성을 복원하려고 하거나 아니면 어떤 정합성을 구축하면서 이질적인 것들의 공동-현존이 가능하도록 한다. 범주적인 이질성은 어떤 면에서 갈등을 유발하는데 존재론적인 이질성이 이 갈등을 해결하는 기능을 맡는다.

우리는 존재 양태에 관한 실천의 조작들을 앞서 검토한 바 있다. 따라서 여기서는 동일한 기호체들이 가진 여러 상이한 판본들이 중첩되는 현상에 관해 살펴보기로 하겠다. 기호계의 움직임과 왜곡은 로트만의 이론에서 일련의 '번역'들로 설명되어 있다. 상이한 문화들이 외적 기여를 수임하고 문화의 변화를 가져온다는 것이 그 기본 메커니즘이다.

기호계 이론에서 가장 주목할 만한 내용은 로트만이 제안하는 '번역'의 유형과 분류 체계다. 로트만은 새로운 문화에 통합되는 다양한 아바타들을 통해 한 사회에 외적 기여가 생성되는 현상에 관해 이야기하는데, 이것은 시간 순서에 따라 네 단계로 진행된다:

(A) 외적 기여는 위엄이 있는 것으로 과대평가되거나 또는 걱정스러운 것으로 인식된다. 또한 독창적이고 기발한 것으로 인식된다. 결과적으로 외적 기여는 양가적인 가치론의 수혜를 입는다. 외적 기여가 유발하는 감탄과 흥미는 긍정적이지만 기존 문화와 관련하여 전복적인 힘을 가질 때는 부정적인 것으로 인식된다.

(B) 외적 기여는 모방되고 재생산되며 '고유한' 것과 '우리의 것'이라는 용어와 함께 변형을 겪는다. 이 과정에서 사회 내부에 보급되고 통합되는데, 통합되고 나면 처음의 독창성은 사라진다. 걱정스러운 성격도 사라지는 한편 감격스러운 성격도 함께 사라진다.

(C) 외적 기여는 더 이상 낯선 것으로 인식되지 않으며 그 기원을 의심받기조차 한다. 특수한 성격은 모두 제거되고 기존 문화에 동화될 수 있는 형태로 변형된다. 사회의 외부에서는 본래의 특수성과 독창성을 유지하기 때문에 혼동을 불러일으킬 수 있고 사회에 완전히 동화될수록 거짓된 것, 유효하지 못한 것으로 보일 수 있다.

(D) 마지막으로 외적 기여는 그 자체로는 알 수 없는 것이 되어버리고 보편적인 규범 체계 내에 자리 잡는다. 반대급부로 내부 영역의 경계 안쪽으로 통합이 되지만 외부에도 여전히 존재하면서 마치 모든 문명의 징후처럼, 모든 문화의 전형처럼 인식된다.

한 문화 전체의 수준이든 문화적 변화의 동인처럼 간주되는 담화의 수준이든, 로트만의 주장을 따른다면 발화실천은 거대한 환언paraphrase 작업과 번역 작업에 기초한다. 그러나 우리가 여기서 제안하는 탐구는 특별히 로트만이 분명하게 밝힌 장의 자질들에 기초한다. 현동화와 가능화의 운동들은 기호계의 경계를 지나 외적 기여의 수용과 보급의 강도와 외연을 제어한다. 우리는 전체 문화의 장의 차원에서 수임 능력과 승인의 외연 문제를 다시 한 번 발견한다.

우리가 '번역'의 상이한 유형들이 가진 의미론적인 자질들을 좀 더 세밀히 검토해 보면 하나의 도식을 발견할 수 있다. 기호의 장들 사이에서 벌어지는 대화 형태들의 패러다임은 다음의 내용을 포함한다:

(1) 장의 개방 ── (A)와 (D)의 경우 ── 과 장의 폐쇄 ── (B)와 (C) ── 사이에 발생하는 긴장.

(2) 강한 강도(지각과 수용의 강도) ── (A)와 (D) ── 와 약한 강도 ── (B)와 (C) ── 사이에 발생하는 긴장.

(3) 외연과 수량에 관한 긴장: (B)와 (D)의 경우 확장적 외연을 특징으로 하며 (A)와 (C)의 경우 제한적 외연을 특징으로 한다.

결과적으로 실천은 본질적인 두 차원에서 기능한다. 한편으로 '강도'와 다른 한편으로 '외연'이 그것이다. 그 실행의 장, 기호계는 다음과 같이 정의되는 네 개의 국면에서 강도와 외연을 변형시킨다:

1_ 유형 A와 B: 강도와 외연이 서로 반대 방향으로 변화된다. A에서는 외적 기여의 독창적인 침입이 강도적인 변화를 초래하지만 외

연이 제한적이다. B에서는 외적 기여가 확산되고 내부에 통합되며 용해된다. 전체 장은 영향을 받지만 그 영향력은 약하다.

2_ **유형 C와 D**: 강도와 외연이 서로 같은 방향으로 변화된다. C에서 강도처럼 외연은 매우 낮은 수준이다. D에서 공격적이고 과장된 확대가 이루어지는데 강도(승인의 영향)와 외연(확산의 영향)이 동시에 영향을 받는다.

기호계의 도식은 다음과 같다:

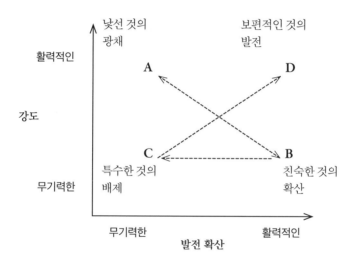

참고문헌

제I장 기호에서 담화로

BENVENISTE, Émile, *Problèmes de linguistique générale*, tome 2, Paris: Gallimard, 1974, pp. 215~238.

BORDRON, Jean-François, "Valeur et dualité", *Le libéralisme, l'innovation et la question des limites*, R. Laufer and A. Hatchuel, dir., Paris: L'Harmattan, 2003.

DELEDALLE, Gérard and Charles S. Peirce, *Écrits sur le signe*, Paris: Seuil, 1978.

ECO, Umberto, *Le Signe, Histoire et analyse d'un concept*, Bruxelles: Labor, 1988.

GROUPE MU, *Traité du signe visuel. Pour une rhétorique des images*, Paris: Seuil, 1992.

HJELMSLEV, Louis, *Prolégomènes à une théorie du langage*, Paris: Minuit, 1968.

KLEIBER, George, *La sémantique du prototype*, Paris: PUF, 1990.

SAUSSURE, Ferdinand, De, *Cours de linguistique générale*, Paris: Payot, 1916[개정판, 1990], pp. 96~103.

SAUSSURE, Ferdinand, De, *Écrits de linguistique générale*, Paris: Seuil, 2000.

제II장 의미의 기본 구조

BORDRON, Jean-François, "Réflexions sur la genèse esthétique du sens", *Faire, dire &*

voir, dir., *Protée*, 26/2, 1998, Ch. Palmieri, pp. 97~104.

DELEDALLE, Gérard, *Charles S. Peirce, Ecrits sur le signe*, Paris: Seuil, 1978.

EVERAERT, Nicole, *Le processus interprétatif. Introduction à la sémiotique de Ch. S. Peirce*, Liège: Mardaga, 1990, pp. 31~101.

FONTANILLE, Jacques, *Sémiotique et littérature. Essais de méthode*, Paris: PUF, 1999, pp. 130~158.

FONTANILLE, Jacques and ZILBERBERG, Claude, *Tension et signification*, Liège: Mardaga, 1998, ch. "Valence" & "Valeur".

GREIMAS, Algirdas Julien, *Sémantique structurale*, Paris: Larousse, 1966 [개정판, PUF, 1986], pp. 18~28.

GREIMAS, Algirdas Julien and COURTÉS, Joseph, *Sémiotique. Dictionnaire raisonné de la théorie du langage*, I, Paris: Hachette, 1979 [개정판, 1993], 서문 "Carré Sémiotique".

HJELMSLEV, Louis, *Nouveaux Essais*, Paris: PUF, 1985.

SAUSSURE, Ferdinand, De, *Cours de linguistique générale*, Paris: Payot, 1916 [개정판, 1990], pp. 97~103, 155~169.

제III장 담화

ADAM, Jean-Michel, *Le texte narratif*, Paris: Nathan, 1985.

COQUET, Jean-Claude, *Le discours et son sujet*, I, Paris: Klincksieck, 1985.

COQUET, Jean-Claude, *La quête du sens*, Paris: P.U.F., 1997.

FLOCH, Jean-Marie, *Petites mythologies de l'œil et de l'esprit*, Paris-Amsterdam: Hadès/Benjamins, 1985.

FONTANILLE, Jacques, *Sémiotique et Littérature. Essais de méthode*, Paris: P.U.F., 1999, Chap. 1~4.

FONTANILLE, Jacques and ZILBERBERG, Claude, *Tension et signification*, Liège: Mardaga, 1998, ch. "praxis".

GREIMAS, Algirdas Julien and FONTANILLE, Jacques, *Sémiotique des passions. Des* états de choses aux états d'âme, Paris: Seuil, 1991, Ch. II.

LANDOWSKI, Éric, La société réfléchie, Paris: Seuil, 1989, Ch. VIII.

LÉVI-STRAUSS, Claude, La potière jalouse, Paris: Plon, 1985.

PARRET, Herman, dir, La mise en discours, Langages, n° 70, Paris: Larousse, 1983.

제IV장 행위소

BERTRAND, Denis, Précis de sémiotique littéraire, Paris: Nathan, 2000, Part 4 "Narrativité".

COQUET, Jean-Claude, Le discours et son sujet, I, Paris: Klincksieck, 1985, pp. 27~153.

FILLMORE, Charles, "Toward a modern theory of case", Project on linguistic analysis, no. 13, Ohio: Ohio State University Press, 1965, pp. 1~24.

FONTANILLE, Jacques and ZILBERBERG, Claude, Tension et signification, Liège: Mardaga, 1998, ch. "Modalités".

GREIMAS, Algirdas, J., Sémantique structurale, Paris: Seuil, 1968[PUF, 1986], pp. 172~191.

GREIMAS, Algirdas, Julien, and COURTÉS, Joseph, Sémiotique. Dictionnaire raisonné de la théorie du langage, I, Paris: Hachette, 1979[개정판, 1993], 서문 "Actant"; "Acteur"; "Modalité".

HJELMSLEV, Louis, La catégorie des cas, Munich: W. Fink, 1971.

TESNIÈRES, Louis, Eléments de syntaxe structurale, Paris: Klinksieck, 1959.

제V장 행위, 정념, 인지

COQUET, Jean-Claude, La quête du sens, Paris: PUF, 1997, 서문, pp. 1~18.

COURTÉS, Joseph, Analyse sémiotique du discours, Paris: Hachette, 1991, pp. 69~126.

FLOCH, Jean-Marie, Sémiotique, marketing et communication. Sous les signes, les stratégies, Paris: PUF, 1990, pp. 126~152.

FONTANILLE, Jacques and ZILBERBERG, Claude, Tension et signification, Liège:

Mardaga, 1998, ch. "Passion"; "Émotion".

GÉNINASCA, Jacques, *La parole littéraire*, Paris: PUF, 1997, pp. 59~62, 211~218.

GREIMAS, Algirdas Julien, *Du sens II*, Paris: Seuil, 1983, pp. 19~48, 115~133, 157~169.

GREIMAS, Algirdas Julien, and FONTANILLE, Jacques, *Sémiotique des passions*, Paris: Seuil, 1991, Ch. 1, pp. 83~110.

HÉNAULT, Anne, *Le pouvoir comme passion*, Paris: PUF, 1995.

LANDOWSKI, Éric, *Présences de l'autre*, Paris: PUF, 1997.

OUELLET, Pierre, *Poétique du regard: Littérature, perception, identité*, Montréal/Limoges: Septentrion/Pulim, 2000.

PARRET, Herman, *Les passions. Essai sur la mise en discours de la subjectivité*, Bruxelles: Mardaga, 1986.

RICŒUR, Paul, *Temps et récit*, Paris: Seuil, 1983~1985.

제VI장 발화

BENVENISTE, Émile, *Problèmes de Linguistique Générale I*, Paris: Gallimard, 1966, pp. 225~236.

BERTRAND, Denis, "L'impersonnel de l'énonciation", *Protée*, 21-1, 1993, pp. 25~32.

BERTRAND, Denis, *Précis de Sémiotique littéraire*, Paris: Nathan, 2000, part. 1.

COQUET, Jean-Claude, *Le discours et son sujet*, Paris: Klincksieck, 1985.

CULIOLI, Antoine, *Pour une linguistique de l'énonciation*, Paris: Ophrys, 1991(I); 1999(II and III).

FONTANILLE, Jacques, *Les espaces subjectifs. Introduction à la sémiotique de l'observateur*, Paris: Hachette, 1989, pp. 11~48.

FONTANILLE, Jacques and ZILBERBERG, Claude, *Tension et signification*, Liège: Mardaga, 1998, ch. "Praxis énonciative".

KERBRAT-ORRECHIONNI, Catherine, *L'énonciation*, Paris: A. Colin, 1980/1997.

LANDOWSKI, Éric, *La société réfléchie*, Paris: Seuil, 1989, pp. 7~17, 199.

LOTMAN, Iouri, *La sémiosphère*, Limoges: Pulim, 1998.

METZ, Christian, *L'énonciation impersonnelle, ou le site du film*, Paris: Klincksieck, 1991, pp. 9~36, 175~214.

색인

열린 철학의 공간, 그린비 '철학의 정원'

철학의 정원 61

담화 기호학

문화 분석을 위한 도구 상자

초판1쇄 펴냄 2023년 8월 31일

지은이 자크 퐁타뉴
옮긴이 송태미
펴낸이 유재건
펴낸곳 (주)그린비출판사
주소 서울시 마포구 와우산로 180, 4층
대표전화 02-702-2717 | **팩스** 02-703-0272
홈페이지 www.greenbee.co.kr
원고투고 및 문의 editor@greenbee.co.kr

편집 이진희, 구세주, 송예진, 김아영 | **디자인** 권희원, 이은솔
마케팅 육소연 | **물류유통** 유재영, 류경희 | **경영관리** 유수진

ISBN 978-89-7682-888-0 93700

독자의 학문사변행學問思辨行을 돕는 든든한 가이드 _(주)그린비출판사